天翼宽带
100
中国电信 宽带领跑者
极速 稳定 可靠
多数用户的选择
用户至上 用心服务 Customer First Service Foremost
www.189.cn
客户服务热线 Customer Hotline 10000
中国电信 CHINA TELECOM
世界触手可及

业务范围

通信工程：多种厂家的交换、基站硬件安装与调试；

通信维护：多种厂家的交换、基站、线路、网管监控、IT传输代维；

网络优化：多种厂家的交换、无线网络优化、数据网络优化、网优代维；

软件开发：运营管理支撑系统、网络测试平台网络安全；

测试仪表：主要是提供面向3G/4G网络和面向终端的高端专业化仪表仪器；

通信设备：H100A、S100(TD-LTE皮基站)、Femto系统。

企业理念

核心价值观：每一比特都精雕细琢

企业愿景：长久生存、持续发展

企业使命：为客户的需求而创新

企业精神：爱事业、爱生活

经营理念：客户、员工、社会、资本共同获益

企业作风：不可逃避、不可松懈、不可逾矩

人才观：员工是企业第一财富

质量观：质量是企业第一生命

发展观：科技是企业第一动力

安全观：安全是企业和员工第一基础

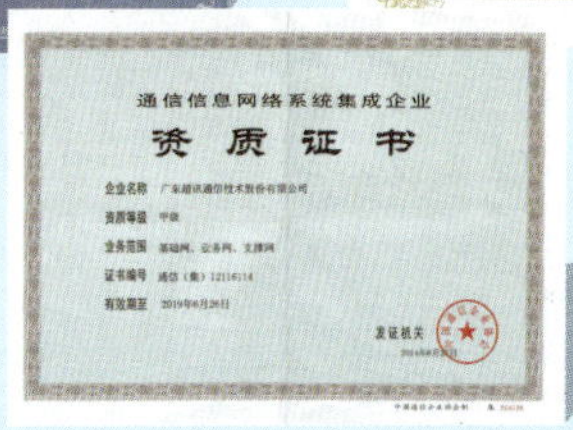

超讯·STS

每一比特都精雕细琢

http://www.sts.cn

公司经过十几年的飞跃发展，已拥有一支技术极为精湛的支持和服务队伍。

公司技术服务体系涵盖了移动通信2G/3G/4G基础设施工程建设、网络设备线路综合代维、无线网络优化三大领域，包括无线安装、光缆敷设、传输接入、交换调测、室内覆盖、集客家客、基站维护、线路养护、网优调测、基站机房配套等几十种技术专业，随时随地提供7×24小时及时准确的专项服务。

为保证通信技术服务的高效和优质，公司专门自主开发搭建了代维调度指挥平台、工程管理软件系统等多个大型基础数据管理软件系统，同时自主研制了TD优化软件（X-viewer）、TD异常信令自动化软件（X-enhancer）、Femto设备、TD-LTE皮基站、北斗移动通信应用系统等软硬件，这些产品除了为自身提供超强的监督管理手段外，还是众多运营商选择的管理、优化工具。目前，这些产品已全面推广至市场，获得了客户的充分认可。

我们的通信技术服务队伍面向全国通信运营商、针对不同客户提供过无数支持保障服务，他们的技术能力、丰富经验、职业精神是公司十几年来最宝贵的财富，是名副其实的移动通信技术服务专家和移动通信解决方案专家。

代维管理监控中心

自主研发的PDA终端

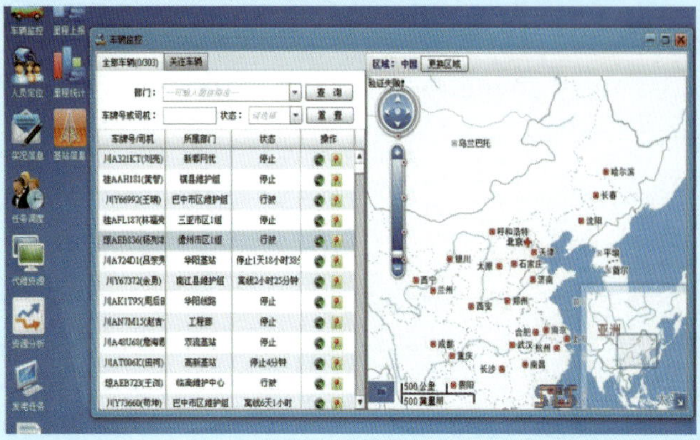

自主研发的代维管理系统

优秀的研发团队

公司开发的S100（TD-LTE移动通信基站）为TD-LTE无线产品，为用户提供110M（2x2）下载速率，适用于室内TD-LTE覆盖，无人机、北斗卫星等数据传输；同时S100更适合于企业网的各种场景，如煤矿、医疗、边防、热点覆盖等等。

主要合作伙伴

中国移动 China Mobile

中国电信 CHINA TELECOM 世界触手可及

ZTE中兴

CHINA TOWER 中国铁塔

China unicom中国联通 让一切自由连通

HUAWEI

南京邮电大学

物联网国家大学科技园

南京邮电大学物联网国家大学科技园创立于2010年7月，位于南京市新模范马路66号南京邮电大学三牌楼校区内，占地50余亩，目前已经正式投入使用的载体面积16000平方米，百余家互联网、物联网创业企业入驻园区。

南京邮电大学物联网国家大学科技园的发展建设目标是以物联网为特色，以信息网络技术为支撑，面向实体经济和传统产业，建设全国物联网的知识产权、产业孵化、应用示范和人才培养四大基地，打造辐射海内外物联网技术与应用的技术创新、产业集聚、服务经营和市场交易四大平台。目前，物联网国家大学科技园已经获批以“国家高校学生科技创业实习基地”、“国家技术转移示范机构”、“全国物联网科普教育基地”、“江苏物联网技术与应用协同创新中心”为代表的各级各类平台二十余个，社会服务能力不断提升。园区已经发展成为国内物联网领域知名，产业引领效益突出，创新驱动成效明显，汇聚政、产、学、研多种优势资源的产业与技术创新支撑平台和公共服务平台。

公司开发的S100（TD-LTE移动通信基站）为TD-LTE无线产品，为用户提供110M（2x2）下载速率，适用于室内TD-LTE覆盖，无人机、北斗卫星等数据传输；同时S100更适合于企业网的各种场景，如煤矿、医疗、边防、热点覆盖等等。

主要合作伙伴

中国移动 China Mobile

中国电信 CHINA TELECOM 世界触手可及

ZTE中兴

CHINA TOWER 中国铁塔

China unicom中国联通 让一切自由连通

HUAWEI

项目管理工程硕士（MEng-PM）

通过全球项目管理课程认证 打造国际IT项目管理品牌
跻身国际知名国内高校高质量项目管理教育的领先行列

2004年6月，北京邮电大学被批准为“项目管理工程硕士专业学位授权点”培养单位。2008年7月，全国工程硕士专业学位教育指导委员会、中国（双法）项目管理研究会和国际项目管理协会（IPMA）授权批准我校为“项目管理领域工程硕士与IPMP结合的培养单位”。2011年9月，我校与清华大学同时通过了美国项目管理协会（PMI）全球项目管理认证中心（GAC）的项目管理工程硕士（MEng-PM）课程国际认证。

北京邮电大学项目管理专业立足ICT行业，创新工程硕士培养模式，优化工程硕士教育资源，独具ICT行业项目管理工程硕士研究生教育特色。搭建了项目管理国际交流平台，强调与国际项目管理知识体系和研究水平接轨，打造国际IT项目管理品牌。注重学生工程项目管理实训，建设了1个高水平“工程项目管理和信息系统仿真实验中心”和2个ICT企业学生实习基地。

工程管理硕士（MEng-EM）

2010年，北京邮电大学被批准为“工程管理硕士专业学位授权点”培养单位。

工程管理依托北京邮电大学通信工程主干优势学科，形成了培养具有工程技术与管理能力的复合型、高层次高级专业人才为特色的工程硕士教育模式，形成了一支集理论、科研、教学和社会服务为一体的学科队伍。近年来，工程管理学科承担国家自然基金项目、国家科技攻关项目、国家部委科技项目等科技项目多项，取得了一批具有国内先进水平的科技成果。

工程管理专业硕士采取周末上课的学习方式，学制为2.5年。采用学分制，修满学分后，在导师组指导下撰写学位论文，进行论文答辩。答辩通过者，由校学位评定委员会审核批准后，按有关规定授予国家颁发的硕士研究生毕业证书和学位证书。

咨询电话：010-62283413 62282847　　联系人：王老师 裘老师 殷老师
联系地址：北京邮电大学经济管理学院项目管理教育中心

北京邮电大学EDP项目

“授人以鱼，不若授人以渔。”北京邮电大学高层管理发展项目（Executive Development Program，EDP），以造就信息时代管理精英为己任，主要面向企业的中高层管理团队开设ICT产业前沿讲座板块、管理通识板块、经典管理板块、ICT行业特色课程板块四大培训板块，采用案例体验式学习模式，帮助学员探索更深层次的自我认知；通过名师短期引领，教会学员如何挑战固有思维模式，迅速完成突破、提升和跨越，从而支撑学员个人和所在企业的可持续发展。

我们的价值是采用咨询诊断的方式发现企业的“症结”所在，开出“药方”融于课程之中；并将企业的最佳实践进行总结、提炼，发掘规律，以此为基础发展出一套普适的理论加以推广；同时我们会结合客户组织的实际情况，邀请业界有实战经验的政商精英与您分享，交流。

同时，北京邮电大学经济管理学院EDP中心依托北京邮电大学在信息通信领域的雄厚师资和科研力量，深入洞察相关技术在信息通信行业的应用趋势与商业前景，开发了系列技术课程，力图为客户提供“技术+管理”的复合型培训方案。

北邮-里昂商学院GEMBA项目

北京邮电大学与法国里昂高等商学院的合作项目是北京邮电大学率先获批的全球高级工商管理中外合作学位项目。两校2010年开始商谈在中国开办高级工商管理硕士学位项目，2011年10月签约，2012年6月合作项目的申报，通过了国家审批，成为中外合作办学项目中为数不多的管理类项目，2013年成功开办首届GEMBA班，项目品质得到广泛好评。

法国里昂高等商学院成立于1872年，是法国著名的四所商学院联盟之一，具有悠久的办学历史和精益求精的办学理念，拥有近50年的EMBA办学经验，是欧洲率先获得EQUIS、AMBA、AACSB三大国际认证的商学院，2010年起它的管理学硕士项目就连续被英国金融时报评为欧洲前五，在创业创新管理领域持续多年全球领先，是培养全球优秀企业家的摇篮。

南京邮电大学

物联网国家大学科技园

南京邮电大学物联网国家大学科技园创立于2010年7月，位于南京市新模范马路66号南京邮电大学三牌楼校区内，占地50余亩，目前已经正式投入使用的载体面积16000平方米，百余家互联网、物联网创业企业入驻园区。

南京邮电大学物联网国家大学科技园的发展建设目标是以物联网为特色，以信息网络技术为支撑，面向实体经济和传统产业，建设全国物联网的知识产权、产业孵化、应用示范和人才培养四大基地，打造辐射海内外物联网技术与应用的技术创新、产业集聚、服务经营和市场交易四大平台。目前，物联网国家大学科技园已经获批以“国家高校学生科技创业实习基地”、“国家技术转移示范机构”、“全国物联网科普教育基地”、“江苏物联网技术与应用协同创新中心”为代表的各级各类平台二十余个，社会服务能力不断提升。园区已经发展成为国内物联网领域知名，产业引领效益突出，创新驱动成效明显，汇聚政、产、学、研多种优势资源的产业与技术创新支撑平台和公共服务平台。

5G实验室

第十一届南京软博会现场，南邮物联网国家大学科技园展区吸引众多观众

南京邮电大学物联网国家大学科技园大学生创新创业苗圃

南邮被授予共建江苏省互联网众创园

为了适应国家“互联网+”经济新常态，积极营造互联网、物联网领域“大众创业、万众创新”的良好环境，南邮将三牌楼校区整体定位为国家大学科技园的“物联网创新创业特区”。园区依托物联网领域技术特色及产业集聚优势，逐步探索出一套“引苗、育苗、选苗、壮苗”的创新创业企业孵化方法，形成了从“创新能力、创新项目、创业人才到创新企业”的创新创业孵化服务体系。

全国大学生物联网科技成果对接洽谈会在科技园举行

徐州产业创新发展馆南邮展示区

大学生介绍创业项目

南京邮电大学

江苏省物联网技术与应用协同创新中心

江苏省物联网技术与应用协同创新中心成立于2012年8月。2013年成为江苏省率先授牌的省级“2011计划”协同创新中心之一。中心下设智慧农业、智慧健康、智慧交通物流、智慧节能环保、智慧矿山、智慧旅游、智能制造、智慧家居安防、物联网共性技术、物联网标准化、物联网信息安全、物联网产业示范与推广、物联网军事应用等13个分中心。

中心以南京邮电大学为牵头单位，现有成员单位31家（包括11所高校，6家骨干企业，5所科研院所，4家政府机构，3大电信网络运营商，2个物联网区域组织），充分汇聚国内物联网领域“政产学研用”优势资源；依托南京邮电大学物联网国家大学科技园、物联网研究院和江苏省泛在无线通信与物联网科技创新团队，发挥南京邮电大学信息通信技术的学科优势，是全国率先以物联网技术与应用为特色的江苏省协同创新中心。

中心面向国家物联网和“互联网+”发展的重大需求，探索打破人力资源管理和资源配置“壁垒”的机制体制改革，提升人才、学科、科研三位一体的创新能力；以物联网技术与应用主导传统产业协同创新和转型升级；将新一代信息技术与传统产业深度融合，实现产业服务的信息化和智慧化；打造国内领先、国际一流物联网发展的引领阵地和公共技术服务平台，促进江苏成为全国物联网发展的高地。

刘陈书记与范渊先生共同为南京邮电大学-安恒信息技术有限公司大数据安全研究中心揭牌

“智慧工业与家居”专题论坛

江苏省物联网技术与应用协同创新中心承办2015年物联网技术与应用•创新驱动主题论坛

“智慧健康与医护”专题论坛

“智慧农业与节能环保”专题论坛

“智慧城市与信息消费”专题论坛

第一届物联网技术协同创新成果发布与接洽会

在中国工程院"智能制造"战略研究项目研讨会期间，专家体验江苏省物联网技术与应用协同创新中心研发的智慧健康项目

江苏省物联网技术与应用协同创新中心研发的智慧节能环保项目

江苏省物联网技术与应用协同创新中心主办"互联网+医疗"高峰研讨会

江苏省物联网技术与应用协同创新中心承办全国"互联网+工业制造"高峰论坛"

江苏省物联网技术与应用协同创新中心研发的网络协同感知接入点

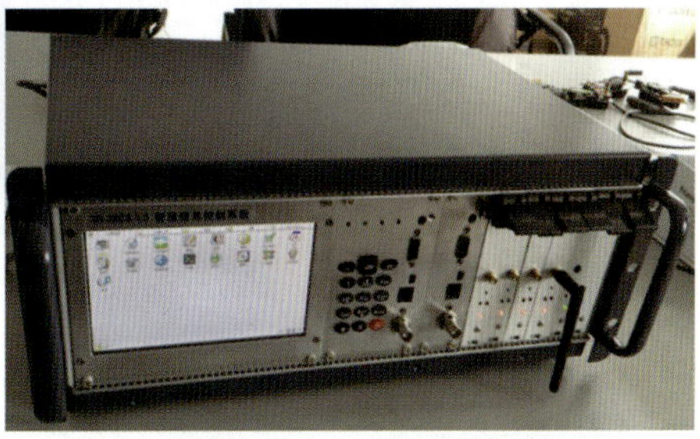
江苏省物联网技术与应用协同创新中心研发的虚拟化可重构的智慧服务终端

重庆邮电大学学生创新创业中心

重庆邮电大学学生创新创业中心简介

学生创新创业中心(eYou Space)是重庆邮电大学重点打造的具有明显学科特色的众创空间，围绕信息通信、先进制造、物联网、云计算等领域开展创新创业工作，为大学生提供工作空间、网络空间、社交空间和资源共享空间等，是集市场化、专业化、集成化、网络化为一体、线上与线下、孵化与投资相结合的集约化服务平台。

“eYou Space”线下平台实行“1+N”结构模式，其中“1”为创新创业孵化基地，“N”为若干分布在各学院的创新实践基地。

创新创业孵化基地是众创空间核心服务区，位于学校老校门右侧交流中心四、五、六、七楼，面积1200平米左右，配置创客咖啡、创业俱乐部、创客流动站、创新创业工作区、成果展示发布室、培训室、服务中心和经营中心等,并联合社会资源设立工商税务室、法律咨询室、知识产权室、市场顾问室和天使投资室等，实现从创意产生、专业实践、产品开发到公司孵化一站式功能。

“N”个实践分基地是大学生利用专业知识进行创新实践的重要载体，是专业创意与产品原型发明制作的发源地。由各学科重点实验室、校企工程中心及衍生的各类众创空间组成，涵盖通信技术、物联网、云计算、电子证据保全、生物技术、光电技术、电子商务等领域，各实践分基地面积总计约3000平方米，提供开放共享式办公场地、流动工位、宽带网络、公共软件、互联网资源、科研仪器设备等设施，并提供专业技术实践指导服务。

“eYou Space”线上平台是基于云计算平台的“一站式”线上服务平台（eYou online），将不同类型、不同主题、不同功能的资源汇集，提供政策法规宣传、科技资讯、科技竞赛、科技视频等信息发布功能，提供创业咨询、创业指导、远程培训、市场开拓、人才交流、校企联合、法务和知识产权代理、天使投资人远程遴选项目等支撑服务，使资源的供需双方实现及时有效对接，为创新创业团队搭建连接产业链各环节的桥梁，提高生产率，促进创新成果与市场的高度融合，是集信息发布、创客管理、市场互动一体化的线上平台。

学生创新创业中心(eYou Space)本着“创新带动创业，创业促进就业”的工作宗旨，弘扬创新创业精神，努力营造鼓励创新创业、崇尚创新创业、支持创新创业、投身创新创业的良好氛围，充分整合各方资源为创新创业孵化项目解决场地、资金、研发、市场开拓、企业管理、人力资源等各方面的问题，孵化扶持创新创业团队40余个，积极推动科技成果转化，促进创业团队成长发展，有效提高创业成功率，带动学校师生创新创业。被重庆市科委、市教委等单位授予“重庆市众创空间”、“重庆市大学生创业示范基地”等荣誉称号。

德众合元股权培训活动

创业导师与基地创客交流

垫江县委一行与基地团队交流

项目路演

邬贺铨、周旭、郭坚、徐青、李银国
共同为重庆邮电大学学生创新创业中心揭牌

重庆市第五届大学生创新创业大赛总决赛荣获特等奖和一等奖

创业嘉年华活动

提供服务

聚集社会资源，提供创新创业政策咨询、创业培训、技术指导、技能训练、创业交流、工商税务代理、知识产权代理、法律援助、项目推介、成果转化、天使投资等企业孵化服务，打造低成本、便利化、全要素的"一站式" 服务。

诚邀创业导师、投资、合作伙伴

西安郵電大學
XI'AN UNIVERSITY OF POSTS & TELECOMMUNICATIONS

立足信息产业 服务区域经济
——陕西省信息产业发展研究中心

陕西省信息产业发展研究中心（以下简称“中心”）是依托西安邮电大学建设的陕西（高校）哲学社会科学重点研究基地。中心以陕西省重点学科——应用经济学学科建设为龙头，依托西安邮电大学特色的人力资源和学术资源，立足陕西，面向全国，开展信息产业发展相关研究。

中心主要研究方向：国民经济与社会信息化；信息产业组织与产业政策；信息通信企业运营与管理；信息产业价值链与商务模式创新。近五年，中心研究人员承担国家自然科学基金、国家社会科学基金、国家软科学等课题11项，工业和信息化部软科学、教育部人文社科、陕西省软科学、陕西省自然基金、陕西省社科基金等56项，厅局级课题32项，获教育部高等学校科学研究优秀成果奖（人文社会科学）二等奖、陕西省哲学社会科学优秀成果奖三等奖、陕西高校人文社会科学研究优秀成果奖一等奖等科研奖励13项。在中文核心及以上期刊发表论文200余篇，其中，SCI\EI\ISTP\CSSCI收录70余篇，出版专著/教材21部。学术交流方面，累计举办国际、国内学术交流会25次，代表性会议如与亚洲自主学习网络经济改革研究协会共同举办“第五届南半球通信政策研究会议”， 来自30多个国家 90多位通信政策研究领域的学者与学术机构代表参加会议，《中国教育报》、《科技日报》、《人民邮电报》等媒体进行采访报道。

西安郵電大学
XI'AN UNIVERSITY OF POSTS & TELECOMMUNICATIONS

电子信息现场勘验应用技术公安部重点实验室

电子信息现场勘验应用技术公安部重点实验室，由公安系统按照“公开、公正、公平”的原则，经过推荐申报、专家评审、综合评议等程序，于2013年11月18日正式获批成立，是西北五省公安系统重点实验室。

该重点实验室依托西安邮电大学与陕西省公安系统2011年共建的“陕西省法庭科学电子信息实验研究中心”组建而成。是陕西省公安系统与西安邮电大学联合共建的“政、产、学、研、用”一体化的创新型综合性机构,现有工作人员45人,其中专职博士12人,流动博士25人,外聘专家5人,下设现场图像技术实验室、现场电子信息实验室、现场空中信息实验室，主要研究方向有现场空间电子信息勘验应用技术、现场图像信息勘验应用技术、现场勘验电子信息数据深度应用技术等方面。现已承担课题有国家自然科学基金2项，公安系统技术研究项目2项，科技强警项目5项，陕西省自然基金等项目7项，发明专利7项，举办了2届国际公共安全领域视频图像技术研讨会，共发表论文40余篇，被SCI、EI、ISTP等检索机构检索。与新加坡科研局、新加坡国立大学、英国哈德斯菲尔德大学、澳大利亚莫纳什大学及加州大学结成了兄弟单位和战略合作伙伴。

实验室鼓励并支持教师或学生参加国际知名会议，定期组织学术会议，邀请国外知名学者来实验室进行学术交流。大力支持青年教师的培养，设置专项基金资助学术研究，为青年教师提高学术水平和科研能力提供条件。实验室作为刑事科学技术的学术交流平台，并通过与公安系统内部、国内外学术专家、科研团队及企业机构的探讨与合作，提高公安机关在相关领域的科研水平，促进高等院校、公安系统、科研机构与企业的有效合作。

天翼
surfing
分享无限
4G+ LTE
比4G更快
Faster Than The Fastest
极速300M
天翼 4G+ LTE
中国电信北京公
用户至上 用心服务 Customer First Service Foremost bj.189.cn
客户服务热线 Customer Hotline 10000
中国电
CHINA TELECO
世界触手可

天翼宽带
100
中国电信 宽带领跑者
极速 稳定 可靠
多数用户的选择
中国电信北京公司
户至上 用心服务 Customer First Service Foremost bj.189.cn
客户服务热线 Customer Hotline 10000
中国电信 CHINA TELECOM
世界触手可及

天翼 surfing
分享无限
4G+ LTE
这个新年惠不同
免长途漫游费啦！
12月20日起 新4G套餐
取消长途/漫游费
详情请咨询10000
中国电信北京公司
用户至上 用心服务 Customer First Service Foremost bj.189.cn
客户服务热线 Customer Hotline 10000
中国电信 CHINA TELECOM
世界触手可及

天翼宽带
中国电信 宽带领跑者
极速 稳定 可靠 多数用户的选择
扫一扫抢视频VIP会员
户至上 用心服务 Customer First Service Foremost bj.189.cn
客户服务热线 Customer Hotline 10000
中国电信 CHINA TELECOM
世界触手可及

沃4G+
网速再攀高峰
370Mbps
沃 精彩在沃
更好的4G+ 就选沃
www.10010.com
China unicom中国联通

沃4G+
不仅更快…
沃
精彩在沃
体验更舒心
消费更放心
服务更贴心
China unicom中国联通
选4G 就选沃
www.10010.com

广东联通"4G+"、"互联网+"强力支撑广东省"十三五"规划落地实施

广东省于去年底发布的《广东省第十三个五年规划建议》中，提出坚持信息化先导发展，超前建设高速、移动、安全、泛在的新一代信息基础设施；明确提出要实施"互联网+"行动计划，发展分享经济，推动互联网新理念、新模式、新技术与经济社会各领域深度融合；大力推进4G网络，积极布局5G网络，实现无线局域网在珠三角重要区域和公共场所全覆盖，加快建设珠三角世界级智慧城市群。这些都深刻反映了"十三五"期间，广东省信息化推进与"互联网+"发展，特别是新业务、新模式、新业态的兴起，都需要信息通信技术的更充分参与、更有力支撑。

2016年2月27日上午，"十三五"广东省与中央企业首场大规模对接会"广东省-中央企业'十三五'战略合作对接会"在广州珠岛宾馆举行，据悉，本次对接会共签署合作项目超过400个，投资规模超过3万亿元，共有88家中央企业、11家中央金融企业参加了对接会，现场有5批共49家中央企业集体签约，中国联通副总经理李福申代表中国联通与广东省签署"十三五"项目合作协议，这标志着继去年中国联通与广东省率先签署推进"互联网+"战略合作框架协议之后，双方再添深层次合作。

中国联通综合实力突出、研发能力强，资金、技术、人才、信息、品牌等优势明显，产业控制力、影响力和带动力强，是广东省加快转型升级、调整产业结构、促进区域协调发展的重要战略合作伙伴。根据协议，"十三五"时期，中国联通将在广东建设广东移动通信及光纤宽带等基础通信网络项目，将广东省作为其重要发展基地，在人员、资金、产业配套以及管理创新等方面给予全力投入，助力广东经济发展。

作为中国联通的省级分公司之一，广东联通一直以来充分发挥在互联网基础建设、技术创新和信息资源等方面的优势，贯彻落实广东省和中国联通集团签署的推进"互联网+"战略合作协议及"十三五"项目合作协议在广东省的具体落地实施，积极发挥"互联网+"应用优势及"沃4G+"网络优势，加快信息基础设施建设，强力支撑广东省"十三五"规划落地实施。

目前，广东联通正在全面部署，加大投入力度、加快建设速度，着力打造业内领先的"沃4G+"超卓网络覆盖，4G网络在全省21地市城区、县城、重点乡镇等重点区域已实现连续覆盖，全面满足用户需求。企业正进一步加大网络资源共建共享力度，强化市区、县城的深度覆盖，提升乡镇、道路等区域的广度覆盖，计划在2016年"5·17"期间基本实现4G+超卓网络覆盖。届时，全省21地市市区、县城、乡镇、交通干线和大部分行政村（自然村）将实现连续覆盖。2015年，广东联通通过双载波技术在全省21个城市部署4G+网络，网速高至300M，在核心商圈区域更是通过三载波技术实现370M甚至更高的峰值速度，并计划2016年基本实现全网覆盖。

在光纤入户方面，广东联通贯彻落实国家提速降费及省政府信息基础设施建设三年行动计划的精神，加快推进集团公司聚焦战略落地，通过社会

化合作的多种方式，加快推进光纤化改造及光纤网络覆盖建设，预计到2016年底建成宽带端口超过1000万，大部分地市用户实现全光纤覆盖，宽带网络全面实现开通20M、50M、100M等高速宽带业务的能力，支撑诸如4K超高清网络电视、“智慧沃家”等“互联网+”应用，大幅提升千家万户的100M光纤入户能力。广东联通将不断加强“智慧家庭”应用平台建设，整合价值链服务，为家庭用户提供贴心、便利、安全实用的智慧家庭解决方案，助力“互联网+”战略走进家庭。

此外，随着“互联网+”的浪潮席卷各个行业，广东联通敏锐地把握住时代发展的大势所趋，率先在政务服务、惠民服务、金融、交通、教育等领域创新推出了一系列的政务民生信息化应用，为广大用户提供更多方便快捷、安全可靠的信息化服务。2016年，广东联通将在更广泛的领域投入更大的研发力度，凭借“4G+”网络优势，大力推动“互联网+”应用与各行业创新结合，让政府机构、企业、老百姓充分享受到更多方便快捷、安全可靠的信息化服务，确立“互联网+运营专家”地位。一是“互联网+”关键能力的奠基者，即移动宽带网络无缝覆盖、持续领先；二是“互联网+”热点区域的推动者，取得业内众多强大的产业链合作伙伴产业生态合作支持；三是“大众创业、万众创新”的创新引导者，全面开放资金、大数据、云计算、一起沃、沃云购等五大平台；四是“互联网+”企业转型先行者，一体化机制体制改革，走在运营商前端。五是“互联网+”新兴业态的创新经营者，为中小微企业搭建创业创新平台，助推产业共同转型升级。

作为中国联通集团“互联网+”战略实施的先行者，广东联通在业界率先打造“互联网+”五大核心通信能力，为持续有效推进“互联网+”战略实施奠定了坚实基础。“4G+”超卓网络继续保持行业领先，为广大用户提供卓越的移动上网体验；领先行业的大数据平台，可为政府部门提供重要决策支持能力，为企业提供精准运营能力；国际物联网平台为传统制造、能源、汽车、消费电子等行业提供了全开放接口、全生命周期管理以及全自助服务的平台；沃云购基地、互联网服务运营基地、音乐基地三大基地布局移动网络版图；已建成的云数据中心，可面向政府、互联网公司及企业提供汇聚华南、辐射国际的服务，为广大客户搭建基础生态圈，促进各方合作共赢。在五大核心通信能力的软硬件支撑下，广东联通将以强大、开放的基础能力与各产业链、客户展开充分合作，共同推动广东省“十三五”规划落地实施。

以本次广东省–中央企业“十三五”战略合作对接会为契机，广东联通将积极落实广东省“十三五”规划中提出的相关要求，以“互联网+”五大行动计划为指引，着力构建高速、安全、泛在的新一代信息基础设施，打造行业领先的基础能力，积极推动公共服务及行业转型升级，提供大众创业、万众创新的全流程专业服务，将自身打造为“互联网+运营专家”，以锐意进取、开放合作的姿态为广东“互联网+”、广东省“十三五”规划与建设贡献积极力量。

中国联合网络通信有限公司上海市分公司

中国联合网络通信集团有限公司（简称中国联通）于2009年1月6日在原中国网通和原中国联通的基础上合并而成，在国内31个省（自治区、直辖市）和境外多个国家和地区设有分支机构，是一家同时在纽约、香港、上海三地上市的电信运营企业，连续多年入选“世界500强企业”。

中国联通主要经营固定通信业务，移动通信业务，国内、国际通信设施服务业务，卫星国际专线业务、数据通信业务、网络接入业务和各类电信增值业务，与通信信息业务相关的系统集成业务等。中国联通于2009年4月28日推出全新的全业务品牌“沃”，承载了联通始终如一坚持创新的服务理念，为个人客户、家庭客户、集团客户提供全面支持。

中国联合网络通信有限公司上海市分公司（简称上海联通）是中国联通在上海的重要分支机构，拥有包括移动和固定通信业务在内的全业务经营能力。自融合重组以来，上海联通经营业绩稳步提升，主营收入从融合之时的39.12亿元增长到2015年的87.77亿元，在中国联通集团公司的综合业绩考核中，连续七年名列前茅。

上海联通始终把打造精品网络，实现网络能力升级作为服务上海经济建设与社会发展的基础与保障。2015年全年投资完成率达到100%，在集团率先实现U900进城，累计完成1300个站点开通和区域整体优化。LTE载波聚合完成50个热点场景的建设和测试验证，具备了300Mbps峰值速率；基本建成全面覆盖上海市区、全面支持所有号码和4G用户的VoLTE试商用网络，成为全国率先同时应用ATCA和NFV双技术平台的城市。上海迪士尼等一批市政重大工程进入建设阶段；顺利完成第二批地铁线路无限覆盖系统的回购等工作；持续深化智能新型运维模式，累计完成网络隐患整治234项。

上海联通还积极推进“互联网+”行动计划，正式发布了《“互联网+”白皮书》。作为秉承“创新改变世界”理念的上海本地运营商，上海联通通过自身互联网化转型，致力于成为“互联网+”的推动者和赋能者。一方面提升企业自身和城市互联网能力，一方面将互联网能力通过技术手段赋予实体经济。

上海联通突破了传统运营商的局限，以技术领先的软件化智能通信网络和云技术为基础，以灵活敏捷的能力开放平台为核心，以功能强大的大数据为重要手段，辅以海量用户和丰富线上线下渠道资源，重新定义了“云、管、端”的概念，形成全面完整的“互联网+”能力，具备发挥互联网在生产要素配置中的优化和集成作用的能力，帮助各企业乃至各行业重构信息传递方式、资源调配方式、生产管理方式、营销组织方式及客户管理方式，实现信息传递互联网化、资源调配智能化、生产定制化、销售电商化、经营精准化、客户管理个性化的互联网转型目标，从而提升实体经济的创新力和生产力。

上海联通将努力提供数字世界的生产性服务，构建本土数字生态系统，连接全行各业创新能力，推动实体经济转型升级，共同获取“互联网+”经济发展红利，全力提高上海城市信息化水平，助力科创中心建设，为上海参与“一带一路”建设提供国际通信业务支持，为形成以互联网为基础设施和实现工具的经济发展新形态而贡献力量。

在客户服务方面，上海联通深入实施服务转型，2015年全面开展服务专项整治，聚焦13类重大问题，完成37项整改任务。以集团大服务运营工单为载体，完善投诉处理流程，建立关键运行指标质量监控机制；规范一线窗口投诉处理授权；构建“服务失误预防”体系，启动了用户生命轨迹数据库建设；创新“集团客户服务经理挂牌”机制，建设了“WOShanghai”外语微信服务平台，新拓展百度知道等互动式服务渠道，新媒体渠道覆盖用户364.9万。

今后，上海联通仍将在中国联合网络通信有限公司的领导下，围绕全面建设小康社会的宏伟目标，严格履行对社会的承诺，全力创新通信产品，不断提升服务水平。为中国电信业的改革发展，为上海城市建设和经济发展作出应有的贡献。

沃
精彩在沃
沃4G+
不仅更快…
体验更舒心
消费更放心
服务更贴心
选4G 就选沃
www.10010.com
China unicom中国联通

中国联合网络通信有限公司吉林省分公司

中国联合网络通信有限公司吉林省分公司（简称吉林联通）是中国联合网络通信有限公司在吉林省的分支机构，下设9个市州分公司，40个县（市）分公司。主要经营固定通信业务，移动通信业务，国内、国际通信设施服务业务，数据通信业务、网络接入业务和各类电信增值业务，与通信信息业务相关的系统集成业务等。

吉林联通4G业务采取FDD-LTE和TDD-LTE两种网络制式混合组网，致力于打造“沃4G+”品牌，全面提升用户体验，继续保持领先优势，为用户提供更高速度、更高品质、随时随地分享的数据通信服务；同时要经过三到五年的努力，使企业的战略转型取得重大进展，基础业务有效发展，创新业务重点突破，体制机制更加完善，创新能力、国际竞争力、价值创造能力全面提升。

【大力推进经营转型，提升市场地位】

吉林联通召开了2015年工作会议暨二届二次职工代表大会，温宁瑞总经理做工作报告

大力推进经营转型，推进“用户增长+流量、存量、应用”的“1+3”经营模式，聚焦重点业务发展，依托4G时代差异化策略，合理布局城市、县域、农村市场，进一步聚焦市场地位的巩固提升。2015年主营收入预算完成率联通集团北十省排名第二，同比增长0.9%，北十省排名第一，收入同比增幅高于行业增幅1.32个百分点；其中4G业务收入同比增长9.9%，北十省排名第二；主营收入市场份额定比上年末提高0.5个百分点，达到37.33%，北十省排名第二。移动用户市场份额31.9%，北十省排名第五，宽带用户市场份额68.0%，北十省排名第五。企业效益持续改善，2015年利润同比减亏2.2亿元，改善幅度达49.33%，收入利润率同比改善3.48个百分点。

【依托精品目标网络，打造客户可感知的网络优势】

以精品目标网为导向，加快移动网的能力建设，实现移动宽带领先，4G城区及重要品牌形象区域已实现连续覆盖。2015年全年新增3G基站2136个，基站总数到达13192个；新增4G基站5904个，基站总数到达7656个；截至2015年年末，城区覆盖率达到96%、乡镇覆盖率达到98%，哈大高铁、长吉高铁、机场高速、长春绕城高速、京哈高速实现全覆盖。落实“宽带中国”战略，打造全光网络，以“提升客户感知为牵引”，推行宽带自开通及“六个一”标准化服务，打造客户可感知的差异化优势。截至2015年年末，城市光纤接入小区达到2.1万个，780万套，城市宽带覆盖率达到97%，其中光纤宽带覆盖率达到100%；农村行政村宽带覆盖率达到97%，自然村宽带覆盖率达到87%，其中光纤宽带覆盖率达到100%。

联通集团公司李福申副总经理到吉林省分公司调研

联通集团姜正新副总经理到吉林省分公司调研，并与吉林省分公司管理层和相关部门进行了座谈交流

吉林联通在通化市举办了光网联通智慧通化——全省“全光网络”建成开通新闻发布会

2015年8月18日，随着最后一个端局的正式下电，通化市光纤化改造工作完美收官，在全地区实现了“光纤入户”、“光纤到村”，这标志着通化联通在全省率先建成“全光网络”。在通化地区的光纤化改造中，吉林联通累计投资4.58亿元，布放光缆21万纤芯公里，新建光纤宽带端口73万个网速由初期的512KB，达到了光改后的100兆，提高了整整200倍。目前，全省已实现3个全光市（通化、延边、辽源），28个全光县。

【“互联网+”蓝海市场的能力储备和全面拓展】

强化集团客户引擎地位，通过系统性体制机制优化和结构性转型，引领产业互联网，开拓“互联网+”蓝海市场。2015年7月28日，吉林联通与吉林省签订了“互联网+”战略合作协议，吉林联通承诺，将依托于强大的通信网络能力、优质的基础设施资源、优质的客户群、良好的品牌信誉，面向政府、教育、金融等行业客户，提供云计算、IDC、IT基础设施等建设与服务，帮助客户提高核心竞争力。依托现有平台，吉林联通创新提出了“1+10+N”（以一个双核结构的省级云数据基地为中心、以九个市州与长白山管委会十个中型云数据基地为支撑、以部分有需求的区县小型云数据基地为辅助）的吉林云数据基地的建设模式和“1+3”（云基地+政务云、产业互联网、云孵化器）的发展模式。

政务云：包括以云基础资源为核心，提供云资源管理，云审批，云办公，数据交换，大数据分析，城市服务门户等服务。目前，“互联网+党建”吉林省远程教育综合云平台，建设吉林“智慧党建”；吉林政务服务网实现政务公开以及更精准的服务群众，最终打造阳光政务一张网、行政审批一张网、便民服务一张网、在线互动一张网的集合体。

产业互联网：产业互联网全面整合产业资源，优化产业结构，提升产业效率，利用成熟的“吉林云”平台架构为各行各业提供专属的云解决方案。

1.以长春电子商务产业园为代表的中小企业创业云，为入驻企业提供IT基础设施和丰富的云计算应用服务，可形成长期、稳定的收入来源。

2.以教育云为依托的联通教育城域网，实现电子考场、在线评课、远程互动教学等多种场景，大大提高了网络的使用效率和感知，使校园信息化建设实现投资最小化效益最大化。

3.为金融行业度身定制的数据中心“金融云”，具备低成本、高弹性、高可用、安全合规的特性，“按需使用、即付即得”的交付模式可以节省大量的建设与运营管理成本。手机支付平台基于金融云为百姓提集金融综合服务、便民服务、票务购买、娱乐应用为一体的综合服务，目前该平台已多家银行达成合作，广大手机用户在享受手机支付带来的便捷。

吉林联通与长春市“互联网+”战略合作协议签约仪式

吉林联通与松原市共同启动的以“松原”工程为标志的“互联网+”合作签约仪式

吉林联通与白山市“互联网+”战略合作签约暨宽带中国示范城市发布会

云孵化器：云孵化器能够吸引各种应用项目开发公司落地；以“硬件集中”拓展至“业务集中”，对落地公司提供云基础设施服务，并建立完善的生态系统。通过搭建孵化创新平台、整合资金政策等外部资源和配套具有办公、演示、研讨环境的创客园区三步实施，与创客园区形成联合体，共同为符合条件的创业企业及在移动互联网领域有想法、想创业的年轻人提供云桌面、云存储、云呼叫中心等云计算资源和服务支持，扶持云上创新，帮助吉林省移动互联网企业积极参与到全方位的市场竞争当中。

依托“光网吉林”，吉林联通全面介入政府的智慧城市和政务云、行业云及信息化建设项目，可以有效的提升职能部门的工作效率，降低单位GDP能耗，提升公务服务质量及市民生活品质，为城市整体发展提供智能、便捷、低成本、高品质的信息服务。

吉林联通与辽源市“互联网+”战略合作协议签约仪式

吉林联通与四平市“互联网+”战略合作协议签约仪式

【党建引领，营造风清气正的企业发展氛围】

把以上率下做到位，落实“五必抓”（抓廉政建设和八项规定落实、抓干部作风建设、抓基层党组织建设、抓信访举报中的突出问题、抓班子建设）；把严管干部做到位，继续强化了履职问责，实行了重点工作的专项胜任度考核；把关爱员工做到位，将员工业绩提升计划升级为员工创业计划，为员工构建了价值实现的平台；把“六个反对”（反对主观主义、专断随意；反对个人主义，揽功诿过；反对利己主义、损公肥私；反对团团伙伙、任人唯亲；反对漠视制度、因私渎责；反对作风漂浮、执行不力）做到位，同时创新了党建工作，实现了“党建工作在线、党员活动在线”。

公司党委成员和省公司中层领导人员、市州分公司领导班子人员到吉林省廉政教育基地，参观“党风廉政建设和反腐败斗争永远在路上”主题展览

四川建成全国“全光网省”

为有效落实国家“宽带中国”战略，助力我省“三大发展战略”深入推进，提升四川“互联网+”宽带网络基础能力，按照中国电信四川公司《关于建议加快“全光网省”建设促进我省“互联网+”产业创新发展的报告》，公司加快“全光网省”建设步伐。截止到2015年9月10日，随着1500万人口的特大城市—成都市建成“全光网城市”，至此，四川21个市州全部建成全光网市（州）。这意味着四川省从此告别“传统铜缆通信旧时代”，迈入全球领先的“全光网”新时代！

四川建成全光网省发布仪式

藏民自从用上光网后，孩子学习更加方便了

2013年，国家发布“宽带中国”战略以来，四川省先后印发了《四川省“宽带中国”战略实施方案》、《促进信息消费扩大内需实施方案》和《四川省2015年“互联网+”重点工作方案》，为四川有效实施国家“宽带中国”战略，助力“三大发展战略”深入推进，提升“互联网+”宽带网络基础能力指明了方向和路径。

从2013年开始，科学规划、统筹协调、精心组织，依托幸福美丽新村建设，提升农村基础网络能力，省有关部门牵头组织国家“宽带乡村”试点工程扩大至全省，加强推进两化融合，加快宽带基础设施建设与网络提速降费。作为地方信息化建设主力军的中国电信四川公司坚持全光纤、高起点、一步到位、城乡统筹的跨越式发展道路，通过组织全光网县、市的建设，实现了成片开发、规模拓展，以全国最快的发展速度，超常规推进“光网四川”建设。

按照“全光网省”的建设标准，经过近三年的不懈努力，四川正式建成全国“全光网省，实现全省所有城区及农村所有场镇及一类行政村100%光纤覆盖，传统电话交换设备关电退网，光纤宽带用户占比超过90%。四川全省21个市州全部建成全光市（州），其中包括183个县、3716个乡镇、22700个行政村。

通过“全光网省”建设，四川省在“提速降费”、“三网融合”等重点工作承接上领跑全国。全省实现光纤宽带“1000M引领、100M普及、20M起步”格局，全省光纤用户超过800万户。光网用户平均上网带宽达到37.9M，全国领先。四川网络宽带单价从7.5元/M下降至1.9元/M，降幅达75%。依托光网宽带优势，三网融合IPTV应用也得到快速发展，全省IPTV用户达到700万户，发展速度、用户规模均为全国前列。

随着四川率先在全国建成“全光网省”，标志着四川在落实国家“宽带中国”战略上走在全国前列，四川由此成为西部信息化新高地。“全光网省”的建成，将为四川省进一步推进“互联网+”行动计划、全面落实三网融合、壮大信息消费奠定坚实基础和差异化优势；二是有利于激发创新活力、优化资源要素配置、推进经济转型升级，使全光网省成为四川招商引资、大众创业、万众创新、拉动经济发展的新名片；三是协调城乡发展，实现城乡公共服务均等化，对于缩小城乡数字鸿沟，拉近东西差距，消除贫困、改善民生，具有十分重要的意义。

遂宁大英通仙顺和村

天翼
surfing
分享无限
4G+ LTE
比4G更快
Faster Than The Fastest
极速300M
天翼 4G+ LTE
江苏电信 中国电信江苏客服
QQ客服 800010000
详情请询10000号或至各电信营业厅
中国电信江苏公司
户至上 用心服务 Customer First Service Foremost
欢go www.189.cn
客户服务热线 Customer Hotline 10000
中国电信
CHINA TELECOM
世界触手可及

天翼
surfing
分享无限
4G+ LTE
爱WiFi
爱WiFi
招财宝典
汇集千万网民的流量入口
聚合百万商户的营销平台
爱WiFi，只有想不到，没有做不到！
中国电信浙江公

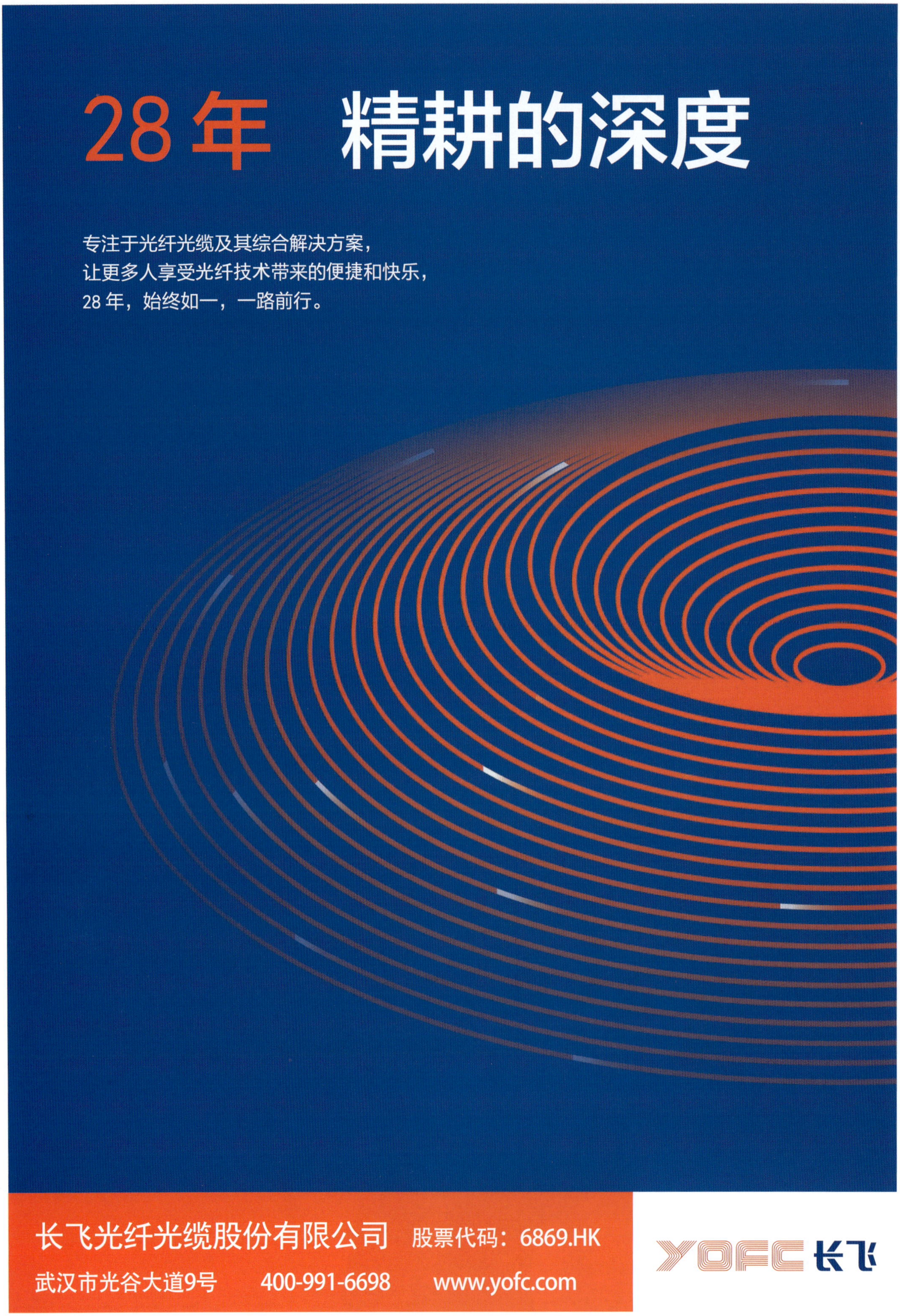
28年 精耕的深度
专注于光纤光缆及其综合解决方案，
让更多人享受光纤技术带来的便捷和快乐，
28年，始终如一，一路前行。
长飞光纤光缆股份有限公司 股票代码：6869.HK
武汉市光谷大道9号 400-991-6698 www.yofc.com
YOFC 长飞

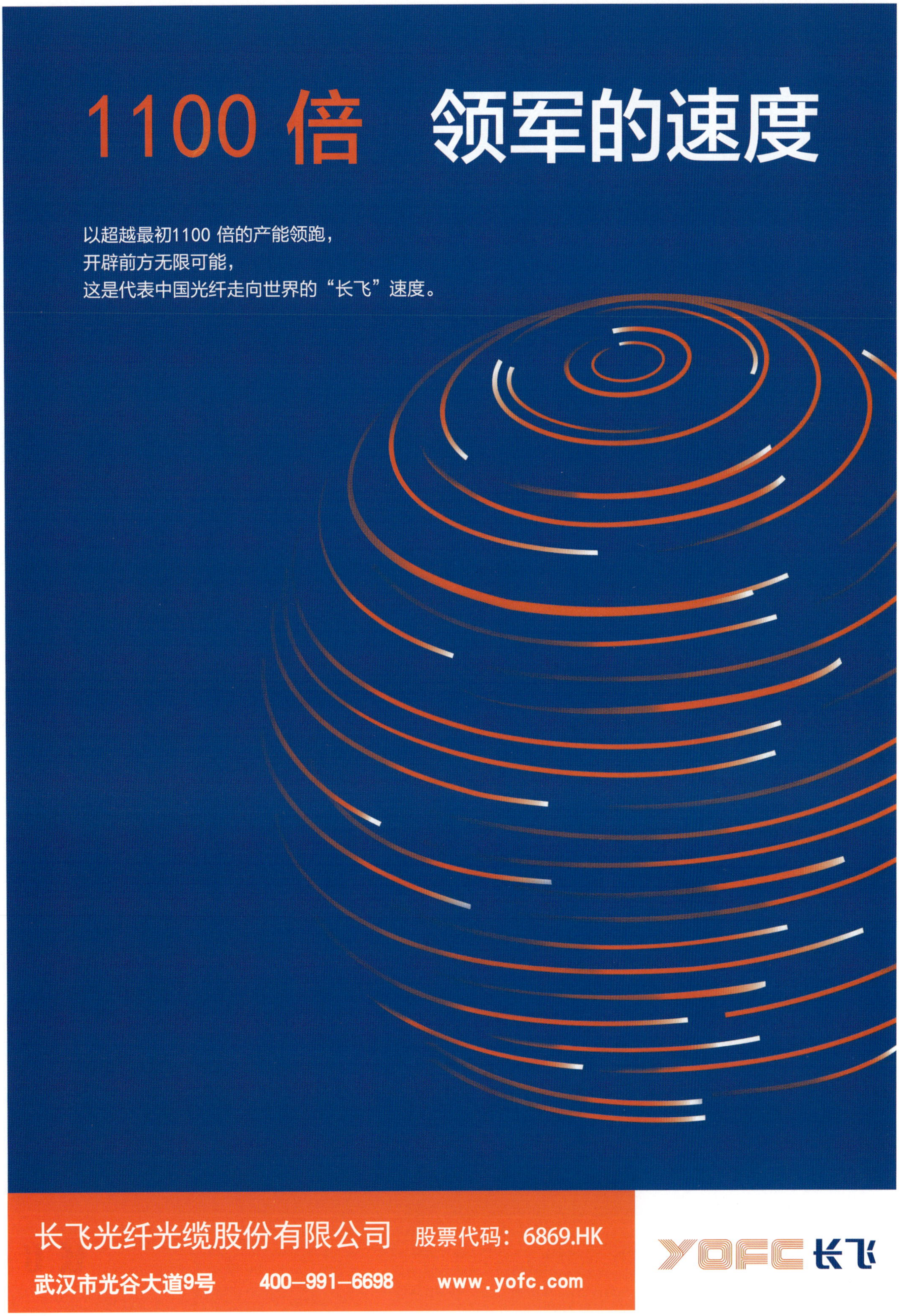
1100 倍　领军的速度
以超越最初1100 倍的产能领跑，
开辟前方无限可能，
这是代表中国光纤走向世界的“长飞”速度。
长飞光纤光缆股份有限公司
股票代码：6869.HK
武汉市光谷大道9号
400-991-6698
www.yofc.com
YOFC 长飞

信息点亮生活 中国普天
Potevio
中国普天
一个世纪以来，我们与信息通信行业共同成长，从信息通信产品制造到行业信息化应用，从支撑通信网络建设到新能源电动车运营，从服务中国到服务全球，普天以绿色节能的发展理念，不断满足客户的可持续发展需要，用心创造绿色文明。每一天，中国普天都在默默支持着你。
微信平台
手机
通信网络与信息安全
通信网络 · 信息安全 · 智慧城市
工业自动化与金融电子
物流自动化装备 · 轨道交通 · 金融机具与运维服务
中国普天信息产业股份有限公司 Potevio Company Limited 中国 北京市海淀北二街6号 100080 http://www.potevio.com

北京艺华通电信工程有限责任公司
Beijing Yihuatong Telecom Engineering Co., Ltd.

北京艺华通电信工程有限责任公司成立于2001年5月14日，注册资金5110万元，具有电信工程专业承包贰级、电子工程专业承包叁级、建筑智能化工程专业承包叁级、机电设备安装工程专业承包叁级施工资质、具有通信用户管线及通信信息网络系统集成甲级资质的通信工程施工及网络运行维护企业，同时公司还具有增值电信业务经营许可证，与中国通信企业协会颁发的通信网络代维（外包）企业资质等级证书通信基站专业乙级与通信线路专业乙级资质。公司通过了GB/T19001-2008 / ISO9001:2008; GB/T50430-2007质量管理体系标准；GB/T24001-2004/SO14001:2004环境管理体系标准；GB/T28001-2011/OHSAS18001:2007职业健康安全管理体系标准。同时公司还拥有北京市建筑业联合会颁发的建设行业诚信企业证书，中国通信企业协会颁发的企业信用评价AAA级证书，以及第三方专业评价机构颁发的企业资信等级AAA级认证；企业信用等级AAAAA级认证；重合同守信用AAA级认证。

本企业是我国体制改革和入世后产生的新型股份制企业，公司高级管理人员都具有十几年通信施工经验和通信管理才能，曾经承接过北京市话局、北京无线局、北京市通信管理局、中国网通、中国电信、中国移动、中国联通、中国铁通、中国铁塔等大型电信企业的通信工程和维护工作，业务区域涉及北京、内蒙古、宁夏、海南等地区，在各地均设有分公司或办事处。我公司已具备完成现代通信工程应具有的现代化施工及维护能力。我们本着以质量唯先，诚信为本的原则，为中国通信事业发展进入快车道尽责、尽心、尽力。

YIHUA TONG

广东长实通信科技有限公司

广东长实通信科技有限公司一直以来专注于通信技术研发、通信网络优化、通信设备及通信线路维护、通信设备及通信线路施工，同时兼顾安全技术防范系统设计、施工维修以及计算机系统集成、计算机系统信息安全服务等业务。致力于在全国范围内为通信运营商、设备制造商、专用通信网及社会公众客户提供各种通信运营服务，是一家通过自主研发、引进吸收通信技术等方式不断创新、不断提供优质服务的综合型企业。

公司成立于2002年4月，注册资金10000万元人民币，拥有通信网络代维（外包）企业资质综合代维甲级、通信信息网络系统集成甲级、通信工程施工总承包贰级、电信工程专业承包贰级、通信网络代维基站专业甲级、通信网络代维线路专业甲级、广东省安全技术防范系统、计算机系统集成等资质、并通过ISO9001：2008质量体系认证、ISO14001：2004环境管理体系认证、OHSAS18001：2007职业健康管理体系认证以及高新技术企业认证。

公司成立以来，以“专业、专注、做中国领先的综合通信网络技术服务商”为目标，始终坚持"诚实守信、客户至上、专业服务、质量第一"的服务理念，是一家专注于提供通信网络技术服务的第三方服务商。

公司秉承“责任、专业、务实、学习”的核心价值观，大力推行企业文化核心理念深植工作，促进企业文化融入经营管理、植入员工行为。以科学发展观和科学人才观为指导，坚持以人为本、企业与员工共同成长的社会责任准则，视人才资源为第一资源，尊重劳动、尊重知识、尊重人才、尊重创造，抓住培养、吸引、使用等关键环节，大力开展全员培训。

公司抓住机遇，不断拓展，在发展过程中推行“全国布局、重点发展”的经营战略方针。公司业务起源于广东省通信网络技术服务市场，在经过多年经营、公司积累了雄厚的实力和丰富的经验后，相继进入云南、广西、内蒙、江苏、贵州、四川、上海、河南、山东、天津、安徽、江西、北京、浙江、辽宁、福建、宁夏等地区通信网络技术服务市场开展业务，在通信服务行业树立起良好的品牌。与此同时，公司积极承担企业的社会责任，多次开展“关爱特困家庭”等爱心活动，得到了政府、社会机构的广泛认可。

创业13 年，风雨13 年，收获13 年，长实科技秉承“以科技为先导、以创新求发展、以质量求生存、以诚信待客户”的企业精神，持续提升管理水平，增强企业综合实力，打造高品质客户服务。面对未来，我们只有一个目标——“做中国领先的通信网络技术服务商”。我们必将创造出更加辉煌的未来，在新的历史时期，向世人展现出一个更具影响力、更强大的长实。

2015年5月，茂业通信网络股份有限公司（证券代码：000889）收购了本公司成为其全资子公司，为公司进一步发展成为行业龙头企业奠定了基础。

中国通信企业协会

CHINA ASSOCIATION OF COMMUNICATION ENTERPRISES

工业和信息化部副部长刘利华参加2015年通信行业三项活动推进大会

苗建华副会长参加2015中国信息通信业发展高层论坛

驻工业和信息化部纪检组副组长黄文玉为首届“十大”最美通信人颁奖

第七届两岸通讯产业合作及交流会议

中国通信企业协会是经国家核准注册登记，由通信产业相关的企业、事业单位和个人自愿组成的全国性、行业性、非营利的社团组织，成立于1990年12月。协会以服务、维权、自律和协调为基本职能，发挥桥梁纽带作用，为政府服务，为会员服务，为行业服务，促进通信业发展，促进信息化建设，促进工业化和信息化融合。

协会团体会员单位850余家，包括通信运营、通信工程建设、网络运维、增值服务、设备制造及光电缆、网络安全及科研院校媒体等，中小企业占会员总数的90%。协会下设通信工程建设、通信网络运营、增值服务、通信电缆光缆、通信网络安全专业委员会、通信器材分会、虚拟运营、增值通信企业家工作委员会等分支机构，常设办事机构为秘书处。

主要职能：经政府部门授权起草或参与制定行业标准；通信行业、企业咨询服务与行业统计；举办通信发展论坛，组织通信业发展研究分析；推荐通信行业用户满意企业、企业管理创新、质量管理活动；开展技术业务培训；促进行业自律，维护企业合法权益；维护消费者的合法权益；联系境外国家和地区通信行业组织，开展对外经济技术交流与合作，举办国际国内展览会，为政府、企业和行业搭建沟通交流平台。

协会会长：刘利华

名誉会长：奚国华 刘立清

副会长单位：中国电信 中国移动 中国联通 中国邮政 中国铁塔 华为 中兴 大唐 联想 上海贝尔 中国普天 中国邮电器材 腾讯 奇虎360 中国信息通信研究院

秘书处：副会长兼秘书长苗建华 副会长兼副秘书长钱晋群 副秘书长赵中新 秘书长助理李北林

2015～2016
中国信息通信业发展分析报告

中国通信企业协会 编

人民邮电出版社
北京

图书在版编目（CIP）数据

2015～2016中国信息通信业发展分析报告 / 中国通信企业协会编. -- 北京 : 人民邮电出版社, 2016.4
ISBN 978-7-115-42054-1

Ⅰ. ①2… Ⅱ. ①中… Ⅲ. ①通信技术－信息产业－产业发展－研究报告－中国－2015～2016 Ⅳ. ①F49

中国版本图书馆CIP数据核字(2016)第057739号

内 容 提 要

本书是一部综合反映2015年中国信息通信业发展的研究分析报告。书中对2015年信息通信业和互联网的发展以及新政策、新业务、新技术和由此带来的影响等进行了深度分析，并对2016年信息通信业的发展作出了预测和展望，内容涵盖了运营、市场、业务、技术、管理等众多方面，以及信息通信和互联网产业链的各个环节。书中给出了大量翔实的数据，同时收录了行业内专家针对备受业界关注的热点问题专门撰写的文章。全书具有较强的分析性、研究性和参考性。

本书可供信息通信业的各级管理人员、相关研究单位工作人员以及关心中国信息通信业发展的各界人士参考。

◆ 编　　　　中国通信企业协会
　责任编辑　王建军　刘　婷　李　静
　执行编辑　李娅绮
　责任印制　彭志环

◆ 人民邮电出版社出版发行　　北京市丰台区成寿寺路11号
　邮编　100164　　电子邮件　315@ptpress.com.cn
　网址　http://www.ptpress.com.cn
　北京隆昌伟业印刷有限公司印刷

◆ 开本：880×1230　1/16　　彩插：36
　印张：19.5　　2016年4月第1版
　字数：549千字　　2016年4月北京第1次印刷

定价：360.00元

读者服务热线：(010)81055488　印装质量热线：(010)81055316
反盗版热线：(010)81055315
广告经营许可证：京东工商广字第8052号

前　言

2015 年国家对信息通信业寄予厚望，提出要加快从“通信大国”向“通信强国”转型需求。要求加快提速降费，全面实施宽带中国战略。这一年，信息通信业增势平稳，信息消费在经济增长中的拉动作用进一步凸显；宽带中国、智慧城市、大数据、云计算等在 2015 年的信息通信业发展中总体势头良好，最值得关注的是 4G 的全面商用，这标志着中国信息通信业进入一个全新时代。同时，随着虚拟运营商多批牌照的连续发放，虚拟运营商正式迈入运营期；铁塔公司的成立，提高了行业的投资效率，进一步提升了电信基础设施的共建共享水平；宽带接入网业务正式向民企开放等等为我国信息通信产业发展带来了更多的活力。

《2015～2016 中国信息通信业发展分析报告》（以下简称《报告》）聚焦信息通信、互联网及战略性新兴产业领域，全面梳理了中国信息通信业的发展变化情况，对中国信息通信业的行业发展、宽带及移动通信发展、互联网与信息服务、网络与信息安全、新一代信息技术发展、通信设备制造及建设运维、企业发展、政策法规等过去一年的重大研究成果及问题进行了比较全面的论述、分析和研究，同时，也对 2016 年信息通信业的发展作出了预测和展望。

针对这一年行业的发展重点，《报告》以专家的视点，从不同角度对“互联网+”、云计算、5G 发展、通信转售、宽带提速降费、混合所有制改革、网络功能虚拟化、移动互联网等热点问题进行了深度阐述。《报告》还收录了 2015 年新发布的信息通信业的政策法规和各项评奖结果，并且提供了大量信息通信业发展的专业统计数据。

《报告》邀请了近百位行业内知名学者、专业人士、行业观察家、分析师、媒体人撰写相关稿件，并得到了中国信息通信研究院，中国电信、中国移动、中国联通等电信运营企业，北京邮电大学和人民邮电报社以及企协各专业委员会的大力支持。《报告》在成书过程中，也得到了人民邮电出版社的大力支持，其所属的信通传媒公司调动了大量的人力、物力，组织作者编写《报告》，并且进行了认真的编辑加工，使本书能够及时出版。

《报告》还存在需改进之处，真诚希望业内外人士提出宝贵意见，以便我们今后在组织编写的过程中不断改进和提高。

中国通信企业协会

2016 年 **2** 月

目　　录

综合篇

宽带及移动通信篇

互联网与信息服务篇

网络与信息安全篇

新一代信息技术发展篇

通信设备制造及建设运维篇

企业发展篇

专家视点与专题研究篇

附录一　政策法规

附录二　创新成果类

附录三　数据类

2015 中国信息通信业回顾分析与展望

中国通信企业协会

2015 年，信息通信业服务中国经济“新常态”及“互联网 +”发展大局，克服重重困难，在完成“提速降费”艰巨任务的同时，实现了“宽带中国”战略的逐步落地，为全行业进一步转型创新打下了基础。2016 年，国家“十三五”规划的开篇给信息通信业的发展带来了新的机遇，全行业将在“网络强国”战略的指引下，肩负起更为光荣而艰巨的历史使命。“宽带中国”战略的落地和“网络强国”战略的开启，构成了 2015 ～ 2016 年中国信息通信业发展的主旋律。

一、回顾：2015，“宽带中国”战略逐步落地

对于中国信息通信业来说，刚刚过去的 2015 年是压力空前、步履艰辛、发展成果难能可贵的一年。其中又以“宽带中国”战略的落地和“提速降费”任务的完成最为突出和艰巨。

早在 2011 年年底，苗圩部长就在全国工业和信息化工作会议上提出要推动实施“宽带中国”战略。不久，国务院批示八部委联合起草实施方案，工业和信息化部也启动了“宽带普及提速工程”。2013 年 3 月，温家宝总理在政府工作报告中提出“加快建设新一代信息基础设施，促进信息网络技术广泛应用”，为“宽带中国”战略的出台增添了信心。8 月 17 日，《“宽带中国”战略及实施方案》对外公布，标志着“宽带中国”战略正式上升到国家层面。

“宽带中国”作为一个国家战略提出不易，落实更加艰巨。尽管工业和信息化部已经连续多年开展专项行动，使光进铜退和移动宽带的建设速度得到了提升，用户上网体验也有所改善，但由于配套措施的缺位，整体推进仍处于“小步慢走”的状态。截至 2014 年年底，我国主流固定宽带接入速率开始从 4Mbit/s 提升至 8Mbit/s，而当时美国宽带网络的最低下载速率已上调至 10Mbit/s。移动宽带建设也比全球慢了半拍，仅中国移动一家建成 4G 网络，中国电信和中国联通只是在小范围开展“混合组网”的试点。与各国宽带建设的疾走快上相比，国内“慢进亦退”的局面仍没有彻底改变。

然而，作为网络的建设者，通信业也面临着诸多困局。庞大的建设成本、超长的回收周期一直是网络建设提速中的未解难题。在跨界竞争和营改增等政策措施的影响下，运营压力也日趋增大。2014 年，我国电信业务收入增速由 2013 年的 8.5% 急剧下落至 3.6%，仅为当年 GDP 增速的 1/2；短信和彩信业务量分别下降 14.4% 和 24.4%，移动语音和移动增值对收入的增长贡献也首次双双转负。

2015 年年初，为促进整体经济的转型升级，国家出台了“互联网 +”行动计划、“大众创业 万众创新”等一系列战略措施，对信息通信基础设施提出了前所未有的新要求。李克强总理多次批示督促通信业“提网速、降网费”。

支撑“互联网 +”、服务“双创”就必须“提速降费”，而“提速降费”则需要“宽带中国”战略的支撑。如何在“宽带中国”战略尚未落地的情况下实现“提速降费”，成为了摆在全行业面前的艰巨任务。

在这样的局面下，信息通信业以大局为重，一方面主动履行社会职责大幅度降低资费，另一方面积极推进“宽带战略”的落地，探索“宽带中国”和“提速降费”结合推进的路子，最终实现了一系列重大突破，为两项工作的持续推进积累了经验，开辟了道路，拓展了空间，也带动了全行业的发展创新。

“全光网”建设为固网宽带接入破除技术枷锁。“最后一公里”的接入问题一直是制约固网宽带整体

提速和降费的瓶颈。2015年9月，四川建成全国首个“全光网省”，破除了接入网光、铜混合的桎梏，解决了技术选择、资金来源、回收方式等难题。在此带动下，全光网的建设在全国陆续推开，先后建成了包括鲁、津、豫、皖在内的4个“全光网省（市）”，全国FTTH端口达到2.69亿个，超过80%的城市家庭已具备百兆接入能力，固网宽带的平均接入速率首次突破8Mbit/s大关，同比增长近一倍。与此同时，全国固网宽带资费水平实现了超50%的降幅。

资源共建共享为移动宽带建设开辟广阔空间。我国3G和4G网络的建设比国外分别晚了8年和2年，两代技术之间的时间差又相对较短，3G成本尚未回收、4G建设投资的压力又接踵而至，造成了移动宽带网提速降费的巨大压力。为克服这双重压力，在国务院及各相关部门的指导下，全行业积极推进以铁塔公司为代表的共建共享创新合作。2015年，在运营商的积极配合下，中国铁塔完成了2000多亿存量铁塔资产的交接工作，将新建铁塔的共享水平提升至74.4%。共建共享有效缓解了网络建设与地方政府城市规划的传统矛盾，加快了网建步伐，为行业节约资金约500亿元、土地约1.3万亩，大幅拓展了移动网络提速降费的空间。在运营企业降低国际漫游费、取消京津冀漫游费和长途费、套餐内流量当月不清零等措施的配合下，全年移动流量平均资费下降逾39%。

出台宽带普遍服务补偿机制填补建设资金缺口。中国国土辽阔，地区、城乡网络建设差异大，造成了巨大的数字鸿沟。而庞大的建设资金不能仅靠企业来解决，需要国家政策的扶持。2014年，三部委联合在川、陕、甘、滇、黔及内蒙古六省（自治区）试点“宽带乡村”。四川率先开局，借助国家和省政府的资金扶持，使一半以上的农村具备了100Mbit/s到户的光网放装接入能力，有效带动了农村电商的发展，为推动农村宽带建设积累了宝贵经验。2015年10月，国务院常务会议明确“改革创新电信普遍服务补偿机制”。12月，财政部和工信部联合启动了电信普遍服务试点工作，按照“中央资金引导、地方协调支持、企业为主推进”的思路，对东、中、西部及自治区各省（自治区、直辖市）分别按其基数的15%、20%、30%、35%给予补贴，确定了90多个试点地市州，实现了十余年来宽带建设资金方面的政策突破。

“宽带中国”的逐步落地助通信业超额完成了“提速降费”的任务，并促进了运营商的转型升级。2015年，三大运营商先后发布“互联网+”行动方案或计划，实现互联网化转型；中国铁塔引入国信控股，探索股权多元化和混合所有制发展模式；39家移动通信转售企业发展用户2 050万户，占比超过1.2%；宽带接入网开放试点范围从首批的16个城市扩展到61个城市，发放牌照105张。在网络快速发展的带动下，信息通信业也实现了整体提升。互联网信息服务收入6 950亿元，同比增长39%；通信设备行业销售产值同比增长13.2%，是同期规模以上工业增加值增幅的两倍以上；大数据和物联网的市场规模分别达到115.9亿元和7 500亿元。同时，“宽带中国”战略的落地让网络成为廉价、高效的创新工具，促进了互联网在金融、电商、教育、医疗等行业的广泛应用，推动其向农业、制造、能源等更多领域的融合与渗透，有效支撑了“互联网+”行动计划的落地和“双创”的推行。

二、展望：2016，“网络强国”战略迈开步伐

展望2016年，在“宽带中国”战略逐步落地打下的基础上，“网络强国”战略将带领中国向数字经济的更高层次迈进，信息通信业被赋予了更为重大的历史使命。

早在2014年2月27日，习近平总书记在主持召开的中央网络安全和信息化领导小组第一次会议上首次提出“努力把我国建设成为网络强国”，并强调建设网络强国的战略部署要与“两个一百年”奋斗目标同步推进。在2015年年底召开的2015年工信部系统全国工作会上，工信部提出将网络强国确立为2015年工作的两个中心之一。2015年10月底，党的十八届五中全会通过的“‘十三五’规划建议”正式将“网络强国”上升为“国家战略”。2015年11月，工信部积极响应，提出将从网络基础设施的建设、信息通信业新的发展和网络信息安全三个方

面来支持“网络强国”战略，并在年底举行的工作会议中将“网络强国”作为2016年全盘工作的立足点之一。

“网络强国”包含了网络升级、技术领先、应用创新、人才战略、安全保障等多方面内容，但基础在网络。作为网络建设的推进者，通过网络升级来构建符合“网络强国”需求的基础设施无疑将成为信息通信业在2016年面临的主课题。从目前网络发展的情况来看，信息通信业将在以下4个方面发力。

基础网络继续提速。2016年，光纤骨干网进入选型、重构的关键期；随着100Gbit/s平台向城域网下沉，400Gbit/s的商用进程将加快，1Tbit/s、2Tbit/s的技术也将进入产品研发期；接入网侧的“全光网省”建设模式将在全国铺开；载波聚合技术的全面应用将带领网络迈入下行速率300Mbit/s的4G+时代；97个地市电信普遍服务试点工作的开展将带动农村和偏远地区宽带网络的快速建设。

智能管道积极推进。随着在最新版《电信业务分类目录》中的单列提出，CDN将在2016年迎来在运营商和大型互联网企业内的广泛推广。在新一代网络愿景的指引下，运营商SDN/NFV商用步伐将提速，在城域网边缘引入提升数据精细和灵活控制能力的VBAS。SDN/NFV在数据中心网络侧也将加快部署。

智慧网络逐步开拓。大数据和云计算与网络的适配将进一步加深。大数据产业发展将大幅提速，传统行业开始探索大数据应用，继电信、金融等行业之后，工业、农业也将加入其中。云计算将成为企业IT化的新核心，并开始向以服务为主要输出模式的2.0时代迈进。

未来网络科研加速。在技术研发试验的推动下，5G的标准制定、系统开发等工作将进一步加快。物联网将从小范围局部应用转向大范围规模商用，个性化需求将延续长尾市场的魅力。在“互联网+”和智能制造的带动下，产业互联网将迎来新一轮发展机遇。

2016年是“十三五”的开局之年，也是“网络强国”战略全面起飞的一年。信息通信业正处于一个重要的“战略机遇期”，要抓住这一机遇，充分发挥自身的支撑和带动作用，任重而道远。

互联网时代信息通信业合作创新的几个问题

吴基传

随着中国经济进入“新常态”以及互联网对传统通信业带来巨大的影响和冲击，我国通信业面临前所未有的机遇与挑战。2014 年，一方面我国整体信息消费达 2.8×10^4 亿元，同比增长 18%，信息消费的爆发式增长带来宽带流量的持续增长；另一方面，网络宽带化、宽带业务互联网化给通信业务结构带来深刻变化，原有电信行业业务收入、利润水平的增幅又出现大幅度下滑，2014 年全年电信业务收入增长仅为 3.6%，创下近年的新低。这种整体信息消费高速增长，而电信行业业务收入增幅下降的矛盾，充分反映出我们电信业在产业结构、服务方式、适应市场需求上的变化，必须尽快转型和调整与之适应。2015 年，是“十二五”收官之年，也是“十三五”的谋划之年。中央提出的“新常态”给信息通信业的发展提出了更高的要求，也赋予了更大的使命。很显然，信息通信业的未来必须在“新常态”这个最大的背景下破题。把握好新常态，行业定位准确了，下一步就可以迈上一个新的台阶。如果对形势判断把握不准，思维方式跳不出传统通信的条条框框，行业发展就破不了题，也就没有发展的后劲。

一、深刻、全面、准确认识国家确立经济“新常态”战略决策与行业新业态的关系

2014 年召开的中央经济工作会议已经为 2015 年经济发展定调：坚持稳中求进工作总基调，坚持以提高经济发展质量和效益为中心，主动适应经济发展“新常态”，把转方式、调结构放到更加重要位置，狠抓改革攻坚，突出创新驱动，促进经济平稳健康发展和社会和谐稳定。

“新常态”的主要特征、内涵表现为：一是从高速增长转为中高速增长，从注重速度转向更注重质量；二是经济结构不断优化升级，第三产业消费需求逐步成为主体，城乡区域差距逐步缩小，居民收入占比上升，发展成果惠及更广大民众；三是从要素驱动、投资驱动转向创新驱动。从上述的解读中可以看出，“新常态”是国家经济发展过程中的一个历史进程，是从我国经济现阶段发展实际出发，指导国家整体经济发展的总指导原则。那么在“新常态”背景下，我们应如何定位和认识信息通信业的发展？

我国的信息通信业从改革开放以来，经历了一个飞速发展阶段。可以说完成了我国电信网络及国家信息服务必备的一切物质基础性的网络架构，电信市场化的改革以及电信业务收入也经历了一个高速增值期，服务用户总数已跃居世界第一，移动电话用户已达 12.9 亿户，固定电话用户达到 2.49 亿户；从 1994 年我国接入国际互联网后，现在网民数已达 6.5 亿户。这一切都反映出一个伴随国家经济高速发展期的基础和先导产业的飞速发展阶段。随着 IT 技术的不断更新进步，信息服务业务不断翻新涌现，传统电信的某些业务逐步被淘汰而被新的信息服务方式和业务替代，导致近两年来电信业务及利润增幅的下降，而社会整体信息服务业增长的现象。这就要求传统的电信服务者必须认真思考我们电信运营商当前遇到的问题，分析其产生的原因，深刻研究和理解当前国家提出“新常态”的重要意义。我们必须深入思考经济“新常态”相关战略决策下，自身如何转型，如何调整服务业务结构，以及改革原有不适应的管理模式和方法。从高速增长期转到适应市场需求的多业务质量服务型上来。

二、深刻认识互联网业务对传统电信业务的客观替代是历史发展的必然

互联网是在计算机技术及通信网发展的基础上产

生的。互联网发展到今天，可以这么去认识，就是人类社会、计算机、物理世界三元融合，使信息服务进入普惠计算机时代，这是一个划时代的大事。人类进入信息时代，也可以这么认识，在工业社会，蒸汽机和电力解放了人们的手脚，提高了生产效率，是解放生产力的重要工具；今天，计算机引领人们进入信息社会，解放了人的大脑，使大脑、手、脚更加协同发展与创造，从而更进一步促进生产力的发展。我们说乔布斯一下子把人们带进了普惠计算机时代，手握一个智能终端，随时随地可以获得用户需要的解决方案和想要办的事情。随着语音识别及语音输入的应用，人与计算机的联动将更紧密，人使用和活动更方便灵活。

互联网与商业对接变成了电子商务，它改变了传统的工业产品生产方式和流通习惯，以前是从批量生产到流通时先批发再进入市场零售，用户只能按已有商品去选择。互联网时代可以实现商品生产的个性化，用户可以在网上提出定制服务，通过电商准确送达，原来的商场可以变成样品展示店。

互联网与工业生产对接将改变传统的生产方式，将原来从原材料、生产部件然后组装整机形成一个从小到大的封闭系统车间。初期经过单个信息化过程引入计算机设计，计算机控制生产流水线，进入全球互联网时代，整个生产可以在全球范围进行部件生产，生产效能高度规模化，产品可到用户端组装，工业生产进入互联网工业生产时代。

社交网络及微信变成了新媒体，新闻业的围墙正在坍塌，每个人都是信息的接受者，也可以是信息的发送者，人们之间的即时信息交付，充分体现个性的发挥，即时通信不受时空的制约。网络文学的产生，活跃了人们的生活情趣，微信大大地改变了人们社交的生态，在微信上看视频、通话，这种社交生态的发达程度前所未有。维基百科成了群众自修自编的百科全书——人们才发现书也可以这样编。

面对 ICT 技术强大的存储和应用能力，中小学教育还能按照老教材教下去吗？传统教育方式面临网络教育的极大冲击，应该让孩子们学会自己去“淘”知识，发挥想象力和创造力。改革传统教育模式，现已成为全球性的共识。改变传统的灌输方式，采用更多的启发和引导，现在提倡“翻转课堂”——指重新调整课堂内外的时间，将学习决定权从教师转移给学生，现已成为世界很响的口号。

互联金融、电子银行、电子支付给传统金融业的业务与监管带来强大冲击，众多银行网点的优势将被个人手机电子银行替代，实现金融的普惠脱媒。互联网将掀开服务业和新工业革命的大幕，只要人们需要服务的地方都可以通过互联网实现，工业生产、农业生产方式，人们的个性化生活需求都可以通过不同的互联网服务来调整和满足。

基于互联网，除人与人的信息交互之外，还有人与物、物与物之间的交互，这样就构建了物联网。物联网就是人利用互联网的信息控制，使人的主观能动性得到充分发挥，所有你想指挥和流动的物，通过感知元件按照人的意志进行物理位移，以实现人要想达到的目的。

当语音输入技术过关后，同声翻译间可用一个芯片替代，互联网可构建一个语言翻译平台，全球各国的人们都可以通过云翻译平台，双方任何语言都可以用智能终端实现沟通，进一步扩大和方便各民族、各种文化的相互交流。

上述种种新业务都是基于大带宽互联网基础设施、云计算、大数据等互联网技术或平台以及应用智能终端所实现的一种新型信息服务模式，其服务范围很广，如电子支付平台、医疗保健平台、电子商务平台、文化教育平台、视频娱乐平台、学习教育平台、城市交通信息管理平台、居家管理平台、政务服务平台等，只要有服务需要的地方都可以实现云计算服务。总之，云计算信息服务的特点是基于互联网，管控高度集中，信息处理分布式分散，服务高度离散以人为本，真正适应和服务消费者的需求。其应用既涉及衣食住行等人类生活，更涉及社会管理与公共事务，以及工农业生产等。

互联网的服务是围绕消费者为中心实现个性化的、随机优质的、舒适感知的信息服务，它将必然替代原有的点对点、单一的传统电信业务服务模式。这是技术进步、社会进步、人们追求高效、优质社会发展的必然趋势。

三、深刻认识众多信息服务是建立在无所不在、先进智慧实体网络之上的关系

众所周知，各种互联网的业务服务呈现出虚拟

性、个性化、随机性和群聚效应的诸多特点。

要实现上述要求，必须要有深度覆盖的数字网络，通过大宽带传输网络，再加上超大数据分析处理的大数据，大数据从海量信息中通过信息转变成数据，从而对数据进行实时、在线分析，为消费者提供有用的数据，形成知识，供信息使用者决策消费。

大宽带网络和大数据分析都是物质基础，互联网构建一个虚拟世界是依赖这些先进的物质基础。人们进入互联网还必须通过软件用逻辑把控相应的智能终端来实现。这就好像是你上云平台的梯子，去获取你需要的信息，智能终端的关键是微电子芯片及各种相适应的软件。

如今的个人手机，已不是简单的通信工具，而是基于互联网的个人手机，它变成了个人信息中心，个人学习、娱乐、听音乐、看视频电影、存取照片、获取所需的各类信息、阅读网上报刊书籍以及即时通信的工具，现代人们已无法离开这一综合性的带有个性特征的手机终端。

要提供这一切服务，如果没有一个现代化的智慧型网络支撑是无法实现的。人们往往很容易注重业务层面的服务价值和体验，这也是很自然的，但是我们网络服务商必须高度认识网络实体支撑的物质性，没有实体网络支撑，一切虚拟业务的提供都成为不现实，但是新的众多的业务需求又进一步促进网络服务者尽快提高网络支撑的能力和发展动力。掌握主要网络运行及巨大信息源的电信运营商真是守着信息时代一座宏伟金矿，当前的问题是我们只是简单提供矿山服务，而没有深度挖掘开发这座金矿，反而是互联网业务服务商在开挖这座金矿，当今的BAT哪一个不是依赖着这庞大的网络设施进行着OTT呢？互联网时代是一个扁平的服务时代，谁能为消费者提高优质的感知信息服务，谁就占有市场。在这一方面，我们传统的电信运营商受传统的服务模式影响太深，传统的习惯约束着我们的头脑和手脚，传统的规章阻碍着我们大胆创新。网络运营商在进入“新常态”经济时期，应更下力气从单纯数量增长主动转向创新和挖掘信息数据价值上来，充分发挥自己的优势和长处，运用现代新的信息技术，即大数据分析、云计算服务和新的软件架构，去开发挖掘现存的大“金矿”，同时更加加强和关注新一代网络结构的变化，如软件定义网络（SDN）的发展走向、超大带宽传输处理的建设与发展、网络功能虚拟化（NFV）技术的成熟应用等，电信运营商最优势的领域没有这种新型技术的物质网络支撑，众多新的信息服务就不可能健康发展。

四、深刻认识互联网时代的创新与合作

互联网是世界各国各民族人民用来进行经济文化交流的现代化工具。它克服时空限制，通过数码的分析进行相互信息交流，促进人类文明的发展，促进生产率的提高，促进相互交往与理解，提高和改善人们的生活质量，但是也应看到这样一个公众性的信息交互平台，如何维护它的正常工作，保持良好的服务环境，需要各国的网络运营商和互联网业务服务商共同努力。

首先，保持互联网这一伟大工具的良好运行，而且安全地防止黑客及网络病毒的侵害，这是网络服务者和网络使用者的共同责任。其次，要增强使用互联网消费者必须遵守公共道德和诚信遵守各国的法律，维护互联网的正常运行，依法保护消费者的权益和信息所有者权益。最后，互联网技术仍在不断发展和更新，新的服务业务不断创新，大家在同一个服务平台上，各种服务都把它做好，满足社会各方面各种不同信息消费人群的不同需要，是一件非常不容易的事，更需要网络运营商、各种互联网服务商相互之间的共同合作与协调发展。在社会不断进步，技术更新飞快的当今，更需要合作与创新，更需要融合与包容，更需要相互支持而不是拆台，更需要理解“新常态”的经营和发展理念，摒弃那种简单粗暴的低等相互竞争与厮杀而浪费资源和人力、物力。我国已成为互联网应用的大国，在互联网的发展中，从硬件制造、软件开发、网络运营到信息服务都创造出不少的领军企业，取得了不少成就。为此，希望大家在新的时期做出更大贡献，为促进我国的强盛而努力。

中国信息通信业 2016 年十大趋势

中国信息通信研究院

一、信息通信服务业收入突破 2 万亿元，历史性转折初现

2 万亿元在中国的经济体系中是非常小的数字，但对一个领域来说是不能忽视的，具有里程碑的意义。2000 年，中国信息通信服务业收入规模是 3 千亿元，那时互联网的业务收入可以忽略不计；2005 年接近 6 千亿元，翻了一番；到 2010 年再翻一番，超过 1 万亿；预计 2016 年将再次翻一番，突破 2 万亿元。从全球来看，速度也是非常快的。

中国信息通信服务业收入规模增长的同时，结构也在变化，并且变化非常明显：2010 年，与互联网相关的服务业收入占 20%，传统电信业务收入占 80%；到 2015 年，两者的比例已经为 6 ∶ 4。在未来几年中，这个变化仍将继续下去。传统电信业慢慢会演变成以基础设施为主的产业，其本身的增长应该有限。

从企业的角度来看，近两年会有一个临界点，即互联网企业的收入将超越传统电信企业，也就是整个产业架构会发生结构性变化，这个变化是不可逆转的。OTT 服务会在产业里占主导地位，传统电信企业会退守到以做基础设施为主。

二、固定宽带全面迈入高速光网时代

2015 年，我国宽带用户的光纤占比仅次于日本和韩国，居全球第三。预计 2016 年将比肩日韩，可能达到 75%。这就带来一个问题，如果我国宽带用户光纤占比能达到全球顶级水平，有理由预期我国宽带的速度也可以达到全球顶级水准，但显然这是做不到的。可能未来会有一个非常好的网络技术，能把我们宽带的速率提升。实际上，接入部分的光纤化只是提速系统工程的一部分，还有骨干网的改造、网站的改造、网络和国际的接入，还有国际的提速。如果把这些问题放在一起的话，这个提速仍然是很艰巨的过程。相信已经取得了这样的发展，未来会有一个非常光明的前景。

此外，由于国务院、财政部、工业和信息化部的努力，宽带普遍服务机制已经建立起来了，农村光纤入户的进程比我们想象得还要快，这是全面建成小康社会非常重要的推动力。

2016 年，预计 8Mbit/s 以上用户将占 80%，20Mbit/s 以上用户占 50%，这比前几年有很大的进步，当然还是不够的。美国的用户接入速率是 25Mbit/s，相信在未来几年，我们会达到这样的水准。

三、4G 浪潮加速推进，为 5G 新纪元筑基

2016 年，我国的 4G 用户数超过 5 亿，占比接近 40%，全球 4G 用户占比接近 20%；2020 年，我国 4G 用户占比将超过 70%。2016 年，4G 数据流量将占全部流量的 65%；到 2020 年，4G 网络移动数据流量年复合增长率将超过 150%，人均流量达到 4.9GB。ITU 和 3GPP 都已经形成 5G 标准制定路线图，预计到 2020 年实现商用。随着频谱需求的激增，频谱的供需矛盾加剧，因此频谱资源将是下一步需要重点考虑的问题。

四、互联网网络架构优化变革，转型交换中心

互联网网络架构的变迁预示着整个互联网体系结构的重大变革。交换中心作为互联网网络架构的重要组成部分，在上世纪 90 年代产生之初，主要实现以互联网接入提供商（ISP）为主体的多方互联互通。随着互联网各类服务提供商的不断涌现和快速

发展，互联网内容服务提供商（ICP），如国际上的谷歌和facebook，国内的BAT等，互联网内容分发服务提供商（CDN），如国际上的Akamai、国内蓝汛、网宿等，云计算服务提供商（CSP），如国际上的Amazon、国内的Ucloud等的业务开展模式决定了他们之间存在着越来越强烈的平等互联需求。互联网企业结合自身业务已经以多种方式开展了事实性交换中心的建设，从而成为当前交换中心建设与运营的新主体。这意味着交换中心的定位和作用正在随之发生重大变化，反应了产业链、价值链比重的变化带来的全球互联网体系话语权以及控制权的转移，这种变化不可逆转，将进一步加速互联网体系架构重构。

五、SDN/NFV从数据中心走向广域网

软件定义网络（SDN）和网络功能虚拟化（NFV）所倡导的网络开放、智能、虚拟、融合的技术理念得到了越来越普遍的认同，成为推动网络技术创新和升级演进的重要动力。当前，谷歌已经通过SDN/NFV把数据中心网络的利用率从25%提高到了95%以上。SDN/NFV在互联网数据中心中的成功实践使得业界对其在骨干网的中应用效果产生了很高的期待。但是，骨干网与数据中心网络的应用场景、网络架构、运维要求均存在较大差别，SDN/NFV在骨干网的规模应用还需要更多的探索与试验。目前，SDN/NFV在骨干网的应用主要有4个方向：一个是通过SDN实现IP网络和光网络的统一管理控制，这是目前发展比较快的技术方向；第二是基于SDN实现IP网跨域互联，提高域间路由的可控性和灵活性；第三是通过SDN改进MPLS跨域性能，解决MPLS VPN跨网络的复杂性和可扩展性问题；第四是通过SDN实现网络功能即服务（NaaS），不管什么样的网络服务需求，基于SDN/NFV技术均可以灵活地调用网络资源，即网络运营商把网络资源的管理控制接口开放出来供业务和服务支配。上述应用非常符合互联网的理想，正在尝试之中，目前还没有哪个方向取得非常有标志性的成功。从长远看，变革性技术被引入以后会重塑全球互联网体系，这个趋势和前面讲到的交换中心等几大技术合在一起，未来的互联网和现在我们看到的互联网从运营主体、网络连接、流量的分布会有很大的不同，这个变革正在发生。

六、物联网迈向2.0时代，全球生态系统加速构建

物联网迈向2.0时代，从产业自身发展的角度来看，可以看到两大转变：第一，过去是小范围局部性的应用，现在已出现较大范围的规模化应用；第二，过去是垂直和闭环应用，是在一个企业、一个工厂或者产业上下游供应链伙伴内应用，现在趋向跨界融合和开放的应用。互联网思维在物联网领域有了很大的体现。

目前来看，以下4个方向的发展较快：第一是工业物联网、产业物联网，2015年召开了第一届世界产业物联网大会；第二是物联网与移动互联网结合以后形成的消费性物联网，是当前全球最有创新活力的、市场动力最强的领域，包括可穿戴设备、智能终端等；第三是生产性和消费性结合在一起的混合物联网，包括车联网和智能家居，这是当前的发展重点；第四是智慧城市，智慧城市是物联网集成应用的综合平台，没有物联网就没有智慧城市。

当前是打造物联网生态体系的关键阶段：第一是互联网企业的加入，从国内到国际能想到的互联网企业都进来了；第二是新兴企业的剧增，在过去的20个月里，国际做物联网的开发商净增2倍，预计到2017年全球物联网企业的提供商里面，有接近一半是新兴企业。在现在和未来的几年中，会发生重大的变化，物联网领域会是一个非常值得关注的领域。在这种情况下，围绕物联网打造生态体系非常重要。

如果我们把物联网产业分解以后，会发现有很多环节。手机通过操作系统可以垂直整合。从操作系统来说，主要是大的互联网企业，像谷歌等公司，芯片方面则主要由芯片企业制作，这个主要靠企业自己的努力。从生态来说，有两大生态体系正在缩短：第一是网络互联体系，把设备都互联起来才可以实现物联网的目的，它需要很多的企业和标准化的工作，全球已经形成了几大互联体系，这些体系

未来可能出现融合的趋势，这个体系是一个平台化的体系。第二是平台，主要有两种：一种是物联网的数据平台，里面是集中式的平台，现在主要的企业，像 IBM、微软、GE、夏普等都在做这样的事情，希望通过这个平台，把下面的物联网终端和设备连上，这样就构成垂直整合的平台；还有一个是边缘的计算平台。目前物联网生态有几大体系，但是目前没有任何一家是占优势的，估计未来两三年会有一个形态出来，对我国来说也是有很大的挑战和机遇。

七、工业互联网引领全球新产业变革

工业互联网是智能制造的变革，引领了全球新产业变革。工业互联网提供的智能化变革，与智能机器人和智能装备是相辅相成的。智能装备和机器人提供的是单环节、单点的智能化，工业互联网提供的是系统级、全流程、全生命周期和全产业链的智能化。

工业互联网包括三大体系：第一是互联，通过交换机和路由器把全球的工厂能够连接起来；第二是标识，每个设备、物品、材料都能够被识别，能做全生命周期管理；第三是应用的支撑体系。工业互联网会不是推翻现在的互联网，而是在现有的互联网上变革和提升。具体模式还需进一步探讨，但技术体系是不变的，也会有新的技术体系和方式被引入进来。

八、人工智能步入快车道，孕育改变未来

目前，开源和云服务降低了人工智能研究的门槛，大数据提供可丰富的训练材料，商业巨头们纷纷推出开源工具，人工智能即服务不断涌现，人工智能已经进入了快速发展通道。弱人工智能向强人工智能的演进还有比较漫长的过程，但是这个过程可能比我们想象的还要快。

谷歌汽车已经发布了无人车，百度也发布了无人车。我们相信人工智能在未来几年会重塑医疗、制造、军事、农业和服务业等很多领域，发展模式将出现一个大的变化。有这么多的数据可以提供材料，还有开源工具会对全球的人工智能发展带来很大的影响。会有越来越高级的人工智能出现，人工智能是可以改变而且即将改变我们未来的技术。

九、“互联网 +”安全重要性凸显，安全防御技术智能化演进

软件安全问题在“互联网 +”中将更加突出，可信技术的重要性更加提升，对“互联网 +”下安全风险监测预警、应急处置能力要求更加紧迫，“互联网 +”安全问题影响范围更大、渗透程度更深。公共安全和网络信息安全融合在一起的时候，这就是“互联网 +”下每个领域的一个新安全问题，这样的技术和防御体系如何建立？从安全技术本身来说已经有很大的进步，智能化的安全防御技术分为两方面：第一是依托云平台，实现恶意样本广泛采集、高速分析、实时全网部署，提升未知威胁防御能力，增强防御效率；二是在智能化安全里依托大数据分析技术，融合机器学习、人工智能等技术，实现自动化威胁识别、阻断和追溯，降低误报率，提升网络防御性能。

十、“互联网 +”大融合大变革，重塑监管制度

“互联网 +”带来的融合变革会深刻重塑监管体系，这不仅是信息通信的监管，更是重塑全球以及整个国家的监管体系。在过去的监管体系中，网络空间的监管体系和现实空间的网络监管体系是分开的，在“互联网 +”的情况下，两个体系相互融合，如何进行监管已成为全球性的问题。传统通信的监管者将成为国家数字生态系统的监管者。2016 年，一些新文件即将出台，包括《电子商务法》草案、《互联网广告监督管理暂行办法》（征求意见稿）、《网络预约出租汽车经营服务管理暂行办法》（征求意见稿）、《快递条例》草案和《关于推进“互联网 +”智慧能源行动的指导意见》（讨论稿）等。这些文件是应对变化初级的尝试，制度体系的重塑是非常漫长的过程，未来会面临很多的矛盾和突出问题的挑战。

综合篇

信息通信业“十二五”发展及“十三五”展望

信息通信业是目前发展最快、最具创新活力的领域之一。“十二五”期间，信息通信业规模不断扩张，总体保持良好发展势头，在支撑引领经济社会发展方面做出了卓越贡献。展望“十三五”时期，随着建设网络强国和制造强国战略目标的提出，以及互联网服务与应用在各行各业的迅速拓展，信息通信业将面临新的发展机遇和挑战，行业规模结构、发展模式和监管体系等都将发生一系列重大转变，在自身获得更大发展空间的同时，将为经济增长和社会进步提供新动能。

一、发展现状和特点

（一）新兴业态推动行业持续快速增长

从“十二五”发展情况来看，信息通信业各领域呈现出不同的阶段性特征。

一是基础电信领域成熟期特征明显，收入规模超过万亿元的同时，增速明显趋缓，扣除短期财税政策调整的影响，按可比口径计算的收入增速已不到4%，大幅低于GDP增长速度。

二是互联网服务领域进入高速发展阶段，网民总数达到6.88亿，较“十一五”末增长51%，互联网普及率超过50%；移动互联网发展迅速，90%以上的网民通过手机接入互联网，人均周上网时长达到26.2小时，主要第三方应用商店的应用数量累计近400万个，累计下载规模已超过3 000亿次。

三是物联网处于规模增长培育期，呈现“重点聚焦、跨界融合、集成创新、规模增长”的发展特点，在工业、农业、能源、物流等行业领域加速渗透，在消费领域引发智能家居、健康医疗、车联网、可穿戴设备等智能硬件应用创新热潮，并以智慧城市建设为平台实现物联网技术的集成应用；我国机器通信（M2M）连接数突破7 300万，同比增长46%，在全球市场份额超过30%，已成为全球最大M2M市场。

整体来看，互联网、物联网等新兴业态推动行业规模不断扩张，2015年信息通信业完成电信业务总量23 142亿元，比“十一五”末增长153%，年均增长20.4%；实现收入1.9万亿元，比“十一五”末增长81%，年均增长12.6%。

（二）流量需求加速行业结构调整优化

从业务结构来看，一是宽带化、移动化特征更为明显。“十二五”期间，固定电话用户减少22%，降至2.3亿户，移动电话用户增长52%，超过13亿户，移动电话普及率达95.5部/百人；3G和4G陆续商用，用户占占比已超过60%，其中4G用户规模达到3.86亿户，我国已成为全球最大的4G用户市场；固定宽带接入用户平稳增长，规模达到2.13亿户，其中光纤用户突破1亿户，占比提升至56%，速率在8Mbit/s、20Mbit/s以上用户占比分别升至70%、33%。

二是话音业务与流量业务此消彼长。2015年固定、移动话音业务总量分别同比下降8.9%和2.3%，而固定、移动数据及互联网业务总量则分别同比增长了9.5%和103%。

三是电信业务与互联网业务此消彼长，传统电信业务所占收入份额逐渐下降，以互联网为代表的新技术新业态份额不断上升，2015年互联网服务业务收入达到1.1万亿元，份额超过传统电信业务收入。

业务变迁的同时，企业经营主体也发生了明显变化，增值电信企业规模和实力不断壮大，尤其是互联网企业的国内外影响力迅速增强。互联网企业市值不断攀升，8家企业进入全球互联网企业市值前30名，4家企业进入前10名，我国已成为美国之后的全球互联网第二大力量。基础电信运营商则普遍认识到来自互联网企业OTT业务的异质替代竞争压力，纷纷开始实施转型调整战略，一方面加强流量经营、提高运行效率，另一方面瞄准未来数字经济谋划拓展经营范围。

（三）深化改革扩大开放取得实质进展

一是改革了规制体系，市场开放力度进一步加大。包括：推动三网融合试点工作，向广电等三网融合试点企业实施开放准入；实施移动转售、宽带接入网业务开放试点，鼓励民资企业以多种模式进入行业；发布了相关办法，扩大对外开放，鼓励自贸区进一步放开对外资在增值电信业务领域的准入和持股限制。

二是改革了竞争模式，成立了铁塔公司。2014年9月，由三家基础电信企业共同出资的铁塔公司成立，这次改革采取上下游分拆重组的全新改革路径，积极探索网运分离，促使行业竞争由“基于设施”的竞争模式转向“基于业务”的竞争模式，推动电信基础设施共建共享迈向了新的高度。

三是改革了产权制度，采取子公司和特定资产两种模式探索混合所有制经济，以促进投资主体多元化和竞争主体多元化，优化了国有资产布局，保障了国有资产投资效率。

四是探索完善电信普遍服务机制，通过加大中央财政投入，来引导地方强化政策和资金的支持，改变了原有主要依靠基础电信企业内部交叉补贴进行宽带村通的方式。

（四）行业发展产生巨大经济社会效益

一是经济效益显著，对我国经济建设和社会发展起到了越来越大的作用，成为驱动我国国民经济新常态下持续稳定增长的新引擎。互联网和信息技术在经济社会各个领域进一步深化应用，成为两化深度融合和传统产业转型升级的主要推动力。2015年电子商务交易额达20.8万亿元，同比增长约27%，网络零售交易额为3.88万亿元，同比增长33.3%。

二是社会效益显著，对带动就业、实现绿色发展做出了突出贡献。互联网龙头企业纷纷建立开放平台，成为带动大众创业、万众创新的新渠道，超过1 000万人通过网店直接就业，中小微企业和网络就业创业的蓬勃发展成为表征我国经济发展新常态的显著特点。节能技术普遍应用，国内新建大型数据中心PUE（Power Usage Effectiveness，电源使用效率）值普遍低于1.5。“十二五”期间，通过共建共享，基础电信企业减少新建铁塔数量近20万个，单位电信业务总量综合能耗下降10%以上。

二、未来趋势及展望

（一）行业内涵、结构和增长空间将发生重大变化

信息通信业是构建国家信息通信基础设施，提供网络和信息服务，全面支撑经济社会发展的战略性、基础性和先导性行业。随着互联网、物联网、云计算、大数据等技术加快发展，信息通信业内涵不断丰富，不仅包括固定电话、移动电话等传统电信业务，还包含固定宽带接入、移动宽带接入、互联网信息服务、互联网数据中心等互联网服务业务。

未来五年，国家将扎实推进“互联网+”行动计划，推动“大众创业、万众创新”，实施“中国制造2025”，通过这些战略措施的切实落实来引领经济结构的转型升级。受此影响，我国必将迈入数字化服务新时代，经济社会信息化水平全面提升，网络经济空间得到极大拓展，信息通信业整体规模进一步发展壮大，结构调整进一步深化，进入到新的更高层次发展阶段。

预计“十三五”期末，行业收入将超过3.5万亿元，“十二五”期间年均增长13%；其中，互联网服务业务收入将保持高速增长，收入规模将接近3万亿元，年均增长21%，在信息通信业中所占的比例持续扩大；而语音等传统电信业务将加速衰退，收入规模降至0.5万亿元，年均下降7.5%，在行业收入中的占比进一步下降。

基础设施建设方面，预计将投资2万亿元，建成陆海空全面覆盖的国家信息通信网络基础设施，光网和4G网络全面覆盖城乡，5G网络启动商用服务，固定和移动宽带接入能力大幅提升。

信息通信服务方面，移动宽带用户普及率预计将达到85%，固定宽带家庭普及率将超过70%，公益机构和行政村普遍实现通宽带，同时宽带接入资费水平显著降低，服务质量与安全保障能力全面提升。

各类互联网和物联网新兴业态不断涌现，融合应用蓬勃发展，深度影响传统行业，公共服务和公共管理服务水平将显著提高。

（二）融合发展、协同创新将成为行业发展主旋律

“十三五”期间，信息通信业发展模式从要素驱动向创新驱动转变的趋势将更为明显，融合创新会成为行业发展的主旋律，信息通信业也将在与传统产业融合的过程中，全面拓展“互联网+”服务。

对行业主管部门而言：一是要推动构建覆盖各行业各领域的信息服务平台，包括针对各细分行业的电商平台，用于生产领域进行设计、研发的众包平台等，从信息交流、贸易融通、人员协作等环节扫清各行业各领域由于距离及信息不对称造成的发展障碍，推动网络经济发展。

二是要探索互联网与工业的深度创新融合，促进工业互联网、云计算、大数据在企业研发设计、生产制造、经营管理、销售服务等全流程和全产业链的综合集成应用；推进智能制造、大规模个性化定制、网络化协同制造和服务型制造，打造一批工业互联网公共服务平台，逐步形成制造业网络化产业生态体系。

三是要鼓励互联网产业在民生领域的创新，发展基于互联网的医疗、健康、养老、教育、旅游、社会保障等新兴服务业，大力推广网约车、在线租房等以互联网为载体线上线下互动的新兴消费，发展共享经济。促进互联网企业与各级政府、企事业单位在数据融通、平台建设、服务创新等方面的合作，全面支撑政府网络化管理和服务的模式创新。

四是要推动数据资源和网络能力的开放合作，鼓励互联网领军企业面向小型、微型、创业型企业开放网络平台能力及数据资源，支持相关企业利用平台资源进行二次创新，鼓励平台与各领域深度融合，形成完整的“互联网+”生态体系。另外，按照重要性和敏感程度来分级分类，推进政府和公共信息资源开放共享，支持公众和小微企业充分挖掘信息资源的商业价值。

在基础电信服务领域，大规模增长已成过去，“十三五”时期，基础电信业转型将向融合发展、协调发展转变。

对基础电信企业而言，一是要扩展电信服务边界，丰富电信服务内容，加速电信业与产品制造、软件开发、数字内容、信息技术服务等深入交融，加大企业向数字化、移动互联网化、融合创新等方向的转型力度。

二是要推动电信服务价值延伸，充分利用企业自身的海量信息资源，加大数据分析力度，实现数据资源的货币化变现，并通过网络能力开放，创新业务模式、合作模式和商业模式，助力“大众创业、万众创新”，广泛拓展潜在消费市场。

三是要聚焦服务热点，扎实推进网络提速降费。针对消费者反映热烈的网速不高，资费过高的问题，加快全光网络城市和4G网络建设，增加网间互联带宽和国际出入口带宽。同时，基础电信企业应该加强资费创新，优化资费结构，简化资费方案，增强资费透明度，积极开展网络提速降费行动，有效提升用户的“获得感”。

（三）融合监管、开放公平将成为行业管理大方向

随着互联网新应用、新业态的蓬勃发展，传统上以电信业为管理对象的行业管理体系已不适应发展的要求，未来行业监管必须适应跨领域跨行业协同创新的监管需求，建立多方参与、共同治理的融合监管机制，完善以互联网为核心的监管体系。

一是会完善管理机制、加强对互联网新技术、新业务、新市场的管理。特别要推动建立跨部委联动管理机制，进一步明确新兴业务分类和管理责任认定。同时，完善违法违规网站处置联动管理机制，建立部省联动共享平台，实现信息共享、实时查询，提高处置效率。另外，还会健全行政和司法相衔接的长效监管机制，积极引导社会力量参与互联网行业治理，形成政府统筹下的多方治理格局。

二是会创新管理手段、推动现有互联网监管系统的功能聚合。需聚焦管主体和管行为，提升信息共享、比对和挖掘能力，构建具备从及时发现到快速响应处置等功能的管理平台。另外，还会创新完善互联网服务质量管理体系，对“互联网+”融合业务等新业务形态的运行特点进行跟踪研究，建立适用于互联网企业的服务评价方法，及时将新主体、新业务纳入管理体系。此外，还会支持国内第三方，在检测、评测、认证、取证等方面创建相关技术手段，为加强互联网管理提供技术支撑。

“十三五”时期也是信息通信业深化系统性改革的关键阶段。按照中央全面深化改革的系统性部署，信息通信业将不断健全行业管理体制机制，充分发

挥市场机制作用，努力建立统一、开放、透明的市场规则，营造公平竞争的市场秩序，把深化国企改革的各项举措落到实处。

一是会以市场化为导向探索和创新网络建设模式，进一步理顺铁塔公司与基础运营商的分工界面，以混合所有制为导向改革国资投资体系，在电信业内合理布局国有资本，激发非公有制经济和小微企业的活力。

二是会深入推进简政放权，将准入审批由前置转向后置，推动实现跨部门、跨平台的网上并联审批，通过强化事中事后的行为监管，从资源、接入、网络、设备、应用等各层面完善监测机制和惩戒机制。

三是会推动市场开放，特别是竞争性领域会放松市场准入，在推进三网融合双向进入、加大移动转售和宽带接入网业务试点等领域，加大电信业务开放力度，鼓励民间资本通过多种形式参与信息通信领域投融资，并通过进一步完善外资准入“负面清单”，努力构建多方参与、优势互补、共同发展的市场格局。

（四）行业支撑引领经济社会的作用将进一步凸显

“十三五”期间，在我国加快转变经济发展方式的内在要求与全球新一轮科技革命和产业变革浪潮形成历史性交汇的大背景下，信息通信业在推动经济变革和社会进步中的作用将更为突出。这两年全球经济复苏缓慢，国内经济面临“三期叠加”的压力，经济增长正从高速增长向中高速增长转变，发展动力正从投资驱动向创新驱动转变。信息通信业作为创新最为活跃、对经济社会渗透最为广泛的领域，在推动信息经济发展方面的潜力应该得到充分认识。

我们看到，移动互联网、云计算、物联网等技术的广泛应用，对各行各业的技术开发、生产加工、商业模式创新都产生深远影响，这为传统产业的升级创造了契机。同时，信息经济能够降低交易成本，极大激发社会各界的创业热情并拓展就业模式，这对处于转型升级关键时期的我国经济来说，意义尤其重大。

党中央和国务院对信息通信领域的发展高度重视，持续颁布了宽带中国战略、“互联网＋”行动计划、大数据发展纲要等系列政策措施，在这些战略举措的引领下，“十三五”时期，行业在推进宽带基础设施升级、促进信息应用服务繁荣、扩大信息消费规模等方面都将加快前进的步伐，在拓展网络经济空间方面发挥中坚作用，成为驱动我国国民经济提质增效和持续稳定增长的新引擎。

（中国信息通信研究院　李小虎）

2015年基础电信业发展情况和特点

一、行业发展概述

电信业务总量增幅再创新高，量收增长剪刀差进一步扩大。2015年电信业务总量2.3万亿元，同比增长27.5%，创近五年以来的最大增幅，比2014年同期增速提高12个百分点。受到宏观经济放缓、营改增、OTT冲击和市场竞争加剧等因素的影响，2015年共实现电信业务收入1.13万亿元，按可比口径[1]同比仅增长0.8%，比2014年回落2.8个百分点，创历史新低。特别是进入第四季度以来，由于实施流量不清零政策，一部分数据流量收入转结到第二个月结算。受此影响，电信业务收入增速在2015年第四季度逐月降低，量收增速剪刀差再创新高。电信业务总量与收入增速剪刀差持续扩大，由2014年年底的12.5个百分点继续增加至24.7个百分点，为2009年以来的最高值。

移动用户增长见顶，固定宽带用户加速增长。2015年，我国移动电话用户净增1 964.5万户，仅为2014年的1/3，降幅明显。移动用户总数达到13.06亿户，普及率达到95.5%，比2014年年底仅提高1个百分点。饱和的移动通信市场使得移动电话用户增速持续下滑至1.8%，同比2014年下降2.9个百分点。固定宽带用户加速增长，光纤与高速率接入用户占比大幅提升。固定宽带用户增速自2015年5月起连续7个月持续增长。截至2015年年底，固定宽带用户累计达到2.13亿户，净增1 288.8万户。光纤用户达到1.2亿户，8Mbit/s及以上用户占比达到69.9%。

移动用户结构持续优化，固定宽带光纤及高速用户占比持续提高。2G和3G用户加速向4G用户迁移。2015年，2G用户净减少1.83亿户，占移动用户比重持续下降至41.4%，比2014年年底下降13.3个百分点。4G用户自2015年7月起连续5个月保持每月2 500万户以上的增值，新增2.9亿户，总数达到3.86亿户，占移动用户的渗透率提升至29.6%，较2014年年底提高19.7个百分点。受到4G用户快速增长的带动，移动宽带用户（3G/4G）达到7.85亿户，占移动用户的比重达到60.1%。随着“宽带中国”专项行动的持续深入推进，2015年，FTTH/O用户净增接近5 000万户，是2014年同期净增数的1.9倍，用户数累计超过1.1亿户，占宽带用户总数的比重扩大至54%，比2014年同期大幅提高22个百分点。从网络覆盖上来看，互联网宽带接入端口“光进铜退”趋势更加明显，*x*DSL端口比2014年减少3 903.7万个，总数降至9 870.5万个，占互联网接入端口的比重由2014年的34.3%下降至20.8%。光纤接入（FTTH/O）端口比2014年净增1.06亿个，达到2.69亿个，占比由2014年的40.6%提升至56.7%。

移动数据资费持续下降，月户均移动互联网接入流量突破370MB。2015年4月以来，在“提速降费”政策的促进下，移动数据资费呈逐月持续下滑的态势。截至2015年年底，每MB约0.076元，比2014年同期的0.131元/MB下降了42%。受数据资费持续下降和4G用户快速增长的带动，月户均移动互联网接入流量连续7个月保持80%以上的同比增速。截至2015年年底，月户均移动互联网接入流量达到370MB，同比增长88%。

受到4G网络建设的带动，移动通信业务的固定资产投资加快增长。2015年，基础电信业共完成固定资产投资4 539.1亿元。投资完成额比2014年增加546.5亿元，同比增长13.7%，比2014年增速提高7.4个百分点。其中，移动通信的4G网络建设是投资的主要方向。移动通信投资2 047.5亿元，同

[1] 按可比口径是扣除“营改增”对电信业务收入的影响而测算。

比增长26.5%，占全部投资的比重达45.1%，比2014年提高4.6个百分点。

电信业务结构优化升级，非话占比快速提升。传统语音业务在OTT替代下呈加速衰退趋势，收入规模加速萎缩。2015年语音业务收入在移动通信业务收入中占比达到37.97%，比2014年下降12.7个百分点；固定语音业务收入在固定通信业务收入中占比达到13.9%，比2014年下降2.1个百分点。固定和移动语音业务收入合计为3 195亿元，占电信业务收入的比重与2014年同期相比下滑10个百分点。

增长动力持续转换，移动数据业务成为行业收入增长的第一驱动力。2015年移动数据及互联网收入继续高速增长，累计实现3 101.9亿元，同比增长30.9%，对行业收入增长贡献率达到416.3%，即在电信业务收入1.6%的增速中，正向拉动收入增长6.77个百分点，成为行业第一增长动力。相反，移动语音业务在OTT冲击下进入加速衰退期，延续2014年以来的负增长态势，同比下降12.7%，对收入增长贡献率快速下滑至-271.4%，负向拉低行业增速4.41个百分点。IPTV业务收入持续保持20%以上的高速增长，受此影响，固定增值业务对电信月收入增长的正向带动作用提高到0.6个百分点，成为电信业务收入增长的第二大驱动力。

用户消费结构持续升级，数据消费占比过半。2015年，移动通信业务收入为8 307.6亿元，按可比口径测算与2014年持平。移动通信业务ARPU值呈逐年下滑态势，2015年年底，移动业务ARPU值为54.2元，同比下降2.1%。从内部结构看，移动数据业务ARPU持续提升，与移动语音ARPU的差距持续扩大。在3G和4G业务带动下，移动数据ARPU逐年提升。2015年移动数据ARPU值为28.3元，同比增长24.1%，占移动通信ARPU值比重超过50%。而移动语音ARPU值为20.8元，同比下降15.8%，比上半年降幅收窄0.6个百分点，但与移动数据ARPU的差距由上半年的7元扩大至7.5元。

二、行业运行特点

一是行业增速由中高速增长转入中低速增长。经过移动通信超过十五年的高速增长，我国电信业收入增速进入中速增长的新常态。“十二五”期间基础电信业收入增速总体延续下行态势，2011～2015年电信业务收入增速由10.0%的两位数增长连续下滑至9.0%、8.7%、3.6%、0.8%。2015年电信业增速创10年新低，低于同期GDP增速近6个百分点。

二是业务结构和用户消费持续升级。随着智能手机和移动互联网的飞速发展，电信业务中的非话收入占比连续扩大。2011年非话业务收入占比为49%，2013年占比突破50%，而到2015年年底，非话收入占比已经突破70%、68%。固定宽带光纤化趋势显著，FTTH/O用户占比接近50%，8Mbit/s以上用户占比超过60%，全面迈入8Mbit/s时代。移动宽带用户由不到1.3亿户迅速扩大至7.3亿户，渗透率由13%提高至56%。4G用户超过3亿户，全球第一。用户正从语音消费快速向数据流量消费迁移，移动数据在移动通信ARPU值中的比重由2011年不到20%快速提高到53%。月户均移动互联网接入流量快速攀升至每月350MB，与美国DOU的2.5GB相比，未来仍有巨大的发展空间。

三是新旧增长动力加速转变。移动数据业务日益成为拉动行业增长的新动力，移动数据及互联网收入连续五年保持40%以上的高速增长，对行业收入增长的贡献率从2011年的34%提升至2015年的280%，成为行业增长的第一大驱动力。相反，传统的“现金牛”移动语音进入加速衰退期。

（中国信息通信研究院　石丽娜）

2015 光网络建设与提速降费行动深度分析

网络的宽带化和服务的云化是信息通信业的基本趋势之一。通信网络需以更低的成本提供超宽带网络，实现从接入层到传送层的超宽带业务承载，在提供可靠传送的同时，以最低的总体成本，向用户提供更高带宽、更好质量的宽带业务。

一、2015 年光网络发展状况

“宽带中国”、“互联网 +”、FTT*x*、4G 传输网络、三网融合、物联网、大数据和云计算等国家战略和行动计划都将成为我国光通信市场需求增长的持续驱动力。

（一）“宽带中国”、“互联网 +”推动“全光网”建设热潮

“宽带中国”战略标志着光通信网络作为信息时代提高我国综合竞争力的重要基础设施，其建设已经被提升到了国家战略高度。政策大力支持下的巨额固定资产投资为我国光通信行业的发展奠定了坚实的基础。在“互联网 +”时代，我国建设宽带中国目标空间巨大，光网络建设将是中长期的主题。

2013 年 8 月，国务院印发“宽带中国”战略及实施方案，将“宽带中国”计划正式上升为国家战略。方案提出，到 2020 年，固定宽带用户达到 4 亿户，家庭普及率达到 70%，光纤网络覆盖城市家庭。3G/LTE 用户超过 12 亿户，用户普及率达到 85%。互联网网民规模达到 11 亿，宽带应用服务水平和应用能力大幅提升。全国有线电视网络互联互通平台覆盖有线电视网络用户比例超过 95%。

2015 年 5 月，国务院发布《关于加快高速宽带网络建设推进网络提速降费的指导意见》，提出了加快高速宽带网络建设推进网络提速降费的目标和举措，要求到 2017 年年底，全国所有设区市城区和大部分非设区市城区家庭具备 100Mbit/s 光纤接入能力。同月，工信部发布《关于实施“宽带中国”2015 专项行动的意见》，指出要加快光纤到户建设，推进打造“全光网城”。新增 FTTH 覆盖家庭 3 000 万户，新增 1.38 万个行政村通宽带，新发展固定宽带接入用户 2 500 万户，鼓励推广 50Mbit/s、100Mbit/s 等高带宽接入服务，推动创建 20 个以上“宽带中国”示范城市等，并完成 4.5 万个以上的老旧小区光纤改造，深入推进贯彻落实光纤到户国家标准，进一步完善光纤到户验收备案工作机制，不断提升城市宽带基础设施服务能力。引导基础电信企业在具备一定经济基础和网络条件的农村加大投资改造力度，逐步推进光纤到村的具体目标，而目前我国宽带普及率尚不及 50%，其中城市不足 65%，农村不足 30%，目标空间巨大。

2015 年“宽带中国”战略发展最重要的一年。2015 年，我国互联网宽带接入端口数量达到 4.7 亿个，比 2014 年净增 7 320.1 万个，同比增长 18.3%。互联网宽带接入端口“光进铜退”趋势更加明显，*x*DSL 端口比 2014 年减少 3 903.7 万个，总数降至 9870.5 万个，占互联网接入端口的比重由上年的 34.3% 下降至 20.8%。光纤接入（FTTH/O）端口比 2014 年净增 1.06 亿个，达到 2.69 亿个，占比由 2014 年的 40.6% 提升至 56.7%。

2015 年，三家基础电信企业固定互联网宽带接入用户净增 1 288.8 万户，总数达 2.13 亿户。其中，光纤接入（FTTH/O）用户净增 5 140.8 万户，总数达 1.2 亿户，占宽带用户总数的 56.1%，比 2014 年提高 22 个百分点。8Mbit/s 以上、20Mbit/s 以上宽带用户总数占宽带用户总数的比重分别达 69.9%、33.4%，比 2014 年分别提高 29、23 个百分点。城乡宽带用户发展差距依然较大，城市宽带用户净增 1 089.4 万户，是农村宽带用户净增数的 5.5 倍。

2015 年，“全光网”成为了通信网络建设的热

词。三大运营商争相推进全光网建设进程，不少省份先后宣布已经建成了全光网省。而在这个建设热潮兴起的背后，是“宽带中国”战略的加速落地。

四川、浙江、河南等省打造的全光网省，得益于当地政府政策的指导，以及运营商、设备商的全力支持，这一全光网建设模式正受到更多地区的关注，并且成为一种典型的模式在全国逐步获得推广。对此有专家分析，在“互联网+”时代，宽带作为国家战略资源，正在受到越来越多的关注，政府在宽带发展政策上的支持力度也正在逐年加大。

“互联网+”行动计划，从广义上说是国家的顶层规划，是中国未来十年经济创新的引擎；从狭义上说，一切能够利用互联网实现效益提升、推动经济发展的应用，都可以称之为“互联网+”。

在互联网经济发达的城市，互联网公司已经渗透到公众生活的方方面面，并借助O2O向线下拓展，互联网理财、互联网租车、互联网订餐等各类生活服务快速兴起，彻底变革传统的商业模式。从狭义层面理解，全光省的最大意义，在于让广大地方城镇、农村地区的民众通过光纤宽带接触高速互联网，挖掘到商机和创业创新机遇。

互联网公司，尤其是阿里巴巴的农村淘宝计划，让地方城镇、农村民众利用互联网做生意，在互联网上做生意，和互联网紧密结合。这一切都有赖于运营商构建的基础宽带网络。宽带中国战略的推进，与“互联网+”行动计划相辅相成，在广大地方城镇、农村地区，将成为经济发展的一个新亮点。

在“需求+政策”双重驱动下，光通信行业将持续分享“互联网+”红利，接入网高速光通信和FTT*x*等细分领域增长迅速，将持续利好传输系统、接入网设备、光器件以及光纤光缆等。

（二）三大通信运营商基础网络建设和设备投资动力充足

目前我国整体的通信运营商固定资产投资完成额始终保持在较高的水平，根据工信部统计数据显示，2015年，中国电信业固定资产投资规模完成4 539.1亿元，投资完成额比2014年增长13.7%。2015年电信业传输网络投资总计1 012.2亿元，相比2014年增加45.9亿元，占全部投资的比重达22.3%。2015年，全国新建光缆线路441.3万千米，光缆线路总长度达到2 487.3万千米，同比增长21.6%，比2014年同期提高4.4个百分点。

全国新建光缆中，接入网光缆、本地网中继光缆和长途光缆线路所占比重分别为62.6%、36.7%和0.7%。接入网光缆和本地网中继光缆长度分别同比增长28.9%和16.3%，分别新建276.4万千米和161.8万千米；长途光缆保持小幅扩容，同比增长3.4%，新建长途光缆长度达3.2万千米。

一方面，有线宽带网络需求保持着大规模、持续增长的需求，另一方面，国内2015年全面进入4G时代，4G网络的应用需求爆发增长，导致数据流量高速增长，直接推动光通信市场发展。

此外，运营商从语音经营向流量经营为主转变，使得业务发展对网络带宽和稳定性要求越来越高，运营商的核心网具备了为用户提供语音、视频融合类业务的能力，接入网距离用户最近，进行以光纤通信为基础的接入网转型是其全业务竞争中的关键要素。

中国移动2015年一次集中采购的光纤采购量就达9 452万芯千米，光缆采购9 821万芯千米，创下一个“前无古人，后无来者”的纪录。

2014年全世界光缆安装总量达到3.11亿纤芯公里，其中1.56亿在中国，即中国光缆市场世界占有率为50%。而2015年中国光缆需求已增至2.01亿纤芯千米，高达世界预计需求量3.64亿纤芯千米的55%。

中国光缆市场2015年同比增长率达到17%，而世界范围内的其他国家——即“非中国市场”合计增长率仅为5%。2015年中国境内共计安装光缆2.01亿纤芯千米，这一数字已超过2010年包括中国在内的全球市场安装总量。仅中国境内最大客户——中国移动一家公司的光缆安装量就已超过北美、西非、东欧以及中东地区所有网络运营商的安装总量。

伴随着光缆需求的持续增长，市场供不应求的局面还将延续至2016年。造成需求增长的其中一个原因，就是政府提高宽带覆盖率的目标以及利用互联网来拉动其他产业发展的战略决策。业界一致看好中国市场未来两年到三年内光缆需求的增长。有观点认为2016年起将启动的“十三五”计划中“宽带中国”新政策将促使需求不断增长直至2020年。

影响短期需求的因素包括光纤入户建设工程的持续实施。尽管中国电信和中国联通的光纤入户计划已覆盖中国主要城市的大多用户，但政府对提高农村地区宽带覆盖率的要求，将使光缆需求在2016年后仍然维持在较高水平。因为农村地区人口密集程度低，覆盖距离较远。另一个影响短期需求的因素就是4G移动网络设施的建设。而影响长期需求发展的两个重要因素将包括2020年左右面世的5G移动网络技术，以及中国经济发展中城市化的进程。

光通信设备是一个行业集中度非常高的子行业，全球五大设备商大概占到了全球80%的市场份额。华为是这一领域的翘楚，连续多年来排名第一，而且优势在不断扩大。华为公司预计其2015年全球营收增长超过29%，达到600亿美元。中兴公司预计2015年营收首次突破1 000亿元人民币。中国另一家大型光通信公司烽火通信2015年全年营业收入大概在100多亿元的水平。

二、继续落实“宽带中国”战略，消除城乡“数字鸿沟”

2015年光纤宽带建设速度之快，原因主要在于“提速降费”的推动作用，以及中国联通、中国电信大力建设“全光市”乃至“全光省”，带动了光纤宽带的快速普及。这对“互联网+”行动计划的落实，起到了关键的基础性作用。

中国电信提出“宽带中国、互联网+”的行动计划，做“宽带中国”推动者，做“互联网+”使能者。自“宽带中国”战略启动以来，中国电信以国家信息化建设主力军的责任担当，积极落实“宽带中国”国家战略和“互联网+”行动计划，加速基础通信设施的演进升级，推进“全光网”建设和“天翼4G+”商用，助力“提速降费”普惠民生。

四川电信在9月10日已宣布建成全光省，实现全省从城市到乡村的光纤宽带全覆盖；据悉，到2015年年底山东联通、河南联通、江苏电信等地也将建成全光省，目前已有不少地市完成了建设。

全光省带来了宽带网速的提升，从平均几兆的ADSL到平均几十兆的光纤宽带，但价格并没有同步上涨。例如河南联通是“两次提速两次降费”，全省所有ADSL用户免费提速至8Mbit/s以上，2015年9月20Mbit/s、50Mbit/s和100Mbit/s宽带分别再次下降12.5%、37.5%和46.7%。山东联通坚持“提速不提价、提质不加价”，目前APRU值不到50元，是全国资费最低的省份之一。

虽然我国固定宽带正在加快普及，全光网建设步伐也越来越快，网络能力和用户规模在不断扩大，但是仍面临“数字鸿沟”加剧和宽带建设通行权没有充分保障的问题。农村和中西部地区宽带水平虽然在不断提高，但与城市和东部地区差距不断加大。特别是由于农村宽带建设成本高而收益低，出现了明显的市场失灵现象。经历了过去几年的高速增长，中国的宽带家庭普及率超过了60%，而城市宽带普及率更是接近了80%。未来宽带用户发展需要向地广人稀的农村拓展。

此外，目前我国宽带建设通行权仍没有充分保障。选址难、建站难、老旧小区改造难、重点场所进入难现象依然普遍。同时，公众对基站电磁辐射的认识存在误区，导致基站“逼迁”问题越发突出。

建议完善配套支持政策，强化组织落实，将宽带网络设施纳入城乡、土地等规划，保障网络建设通行权和用户选择权。在宽带发展上，如果地方政府在做经济规划的时候能够将宽带纳入其中，那么宽带入场难等问题都将在政策的支持下得到解决。

三、继续协调推进网络提速降费工作，普惠于民

从国务院办公厅印发《关于加快高速宽带网络建设推进网络提速降费的指导意见》，到工业和信息化部发布《关于实施“宽带中国”2015专项行动的意见》，再到中国电信、中国移动、中国联通三大运营商相继公布各自实施方案，“提速降费”在政策层面获得大力推进。工信部称，截至2015年10月末，固定宽带和移动流量的平均资费水平下降幅度分别为50%和39%，完成了国务院提出的提速降费的目标。

2015年，我国基础电信运营企业在推进网络提

速降费方面付出了非常大的努力。以中国移动为例，2015 年以来积极采取措施落实提速降费要求。在降低网费方面，2015 年流量综合资费水平同比下降 42%，超过工业和信息化部设定的降幅 30% 的目标。在提升网速方面，2015 年中国移动在无线宽带、宽带乡村、传输网、内容分发网络、网络安全等各方面投资超过 2 000 亿元。

从三大运营商相继公布的新资费套餐来看，的确是平均资费单价较大幅度下降，其中国际漫游最高降幅超过 80%。用户在不同程度上都享受到了降费的实惠。三大运营商的移动上网流量资费一降再降，最低资费在实际执行中更低于通常的标准。单位金额可享受的流量包增大，单价下降对比明显。但是，由于 4G 网络的速度明显提升，增加的流量消耗增长会出现超过流量资费单价下降的幅度而出现实际消费额增加的情况。

推动网络提速降费，既有利于壮大信息消费，又可以为“互联网 +”发展提供有力支撑，激发大众创业、万众创新的活力。

提速降费要求能不能持续深入推进落实，关键是要处理好电信运营企业的可持续发展和效益考核问题。我国基础电信运营企业都是中央企业，有责任为国家经济发展、推进供给侧结构改革做出贡献。但也要求中央企业提高效益、实现稳增长，同时网络建设、技术升级需要大量的投资，所以要平衡好提高企业发展效益和推进提速降费需求的关系。

建议从促进信息消费、推进供给侧结构改革的大局出发，在部署提速降费工作的同时，既要考虑市场实际情况、把握工作节奏，也要相应出台业绩和效益考核配套措施，支持电信运营企业持续发展，进一步推进提速降费，为经济发展贡献力量。

（中国移动通信研究院　徐荣）

融合创新，开创“互联网 +”的新时代

互联网已成为创新最活跃、渗透最广泛、影响最深远的领域。“互联网 +”通过与实体融合，不断催生出网络协同制造、规模化个性定制、线上线下一体化、共享经济等众多新应用和新模式，并推动重塑服务模式和变革生产方式，对我国社会经济发展均产生深远影响。“互联网 +”时代正在迅猛到来。

一、多重驱动，共同开启“互联网 +”新时代

（一）技术进步是“互联网 +”发展的驱动力

随着新一代信息技术的快速发展，以及新终端、新网络和新兴应用技术的系统性创新，互联网跨界融合的进程正在迅速推进。终端作为互联网的核心入口，其智能化、移动化和多元发展为互联网跨界融合提供了坚实基础。网络作为信息传递的关键载体，固定光纤化、移动宽带化和泛在化为互联网跨界融合提供了重要保障。移动互联、云计算、大数据、社交网络、增强现实、人工智能等新兴应用技术的进步驱动创新和持续进步，为互联网重塑传统产品和服务提供强劲动力，促使互联网应用能力全面提升，为互联网与经济社会全面融合奠定了基础。

（二）经济新常态为“互联网 +”带来新机遇

寻找经济新常态下的新竞争优势，培育新增长点是保持经济稳定增长的重要举措。互联网与实体经济的跨界融合，创新出 O2O、共享经济等新模式，刺激信息消费，带动社会消费快速增长。互联网与工业跨界融合，催生出规模化个性定制、工业互联网等新模式，带动工业生产向智能制造的深刻变革，推动行业转型，使中国制造业从规模速度型粗放增长向质量效率型集约增长迈进。增加就业是满足人民群众基本生活、推动转型升级的重要保障。互联网与传统行业跨界融合，利用其扁平优势，大幅压缩中间环节，促进人们实现低成本创业，进而带动社会就业。

二、全方位融合，“互联网 +”新应用快速爆发

当前，互联网与传统行业呈现出全方位融合的势头。“互联网 +”由以服务业为主的第三产业向第二产业和第一产业延伸；“互联网 +”由改善信息传输、提供营销推广平台到重塑服务模式、变革生产方式，正在推动生产关系的变革。

（一）C2B、工业互联网成为促进工业转型升级的新动力

新一代信息技术与先进制造技术的融合正在全球范围内驱动以美国先进制造 / 工业互联网、德国工业 4.0 为典型代表的新一轮产业变革。美国通用电气推出工业互联网智能机器操作系统，并联合 IBM、思科、AT&T、英特尔等近百余家领先企业组建工业互联网产业联盟，意图采用类似谷歌安卓系统整合移动智能终端上下游产业链的方式，打造以智能机器操作系统为核心的工业互联网生态体系。通用电气在2014年推出了40款工业互联网产品，涉及商用航空、电力、水处理、铁路运输、石油天然气开发等多个领域，预计能为自身带来 10 亿美元的营收，并为涉足的各行业节省 200 亿美元开支。

新年伊始，李克强总理两度提及“C2B”。总理指出，“所谓的‘C2B’，就是消费者提出要求，制造者据此设计消费品、装备品。这是一场真正的革命：一个企业不再是单个封闭的企业了，它通过互联网和市场紧密衔接，和消费者随时灵活沟通。”总理所提及的 C2B 模式正是体现了“互联网 +”逆向推动传统产业变革，让消费者端的需求与制造业发生“化

学反应”，通过减少产供销之间的信息不对称，加速生产端与需求端的连接，带动传统制造业的转型升级。以个性化营销、柔性化生产、社会化协同为特点的C2B模式最终会推动工业全面转型升级时代的到来。

（二）创新共享经济的新模式

共享经济通过充分挖掘闲置资源利用效率，推动人们消费模式的转变，带来了汽车、房屋等商品的共享化程度。共享经济也是一种O2O的模式创新，它将前端用户需求和后端商家能力采集汇聚云端，通过互联网平台需求与供应的快速、准确匹配，进一步提高了资源利用效率。以滴滴打车、快的打车为代表的共享经济在我国呈现现井喷式发展势头，正在向房屋短租、家政服务、美容服务等多个消费性服务领域拓展，不仅提升了汽车、房屋等用户闲置资源的利用效率，而且帮助服务人员实现了低成本创业和就业。

（三）互联网金融重塑金融服务的新业态

互联网大数据技术在金融服务领域的应用，推动了互联网金融新兴业态的蓬勃发展。2015年互联网金融发展持续升温，移动支付、小微金融、大数据征信等应用创新异常活跃。以京东金融为例，京东通过不断完善生态链，构建了网络支付、供应链金融、消费金融、财富管理、众筹、保险和证券七大业务板块。其中，供应链金融产品有快速放款的“京保贝”、针对第三方卖家的京小贷业务、针对京东平台商家法人代表的网商贷业务以及针对全网电商平台的动产融资业务，通过供应链金融有效解决了京东平台上创业企业的融资难问题，助力中小企业快速成长。

（四）在线教育、互联网医疗成为提升公共服务的新亮点

继大规模开放式网络课程（MOOC）掀起知识全球化运动之后，以虚拟大学为代表的新一轮教育互联网化热潮快速兴起。国内的虚拟大学则依托各高等院校的网络教育学院开展部分学科的网络学历教育。虚拟大学使人们以低负担获得高质量教育成为可能，它将成为传统教育模式的有益补充，进一步促进优质教育资源均等化。

互联网医疗具有发展空间大、可破解痛点多和产业链长的特征，是未来医疗健康服务业发展的必然趋势。互联网医疗发展的主要驱动力来自医疗资源配置极度不合理、互联网技术渗透和智能传感器技术的进步。近年来，智能可穿戴设备等新硬件与移动互联网大数据健康管理平台结合，将人体数字化推上新台阶，健康信息感知和医疗信息处理的快速发展，结合远程医疗、医患互动等起步较早、发展成熟的医疗信息传输应用，将实现“感知、传输、处理”的互联网医疗创新发展。

三、统筹发展，开创中国“互联网+”新空间

（一）打破行业壁垒，推进“互联网+”跨界融合

放宽市场准入，推动传统制度改革。逐步有序扩大汽车租赁经营范围，放宽私家车辆的运营资质，促进共享经济模式发展；推动医生多点执业政策落地和网络学历教育市场开放，促进公共服务能力的有效提升。完善“互联网+”服务的标准体系，实现互联网与传统行业的充分对接。加强社会信用体系建设，推进跨部门、跨行业信用信息的共建共享。

（二）提速降费，打好互联网跨界融合网络基础设施

持续加强网络基础设施演进升级，继续推进光纤宽带、4G网络的部署和升级，以提升网络速率。推动云计算数据中心的规模化、集约化发展，支持新型应用基础设施建设，为互联网流量承载和应用发展提供重要保障。在完善基础设施的同时，推动资费水平下降和受惠面范围，将技术进步带来的成本降低的好处普惠给每个用户。

（三）高度重视，切实保障互联网跨界融合的网络信息安全

随着互联网与传统行业的融合逐步深入，将带来全新的网络和信息安全问题，需要加快构建安全保障体系，深入推进网络基础设施、重要领域信息系统的安全防护工作。将工业控制系统安全作为新的重大任务，健全工业设备采购、安全审查机制、安全性测试平台建设和安全评估机制。同时，加强网络数据全生命周期的安全保护，规范收集、存储、使用和销毁用户个人信息的行为，制定数据信息跨境流动监管政策。

（中国信息通信研究院　何霞）

“互联网+”农业发展分析与展望

农业是关乎国家稳定、民心安定的战略性产业。然而，无论对内与国民经济其他行业相比，还是对外与发达国家农业相比，我国农业整体还处于传统发展阶段。农业依然是“四化同步”的短腿，农村仍旧是全面建成小康社会的短板。随着新一代信息技术向三农领域逐步渗透，互联网正成为农业组织形态的新框架、农民生产经营的新工具、农村全面发展的新载体。作为《关于积极推进“互联网+”行动的指导意见》（以下简称《意见》）的重点行动之一，“互联网+现代农业”为破解我国农业发展面临的组织形式小散、生产方式粗放、服务水平滞后、质量安全缺失等一系列突出问题指明了方向，为转变农业发展方式、实现农业现代化提供了有力支撑。

一、“互联网+”是破解农业发展难题的金钥匙

转变农业发展方式，离不开互联网为代表的新一代信息技术。互联网的泛在连接、高速传输、海量计算能力，加速了农业生产经营各环节的数据流动，将“种地靠经验、收成看天气”的传统方式转变为以数据和计算为基础的科学方式，使规模化、精细化生产经营方式加快普及，使普通农户可以接受到更及时、更专业的服务指导，使安全透明的生产经营体系得以构建。基于此，《意见》从经营组织、生产方式、服务水平、质量安全4个方面给出了发展方向。

（一）构建新型农业生产经营体系

该方向主要涉及三方面内容。一是推动农业生产由生产导向向消费导向转变。这就要求一方面公共农业服务平台要不断建设完善，另一方面生产主体要学会利用互联网加强产销对接。例如辽宁东港的黑豆种植农户，利用互联网发展订单农业，2015年春节的预售额就相当于2014年全年的产量，有效解决了卖难问题。二是提高农业生产经营的科技化、组织化、精细化水平。例如通过大数据对市场行为进行有效分析，帮助专业大户、农业合作社做出更符合市场规律的经营策略；利用电子商务降低农副产品交易成本，提升农民生产经营增值空间。三是加强互联网在土地流转中的应用。农村土地流转是发展土地规模经营、构建新型农业生产经营体系的重要机制和有效手段。规范用好农村土地流转公共服务平台，对于提高服务监管水平，打击土地流转乱象，切实保障农民权益至关重要。

（二）发展精准化生产方式

该方向的实质就是在大田种植、设施农业、畜禽水产养殖各领域全面发展基于物联网的智能生产方式。以大田种植为例，《意见》提出“在大宗农产品规模生产区域，构建天地一体的农业物联网测控体系”。大宗农产品规模生产区域往往也是我国的粮食主产区，地理条件便于大型机械集中化生产，交通、网络基础设施覆盖能力较好。在这些区域可以率先探索将全球定位、地理信息、农田遥感、智能化农机具等整合为一体，实施智能节水灌溉、农机定位耕种等精准化作业，发展机械化、网络化有机结合的现代化大生产。例如在全国大田生产物联网试验区安徽龙亢试验点，采用无人机喷洒农药，通过车载传感器感知环境信息，利用GPS、GIS信息系统绘制土壤成分分布图，极大提高了劳动生产效率，推动了集约化农耕的发展。

（三）提升网络化服务水平

该方向的核心内容就是推动信息进村入户，利用移动互联网、大数据等为农民提供更全面、

更便捷、更精准的信息服务。《意见》着重突出支持互联网企业与农业生产经营主体合作。原因在于，在大数据、云计算技术等方面领先的互联网企业、软件服务企业鲜少在农业信息、数据服务方面进行业务布局。希望能够充分调动这些企业的积极性，支持其与农业生产主体的跨界合作，充分发挥技术优势，建立基于新一代信息技术的农业信息监测体系，推动大数据在灾害异常预警、耕地质量监测、重大动植物疫情防控、市场波动预测、经营科学决策等方面的深度应用，为农业生产提供更加精准的信息服务，带动农业的高效发展。

（四）完善农副产品质量安全追溯体系

该方向的核心是利用物联网等实现农业生产流通各环节端到端的数据沉淀和共享。对于大部分地区来说，当前的追溯服务以超市经营环节应用居多，在流通环节也有所涉及，但是在农副产品生产环节的信息获取还不充分。要在生产源头做文章，就要先从新型农业经营主体入手，因为他们比小农家庭更有条件部署互联网相关技术和产品。要支持他们加大 RFID(Radio Frequency Identification，射频识别)、传感器等技术投入，提高农副产品生产加工、流通经营各环节的信息采集能力。同时还要加强上下游各经营主体间、经营主体与消费者间的信息对接。从一些有条件的大型农业主体、重点农业产区入手，逐步向全行业推广普及，最终实现从“农田到餐桌”真正意义上的全过程可追溯。

二、互联网＋现代农业”任重道远

指导意见全面覆盖农业生产、经营、服务、管理等各个方面，为互联网与农业的深度融合提供了广阔的空间。但也应当认识到，互联网在农业领域的应用还面临着基建、人才、技术等诸多方面的挑战，全面推进“互联网＋现代农业”仍有很长的路要走。

一是农村互联网基础设施建设仍然有着巨大的提升空间。高速、泛在、安全的网络基础设施是推动“互联网＋”的基本前提，离开了农村互联网基础设施建设，“互联网＋现代农业”就成为空中楼阁。目前农村地区的互联网基础设施仍然相对薄弱，全国仍有 5 万多个行政村没有通宽带，拥有计算机的农民家庭比例不足 30%，农村互联网普及率不足30%。因此必须继续落实“宽带中国”战略，加大对更广大农村地区的固定、移动网络投入，下大力气弥补数字鸿沟。

二是对农业互联网复合型人才的需求只有进行时，没有完成时。“互联网＋现代农业”是一项复杂的系统工程，需要大量人才。但是农村信息化人才匮乏问题长期难以得到有效解决。例如当前很多涉农专业的高校毕业生都不愿意从事农业工作，更不要说互联网领域的专业人才。同时，广大务农人员由于年龄、知识、思维等方面的原因，不懂、不会互联网。十年树，木、百年树人。如何培养更多既熟悉农业生产经营又精通互联网技术的复合型人才，如何加大对基层农民的互联网技能培训，是实践“互联网＋现代农业”的重要议题。

三是农业互联网应用产业化能力需要不断地在实践中加强。互联网应用产业链的完善和成熟是推动“互联网＋”在各个领域深入渗透的有力保障。但对于农业领域来说，当前相关应用的研发和集成创新明显不足，技术成果转化率和产业化程度也不高。农业数据资源利用不足、数据分割严重，物联网、云计算、大数据等技术在农业领域的应用大多停留在试验示范阶段，亟须转化为现实生产力。未来还应加大对 ICT 企业的引导，扶持更多涉农互联网企业、软件企业发展，加强 ICT 企业与农业生产主体间的交流合作，加快农业领域互联网应用的产业化推广。

（中国信息通信研究院　王峰）

移动通信基础设施共享的现状与展望

一、国家组建铁塔公司标志着移动通信基础设施共享在我国取得显著进展

自 2014 年 7 月铁塔公司挂牌成立以来，我国移动通信基础设施共享取得了显著的进展。据媒体报道，截至 2015 年 9 月底，铁塔公司共承接新建铁塔和站址需求 44.3 万个，已经交付 31.7 万个，有力地支持了三大移动运营商的 4G 网络建设。同时，由铁塔公司统一承建、三大运营商共享站址的模式，也对运营商提高网络部署效率、降低网络建设和运维成本，起到了明显的促进作用。根据媒体报道，仅在 2015 年上半年，铁塔共享模式就为中国联通节省了 90 亿元；对于中国电信，由铁塔共享带来的资本开支节约也达 60 亿元；中国移动则指出，三大运营商铁塔互相使用量达到了 73%，平均投入资金及维护费用只有之前的 33%。由此可见，基础设施共享带来的经济收益已初步显现。

铁塔公司在全力新建铁塔站址，满足 4G 网络部署需求的同时，也在积极推动存量铁塔资产的交接工作。2015 年 10 月，三大运营商均发布了出售存量铁塔资产的公告，总计将有 150 多万座铁塔、2 314 亿元存量资产转移至铁塔公司，由其负责运营和维护。资产转移完成之后，铁塔公司将成为我国移动基础设施市场上的主导力量。

2015 年年初，工信部发放 LTE FDD 牌照之后，我国移动通信市场全面进入 4G 时代，中国电信和中国联通也开始全力投入 4G 网络的市场竞争，他们对快速、高效部署 4G 网络的需求日益强烈。在此背景下，中国电信和中国联通开始在无源基础设施共享的基础之上更进一步，推动两个运营商的有源网络共享。根据媒体报告，在 2015 年 12 月，中国电信和中国联通已经在河北进行了基站有源共享的实验，验证了联通、电信双方共享 BBU（基带处理单元）、RRU（射频拉远模块）等基站硬件资源的可行性，并

表 1　移动网络共享类型

无源共享	有源共享	国内异网漫游
多个运营商共享站址、天馈、机房、管道及其他无源设施	除无源设施外，运营商还共享基站、控制器、传输等有源设备。具体又进一步分为： • 多运营商 RAN（MORAN），运营商保持各自独立的频谱和基带处理资源； • 多运营商 CN（MOCN），整个无线接入网（包括频谱和基带）完全共享	不同运营商之间签订批发或成本分担协议，在本方没有网络覆盖之处，用户可以使用对方网络获得服务

将进一步探索共享“包括频谱资源、eNodeB 硬件资源、传输资源在内的所有 RAN 资源”。预计，随着 4G 竞争的日趋激烈，运营商在加快网络部署和优化成本结构的双重压力下，将不断加大网络共享的广度和深度。网络共享有望成为 2016 年我国移动通信市场上的一个重要议题。

二、网络共享深度将直接影响运营商的网络投资和运维成本

如上所述，目前铁塔公司担负的是无源基础设施（如站址、铁塔、机房、相关管线等）的建设和共享工作，而中国电信和中国联通则在进一步探索基站等有源设备的共享。在有源共享的基础上，运营商之间还可更进一步签订国内漫游协议，使用户可以在己方没有覆盖的地区接入到其他运营商的网络。这三种共享形式的异同，见表 1。

测算表明，随着网络共享程度的加深（从简单的无源共享，到有源共享、国内异网漫游，直至完全融合），网络成本呈明显下降之势，如图 1 所示。这也正是中国电信和中国联通在已经实现无源共享的基础上，仍希望推进有源网络共享的原因。

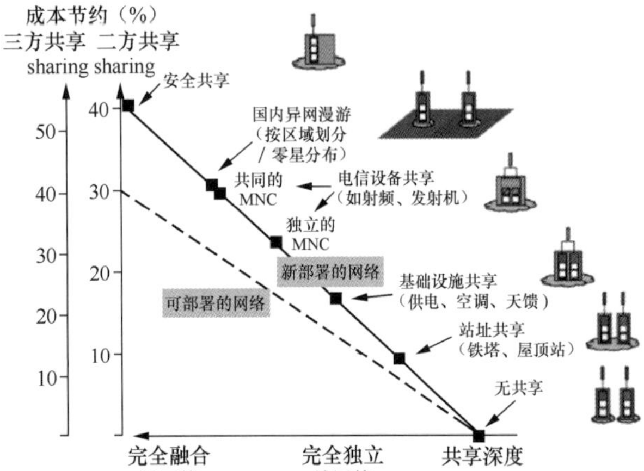

图 1 由移动网络共享获得的成本下降（来源：Vodafone）

三、网络共享的启动时机对其成效有直接的影响

我们也必须注意到，网络共享的实际经济成效以及对运营商组织、流程的影响，是与网络建设周期和网络共享的启动时机有密切关系的。如图 2 所示，展现了网络共享可能的启动时机。

从国际经验和通信网络建设的客观规律上看，基站共享的最佳时机在于新型网络部署或网络设备更新换代启动之时。参加共享的运营商可以根据共享协议对网络部署方案进行合理规划，大幅度减少基站部署数量，从而降低网络建设成本，并可以在网络建设开始之时，根据共享协议对网络的运维组织进行合理规划，降低共享协议对运营商内部组织流程的影响。而目前在我国市场，中国电信和中国联通全国性的 4G 网络建设虽然尚未完成，但也已进入中局，双方各已部署了 6 位数的 4G 基站。在这种情况下，中国电信和中国联通彼此间的有源网络共享虽然还能在某种程度上帮助它们加快网络部署步伐，但其所能带来的协同效应必然要有所折扣。而若要充分发挥网络共享的效益，两个运营商就需要对已经部署的基站的数量和配置进行调整，这又将不可避免地对网络质量造成短期影响。在当前的市场格局之下，中国电信和中国联通的 4G 网络覆盖本就弱于中国移动，这些调整在短期内可能反倒会强化中国移动的领先局面。

四、有源网络共享对运营商的组织结构和能力建设也将产生深刻影响

当无线接入网实现深度共享之后，必然要求统一的网络建设规划和运维管理。Strategy Analytics 的研究发现，在无线接入网共享之后，运营商一般需

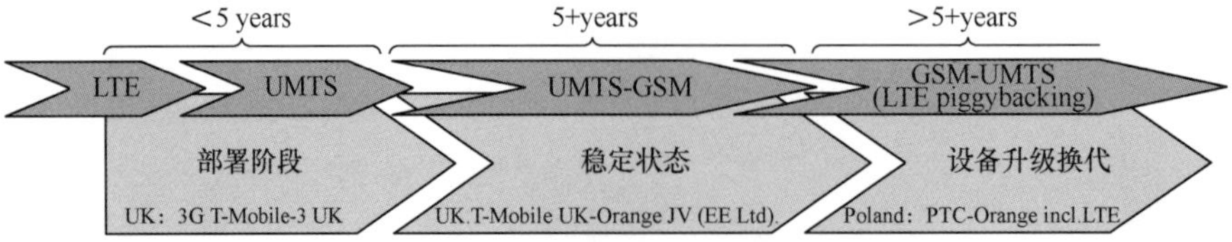

图 2 网络共享的启动时机（来源：T-Mobile）

要成立专门负责无线网络计划、建设和管理的合资公司；或者根据地理区域划分，实行分区负责，在一个地理区域内由一个运营商统一负责。例如，在瑞典，当 Telenor 和 Tele2 于 2009 年签订 4G 网络共享协议时，他们就成立了一个专门的合资公司（Net4Mobility）来负责规划和管理共享的 4G 网络，然后该合资公司又通过向母公司采购技术服务的形式，获得母公司技术团队对网络日常维护的支持，从而在事实上形成两个母公司技术团队分区负责网络维护的局面，如图 3 所示。

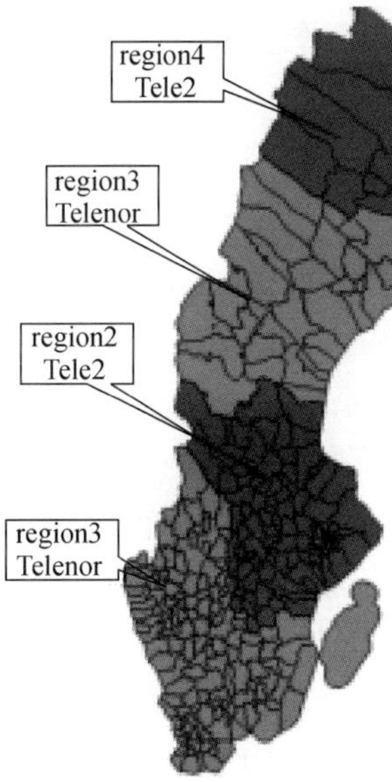

图 3 Telenor 和 Tele2 在瑞典的网络共享分区责任（来源：Telenor）

在网络共享启动和运行的过程中，不管是成立合资公司统一管理的方式，还是由参与共享的双方各自分区负责的方式，都需要运营商对内部的组织和流程进行大规模调整。尤其对于网络计划、建设和运维等部门的影响，可能将不亚于两个公司的合并重组。

对于成立合资公司的情况，运营商还存在由于网络脱离自身实际控制，从而逐渐丧失对网络技术走向的理解和掌握，进而影响长期战略规划能力的风险。上文中 Net4Mobility 向母公司采购技术服务的形式，就能在一定程度上帮助母公司 Telenor 和 Tele2 维持相应的技术团队和技术能力，从而规避这一风险。

五、有源共享和国内漫游对市场竞争的影响需要仔细评估

网络共享确实可以帮助市场上的新进入者或相对弱势的运营商在短期内以较低成本迅速建立市场地位。尤其是与在位运营商的国内漫游协议，可以帮助新进入者在网络覆盖尚未完善之时就开始提供全国性的服务，从而降低业务启动门槛，实现业务发展与网络建设的良性滚动。法国 Free Mobile 的发展就是这样一个典型案例。

Free Mobile 在 2012 年年初进入法国移动通信市场。通过与主导运营商 Orange 的国内漫游协议，Free Mobile 可以在其 3G 网络仅覆盖了 25% 的法国人口之时，就向用户提供全国性的服务，从而可以快速扩大用户基础，并通过激进的定价策略对法国移动通信市场发起冲击。目前 Free Mobile 已经成为法国移动通信市场上举足轻重的挑战者，如图 4 所示。

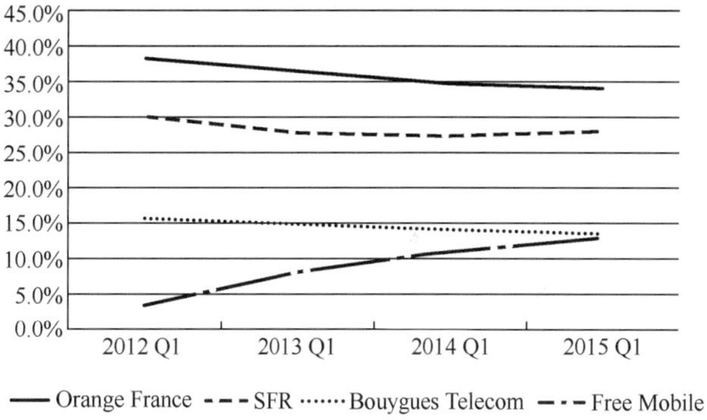

图 4 法国移动通信市场份额变化（来源：Strategy Analytics）

但是，网络共享，尤其是基站等主设备的共享，也可能会降低运营商对网络建设投资的热情，从而影响市场的长期竞争水平。Strategy Analytics 发现，较之无源共享，各国监管机构一般都对有源网络共享和国内漫游持更为谨慎的态度。有源网络共享的协议一般都需要得到国家竞争监管机构的核准才能实施，而且一般会附加有明确的前置条件和后续的评估要求。例如，运营商网络必须在达到一定的覆盖比例之后，才能开始共享；共享协议需要有明确的时限，在到达时限后，监管机构将对市场竞争状态进行评估，然后才能决定是否核准运营商继续共享网络等。例如，上文中提到的 Free Mobile 的案例，

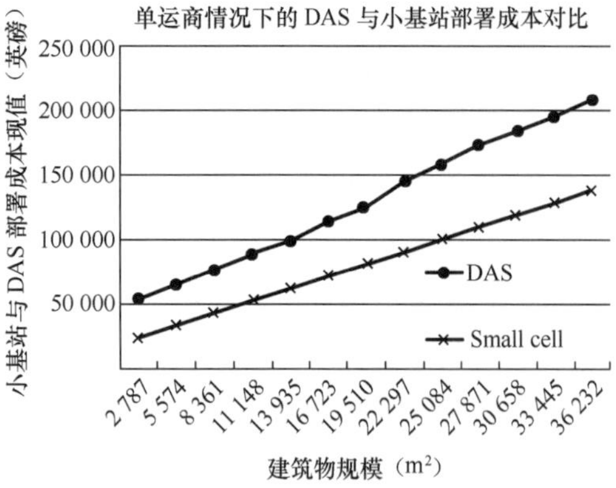

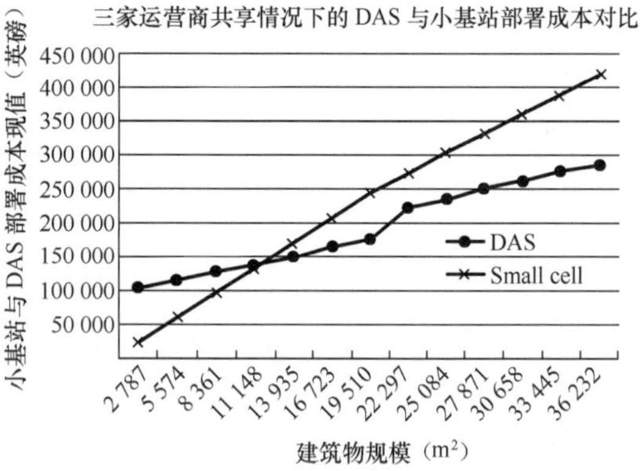

图 5 DAS 与小基站的成本对比（来源：AT&T 及 Small Cell Forum）

法国监管机构就对其网络覆盖做出了明确要求，要求 Free Mobile 至 2018 年实现 90% 的人口覆盖，其与 Orange 的国内漫游协议也将于 2018 年终止。

从目前国际市场的发展情况看，多数监管机构都更倾向于认为，基础网络运营商之间的充分竞争才是移动通信市场竞争水平的保障。网络共享，尤其是有源网络共享，一般只是为了特定目的的短期手段，如支持市场上的新进入者，或为偏远地区提供服务、使消费者有更多选择等。长期来看，弱势运营商积极提高自身活力和创新能力才是解决市场不均衡局面的根本之道。

六、室内覆盖有望成为网络共享的新热点

我国三大运营商的 4G 网络普遍部署于 2GHz 左右的高频段，如此高的工作频段制约了无线电波的穿透能力。另一方面，行业内普遍认为，有 70%～80% 的数据业务流量发生于室内环境。所以，如何提升室内覆盖的质量是三大运营商需要面对的共同课题。

目前，行业内对于室内覆盖（尤其是大中型公共建筑的室内覆盖）普遍采用室内分布式天线（DAS）或室内小基站（Small Cell）两种解决思路。随着小基站产品的成熟发展，其展现出了比传统 DAS 系统更为灵活高效的特点，越来越多的运营商开始倾向于采用小基站解决室内覆盖问题。但是，一些运营商和行业组织的测算表明，若能够使多个运营商共享同一套 DAS 系统，则 DAS 有可能取得比 Small Cell 更好的经济特性，如图 5 所示。

根据 AT&T 的估算，在三个运营商共享 DAS 系统时，对于面积超过 12 万平方英尺（约 11 000 平方米）的室内覆盖场景，共享的 DAS 系统就是比独立部署的小基站更为经济的解决方案。受此研究启发，Small Cell Forum 也在积极推动小基站系统的共享，希望建立一种“中立托管”（Neutral Host）的小基站部署模式，由独立第三方建设室内小基站系统，并向运营商提供容量出租服务。

不管是多方共享的 DAS 系统，还是中立托管的小基站方案，都意味着移动通信基础设施共享正在从传统的室外宏网络向室内覆盖系统发展，室内覆盖将成为基础设施共享的新领域。

（市场研究公司 Strategy Analytics 杨光）

2015年移动通信转售业务发展分析

一、移动通信转售业务发展情况及特点

（一）移动通信转售业务整体发展态势良好

截至2015年11月底，在42家获得试点批文的转售企业中，共39家企业正式放号，如图1所示。移动通信转售用户总数达到1 789万户，占全国移动用户数的1.4%，如图2所示，预计截至2015年年底移动通信转售用户数将发展至2 000万户左右。与其他国家相比较，美国移动虚拟运营用户市场份额在业务起步的第一年达到0.5%（美国当年移动普及率为31%），在第三年达到1%。而当前我国移动通信市场已处于成熟期，用户普及率已超过90%，因此，事实上我国移动转售用户发展水平好于美国当年的用户发展水平。

从单月净增来看，自2015年3月起，移动通信转售业务连续9个月每月净增用户超过100万户，其中2015年10月和11月每月净增甚至超过200万户。自2015年5月以来，连续7个月移动通信转售用户净增占全国移动用户净增比例持续维持在40%以上，甚至接近50%。

（二）东部沿海发达地区移动通信转售业务发展较快

从移动通信转售业务地域发展情况来看，在经济发展水平较高的地区，移动通信转售业务的发展速度相对较快。截至2015年11月，移动通信转售用户规模最大的前五个省份或直辖市分别为广东、浙江、江苏、山东和北京，其用户数之和占全国移动通信转售用户数的51%。

（三）领先的移动通信转售企业已实现群体突破

截至2015年11月底，我国共有7家移动通信转售企业用户超过100万户，已实现了群体突破。从单个运营商来看，目前用户最大的虚拟运营商——蜗牛移动仅经历一年半左右的发展时间，移动用户已达到400万户左右。从国际上看，单一品牌在一个国家发展四五百万用户就是非常大的移动虚拟运营商了。国外拥有两三千万用户的移动虚拟运营商，一般都是在多个国家发展用户，或者是在同一国家通过资本收购的方式收购多个虚拟运营品牌累积的用户规模。从用户规模的角度来看，我国大型虚拟运营商已经在全球占据较为领先的位置，这与我国市场容量大密切相关。

（四）移动通信转售业务市场集中度较高

截至2015年11月底，在39家正式放号的移动通信转售企业中，排名前十家企业转售用户数约占全部移动通信转售用户数的88%。造成差异分化的

图1 移动通信转售企业业务开展情况

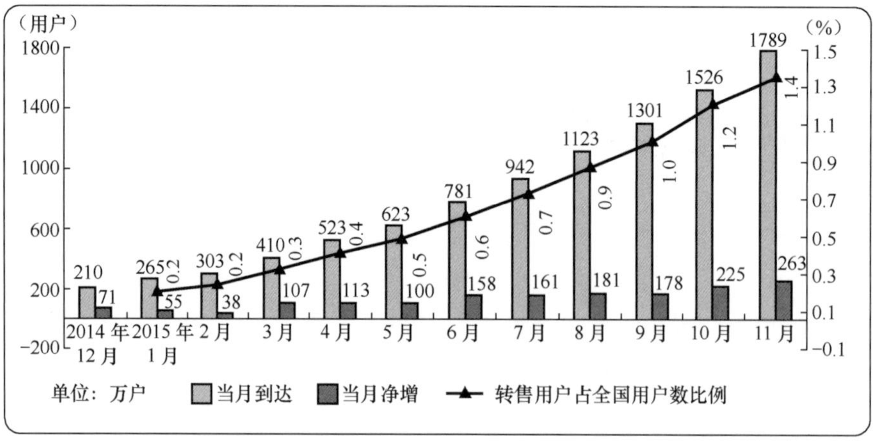

图 2 移动通信转售业务用户发展情况

主要原因有：一是各移动通信转售企业获得试点批文的时间不同，前后时间相差最大的达一年左右，目前排名前十位的移动通信转售企业均为首批或第二批获得移动通信转售试点批文企业，其放号时间及运营时间较长，运营经验逐渐丰富；二是各移动通信转售企业资源投入不同，发展用户较多的企业投入的资源和人员均较多，部分企业投入资金甚至高达 2 亿元以上，投入人员近 2 000 人。

二、移动通信转售业务服务创新情况

（一）Wi-Fi 业务与国际业务成为突破方向，通信服务更加丰富

在 Wi-Fi 方面，移动通信转售企业针对企业策略和目标用户不同，提供不同覆盖范围和资费水平的 Wi-Fi 服务：北纬通信单一提供 Wi-Fi 转售，按照时长计费；以中兴视通为代表的企业转售基础电信运营商的 Wi-Fi 热点，限时免费；阿里通信还接入了部分医院热点，开通淘金币兑换模式；海航通信为航旅用户提供机场、商超、景区、车站、酒店（包含 380 家境外酒店）、游轮等场景的免费 Wi-Fi 服务，并提供免费内容资源。

在国际业务方面，移动通信转售企业采取搭配外接设备、销售国外本地 SIM 卡和虚拟 SIM 卡（借助 App 连接）技术开展业务：二六三（虚拟 SIM）、阿里通信（出境游 Wi-Fi）、小米（小米漫游 App）、联想（懂漫游 App）、爱施德（“畅游卡 +U 游 App”）提供国际数据业务服务；海航通信（海游宝 + 海游卡）、中兴视通（酷伴侣 +COOL170 App）、鹏博士（鹏游卡 + 大麦猴盒）同时提供国际流量和话音业务。

（二）捆绑可穿戴设备等智能终端，开辟细分市场

部分移动通信转售企业将移动通信业务与可穿戴设备等智能终端捆绑，开辟儿童、健康、游戏等热门细分市场：国美极信捆绑儿童智能手表，开拓儿童细分市场；蜗牛移动捆绑游戏手机，深耕游戏细分市场。

（三）创新通信销售模式，促进用户较快增长

移动通信转售企业基于互联网思维，纷纷创新销售渠道：小米、巴士在线将自有用户作为潜在发展渠道；极信通信打造捞钱网，利用社交网络传播属性发展用户；中兴视通、迪信通、海航通信提出可永久分成的通信合伙人模式。

（四）推进资源整合，提供差异化服务

移动通信转售企业依托自身渠道、用户、业务、技术和网络等方面的特色资源，纷纷开展资源捆绑：中兴视通针对移动通信转售渠道商独家推出合约机，打造差异化运营；用友推出用友嘟嘟，提供 IT/CT 融合的企业信息化整体解决方案；优酷移动将自有视频资源与移动通信业务捆绑；红豆电信针对集团及上下游企业，将企业信息化、市民日常信息需求与移动通信业务捆绑，推出一卡通通信卡。

（五）探索跨界融合，深耕细分市场

部分移动通信转售企业开始探索与其他行业的合作：爱施德、海航通信与金融公司合作推出话费宝理财产品；乐语妙 More 与医疗机构合作推出移动医疗服务；巴士在线发展流量银行业务。

三、我国移动通信转售业务面临的挑战与发展建议

（一）移动通信转售业务发展面临的挑战

1. 创新能力的挑战

即高普及率条件下移动通信转售企业能否创造差异化商业模式？从国外来看，资费计划和流量服务创新随着基础电信运营商和其他移动通信转售企业的跟进，差异化竞争的优势会逐渐弱化。因此，移动通信转售企业不能止步于此，还需要进一步大力探索资源捆绑、跨界融合的深度创新。

2. 生态环境的挑战

主要是资源池转售模式下流量的批发价较高问题，这不利于移动通信转售业务的发展。2015 年，三大基础电信运营商通过不同方式分别下调了批发价，这在一定程度上缓解了流量批发价的争议，但尚未建立解决问题的长效机制。

3. 业务资源的挑战

码号资源出现暂时紧张的现象。移动通信转售业务发展在不同地域间的不平衡，导致在整体号码利用率水平较低的情况下，部分移动通信转售企业在局部地区出现号码资源紧张的情况。个别移动通信转售企业在开拓物联网业务，该业务具有量大、低价值、难实名的特点，现有号码资源难以满足需求。

4. 满足政府监管要求的挑战

这关系到移动通信转售业务健康发展的问题。移动通信转售企业大多没有电信运营的经验，是否能够完全落实向政府申报试点批文时的承诺，建立合格的长期用户服务能力和网络与信息安全保障能力，也是一个挑战。

（二）促进我国移动通信转售业务健康发展的建议

1. 引导移动通信转售企业坚定不移地走商业模式创新和差异化发展道路

商业模式创新决定移动通信转售企业未来能走多远。与面向个人用户的自有业务捆绑，或者与面向政企用户的行业解决方案捆绑，是实现转售企业之间差异化的主要手段。建议引导国内转售企业采取“组合拳”的方式，即个性化资费计划、业务捆绑、跨界融合等多种模式混合使用。企业能力不足以支持的，可以通过对外合作的方式，来实现多种模式并行，这样发挥出的市场效果会更好。

2. 尽快建立基础电信运营商与移动通信转售企业间批发结算价格动态调整长效机制

首先，建立移动通信转售业务批发结算价与基础电信运营商零售价联动调整机制。基础电信运营商市场零售价格发生重大调整时，应与移动通信转售企业及时协商调整批发结算价格。其次，建立移动通信转售业务批发价协商的常态化工作机制。当出现问题和争议时，基础电信运营商与移动通信转售企业应建立常态化的沟通交流渠道，基于互利共赢的原则友好协商，努力达成一致意见。若双方无法达成一致意见，可在政府的指导下，通过行业协会进一步协商。

3. 通过政企联动建立码号资源提前规划、动态分配模式

根据多企业、多区域的现实情况，根据移动通信转售业务的发展进度，基础电信运营商应提前做好号码规划及申请工作，确保移动通信转售企业“攻城略地”有“子弹”。引导基础电信运营商改变对移动通信转售业务码号分配办法，打破现有的每本地网分配 1 万个号的分配机制，逐步推进以企业申报为主，实现按需分配的模式。针对部分地区码号资源紧张的问题，可研究跨区号码资源使用的可行性；对于号码资源利用率不高的地区或企业，可进行及时的沟通协调，深剖根源，建立号码资源回收再分配机制；为支持移动通信转售企业开拓和布局物联网类业务，可规划专有号段或利用基础电信运营商物联网业务专有号段，支持移动通信转售企业创新，也方便移动通信转售企业落实实名制的要求。

4. 应进一步加强移动通信转售市场的监管工作

移动通信转售企业进入电信市场，使目前的电信监管体系进一步延伸。用户权益保护是移动通信转售业务监管的核心，应督促移动通信转售企业按照监管政策的要求落实相关举措，强化事中监管和事后处理。在事中阶段，应全方位、多层次开展监督检查；在事后阶段，针对监督检查中发现的问题，应该依法处理，确保用户权益。进一步加强网络与信息安全工作的指导，制定移动通信转售业务网络与信息安全态势评估机制，在试点期间适时开展检查，以有效监督指导移动通信转售企业履行安全责任。

（中国通信企业协会增值服务专业委员会　陶国健）

2015年通信业节能减排发展分析与展望

一、引言

2015年是“十二五”规划的收官之年，也是“十三五”规划编制的关键之年。随着我国通信业节能减排各项工作的深入，已超额完成了“十二五”通信业节能减排10%的目标。目前，全国4G网络建设不断加速，物联网广泛应用，数据中心建设继续进行，通信行业对能源的需求呈刚性增长，通信业节能减排面对的形势和挑战仍然严峻。党的十八届五中全会提出了绿色发展理念，如何全面加快推进通信业绿色发展，为“十三五”通信业节能减排奠定基础成为业界关注的重点。

二、全球信息通信产业节能减排情况

信息通信技术（ICT）引起越来越多国家的重视，将其运用于保护环境，减少由于人类活动导致的环境变化和气候变暖。初步估算，2015年全球ICT行业GHG排放约10.5亿吨，占全球总排放量的2.1%。ICT行业本身的能耗主要包括终端、通信网络和数据中心3个方面，其中主要是终端排放，其GHG排放约6亿吨，通信网络GHG排放占整个ICT排放量的23%，数据中心GHG排放2.11亿吨，占整个ICT本身排放量的20%。随着全球ICT需求强劲增长，特别是云计算、大数据广泛的应用，数据中心和通信网络能耗增速较快。重点对通信网络GHG排放进行分析，2015年全球通信网络的GHG排放约2.39亿吨，相比2014年增长了4.6%。主要是因为各国宽带战略的实施，全球运营商为应对IP数据和移动数据的爆炸式增长，不断扩容现有网络并部署4G网络，导致通信网络的GHG排放增加，特别是移动通信网络排放增长较快。

三、2015年我国通信业节能减排情况

2015年全国电信业务总量累计超过2.2万亿元。考虑到网络规模持续快速增长、能源消耗也呈现较快增长的情况，初步估算2015年通信业综合能耗为706万吨标准煤，耗电496亿千瓦时；2015年单位电信业务总量综合能耗为0.032吨/万元，如图1所示，比2014年单位电信业务总量综合能耗降低16%，实现了“十二五”通信业节能减排的良好收关，如图1所示。

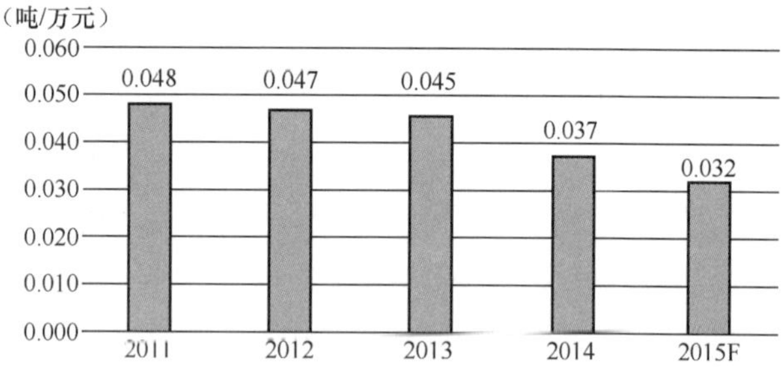

图1 “十二五”期间通信业单位业务总量综合能耗变化情况

“十二五”期间，工信部持续加大通信业节能减排工作力度，在2013年出台《关于进一步加强通信业节能减排工作指导意见》的基础之上，2014年4月发布了《高耗能老旧电信设备淘汰目录（第一批）》；2014年8月，工信部和科技部共同发布了《工业和通信业节能与综合利用领域技术标准体系建设方案》，针对通信行业明确提出在资源节约、能源节约、清洁生产、温室气体管理、资源综合利用领域开展相关的标准制修订工作。2015年又发布了《通信行业节能技术指导目录（第一批）》，有效地促进了通信行业的节能减排工作。

根据工信部制定的节能减排目标，“十二五”期末，通信网全面运用节能减排技术，实现单位电信业务总量综合能耗较2010年年底下降10%。从能耗指标看，2015年单位电信业务总量综合能耗与2010

年相比累计下降超过30%，超额完成了“十二五”通信业节能减排目标。

四、2015年我国主要通信企业节能减排情况

运营商作为通信产业链中的重要一环，对于整个通信业节能减排的推动影响重大。国内三大运营商加快结构优化升级，推进传统交换、传输设备及空调、电源等专业的老旧高耗能设备的升级改造和退网，全力推进向资源池的整合云化，提高设备利用率。产业链厂商开展绿色节能产品的创新与研发，与运营商共同推动绿色节能产品的推广与应用。

中国电信树立了“低碳电信、绿色发展”的理念，以“打造绿色综合信息服务提供商”为目标，持续加大节能减排投入，重点推进网络技术演进和技术创新。重点包括：以“无源”光纤网络替代“有源”的铜缆网络、应用云计算技术整合业务平台、规模部署移动网络分布式云基站、应用IP化软交换等技术、光传输网络2.5G向10G/40G升级优化、空调电源等配套设备节能技术改造、采用新型可再生能源等节能减排新技术，以及加快老旧高耗低效设备的退网改造，不断完善绿色采购和绿色产品体系，打造绿色通信网络，为促进环境友好型、资源节约型社会建设做出积极贡献。

中国移动积极推进以节能减排为核心的“绿色行动计划”，取得显著成效。节能技术目录新增10余项节能技术，全网推广成熟节能技术，并在资源丰富地区积极利用新能源，累计建设新能源基站1万多座，年节电约5 600万千瓦时。中国移动连续7年入选道琼斯可持续发展系列指数（DJSI）。2014年获得国际权威碳排放组织CDP（中国）“可持续发展领导力示范企业称号”；2015年开展节能宣传周活动，重点展示中国移动绿色行动计划开展以来取得的节能减排成果，普及节能减排理念和知识，积极倡导低碳信息生活。

中国联通则以技术节能为主导，以管理节能为基础，在新增资产、存量资产、精细化管理3个方面来开展节能减排工作。不断提高能耗管控的精细化管理水平，建立有效的节能减排管理机制，加快推进节能减排技术的部署使用。中国联通各省公司基本完成基站/接入网的直流供电改造工作，降低了电力成本。

五、我国2016年通信业节能减排发展趋势分析

2016年是通信业节能减排“十三五”规划的第一年，结合我国通信业发展的特点和趋势，2016年通信业节能减排工作有以下特点。

（一）2016年通信业节能减排工作面临较大压力

2016年我国将继续实施宽带网络提速降费行动。按照高速宽带网络建设和提速降费年度行动方案，计划2016年年底基本实现所有社区城市光纤网络全覆盖，20Mbit/s以上高速宽带用户比例超过50%，4G用户达到6亿户。三大运营商将继续大规模部署LTE网络，重点开展LTE-A网络部署，通过利用载波聚合、上下行多天线增强等技术提升网速。在固网方面，运营商将持续推动100Mbit/s光纤到户或者100Gbit/s G.FAST的建设，同时关注千兆宽带接入网络的发展。100Gbit/s将成为骨干网和城域网的标配，而400Gbit/s传输网络也将从试点转向商用部署。通信业总能耗仍持续增长，节能减排的挑战也更加艰巨。

（二）绿色数据中心仍是2016年减排重点

近年来，我国数据中心发展迅猛，总量已超过40万个，年耗电量超过全社会用电量的1.5%，其中大多数数据中心的PUE仍普遍大于2.2，与国际先进水平相比有较大差距，节能潜力巨大。同时，数据中心产生大量的温室气体排放，消耗大量的水资源，其设备废弃后造成较大污染，给资源和环境带来巨大挑战。三部门联合印发了《国家绿色数据中心试点工作方案》，分重点、分领域、分步骤提升数据中心节能环保水平。目标提出到2017年，围绕重点领域创建百个绿色数据中心试点，试点数据中心能效平均提高8%以上，制定绿色数据中心相关国家标准4项，推广绿色数据中心先进适用技术、产品和运维管理最佳实践40项，制定绿色数据中心建设指南。2016年是发展绿色数据中心的关键一年，为实现2017年国家绿色数据中心目标奠定基础。

（三）加强基础设施统筹规划，提高资源的集约利用水平

将通信光缆、机房、基站、铁塔、管道线路（以下简称管线）等通信基础设施纳入城市规划是落实"宽带中国"战略、构建下一代国家信息基础设施、全面推进信息化建设、促进信息消费的重要保障，是提升城市服务功能、提高城镇化发展质量的客观需要。但目前无线通信基站、宽带网络设施等规划不完善，选址难、建设难等问题比较突出，"光纤到户"还面临诸多困难，制约了城市信息通信网络的快速发展。根据住建部、工信部印发的《关于加强城市通信基础设施规划的通知》的要求，以加快构建"宽带、融合、安全、泛在"的下一代国家信息基础设施为目标，统筹各类通信基础设施规划，加强通信管线与其他管线的综合规划，推进通信基础设施建设和技术升级是2016年的重点工作之一，也是通信业节能减排的重点工作之一。通过加强城市通信基础设施规划，可以大幅提高资源的集约利用水平。

六、2016年通信业节能减排工作的重点

通信网络规模的快速增长，对信息通信业的节能减排也提出了更高、更多的要求。同时，信息通信业务应用和融合创新空前活跃，核心技术研发和关键设备制造能力不断提升，形成了涵盖互联网信息服务、网络设施建设运营、互联网软硬件研发制造等领域完整的产业体系。这些都为推进通信业的节能减排创造了良好的条件，绿色引领已经成为行业发展的必然趋势。2016年还需要继续推进通信业节能工作，努力实现"十三五"通信业节能减排的良好开局。

（一）加强规划引领，扎实推进通信业绿色发展

2015年是"十三五"规划编制的关键之年。各电信企业作为节能降耗的实施主体和收益主体等，需要做好"十三五"节能减排相关规划，抓住转型升级的机遇，把节能降耗作为绿色发展的出发点，持续推进重点环节、重点领域的节能减排工作。同时，按照《关于加强城市通信基础设施规划的通知》的相关要求，开展通信基础设施专项规划。按照统一规划、合理布局、远近结合、共建共享的原则，积极落实企业的主体责任。采取有效措施，推进集约化建设和共建共享。

（二）抓住重点领域，积极推进高能耗设备的退网改造

移动基站和数据中心是最主要的能耗网络单元，也是节能减排的重点。工信部公布的首批高耗能老旧电信设备淘汰目录中，明确了移动通信基站、交换网络两大类的34项设备，需要运营企业加快高耗能、加强全生命周期的能耗管理，积极开展节能减排，进一步提高网络的运行效率，同时按照《关于数据中心建设布局的指导意见》，在新建和改造升级、已建数据中心两个层面，统筹部署绿色中心的建设。根据国家绿色数据中心试点工作方案的要求，开展试点创建工作，引导数据中心走低碳循环、绿色发展之路。

（三）加强技术创新，推广先进适用的节能新技术、新产品

ICT领域是创新最活跃的领域，新技术与新应用不断涌现，低碳、绿色的ICT产品应用，是产业链各厂商技术研发和产品创新的重要方向，每年都会出现新的节能技术、新的节能方案，都会推出更低功耗的通信网络设备产品。电信企业在具体的网络建设与运营管理中，积极推广先进适用的节能减排技术和设备，引导产业链的技术创新，不断提高资源、能源的效率。电信企业、设备商、互联网企业以及数据中心的从业者，需要进一步加大在节能减排领域的技术研发与应用创新力度，积极推广创新应用与解决方案，促进绿色通信的发展。

（四）强化产业协同，合理推动通信业可持续发展

节能减排是一项复杂工程和长期的工作，有赖于发挥产业链各方优势与积极性，通过产业链的协同，合力做好通信业的节能减排。产业界各方需要发挥各自的力量，紧密结合我国经济社会发展需要，发挥网络技术人才优势，研发推广有助于节能减排的信息技术和产品。从产品设备、运输、使用、维护、回收等环节，考虑低能耗、低排放及回收利用的要求，营造健康的行业生态环境。同时，广泛开展节能减排宣传教育，做好舆论引导，不断提升社会对节能减排工作的认识，营造行业节能减排的良好氛围。

（中国信息通信研究院　刘琪）

无线电管理发展现状分析

从全球来看，随着无线电技术的快速发展和广泛应用，无线电频率资源紧缺的状况日益突出。无线电频率资源已经成为事关国家经济和社会发展的基础性、战略性资源，受到了各国的高度重视。为了争取更多的可用频谱资源，国外部分国家已经开始对无线电频率进行评估和审计，提高已释放的频谱使用率。在2015年召开的世界无线电通信大会（WRC-15）上，在6GHz以下为IMT谋求新的全球频率划分，以满足2020年前IMT发展所需的频率需求。我国无线电频谱资源依旧是无线电发展的主要问题，据预测，到2020年我国将还存在800～1 100MHz的频谱资源缺口。在2015年，我国无线电管理重点是争取更多的频谱资源，减少缺口，推进高频段频谱应用，加强频谱事前、事中、事后管理，提高频谱资源的利用率，加强移动宽带频率的管理工作，提高宽带无线技术所用频率的使用效率。为支撑“宽带中国”战略，2016年我国应调整频谱规划，明确无线频谱路线图。尽快研究确定国家宽带无线发展各阶段的频谱需求，制定频谱中长期规划。此外，为了加强对频率资源的管理，提高频率使用的效率，促进频率回收再利用，应尽快展开频率审计的相关工作，全面评估已分配频率的使用效率。

一、国际无线电管理情况分析

（一）无线电频率评估和审计

提高频谱资源的管理水平，最大程度发挥频率资源的效益是目前工作关注的重点。对现有频率使用情况进行分析和评估是提高频率使用效率的基础，部分国家和组织已启动了频谱评估和审计的工作，对主要用频行业进行审查，目标是提高频谱使用效率并释放频率资源。

欧盟于2012年开始频谱审计工作，其目的是挖掘频谱，尤其是400MHz~6GHz频段的使用潜力，并建立了一套效率分析指标评估现有的频率使用效率，用于发现可提升效率的潜在频段。英国明确将频率审计纳入到频率管理中，并设立了频谱使用独立审计组，重点对15GHz以下公众服务、航空、海事等用频行业进行审计。法国政府对已分配频谱做清查工作，从223MHz以下、223MHz～5GHz、5GHz以上3个频段中腾出部分频谱用于其他应用。除此之外，美国、加拿大、澳大利亚、日本、瑞典等国家也都开展了无线电频率评估和审计工作。

（二）WRC-15

随着无线服务在全球的持续扩张，依靠无线电波的各种服务对无线电频谱份额的争夺正变得越来越激烈。2015年11月，在日内瓦召开了世界无线电通信大会（WRC-15），会上最引人关注的议题是“为IMT增加附加频率划分以支持地面无线宽带应用发展”。近年来，随着移动数据业务的快速发展和用户需求的不断增加，IMT演进发展的步伐不断加快。如今，在全球4G商用方兴未艾之时，5G研究的帷幕已在全球拉开。面向未来，移动数据业务的爆炸性增长和用户数量的持续增加必然带来更大的频率需求。会上为IMT谋求6GHz以下的新的全球频率划分，以满足2020年前IMT发展所需的频率需求，这对IMT的持续演进发展具有十分重要的意义。

另外，WRC-15还确定了面向WRC-19的新议题，诸如在6GHz以上为IMT寻找新的频率、高空通信平台(HAPS)的使用规则、在275GHz增加业务划分以及皮纳卫星、智能交通等议题，代表了未来一个时期的研究走向，对未来无线电产业发展将产生重要的影响。

（三）国际无线电发展趋势

当前，无线电技术发展和无线电频率资源开发利用的趋势如下：一是以IMT为代表的地面移动宽带业务持续演进发展，对频率资源的需求越来越大，特别是在“万物互联”的5G时代，如何满足IMT对频率资源的巨大需求，这是一个十分艰巨的任务；二是随着社会信息化的日益推进，无线电技术应用在公安、交通、铁路及工业制造等领域的加速普及和渗透，无线网络正向宽带化、智能化、数字化和融合化方向发展，迫切需要更多的频率资源提供支撑；三是在无线电频率资源日益稀缺的情况下，随着频谱复用等技术的进步，多种无线电业务共用同一频段已经成为必然的选择，频谱资源的使用效率将不断提升；四是随着信息技术和微电子技术的发展，特别是随着无线电设备研发制造能力的增强，频谱资源的开发利用从中低频段向高频段拓展的趋势日益明显。

二、国内无线电管理情况分析

按照国内IMT-2020推进组的预测，我国从2010年到2020年数据流量将增加600倍以上，发达城市和热点地区数据流量增速更快，预计达到1 000倍左右。

（一）推进高频段频谱的应用

随着IMT-Advanced网络的快速商用，移动通信已进入新时代。TDD技术将在4G和5G时代发挥更大的作用，大规模MIMO、超密集网络、高频段通信等技术将在未来占据重要地位。为了推动高频段频谱的高效应用，需要全球各国达成共识，共同推动TDD频谱的统一规划，加速TD-LTE网络在全球的部署。

我国高度重视信息通信技术的发展，2015年，工业和信息化部出台了一系列政策，包括频率规划及牌照发放、支持4G的不断发展以及5G研究进程的推进。

对于4G和5G的发展，我国加快推进频率统一规划，在全球范围内达成频率规划的共识，促进后续的全球漫游和产业链发展；加快推动LTE技术的发展及演进，大力支持TD-LTE和LTE FDD等4G网络建设及技术、产品、业务创新；共同推进“一带一路”沿线高速宽带移动网络基础设施建设；加强5G全球合作，希望各国在大规模天线技术、超密集组网技术、高频段通信技术等领域继续加强合作，促进全球5G标准的统一。

截至2015年8月，中国移动已完成全年100万个基站的建设计划，4G用户数达2.3亿户，用户数月增幅均超过2000万户。同时，中国移动不断提升网络性能，通过LTE-A载波聚合技术，不少热点区域网络的最高速率达到220Mbit/s，部分城市正在测试三载波聚合，最高速率可达330Mbit/s。在频谱方面，中国移动在1.9GHz已建设50万个基站，2.3GHz建设30万个基站，2.6GHz建设20万个基站。同时，积极开展3.5GHz试验网建设，目前已在4个城市实现五载波聚合情况下1Gbit/s的最高速率。在终端领域，截至2015年6月，中国移动TD-LTE入网终端超过1 000款，并且已经实现网络制式全覆盖。中国移动将持续推动融合通信的快速成熟和商用，同时积极拓展车联网、移动医疗、移动商务、移动教育等信息服务新市场。

针对4G未来的演进，中国移动将引入3.5GHz等新频段，让TD-LTE的速率提升至600Mbit/s以上，同时实现TDD与FDD多频段载波聚合，以确保在5G成熟商用前，4G网络能够满足数据流量激增带来的带宽需求。与此同时，中国移动积极推进5G技术的研发进程，并加大对新业务和新市场的研究。

（二）提高频谱资源的利用率

在频谱管理的“事前”环节，加强了对无线新技术、新业务的跟踪，对需求作研究和兼容性分析，为配置增量资源提供依据。在2015年最新的《无线电规则》中，划分表的上限频率已达3 000GHz。此外，我国还采用了多种措施在频谱管理的“事中”、“事后”环节，对那些已经投入使用的频率进行监督与评价，维护其使用秩序，提高其利用效率，用好存量资源。2012～2013年，我们在全国范围内开展了无线电台站核查与台站规范化专项活动，掌握更加精准的无线电台站分布和使用情况；2014年，我们对公众移动通信重点候选频段的在用情况进行了监测与评估；2015年，进一步推动开展了全国无线电频率使用情况核查专项活动，以全面厘清我国无线电频率规划、分配文件，掌握现有频率规划、分配和指配情况。

（三）提高宽带无线技术所用频率的使用效率，做好移动宽带频率的管理工作

2015年，我国开展了第三代和第四代移动通信频率的规划，发布了《微功率（短距离）无线电设备的技术要求》、《中华人民共和国无线电频率划分规定》等一系列管理规定，解决了GSM/CDMA系统的干扰保护、TD-SCDMA/WCDMA/cdma2000系统的共存共用、铁路车号识别系统兼容性分析、GSM-R调度系统的频率应用环境测试等多项重大课题。

目前，我国3G（IMT-2000）的频段规划方式主要有两种：一种是频分双工(FDD)方式，主要工作频段是1 920～1 980MHz/2 110～2 170MHz的上下行对称的60MHz，补充工作频段是1 755～1 785MHz/1 850～1 880MHz；另一种是时分双工（TDD）方式，主要工作频段是1 880～1 920MHz和2 010～2 025MHz共55MHz，补充工作频段是2 300～2 400MHz，与无线电定位业务共用，均为主要业务。此外，还为卫星移动通信系统划出了1 980～2 010MHz/2 170～2 200MHz的工作频段。

我国已规划给GSM的825～835MHz/870～880MHz、885～915MHz/930～960MHz和1 710～1 755MHz/1 805～1 850MHz频段，同时规划为第三代公众移动通信系统FDD方式的扩展频段，上下行频率使用方式不变。同时，我国考虑将1.4GHz、3.5 GHz用于TDD的后续发展。

为了支持WLAN的广泛应用和发展，除了目前使用的2 400～2 483.5MHz的2.4GHz频段以及5 725～5 850MHz的5.8GHz频段之外，在5GHz频段，我们已将5 150～5 250MHz、5 250～5 350MHz频段共计200MHz规划为无线局域网频谱。

三、无线电管理发展趋势

（一）调整频谱规划

为了支撑“宽带中国”战略，我国应调整频谱规划，明确无线频谱路线图。尽快研究确定国家宽带无线发展各阶段的频谱需求，梳理无线频谱分布和利用状况，加快研究频谱规划的方案，制定频谱中长期规划，明确无线频谱综合利用的时间表和路线图。将相对闲置的频率资源用于移动通信，促进频谱资源的高效利用。支持动态频谱分配等高效利用频谱资源的新技术的开发运用，支持消除干扰的技术和设备的研发和利用，促进不同无线业务类型频率的共用共享，提高频率资源的整体利用率。加强公共频段上无线设备的监管，统筹无线局域网等无线通信网络的部署，鼓励无线设备共建共享，避免频率干扰，提高频谱资源使用效率。加强对无线电发射设备研制、生产、进口、销售和使用等环节的监管，维护空中电波的秩序。

（二）让频谱监管可见可控，引入频谱审计

我国已分配频谱的使用率低下，许多频谱没有得到充分应用，这已成为我国频谱管理急需解决的问题，而第一步也是最重要的步骤就是搞清所有已分配频谱的应用情况，确定使用率较低的频段。

目前，我国尚未建立完善的频谱审计的机制，在频率资源日益紧张的情况下，应尽快展开频率审计的相关工作，全面评估已分配频率的使用效率。

近年来，多个国家纷纷开展频谱审计工作，我国也应尽快启动频谱审计的相关工作，建立频谱审计数据库，并将其纳入决策支撑系统，用于频率管理、台站设置、频率规划等方面。同时对数据库进行定期更新，即建立周期性的频率审计机制，以不断优化频谱。

另外，对于不同的无线电业务实行不同的审计周期，对于热点及重点无线电技术进行重点审计：如对移动通信、广电、专网无线通信等技术发展较快，对于频谱占用较多的频段实行较短周期的审计，对于其他无线电业务可延长审计周期。审计的频段范围限定在不同业务分配或划分的频率。依托频率审计，加强频率资源的管理，提高频率使用效率，促进频率回收再利用。

（中国信息通信研究院　徐子晴）

中国及全球信息通信业发展趋势展望

一、全球经济复苏带动信息通信业逐步回暖，我国信息通信业发展进入新阶段

全球经济复苏带动信息通信业逐步回暖。根据世界银行的预测，在经济形势总体向好的背景下，全球基础电信业持续反弹，基础电信业收入将增长2.0%，与全球GDP增长预期差距缩小。除了规模增长，全球电信业务结构转型将继续深化，在5G、移动宽带、物联网应用的引领下，技术和业务变革融合速度日益加快，涉及领域不断延展，渗透程度越来越深，为行业持续发展带来新的增长空间。

伴随着我国经济发展转入新常态，信息通信服务业也迎来新旧增长动力和业务结构转变调整的关键时期，行业整体发展速度有所放缓，基础电信业由中高速增长转入中低速增长。受市场需求、技术创新和资本投资的三轮利好驱动，预计我国2015年信息通信服务业收入规模将达到约2万亿元，增速超过16%。其中，基础电信业在开放创新和4G发展的驱动下，增速止跌回升，预计收入规模将达到1.18万亿，按可比口径测算，回升至5.4%左右，与我国GDP预期增速差距缩小。增值电信业收入继续保持40%以上的增长，收入突破8 000亿元。从收入构成看，互联网服务收入持续扩大，占全行业比重将首次超过60%，对行业收入增长贡献超过100%，产业价值主导者的地位进一步增强。2016年，以互联网为代表的信息通信技术创新持续活跃，与传统产业的融合渗透不断深入，成为经济新常态下提质增效的重要动力。在市场需求、技术创新和资本投资的三轮驱动下，信息通信业整体利好，行业结构调整继续深化，互联网引领作用持续增强。

二、4G开始实现规模商用，5G成为全球研发热点

在过去的5年间，我国和全球的2G用户均出现负增长。自2014年起，我国和全球的3G新增用户数也逐年下滑。而我国和全球的4G新增用户数增势明显，2014年4G新增用户数首次超过3G用户。过去两年我国4G的快速发展，截至2014年建成86万个4G基站，形成全球最大4G网络。截至2015年9月，我国LTE用户数突破3亿户，4G用户在全球4G市场占比已达到37%，月增长占全球一半以上。

随着产业技术升级，基于不同场景的差异化需求加深，继而推动5G成为研发热点。5G通信系统的能力会比前四代更加丰富，将满足人们在居住、工作、休闲和交通等区域的多样化需求。业界所关注的5G重要指标是用户体验速率，即用户在高密度住宅区、办公场所、校园、综合商场、高铁、地铁等超高流量、超高连接、超高移动环境下所要求的优质通信体验，届时5G将解决多样化应用需求所带来的挑战，保证多种极端场景下的一致性服务，实现Gbit/s量级的用户体验。

当前，制定全球统一的5G标准已成为业界共同的呼声。5G移动技术的未来发展着眼于包含城市、应用、传输系统和大数据的智慧、互联环境中，在人与物之间建立新型的连接。国际电信联盟（ITU）已经启动了5G标准的研究工作，明确了IMT-2020工作计划。2016年2月ITU-R 5D工作组会议上，5G无线接口技术的标准得到完善，IMT-2020将在2017年年底启动5G候选方案征集，2020年年底完成标准制定。

三、移动数据业务成为收入增长的最主要动力，提速降费依然是宽带网络发展的主要趋势

移动互联网业务全面成为全球电信增长的关键性引擎。国际电信联盟日前发布年度报告称，近年来全球信息通信技术覆盖率提升显著。全球移动电话

用户数量已从2005年的约22亿增至目前的近71亿。移动宽带则是发展最迅速的业务，全球移动宽带订户数量在5年间增长了3倍多，从2010年的8亿增至2015年的约35亿。从收入结构来看，全球移动通信业务在整个基础电信业的收入占比超过60%，非话音收入占比突破50%。从增长动力来看，移动数据业务成为收入增长的最主要动力，在全球基础电信业0.7%的增长中，移动数据及互联网收入贡献了2个百分点。

我国支持宽带发展的政策逐步推进，2013年8月国务院出台《"宽带中国"战略及实施方案》，实施"宽带中国"2013专项行动，将光纤到户定为国家标准；2014年继续实施"宽带中国"专项行动；2015年在专项行动基础上，相关部门发布《关于加强城市通信基础设施规划的通知》和"电信普遍服务补偿机制"。党中央、国务院高度重视宽带网络发展，2015年5月发布《关于加快高速宽带网络建设 推进网络提速降费的指导意见》，10月将"提速降费行动"列入《中共中央关于制定国民经济和社会发展第十三个五年规划的建议》。质优、价廉、高速的宽带网络是全民共享公共服务、便捷信息消费、互联网+、智能设备等方面发展的基础，其作为战略性公共基础设施的地位日益凸显。

当前，我国光纤端口总数达到2.4亿，全球排名第一。在"宽带中国"专项行动中，超过80%的城市家庭完成了光纤到户的改造。宽带接入速率快速提升，自2013年专项行动以来，8Mbit/s速率用户占比由原先的22.4%，提升到60.6%。移动流量资费逐年降低，由2012年平均0.161元/MB，降至2015年的0.076元/MB。固定宽带资费在东西部、城乡两个层面均存在较大差异，固定宽带资费占居民收入的比重上，明显西部高于东部，农村高于城镇。

未来我国宽带网络发展依然会多措并举。不断加强网络基础设施建设，提高网络普及率；继续加快光纤网络和4G网络的建设，推动互联网网间带宽扩容，提升骨干网容量，扩大国际出入口带宽；继续落实"电信普遍服务补偿机制工作方案"；加强通信行业竞争活力，引入民间资本，令"鲶鱼效应"发挥作用。

四、全球物联网发展趋势依然迅猛

物联网经过多年的探索发展，从碎片、孤立的应用阶段步入了"重点聚焦、跨界融合、集成创新"的新阶段，市场中的各个领域加速融合、渗透，促使物联网面临爆发式增长。

全球将继续加强物联网产业统筹，提高资金扶持力度。美国政府以大量资金支持物联网相关技术发展，将投入1.6亿美元支撑物联网试验平台建设，以推动智慧城市在美国的发展计划。欧盟于2015年投入5 000万欧元成立物联网创新联盟（AIOTI），统筹原有资源，推进物联网在欧盟的跨越式发展。以中日韩新四国为首的亚洲国家，政府层面一直重视物联网技术的开发和应用，投入巨资支持技术发展。

全球巨头抢占物联网布局关键环节，构建物联网产业联盟，拉开物联网产业发展新局面。全球巨头纷纷将芯片、操作系统和云平台的建设视为物联网布局的关键环节。英特尔开发适用于可穿戴设备和物联网设备的微型芯片。谷歌推出基于安卓内核的物联网底层操作系统Brillo，发布跨平台且支持开发者API的通信协议Weave，支持不同设备的数据实现联通。华为和百度发布物联网操作系统Lite OS和DuWear。微软则推出物联网套件协助企业部署、管理。同时，国际巨头之间纷纷成立产业联盟，以期形成团体优势，抢占发展先机。

物联网和移动互联网的加速融合，促使可穿戴设备和智能家居领域成为企业竞争重点。可穿戴设备涉及医疗、健康、娱乐等领域，涵盖血糖、血压、心率、运动等多项指标的监测和警示。可穿戴设备的出货量在2015年增长迅猛，预计到2019年出货量将达到1.26亿只，成为带动高技术产品发展不容小觑的力量。在智能家居方面，苹果、谷歌、三星、华为、小米等国内外企业都加快推进各自智能家居布局，欲将智能家居和可穿戴设备等智能终端充分互联，打造个性化、智能化、便捷化的全套产品。

物联网也是全球智慧城市布局的核心。智慧城市依托智能设备、服务平台、大数据分析能力，对城市数字化、智能化、高效化管理，将不断促进现代城市的低碳、高效、绿色发展。以政府为主导的智慧城市建设，已经在日本、韩国和欧美等国家取得不菲成果，今后也将继续发力，实现更多创新型城市。

（中国信息通信研究院　刘恬）

宽带及移动通信篇

我国及国际 TD-LTE 和 4G 产业发展分析

2015 年 2 月 27 日，工业和信息化部正式宣布向中国联通与中国电信发放 FDD 4G 牌照。从此，我国全面进入 4G 时代。

4G 从 2012 年发展至今，已经历了近 4 年。对目前我国及国际 TD-LTE 和 4G 产业进行分析，不仅可以回顾整个 TD-LTE 和 4G 的发展历程，更加能够为未来 TD-LTE 和 4G 产业的发展提供借鉴与支撑。

一、TD-LTE 和 4G 技术标准现状

（一）ITU 明确 5G 工作推进时间表

在 2015 年年初进行的 ITU-R WP5D 会议上，ITU 明确了 5G 推进时间表，如图 1 所示，划分为三阶段：第一阶段至 2015 年年底，重点完成 5G 愿景建议书，定义 5G 的宏观需求和关键能力；第二阶段从 2016 年至 2017 年年中，将完成 5G 的详细技术需求和评估方法，准备征集 5G 候选技术；第三阶段从 2017 年年底至 2020 年年底，将收集全球范围内提交的候选技术并完成评估，最终于 2020 年年底发布 5G 规范。

（二）TDD 产业界全力阻击“TDD 全下行 10:0 新子帧配比”

2013 年 12 月，日本运营商 NTT DoCoMo 在 3GPP 全会上提出在 TDD 现有帧结构中引入全下行 10:0 新子帧配比，希望采用类似于 FDD 全下行的工作方式为传统 FDD 运营商带来最大利益。DoCoMo 表示该配比将在日本分配的 3.5GHz 频段引入，可更大程度满足现有 LTE 网络中下行业务量较重的需求。

经仔细评估，若 TD-LTE 引入该子帧配比，一方面将会使应用该配比的 TDD 频段失去独立工作能力，另一方面，在当前 TDD 系统仍然弱于 FDD 系统的情况下，将会进一步弱化 TDD 系统的竞争力。因此，该提议最初受到了 TDD 运营商与厂商的联合阻挠。

2015 年 3 月，各公司进行了详细讨论，内容包括应用场景、潜在频谱、共存问题、同步假设、仿真假设等，最终形成了应用场景、同步假设以及初步评估方法等相应文档，并写入了第一版本的技术报告。该版本尽可能在各个方面尽量体现 TDD 子帧配比 10:0 引入后对 LTE 系统的不利影响。从长远来

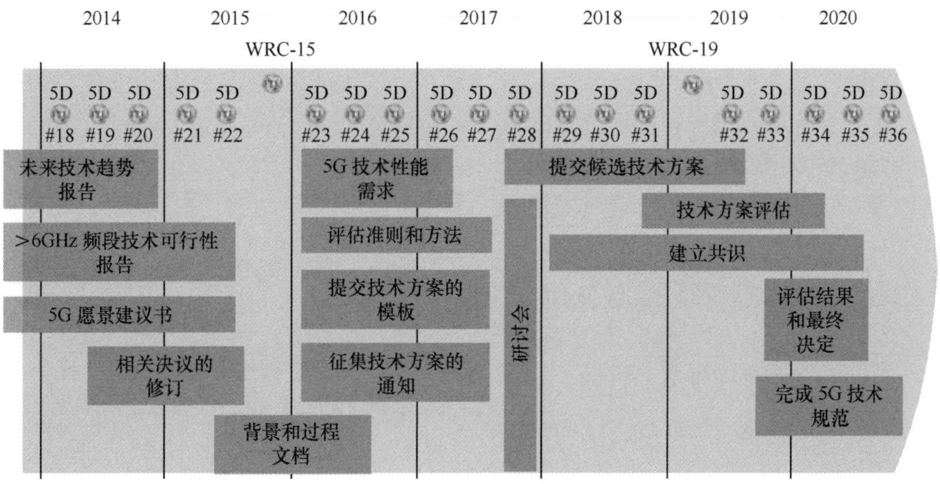

图 1　5G 工作推进时间表

看，未来为了促进FDD/TDD融合，在保证TDD系统健康发展的基础上，在5G时间窗内为了使未来的TDD系统更开放从而引入10:0或者0:10配比。

（三）“LTE非授权频谱接入”国际进展

2014年9月，3GPP正式启动了“LTE非授权频谱接入”（Licensed-Assisted Access using LTE, LAA或LTE-U）研究项目（SI），旨在通过在非授权频段上使用LTE技术，充分利用频率资源，提升LTE网络的容量和用户体验，同时避免与现有Wi-Fi网络的相互干扰。

LAA项目于2015年6月完成SI阶段的研究工作。目前，在物理层完成了对世界各区域规范的收集归纳，明确了LAA部署场景、设计目标和功能需求，确定了共存性能评估的仿真假设，并初步讨论了LAA与Wi-Fi的共存仿真结果及解决方案设计；在高层协议方面讨论了LBT（Listen Before Talk）机制的影响；在频谱方面讨论了5GHz非授权频谱的频段规划、LTE和Wi-Fi的邻频共存场景、评估方法和射频指标等问题。

此外，2015年3月5日，由Verizon主导并联合阿尔卡特朗讯、爱立信、高通和三星等公司创立的LTE-U论坛发布了其首个关于应用非授权频谱的评估报告，在探索LTE-U如何与Wi-Fi等其他非授权频谱技术共存方面迈出了坚实的一步。

但是，LAA技术的过早引入，可能会干扰频谱资源丰富的传统电信运营商现有的WLAN网络，并对TDD授权频段价值以及未来IMT（国际移动通信系统）5G高频段授权频谱分配带来一定负面影响，不利于我国主导TDD技术的长远发展。

（四）VoWi-Fi云化方案演示情况

在2015年7月15～17日上海举行的世界移动大会期间，中国移动联合爱立信成功进行了Wi-Fi Calling等移动新技术的演示。Wi-Fi Calling是终端用户在无线覆盖环境不甚理想的情况下，利用互联网及家用Wi-Fi实现高清语音的通信，以及与VoLTE间的无缝切换。它将为运营商丰富覆盖方案，降低深度覆盖的难度，节约大量的建设投资。目前，美国T-Mobile US、英国Orange UK和加拿大Rogers Wireless等都已经向用户提供Wi-Fi Calling业务。

此次演示环境由爱立信超小型蜂窝基站（Radio Dot）和一个普通家用AP分别提供VoLTE和Wi-Fi覆盖，通过基于云端部署的核心网，从而为参观者现场提供Wi-Fi Calling高清语音与视频电话体验。

二、全球TD-LTE和4G产业发展现状

（一）GTI已拥有120家运营商成员和102家合作伙伴

截至2015年7月31日，GTI共发展运营商成员120家，厂商合作伙伴102家。2015年新增日本KDDI、西班牙Eurona Wireless Telecom、意大利Tiscali Italia Spa、阿联酋MTN迪拜4家运营商成员；新增芬兰软件厂商Tieto、中国BaiCells、美国天线供应商Cavendish Kinetics、意大利IT业务供应商Athonet、Fraunhofer IIS 5家厂商合作伙伴。

（二）LTE已在181个国家/地区商用

据GTI统计，截至2015年7月初，全球181个国家/地区的422家电信运营商已经商用了LTE网络，35个国家中的59个运营商的TD-LTE网络实现商用，其中17家运营商同时运营FDD和TDD网络。全球638家电信运营商在181个国家投资LTE。

2015年7月，全球88家运营商的LTE-A实现商用。

GSA预计到2015年年底，460个LTE网络实现商用。

（三）全球LTE用户数已达到6.35亿户

根据GSA统计，截至2015年第1季度，全球LTE用户数已达到6.35亿户，年底预计8.5亿户。从2013年到2015年第1季度，全球共增加了3.82亿LTE用户，其中2015年第1季度全球LTE用户增加1.23亿户。预计2019年全球LTE用户数将达到25亿户，如图2所示。

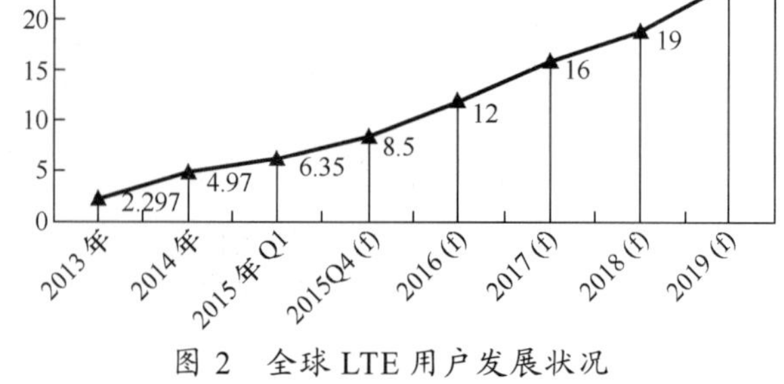

图2 全球LTE用户发展状况

（四）1 800MHz、2.6GHz 和 700MHz 三个频谱被全球 LTE 商用运营商使用最多

从 LTE 频段竞拍统计情况来看，截至 2015 年 7 月底，在全球 422 家 LTE 商用运营商中，有 187 家使用 1 800MHz，占 LTE 商用运营商数量的 44.3%，其中，1 800MHz、2.6GHz 和 700MHz 三个频谱被全球 LTE 商用运营商使用最多。全球 LTE 网络频谱资源分布情况如图 3 所示。

（五）全球已推出 4 098 款 LTE 终端

据 GTI、TDIA、GSA 统计，截至 2015 年 6 月底，全球已推出 4 098 款 LTE 终端，包括 2 523 款智能手机、795 款路由器、266 款平板电脑、211 款 USB 数据卡等。

其中，有 2 055 款终端支持 TD-LTE，包括 1 447 款智能手机、391 款路由器、47 款平板电脑、101 款 USB 数据卡等。

有 2 751 款终端支持 LTE FDD，包括 1 482 款智能手机、579 款路由器、257 款平板电脑、147 款 USB 数据卡等。

（六）全球 103 家运营商对 VoLTE 进行投资

随着网络覆盖率的日益提高以及 LTE 智能手机使用量的增加，语音服务成为许多 LTE 运营商的优先考虑。截至 2015 年 6 月，全球 49 个国家（地区）的 103 家运营商对 VoLTE 进行投资，计划或正在部署。全球已经有 16 个国家中的 25 个运营商正式商用 VoLTE 服务，其中包括日本、韩国和美国各三家运营商。

三、我国 TD-LTE 和 4G 产业发展状况

（一）发展策略分析

中国移动的 4G 部署策略为加快 4G 网络建设，2015 年实现 100 万个 4G 基站建设，4G 用户规模达 2.5 亿户，销售 4G 终端 2 亿部，实现 TD-LTE 将向 LTE-A 发展，从 CSFB 覆盖转移到 VoLTE，努力推进 TDD 和 FDD 融合。

中国电信的 4G 部署策略为停止 3G 扩容，加快 4G 网络建设，2015 年实现 120 个重点城市深度覆盖，其余城市薄网覆盖，县城以上基本连续覆盖；2016 年实现乡镇以上连续覆盖，农村试点建设。

中国联通的 4G 部署策略为停止 3G 扩容，加快 4G 网络建设，2015 年实现县城以上连续覆盖；2016 年实现发达乡镇以上连续覆盖，逐步向农村地区拓展，同时保证高铁线路的覆盖。

（二）三家运营商 4G 基站达 160 万个

截至 2015 年 6 月，中国移动累计完成 4G(TD-LTE) 基站建设约 94.4 万个，其中宏基站 74.1 万个，室内分布 20.3 万个。

从媒体披露的数据来看，截至 2015 年 7 月，中国电信 4G 基站达到 38 万个，中国联通 4G 基站达到 26 万个。2015 年年底，中国电信 4G 基站数到达值为 46 万，中国联通 4G 基站到达值为 50 万，见表 1。

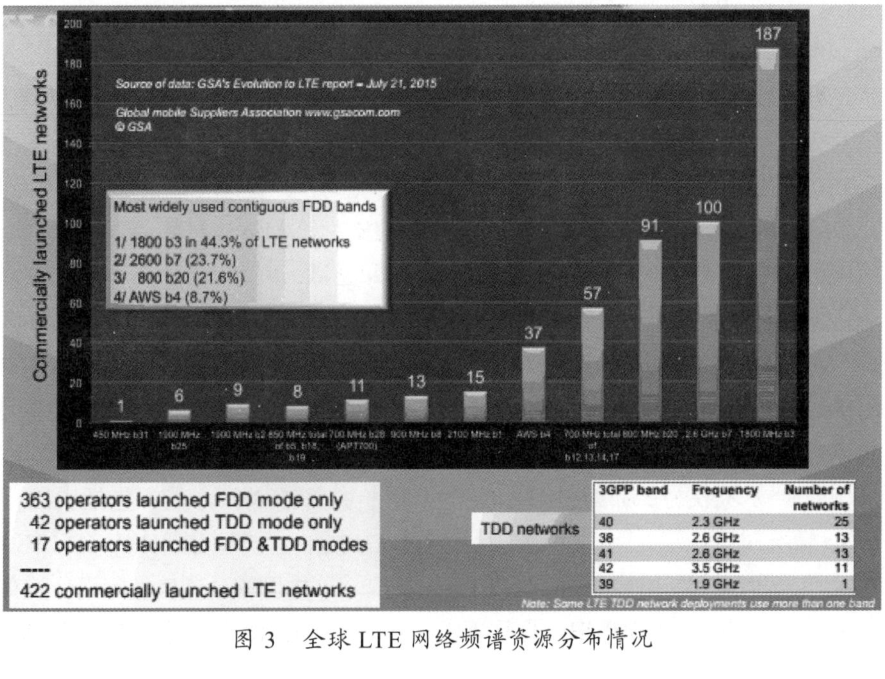

图 3 全球 LTE 网络频谱资源分布情况

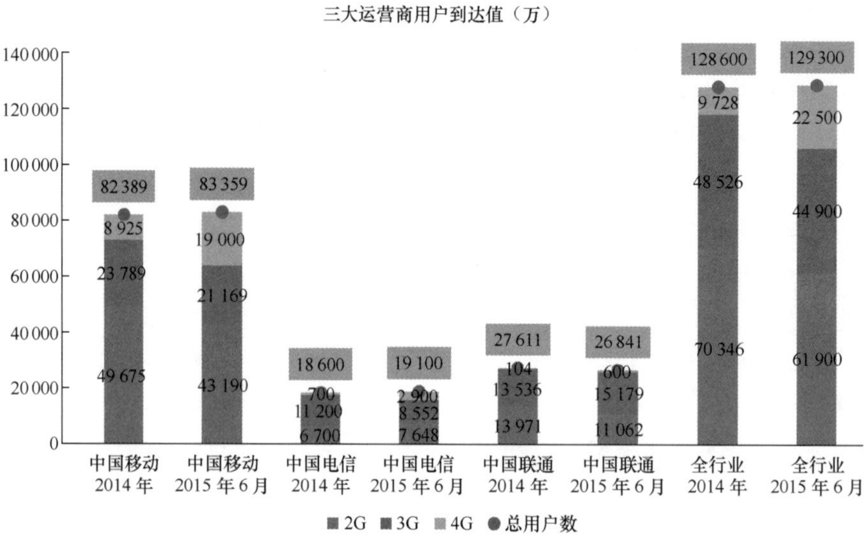

图 4 三大运营商用户数据

表 1 三家运营商 4G 基站到达数统计（万）

	截至 2015 年 7 月	2015 年年底（媒体披露）
中国移动	100	—
中国电信	38	46
中国联通	26	50

（三）国内 4G 用户达到 2.25 亿

截至 2015 年 6 月，国内移动电话用户数达到 1 2.93 亿户，其中 4G 用户达到 2.25 亿户，比 2014 年年底净增了 1.35 亿户，如图 4 所示。中国移动总用户数达到 8.3 亿户，其中 4G 用户数达到 1.9 亿户，比 2014 年年底净增了 1 亿户；中国电信 4G 用户达到 2 900 万户，比 2014 年年底净增了 2 200 万户；中国联通 4G 用户达到 600 万户，比 2014 年年底净增了 500 万户。

从 2G、3G、4G 用户渗透率来看，2015 年上半年，国内 4G 用户渗透率为 17%，中国移动 4G 渗透率上升为 23%，中国电信上升至 15%，中国联通 4G 用户发展最慢，4G 渗透率最少，为 2%。

从市场份额来看，2015 年上半年，中国移动总用户份额为 64%，与 2014 年年底相比保持稳定。中国移动 4G 用户份额降至 84%，中国电信 4G 份额为 13%，有所上升，中国联通最少，仅为 3%，如图 4 所示。

（四）用户 DOU 情况对比

2015 年上半年，中国移动 4G 用户户均流量为 704MB，中国电信 4G 用户户均流量约 700MB，两者差距不大。中国联通未披露 4G 用户户均流量相关数据。

2015 年上半年，中国移动 3G/4G 用户户均流量为 362MB，中国电信 3G/4G 用户户均流量约 311MB，中国联通为 291MB，中国移动扭转了 3G 时代户均流量落后的局面，如图 5 所示。可见，4G 用户的大规模发展，对于中国移动的流量提升起到了巨大的推动作用。

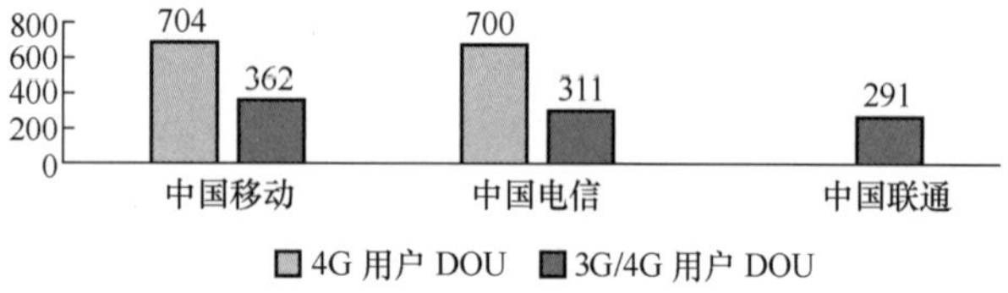

图 5 2015 年上半年用户 DOU（MB/ 月 * 户）

（五）TD-LTE 芯片、终端入库及新产品发展情况

截至 2015 年 7 月 20 日，全球已有 8 家厂商提供 37 款商用多模 TD-LTE 手机芯片产品，包括高通 13 款、MTK 7 款、Marvell 4 款、海思 7 款、Intel 1 款、展讯 2 款、三星 2 款、联芯 1 款。其中三模产品共 8 款，包括高通 1 款、Marvell 2 款、海思 2 款、展讯 2 款、联芯 1 款。此外，三星 S310AP、Marvell 1908、Marvell 1936 和展讯 SharkL 4 款五模芯片正在进行中国移动芯片认证。

截至 2015 年 7 月 20 日，本年度累计入网 TD-LTE 手机共计 583 款，其中包括中国移动版 TD-LTE 手机 318 款。同期，累计入库 TD-LTE 定制手机 426 款。

（中国移动通信集团设计院有限公司　董江波
中国移动通信集团公司信息安全管理与运行中心　袁捷）

移动互联网发展分析与展望

一、发展现状

（一）内涵与要素

1. *移动互联网是对传统互联网的继承和发展*

既继承了传统互联网的各类基础信息交换技术，以及大多数桌面应用的模式，又由移动在线的特性带来了基础网络的升级，扩展出新的服务模式。移动互联网的内涵体现在它的创新与价值上：其创新主要体现为“随时在线”的移动性，具有“自主、自在、自由”的特点，所有接入的用户、所有联网的设备全天候生活在网络空间中，为新服务的开展展开了无尽的想象空间；其价值在于社会信息化，传统概念上的用户、设备在移动互联网中全部变成了可供利用的信息和数据，改变了传统的人们沟通交流、信息采集分发、城市设施运转的方式。基于移动互联网的移动信息化将催生出大量新的行业信息化应用，为中国网络经济的发展留下新的想象空间。

2. *移动互联网的要素包括移动终端、移动网络和移动应用服务*

移动终端是移动互联网的信息入口，直接面对最终用户，是现阶段移动互联网发展的关键。终端与应用服务的紧密结合导致智能终端消费反映了移动互联网的发展水平。智能终端的增长推动了终端硬件的性能提升，在处理能力、显示能力和交互能力等各方面均有较大进步。正如中国工程院院士邬贺铨指出，“智能终端的通信属性已经边缘化，作为消费终端的属性逐步增加，智能终端成为大数据应用的重要出入口”。经过几年的发展，本土企业在移动智能终端产业的战略布局日益完善，关键环节如核心芯片等也取得了一定的突破，与国外企业的差距逐步缩小。

移动网络主要承载信息传递，是移动互联网发展的基础，应用的下载、业务的交互、用户的通信都要通过移动网络进行传递。移动网络的双边性特点使其受到无线通信技术和应用服务业务的双重影响。一方面，高速、低时延的网络服务能够提供更好的用户体验，因此移动互联网的各类应用与服务将在4G时代爆发式增长。随着移动互联网的发展，特别是移动应用的发展壮大，目前的移动网络承担了更大的传输量，需要进行传输的信息及数据的种类和数量越来越多。另一方面，应用的丰富与随时在线服务需要更好的网络支撑，这给移动网络在速率、时延、容量、覆盖、安全和管控等多方面都提出了新的挑战，也驱动移动网络向更强的传输能力、更丰富的部署场景和更高效的资源利用方向演进。

移动应用服务是移动互联网发展的未来，用户强烈的需求将进一步促进消费互联网与产业互联网的发展。用户需求的实用性会不断增强，例如滴滴出行、大众点评等实用性的应用在智能手机上越来越普及，也促进了移动互联网的用户群体发展。以移动视频为例，据易观智库统计，移动视频用户黏性增强，移动视频用户人均单日访问时长整体趋势增长明显，2015年第3季度同比增长11.2%。

（二）市场现状

2015年，我国移动互联网用户规模不断扩大：据工业和信息化部运行监测协调局报告，截至2015年11月，我国移动互联网用户达9.5亿户，其中3G用户4.0亿户、4G用户3.5亿户；移动互联网接入流量达到366 499万GB。随着手机普及率的提高与硬件性能的提升，智能手机终端逐步超越个人电脑成为网民上网设备首选。

在应用服务领域，移动端逐渐占据主流地位。2015年，网购移动端首次超过PC端。2015年“双十一”全球狂欢节中，天猫的交易额达到创纪录的912.17亿元，其中无线交易额为626亿元，无线占比68.67%，再次刷新单一电商平台单天交易的世界纪录。移动端视频用户也发展迅猛，据CNNIC统计，截至2015年6月，我国手机网络视频用户约3.5亿户，使用率为59.4%。其中，网络视频用户呈现加速向移动端迁移的态势。

在市场经营领域，中国互联网企业国际化拓展引人注目，移动互联网产品和服务走向全球。全球互联网公司前十强中，有4家中国企业入围。支付宝成为全球最大移动支付公司，微信全球月活跃账户达6.5亿，百度移动产品的海外用户突破7亿，猎豹移动端的月度活跃用户74%来自海外市场。此外，移动互联网企业的竞合更加激烈，如滴滴与快的合并、美团与大众点评合并、58同城与赶集网合并等。据CNNIC统计，“十二五”期间，互联网经济已经达到我国GDP的约7%。移动互联网已经成为拉动经济增长、促进信息消费的新引擎，其用户数与普及率，如图1所示。

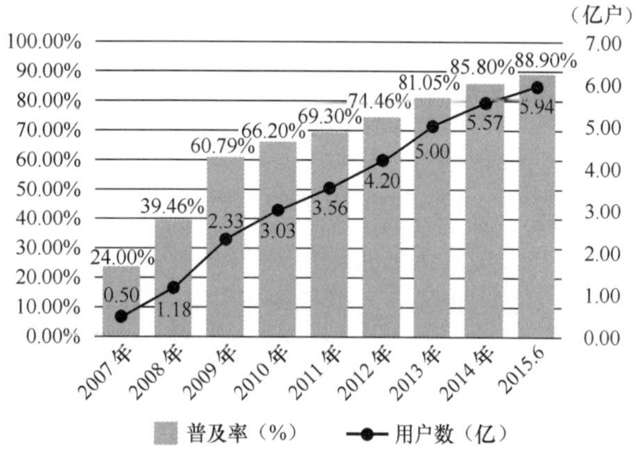

图1 移动互联网用户数与普及率（数据来源：CNNIC）

（三）产业现状

从产业角度来说，移动互联网融合了高端制造业与现代服务业，覆盖软件与信息服务业、终端制造业、电信运营业、网络设备制造业、云计算服务业、云计算制造业、集成电路、电子材料与元器件等诸多领域。在这些与移动互联网相关的产业中，移动智能终端制造业和移动互联网应用服务业是两大产业轴心。

1. 垂直一体化发展模式成为主导

应用与终端的紧耦合垂直一体化的发展模式已超越原来的松耦合水平化发展模式，成为当前移动互联网发展的主导模式。移动互联网服务已成为各方产业力量竞合的一致目标，多要素耦合、垂直一体化成为主流，全球移动互联网巨头均以垂直整合为主要发展模式。我国移动互联网企业亦追随巨头步伐采取垂直整合的模式实践。阿里巴巴、小米科技以及联想在云服务和应用程序商店、OS以及终端均有部署，此外华为、中兴、百度、盛大等也在进行不同模式的垂直整合。

2015年国产手机整体出货量稳步提升。据市场研究公司Digitimes Research数据显示，2015年第三季度，全球智能手机出货量约3.32亿部。在占据份额约81%的前15大智能手机厂商中，有9家来自中国大陆地区。从企业发展角度来看，华为、OPPO、魅族等企业增长强劲。12月18日，华为手机年度累计发货突破1亿台，刷新了国内智能手机年度出货量纪录。12月21日，魅族透露，2015年魅族手机以350%的速度高速增长，预计达到2000万台的销量。OPPO手机预计其全球智能手机销量超过4000万台。

2. 企业注重业务平台开放，建设多方参与的生态系统

移动互联网由传统移动通信的封闭系统走向开放体系，推动产业构建更加开放、共享、创新、活跃的生态系统。与此同时，三网融合、物联网带来广电系统、传感网络等外围产业与移动互联网产业的深度融合，将对移动互联网业务的实现主体、业务形态、业务模式以及消费群体产生重大影响。

这方面的一个典型例子是民用无人机市场的变化。目前的航拍市场可细分为影视娱乐、新闻及摄影、自我记录三个领域，通过对软件平台和硬件平台的开放，无人机的开放平台正在与移动互联网融合开拓新的市场空间。无人机与智能硬件和可穿戴设备的结合，如基于可穿戴设备的无人机控制App，能够实现更加丰富的人工交互，降低普通消费者的使用门槛。空中应用场景也会随着第三方软硬件的加入而变得更加丰富起来。据相关报道，凭借开放平台拓展应用，大疆在世界范围内已经占据了大约70%的商用无人机市场，在消费级市场也正迅速扩大其市场份额。

（四）社会文化

移动互联网的发展促进了社交网络的多样化发展，并对社会组织结构演进起到了重要作用；移动互联网时代的自媒体获得空前发展，进而对社会文

化的传播产生了重要影响。

1．移动社交网络开启新时代

智能手机将手机从通话和短信功能演变成一个信息服务入口、工具，但是手机用于人们获取信息、传递信息、交流信息的社交本质并未减弱，反而得到加强。通话虽然不再是手机的主要用途，但社交活动仍然是智能手机应用的核心。

2．移动互联网将成为文化消费新蓝海

移动互联网技术的迅速发展，催生出许多新的文化业态、消费形态，发展潜力巨大。与其他细分领域不同，移动时代并不等于将传统文化简单平移到移动终端。移动互联网不仅带来了虚拟世界中文化的又一次扩张，也带来了一种新的文化消费生态，这种新生态正在孕育出更加丰富的产品。传统文化消费一直以内容为立足点，但是移动互联网改变了内容生产者与文化消费者之间的关系，对文化产品的生产与传播产生了越来越深刻的影响。此外，移动时代的“体验经济”，推动服务类应用逐渐成为文化消费的核心需求之一。

二、发展趋势

就我国的信息产业发展来看，移动互联网是最近一段时间发展最快、竞争最激烈、创新最活跃的领域，其快速发展对整个信息产业其他领域的影响很大。移动互联网将互联网带入了新的产业周期，打破了移动通信产业原来封闭式的业务和发展模式，并推动了移动终端产业的跨越式发展。经过一段时期的高速发展，移动互联网形成了以智能终端平台为核心、无线高速宽带接入为基础、应用商店为载体，产业纵向深度整合的生态系统结构。

（一）概述

1．到 2020 年，我国移动用户数将接近 15 亿

根据已有历年统计数据，按照平均年复合增长率 16% 预计，到 2020 年，我国的移动用户数将达到 14.9 亿，如图 2 所示。

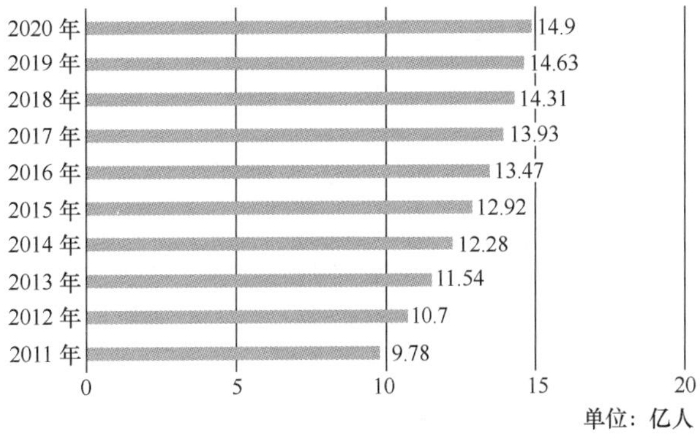

图 2　中国移动用户预测

2．到 2019 年，智能终端数量将达 26 亿部

4G 技术与移动互联网的结合，将辐射价值万亿元的产业链，其中终端产业就是受益最明显的一块。预计到 2019 年，智能终端数量将达 26 亿部，如图 3 所示。上游的 4G 芯片和屏幕厂商，中游的手机厂商和 App 开发者，乃至渠道商和配件厂商都会从中获益，并加速移动通信和移动互联产业的再次革新。

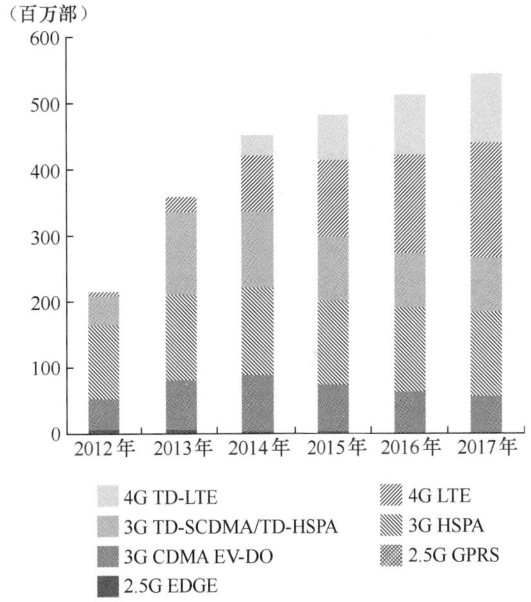

图 3　中国智能手机市场出货量（数据来源：IDC）

3．到 2020 年，移动数据流量将超过 2 亿 TB

从基础网络的发展来看，一个很重要的特点就是看到数据流量的发展是完全非线性的。而移动数据流量呈指数级增长，预计到 2020 年，移动数据业务总流量将超过 2 亿 TB，其中移动视频业务将超过 50%，如图 4 所示。

近期虽然移动互联网仍保持加速发展的态势，但其市场格局和产业形态开始逐渐呈现出稳步发展的趋势。产业模式变革和创新带来的增量加速效应基本告一段落，移动互联网开始步入由用户迁移、终端升级和服务优化驱动的匀加速发展阶段。

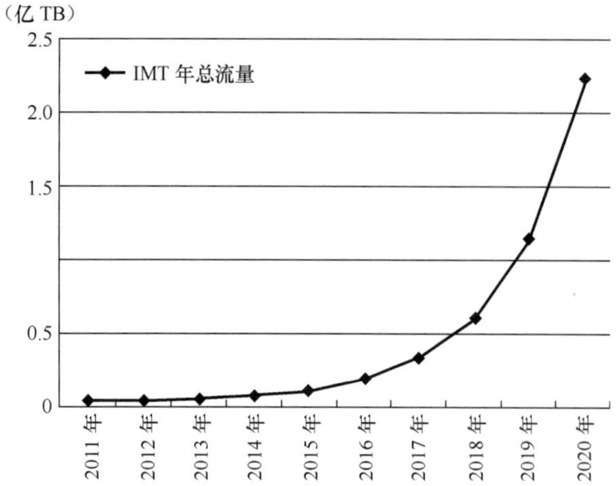

图4 我国移动通信业务年总流量预测

（二）技术发展趋势

1. 网络：接入技术多元化、部署多样化

移动互联网将满足人们在居住、工作、休闲和交通等不同领域的多样化业务需求，如高清视频、云计算、虚拟现实等多种业务。这种多样化应用场景下的差异化性能指标给现有网络带来了巨大的挑战，不同场景的网络性能要求各不相同，可行的解决方案是根据不同场景采用不同的接入技术、根据不同业务特点选择不同的网络部署方式。

2. 移动终端：通信多模化、软硬融合化、形态多样化

在移动互联网时代，终端对业务支撑和业务体验的重要性也与日俱增，因此也带来移动终端解决方案的多样化。终端产品形态和功能多样化是4G时代移动智能终端产品的重要特征。一是移动智能终端产品形态更趋于多样化。4G网络的普及将为移动智能终端产品的定义拓展提供技术支持，随着柔性显示、智能人机交互等新兴技术的不断成熟，移动智能终端的产品更新步伐将不断加快，新的产品形态会相继涌出。二是符合4G技术特点的新功能与新应用将不断涌现。随着微型传感器日渐成熟、可穿戴设备蓬勃发展、大数据和云计算理念深入人心，移动互联网与物联网融合的应用将逐渐兴起。

3. 移动应用：网络浏览Web化、细分应用生态化

目前，移动互联网的应用种类不断增多，以自有操作系统、应用商店等技术为代表的新业务模式改变了移动互联网应用领域的格局。4G的高带宽特性结合云计算技术将加速推进网络浏览的Web化与轻应用的发展。应用生态竞争进一步细化，重点应用的聚合类平台成为产业巨头扩大影响力的焦点。产业巨头们纷纷针对移动电子商务、移动游戏甚至增强现实等重点应用领域搭建细化的聚合类平台，通过引领细分领域进一步加大应用生态的掌控力。

（三）业务发展趋势

1. 移动互联网的业务模式基本形成

移动互联网业务方面，基本形成以应用商店为主要载体、普遍开放、高端封闭的服务提供模式；终端制造业方面，移动智能终端产业与移动互联网相伴而生，与智能操作系统紧密结合，通过几轮竞争，各大主流智能终端厂商的终端形态和功能趋同化态势明显，其新产品发布也逐渐从技术革新进入软件升级和生态完善阶段，商业模式和利益分配模式基本稳定。但是，产业革新带来的加速效应削弱，并不表示移动互联网发展进入下行通道，移动互联网产业还将以令人瞩目的发展速度继续提升。未来几年里，智能终端将以更高的速率来替代功能型终端，终端硬件能力越发强大，但售价会保持稳定，出现大量的“千元智能机”。移动互联网产业覆盖也会从现在的核心用户群扩展至全部网民的范畴。随着规模的扩张，移动互联网产业将在生活的方方面面与用户建立起更加紧密的联系，更多创新的服务和应用将不断涌现。

2. 移动通信与互联网加速融合，两个重要的边界正逐步模糊

一是互联网业务与基础电信业务之间的边界逐步消失。二是移动智能终端系统软件与上层应用之间的边界在消失。在移动互联网时代，移动智能终端操作系统巨头不断整合其系统软件与应用服务，不断扩大其系统软件的边界，也将极大地影响应用服务的竞争。两个模糊甚至消失的边界将对产业产生深远的影响。

3. 受移动互联网影响，互联网业务格局将发生显著变化

受到业务模式、用户体验、交互方式、传感能力、应用场景等多种因素的共同作用，移动互联网业务与传统桌面互联网业务的差别仍将不断增大，互联

网的流量模型、盈利模式也将随之改变。其中一个明显特点是业务能力的精细化要求越来越重要。未来的移动互联网业务将拥有强大的用户信息分析处理能力、后台实时纠错的计费能力、多层面网络质量服务提供能力等，这种能力还将延伸到其他社会领域。

中介行业虚拟化演进加剧，传统中介行业作用逐渐减弱。随着电子商务的兴起，在线中介的平台性趋势更加明显，网络正在逐渐取代传统中介的作用，为买卖双方搭建更好的平台。移动互联网加剧了传统中介行业向虚拟世界的转化，促进了线上线下活动。以房地产行业为例，目前规模较大的房产中介公司基本都采用了基于移动互联网的管理系统，告别了采用笔记本记录房源、客源信息的时代。不只于此，房产中介公司还采用移动互联网推进客户、房产经纪人的协同工作。客户和经纪人都可以通过共享的网络来对房屋的价格、位置等多方面信息进行考察交流。

（四）产业发展趋势

1. 移动互联网产业革新放缓，产业竞争由技术创新竞争转向服务运营竞争

网络运营商所拥有的传输管道资源优势将越加得以显现。另外，终端同质化，也让用户从原本的追求最新形态终端、忽略网络能力，变得将网络能力作为选择终端的一个重要标准。运营商可以通过网络能力和对外服务质量的组合优势，重组移动互联网产业生态。但与此同时，挑战和风险也随之而来，用户扩张和产业升级对网络能力的需求，使得运营商必须不断改造升级现网，但网络创新周期远远长于业务创新，被动跟随只会疲于奔命，而且多张网络同时运行就给运维带来了很大的难度。如果缺乏充分准备和积极应对，还是存在进一步丢失话语权、成为纯管道的风险。

2. 移动芯片产业：产业链逐步完善，加强设计与开放

随着移动互联网在全球的普及，移动智能终端正在快速蚕食传统个人电脑的市场空间。移动芯片是智能终端的硬件平台，是其物理能力的基础，其中基带芯片和应用处理器是两类核心芯片。在移动流量翻番、移动应用超过百万的移动互联网时代，如果没有移动芯片的进步，智能终端甚至移动互联网产业的可持续发展将难以想象。因此，紧抓移动互联网发展契机，抢占主要移动芯片的关键技术，是我国移动芯片产业发展的紧迫任务。

3. 移动软件产业：操作系统垂直一体化整合

移动互联网改变了智能终端软件生态的走向，大大提升了移动操作系统的产业发展地位。当前，移动操作系统已经成为移动互联网的战略制高点。围绕移动操作系统，向下适配硬件系统与向上支撑应用服务进行垂直一体化整合，系统拥有者可以集聚产业力量构建适合业务发展创新的完整生态体系，从而在产业发展中具有较大优势。因此，紧抓移动互联网升级关键期，抢占主要移动软件制高点，是我国移动软件产业发展的战略任务。

4. 面向行业应用，新兴产业存在巨大市场空间

移动互联网发展的第一阶段，以面向消费者市场的应用繁荣为特征，主要集中在新闻、社交、游戏、购物等方面，应用的载体更多集中于手机、平板等设备；随着4G网络的建成和普及，企业级的移动应用成为行业需求新的热点。移动应用正深入到企业级业务的各个层面，应用的载体也将向车载设备、可穿戴设备、专用设备等领域延伸。在企业办公方面，视频会议、移动OA、移动ERP等，移动互联技术将对企业的业务流程和管理模式产生深远影响，带动生产效率和生产力的大幅提升，催生企业变革。

在车联网方面，不仅是简单娱乐功能向复杂移动应用的切换，网络的发展更将使对车辆的静态、动态信息进行提取和有效利用成为可能。通过在车辆和道路之间建立有效的信息通信，实现智能交通的管理和信息服务。

在一些特定行业，例如远程教育、远程医疗、公共安全、电子政务等领域，都能够借助4G网络的普及，为公众提供更好、更快、更廉价的服务。同时，传统行业也将和移动互联网更紧密地结合，在合作与博弈中重塑秩序。

（五）社会文化发展趋势

1. 移动互联网的“群体化”特征更加明显

移动互联网用户的“群体化”特征更加鲜明，且手机用户各个群体的交叉演进加快。移动互联网与人的活动紧密结合，具有鲜明的群体化特征，进

而影响整个商业链条的形态和价值分配规则。从群体的角度来看，手机用户中各群体并非一成不变，他们会随着移动互联这个世界应用与服务的变化而发生变化。与此同时，这些不同的群体之间势必会产生交叉，因为每个人不会仅属于某个群体，很多群体的用户重合度是相对较高的，用户行为是比较接近的。

2. 移动互联网背景下的文化产业快速发展

互联网与文化产业的碰撞与融合也逐步形成了一个全新的产业生态。包括网络阅读、网络游戏、网络动漫等在内的互联网文化产业经过短短几年时间的发展，仅在国内就已形成了千亿元级的产业规模，并正在以年均 20% 以上的速度增长。“互联网文化”成为文化产业和文化消费市场一个极其重要的拉动引擎。

三、安全挑战

1. 个人隐私数据保护问题将日益突出

移动智能终端存储了大量的用户私密信息，涉及个人隐私数据更容易被暴露和窃取。早前，苹果、谷歌智能终端被曝自动收集用户地理位置信息一事更是引起了全球质疑和担忧。特别是在 4G 时代，网络下载和上传速度更快，恶意代码和程序要窃取个人隐私数据将变得更加便捷，因此个人隐私数据保护在移动智能终端日益普及的现状下面临更大的挑战。

2. 各类移动智能终端网络安全问题

2001 年以来，针对各类移动智能终端的软件病毒层出不穷。这些病毒或是窃取用户的敏感信息，或是对关键信息及设备进行破坏，给人们的财产安全甚至人身安全造成了极大的威胁。特别是随着 4G 网络的大规模商用，网络速度飞速上升，终端的计算能力大大提高，为这些恶意代码和程序的横行提供了更加便捷的通道，网络安全问题必将愈演愈烈，成为影响 4G 移动通信产业发展的负因素。

3. 针对 4G 网络单元的网络攻击事件将更加频繁，后果更加严重，甚至威胁到我国通信基础设施的安全

传统的电信网，因其极度的封闭特性，导致外部的网络安全威胁很难进入到网络中。但随着移动通信的发展，网络的开放性和扁平化的网络架构使得原来不对外部开放的许多接口目前都对外部开放，存在很大的网络安全威胁。4G 网络的高速率、移动智能终端的存储和计算能力的大幅提高，使得网络上的恶意程序制造者可以轻易地对 4G 的网络单元甚至整个网络发起 DDoS 攻击，将严重影响 4G 网络的服务质量，甚至导致整个 4G 基础设施的瘫痪。

四、结语

近二十年来，我国互联网快速发展，各方面的瞩目成就彰显出我国已经成为当之无愧的网络大国。随着网络在社会经济发展、居民日常生活中渗透程度的逐步提高，互联网所发挥的作用正在不断地转化为经济增长的动力。移动互联网时代的到来，又对我们提出了更高的要求。只有准确地认识、理解移动互联网，才能更好地把握、利用移动互联网作为国家经济增长的新引擎，从而助推网络强国的早日建成。

（中国互联网协会　陆希玉　刘博元）

流量经营现状和趋势分析

在"互联网+"的背景下，流量经营呈现出五大趋势：基于管道视角的底层管道智能化、基于内容视角的内容与流量共生共长、基于用户视角的流量成为生活必需品、基于产业视角的资源能力开放以及基于商业模式视角的流量交易平台兴起。基于这五大趋势，未来流量经营有五种经营模式：经营流量、经营内容、经营移动广告、经营大数据和经营交易平台。

一、流量经营的现状

（一）四大发展阶段

根据移动网络演进历程，我们将流量经营大致分为4个阶段，见表1：移动梦网时代（2G时代）、消费型互联网1.0时代（3G时代）、消费型互联网2.0时代（4G时代）、生产型互联网时代（4G后时代），各阶段之间存在延续和演进的关系，并不绝对泾渭分明，可能会有一定的重合。但总体而言，每个阶段的经营主体形态、客户、产品等都有其不同于其他阶段的特征。

2G时代的流量业务相对狭隘，主要是指手机点播业务和各类定制服务，收费模式是运营商直接向用户收费，再与服务商分成。3G时代，随着各类移动互联网应用的出现，流量业务开始丰富，但收费模式仍然是以前向收费为主。4G时代，为了让用户有更好的上网体验，企业开始为用户上网付费，这就意味着用户可以免费上网，费用由企业承担，这样以企业消费为特征的后向收费模式开始出现。到了4G后时代，进入产业互联网时代，流量将从营销环节逐步渗透到企业生产经营的各个环节，以企业生产为主体的后向收费模式开始出现，商业模式将是前向+后向的混合收费模式。

流量经营的主体呈现由单一化向多元化转变的趋势。2G时代，运营商是产业链的主导者。3G时代，运营商仍旧试图主导产业链，但终端、互联网企业话语权逐渐增强。4G时代，跨界融合竞争日趋显著，设备厂商、服务商、运营商、互联网企业打破原有的业务边界，竞相成为产业链的主导者，出现多中心共同主导产业链。4G后时代，进入工业互联网发展阶段，企业成为流量消费的主体，以个人消费、企业营销、企业生产为目的的流量经营将驱使主体结构走向复杂化。

表1　流量经营的四大发展阶段

内容 \ 阶段	移动梦网时代（2G时代）	消费型互联网1.0（3G时代）	消费型互联网2.0（4G时代）	生产型互联网时代（4G后时代）
商业模式	前向收费	前向收费	后向收费出现	混合收费
主体形态	运营商主导游戏规则，CP和SP属于从属地位	运营商试图主导，但已力不从心，终端、互联网企业话语权逐渐增强	市场结构越来越复杂，游戏规则由所有参与主体一起制定	我国将进入产业互联网时代，企业用户将成为主体
产品	话音、短信产品单一	话音、音乐、游戏、视频、阅读……产品开始增多，基本上是虚拟的线上产品	滴滴打车、团购、在线视频、3D游戏……产品逐渐丰富，O2O产品大量出现	智能制造、智能家居、智慧医疗、智慧交通……企业成为流量主体
客户	个人	个人	个人+企业营销	个人+企业营销+企业生产

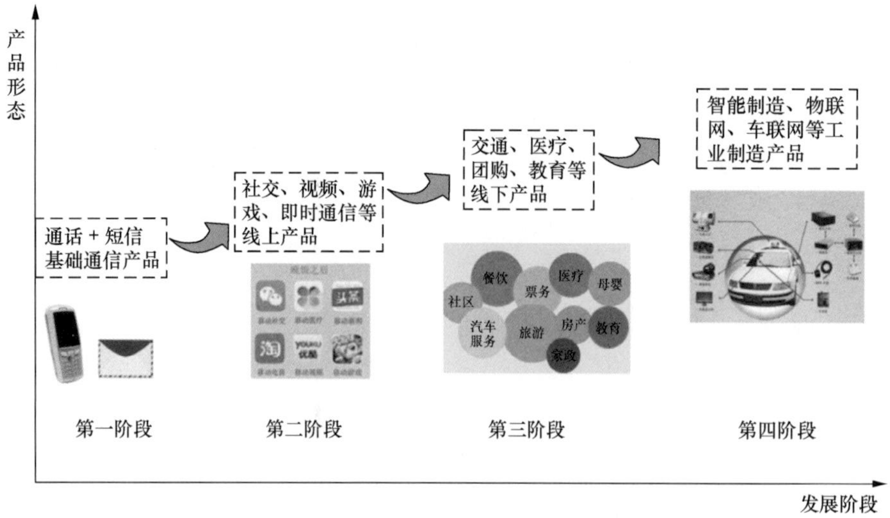

图 1 不同阶段的产品形态演进

在不同阶段，产品形态也不相同，如图 1 所示。2G 时代，运营商的产品以语音和短信为主，流量产品较少。3G 时代，移动互联网应用开始增多，娱乐、商务、信息服务等各种各样的应用开始渗入人们的基本生活。4G 时代，以打车软件、移动购物、在线团购、实景导航等为代表的生活类应用开始出现，产品开始从线上虚拟向线下实体延伸。4G 后时代，更多基于生产领域的产品将被推出，例如车联网产品、智能制造应用、智慧医疗系统、智能交通应用等，产品丰富度将进一步提升。

2G 和 3G 时代，我国互联网发展处在以个人为主体的消费互联网时代，个人是流量经营的主要对象。4G 时代和 4G 后时代，开始进入以企业为主体的产业互联网阶段，企业对流量的需求迅速增大，个人用户和企业用户均为流量经营的重要对象。

（二）五大现状分析

1. 产品分析

流量经营的产品有四大类：前向流量经营、后向流量经营、定向流量经营和特色流量经营，如图 2 所示。面向前端个人用户收费的流量经营模式称为前向流量经营；面向后端企业用户收费的流量经营模式称为后向流量经营；针对特定移动互联网业务和应用，设定业务流量包的经营模式称为定向流量经营；将流量经营与企业主体业务进行捆绑而设定的特色流量经营模式称为特色流量经营，这种模式在虚拟运营商中应用较多，例如阿里通信将流量经营与电商业务结合，用户可以通过购物、参与营销活动等方式免费获得商家赠送的流量。

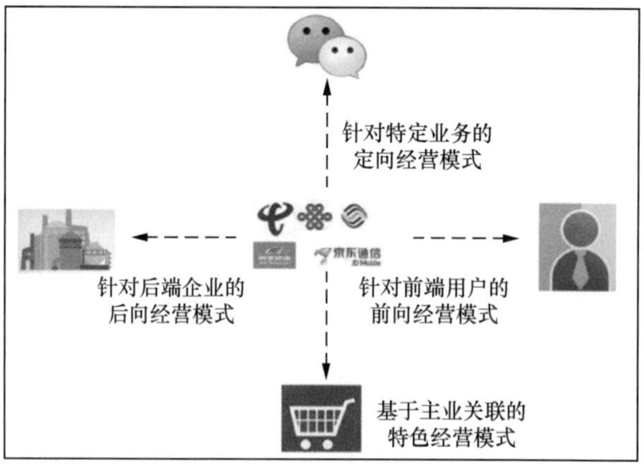

图 2 流量经营的产品种类

2. 用户分析

根据易观国际 2015 年研究数据显示，我国移动互联网用户呈现如下特征：

从性别结构上看，男性用户占据主导地位，比例达 63.1%。

从年龄结构上看，流量用户以中青年为主。24 岁以下的用户占比 26.0%，25～40 岁的用户占比 63.9%，41 岁以上的用户占比 10.1%。

从学历结构上来看，大专 / 本科及以下占据了主导。初中及以下的用户占比 37%，高中 / 中专 / 职校 / 技校占比 33.7%，大专 / 本科用户占比 27.1%，硕士及以上占比 2.2%。

从收入结构上来看，5 000 元以下收入的用户超 8

成。2 999元以下的用户占比54.1%，3 000～4 999元收入的用户占比30.4%，5 000～7 999元的用户占比9.3%，8 000～11 999元以及12 000元以上收入的用户各占3.1%。

从地域分布来看，二线、三线城市是移动互联网用户分布的主要区域。二线、三线城市的居民生活节奏相对一线城市较缓慢，生活压力相对更小，因此有更多的时间和精力体验新业务、新网络。根据易观国际研究数据显示，二线、三线城市的移动互联网用户占比接近50%，成为流量使用的主要区域，预计未来用户和渠道下沉的趋势将越发明显。

3．规模分析

移动数据流量呈爆发式增长。2015年6月，当月移动互联网接入流量达3.2亿GB，创历史新高。1～6月累计达16.8亿GB，同比增长93.6%。月户均移动互联网接入流量上半年提高116MB，手机上网流量连续6月翻倍增长。受4G移动电话用户快速增长、4G套餐资费不断下调等影响，移动互联网接入流量消费继续爆发式增长。

4．终端分析

4G终端占比迅速走高。伴随着4G网络建设的日趋完善，用户对4G终端的需求也在日益膨胀，4G终端占比迅速提升。截至2014年年底，我国4G终端占比达21%，2015年占比突破50%，而未来三年有望突破80%。此外，未来随着终端产业链和终端技术的日趋成熟，智能终端将突破手机领域，向可穿戴设备、智能汽车、智能家居等泛终端领域演进。

5．网络分析

目前Wi-Fi网络是承载移动数据流量的主要网络，4G网络正在迅速成长。根据TalkingData2015年调查数据显示，移动终端用户上网环境以Wi-Fi网络为主，占比达57.2%，4G网络占比呈迅速上升态势，由2014年第1季度的0.36%上升到第4季度的4.86%，相应的2G和3G占比呈下降趋势。可以预见，在未来的1～2年内，随着4G网络的逐步完善，4G网络将成为承载流量业务的关键网络。

二、流量经营的趋势

当前流量经营处于第三阶段即消费型互联网2.0时代的快速发展期，同时，产业互联网也开始萌芽。第一阶段是流量经营的萌芽期，第二阶段“互联网+”开始与流量经营结合，但这个阶段更多是互联网+娱乐社交应用，满足的是消费者休闲娱乐的需求；第三阶段开始出现“互联网+”生活应用，各种O2O类App开始涌现，满足的是消费者生活便利的需求；而未来“互联网+”将更多地从第三产业向第一、第二产业渗透，把包括传统行业在内的各行各业结合起来，满足企业生产的需求，因而对网络、管道、资源能力、平台、生态等都提出了新的要求。在这样的大背景下，从运营商、互联网、消费者、产业生态和新的商业模式等视角看待流量经营，均呈现出新的趋势特征。

（一）管道视角：底层管道智能化

从运营商的视角看待流量经营，流量的底层运输管道呈现出管道智能化特征。智能管道是实现流量经营差异化计费的基础。话音时代的管道是哑管道，在哑管道时代，对所有流量一视同仁，统一收费。而在“互联网+”时代下，管道如同智能信息高速公路，能够识别高速公路上跑的不同车辆，车辆里承载的不同内容。根据不同车辆的差异化需求，给它们安排绿色通道、不同的通过优先级以及不同的速率和带宽，从而实现差异化经营。

（二）内容视角：内容与流量共生共长

从内容的视角看待流量经营，内容与流量是唇齿相依，共生共长的。共生共长意味着内容与流量可以相互促进，共同发展。

（三）用户视角：流量成为生活必需品

从用户视角来看流量经营，流量已变得越来越重要，逐步由消费品转向生活必需品。根据艾瑞数据库分析，31%的用户每天使用手机流量1～3小时，32%的用户使用手机流量时间在3小时以上。以微信为例，25%的微信用户每天打开微信超过30次，55.2%的微信用户每天打开微信超过10次。所有这些均离不开流量的支持。

成为生活必需品意味着用户关注度急剧上升，眼球经济应运而生。根据Business Insider Intelligence的预测，2018年，移动广告将超过非移动广告，移动平台将成为最主流的广告平台。

（四）产业视角：资源能力开放

在“互联网+”的背景下，整个产业生态呈现

表 2 部分流量交易平台概况

产品	玩法	用户范围	流量（币）范围	服务界面	商业模式
中国电信—流量宝	做任务赚流量币、流量不清零可转赠、流量红包等	三网用户	三网流量、Wi-Fi 时长、海外流量卡、彩铃	流量宝 App、微信公众号	后向
中国联通—流量银行	做任务赚流量币，流量查询 / 购买 / 存取	目前支持联通用户提取流量，电信移动用户只能玩 / 赚 / 送	联通流量	流量银行 App	后向
中国移动—爱流量	流量购买 / 转增，发送 / 讨要流量红包	中国移动用户	移动流量	爱流量 App	后向
巴士在线—流量银行	购买流量宝产品获取流量收益，个人用户流量自由交易	仅限巴士在线的中麦通信 170 用户	仅限中麦通信的流量	中麦通信 Web 官网	后向
阿里巴巴—流量钱包	利用淘宝购物赚流量	仅限淘宝用户	阿里通信流量	淘宝、天猫、支付宝	后向

出资源能力开放的趋势。因为互联网的特质是开放、合作、分享。因为开放要求，设置各种壁垒的企业不会成功。因为合作要求，单打独斗的企业不会成功。因为分享要求，不能和他人分享资源能力的企业，难以做强做大。以运营商为例，如能将自身的资源能力（如大数据资源、客户资源、网络能力、计费能力、认证能力）向广大互联网企业和商家开放，那么将产生巨大的产业价值和效应。

（五）商业模式视角：流量交易平台兴起

流量交易平台兴起是指流量交易逐步从以前的对消费者单一交易，转变到构建平台、转向企业和消费者的多边交易。

据统计，截至 2015 年 6 月，我国月移动互联网接入流量达 3.2 亿 GB，创历史新高，而用户月流量突破 322MB。据预测，到 2015 年年底，全国移动互联网用户规模将超 7.9 亿，流量及业务应用市场规模将达 23 134 亿元。部分流量交易平台概况，见表 2。

三、流量经营的创新实例

（一）经营流量：德国电信差异化速率计费

流量经营可以经营流量本身，其本质是做差异化，其经营主体主要是运营商。

以德国电信差异化速率计费为例，能够产生不同速率的流量，针对不同速率收取不同费用。对于用户的意义是：想要更高速率的带宽，就必须多出钱。在德国电信 Complete Comfort 套餐中，德国电信将网络速率类比服装尺寸划分为 XS 档、S 档、M 档、L 档、XL 档和 XXL 档，见表 3。XS 档代表最低的下载速度，为 8Mbit/s，月费为 15.96 欧元；而 XXL 档代表最高的下载速率，为 100Mbit/s，月费则高达 79.96 欧元。后者价格是前者的 5 倍，却能享受到 12 倍于前者的网速。

（二）经营内容：KDDI 通过捆绑内容发展流量

流量经营可以经营内容，其本质是做捆绑，其经营主体可以是运营商、互联网及虚拟运营商。

以日本运营商 KDDI 为例，KDDI 作为日本第二大运营商，移动用户份额保持在 28% 左右，在其流量经营的过程中发现了一个困扰很多运营商的问题。用户使用的 App 越来越多，但并不为公司带来收入。而用户使用的流量又有很大一部分是在 Wi-Fi 环境下产生的，流量收入增长对公司的拉动又不够，用户的 ARPU 呈现下降趋势，如图 3 所示。

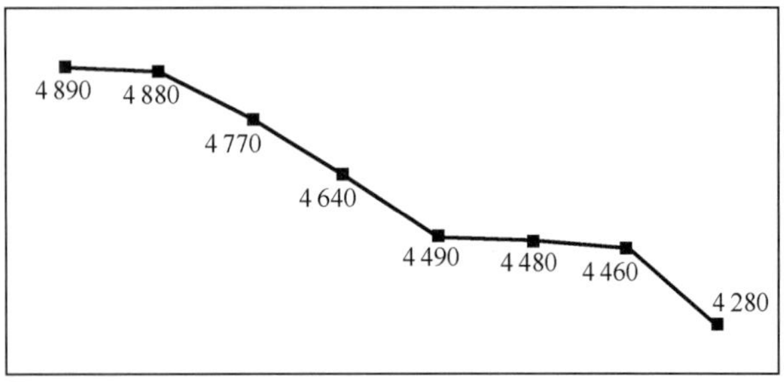

图 3 KDDI 用户个人 ARPU 呈现下降趋势（YEN）

表 3 德国电信 Complete Comfort 套餐（速率资费）

	XS	S	M	L	XL	XXL
月费（欧元）	15.9	27.9	39.9	55.9	63.9	79.9
语音（分钟）	50	100	无限			
流量	100MB	500MB	750MB	1GB	2GB	5GB
下载速度	8Mbit/s	16Mbit/s	16Mbit/s	25Mbit/s	50Mbit/s	100Mbit/s

为了解决这一问题，KDDI 将视野打开，不仅关注对流量本身的经营，而且转向去经营内容。KDDI 设计了一款名为 Smart Pass 的套餐服务，如图 4 所示。用户只需每月交 399 日元（在日本仅仅相当于坐一两次地铁的钱），以相当低廉的价格可以免费使用 Smart Pass 里的精选内容包。Smart Pass 包含的主要业务如下：当下精选的 500 款涵盖娱乐、社交、生活、体育等方面的最热门 App，50GB 的云存储空间，大量本地餐饮、娱乐、美容美体等商户的优惠券，此外还拥有一份手机安全保险，如果手机遭遇进水、摔碎、偷窃等情况能获得赔偿。对于如此实惠的豪华内容包，几乎没有用户能够拒绝。

可是用户获得了如此实惠，流量的经营者 KDDI 岂不是要赔本，如何来获利呢？原来 KDDI 采取的是薄利多销的方式进行盈利。从单个用户看，每个用户只用花坐一次地铁的钱，就能享受到如此多的内容服务，对运营商肯定是亏本的。但是随着用户规模基数的增大，带来的收入也越多，而 KDDI 投入的成本并没有增多。根据测算，当用户数达到 400 万时 KDDI 能够实现盈亏平衡，而目前 Smart Pass 的用户约超过 1 000 万，给 KDDI 带来的年收入达到 4 亿到 5 亿美元。

（三）经营移动广告：Auqto 公司破解移动广告痛点

流量经营可以经营移动广告，其本质是做用户关注度，其经营主体主要是互联网内容生产者。

Auqto 公司的模式很简单。广告主把广告放在 Auqto 的平台上，用户点击看广告，由广告主给用户赠送奖励的流量。你看广告我就送流量，看的多送的多，要是发生购买行为我就再多送。据 Auqto 公司的调研发现，用户在移动广告上一共存在三种行为：先是看广告，而后动心下载 App(并使用)、最后购买产品或服务。根据每种行为的参与深度不一样，获赠的流量也不一致，从几兆到几吉不等。如果用户观看了一段视频广告，随后发生了购买行为，不仅为广告主赢得了关注度、点击率和购买率，也为用户赢得了额外赠送的流量，这是一件双赢的事情，能够提升用户在广告中的参与度，实现移动变现，而这样的价值交换很大程度上能刺激用户来跟品牌进行内容互动。

（四）经营大数据：淘宝挖掘男人 / 女人购物数据分析

流量经营可以经营大数据，其本质是做精准营销，其经营主体是运营商以及其他能够获取大数据资源的产业合作者。

阿里巴巴借助淘宝产生的交易大数据，打造了中国最大的个性化消费数据库，以及中国最大的个

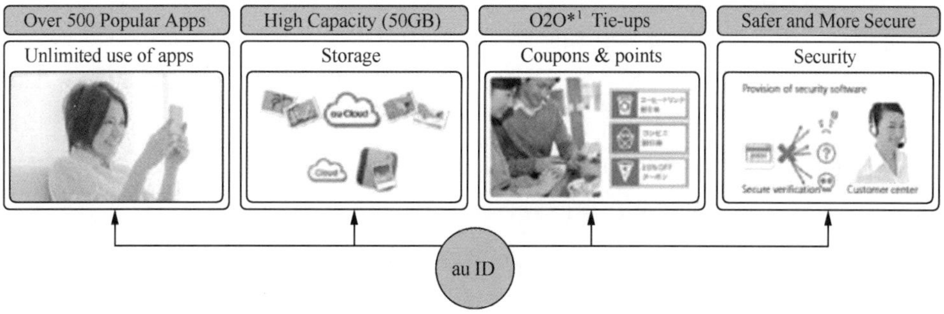

图 4 KDDI 的 Smart Pass 内容包

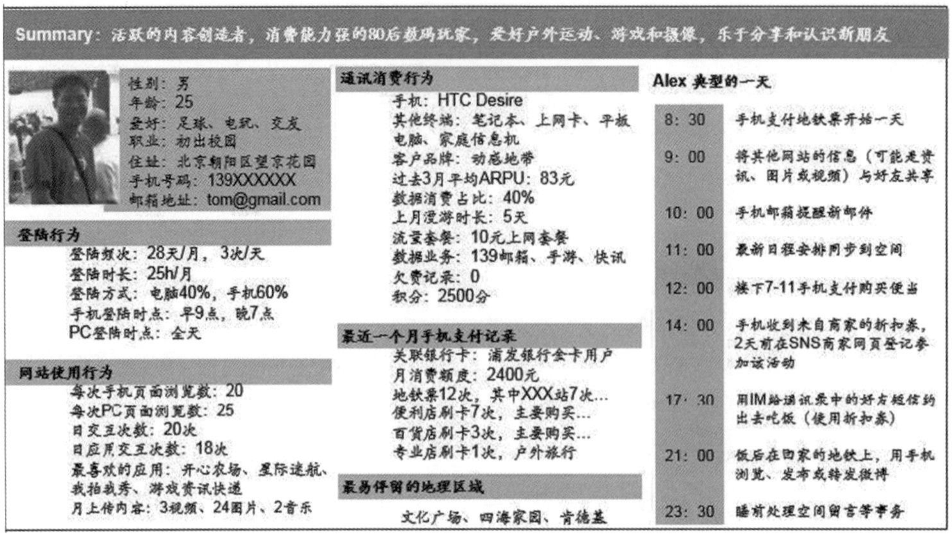

图 5 用户每天消费数据记录

性化消费经济地理信息数据库。其中可以挖掘出一些有意思的用户消费特征，如图 5 所示。

男人消费大数据分析：为了心里的那个她。

如果说“她经济”涉猎了服装、化妆品、女鞋、内衣等多种商品，那么“他经济”更多的是为了“她”。数据显示，男性消费排名前几位的商品除了男装、手机、数码、大家电等常规物品外，女装消费竟然位列第二，为男人的消费贡献了半壁城池，原来男人上网更多是为了给自己的女人买东西。淘宝为此专门推出“撒娇购买”，即女性选好物品，将购物车发给男友或老公，相当于撒娇让男人支付。支付宝数据显示，情人节前一周，支付宝“撒娇支付”功能的日均交易笔数环比增长了 41%，交易金额增加了 30%。

女人消费大数据分析：罩杯越大越败家。

淘宝大数据统计了女性罩杯从 B 到 E 的分布，如图 6 所示。发现大号罩杯的女性消费力更高。有 65% 的 B 罩杯女性属于低消费人群，而 C 罩杯以上的女性属于中等消费或者高消费群体。26% 的 E 罩杯女性是中高消费，而只有 7% 的 B 罩杯女性是中高消费。

（五）经营交易平台：中国电信流量 800 和流量宝创新流量经营

流量经营可以经营交易平台，其本质是做大多边用户规模，其经营主体主要是运营商和虚拟运营商。

中国电信流量 800 是流量交易平台的初步探索，侧重于后向能力的开发。流量 800 顾名思义，就像 800 电话一样，用户不需要付费，由企业买单。中国电信流量 800 的产品包括通用流量和定向流量，支持流量包和流量池的模式，并积极协同其他运营商提供异网流量服务，如图 7 所示。

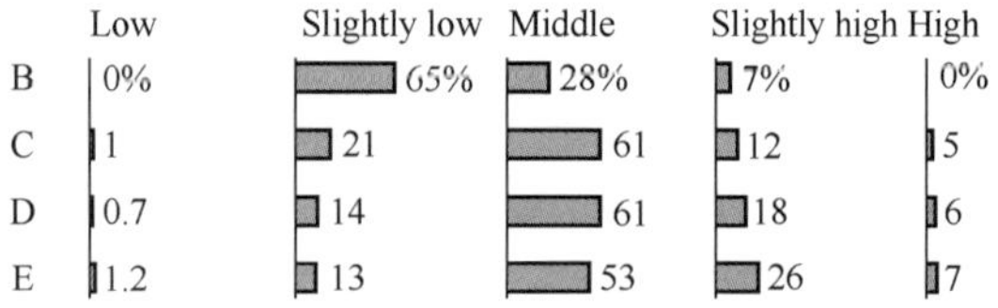

图 6 女性罩杯与购买力的关联关系

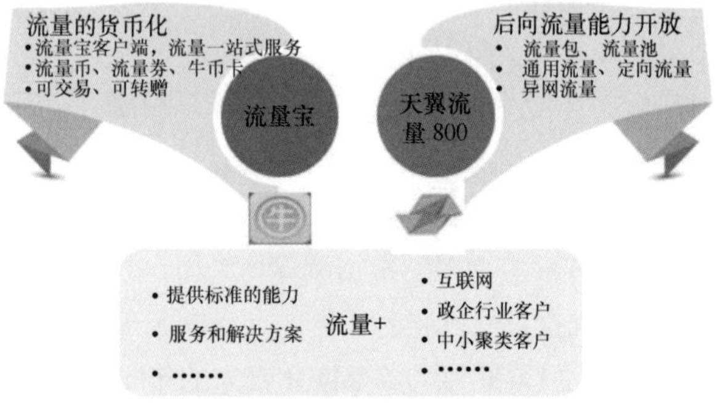

图 7 流量宝与天翼流量 800

流量宝侧重于将流量货币化，形成流量币 / 券等虚拟货币。一方面，帮助用户赚取免费流量，满足其流量使用需求，另一方面，帮助企业获取三网流量，实现其流量营销。同时响应国家“提速降费”的号召，率先在中国电信部分省份开展了“流量不清零可转赠”试点服务，取得良好的市场反响，引领了行业发展。

（中国互联网协会应用创新工作委员会）

2015 年微信市场发展分析

腾讯公布了2015年业绩报告，而Curiosity China则根据这份报告制作了2015年微信用户数据，具体如图1所示。

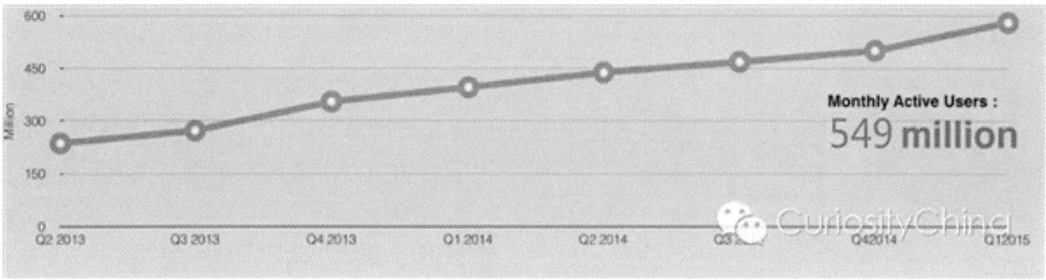

图 1　2015 年微信用户数据

一、2015 年微信表现

微信已不单单只是一个充满创新功能的手机应用。它已成为中国电子革命的代表。覆盖 90% 以上的智能手机，并成为人们生活中不可或缺的日常使用工具。

截至 2015 年第 1 季度末，微信每月活跃用户已达到 5.49 亿，用户覆盖 200 多个国家、超过 20 种语言。此外，各品牌的微信公众账号总数已经超过 800 万个，移动应用对接数量超过 85 000 个，微信支付用户则达到了 4 亿户左右。微信功能情况如图 2 所示。

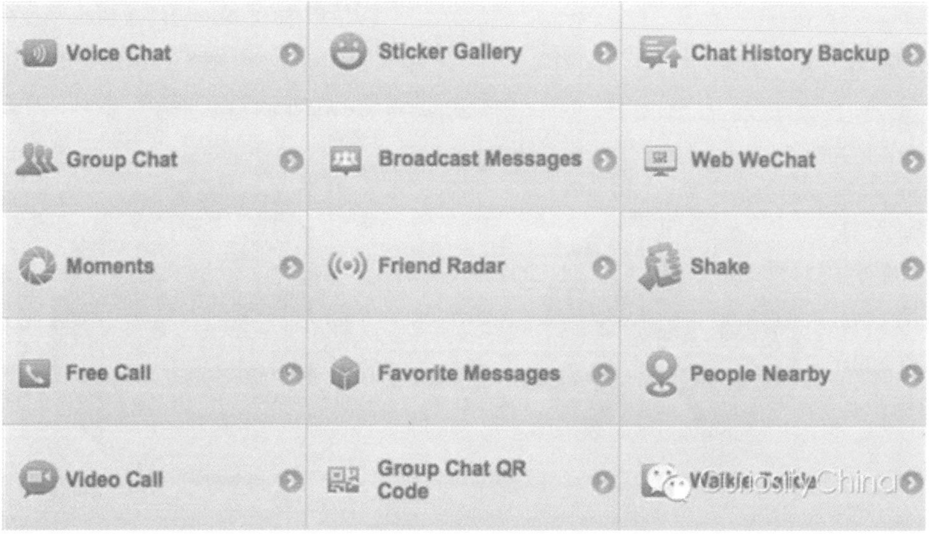

图 2　微信功能

二、微信使用人群分析

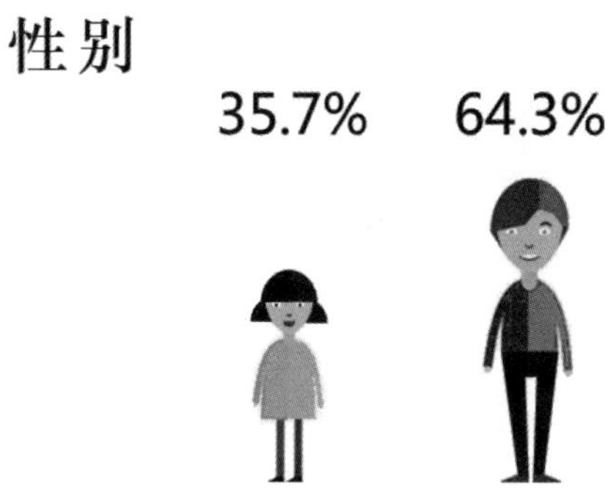

图 3　微信用户性别比例

微信用户的男女比例为1.8:1，如图3所示，男性用户约占了64.3%，而女性用户则只有35.7%，用户整体以男性为主。

年龄方面，如图4所示，微信用户平均年龄只有26岁，97.7%的用户在50岁以下，86.2%的用户在18～36岁间。

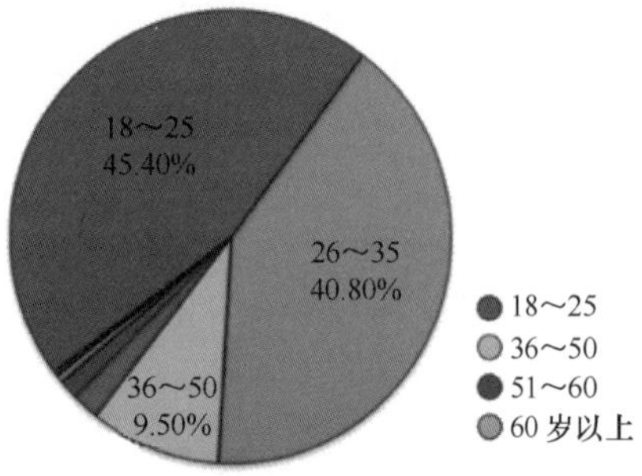

图4 微信用户年龄分布

职业方面，如图5所示，企业职员、自由职业者、学生、事业单位员工这四类占据了80%的用户，此外，80%的中国高资产净值人群在使用微信。

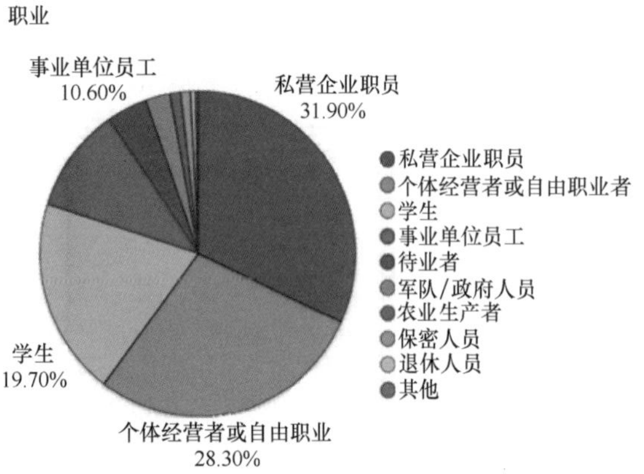

图5 微信用户职业分布

三、微信对社交的影响力

微信用户使用频次如图6所示。25%的微信用户每天打开微信超过30次。55.2%的微信用户每天打开微信超过10次。微信新增用户数如图7所示。

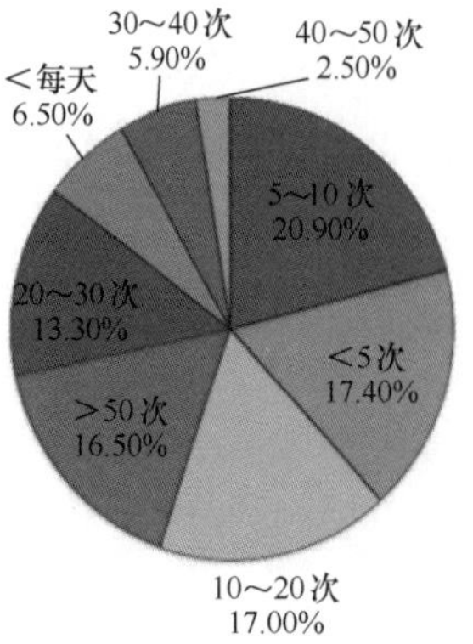

图6 微信用户使用频次

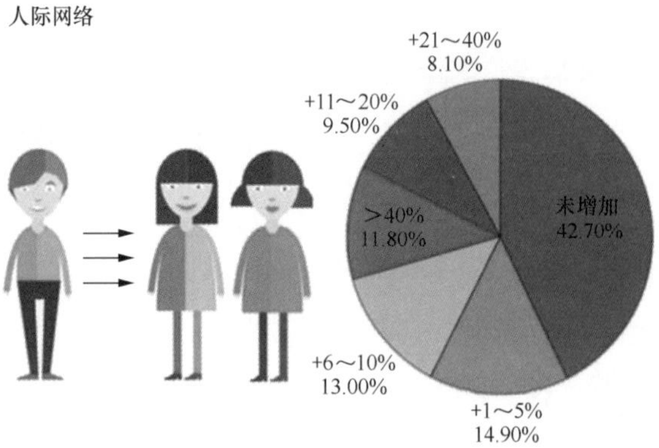

图7 微信新增用户数

微信作为强大的社交工具，接近一半活跃用户拥有超过100位微信好友。57.3%的用户通过微信认识了新的朋友，或联系上多年未联系的老朋友。

四、移动信息消费行为

54%的用户认为使用微信后，移动流量的用量增加了，如图8所示。40%的用户微信流量使用占到全部流量30%以上。

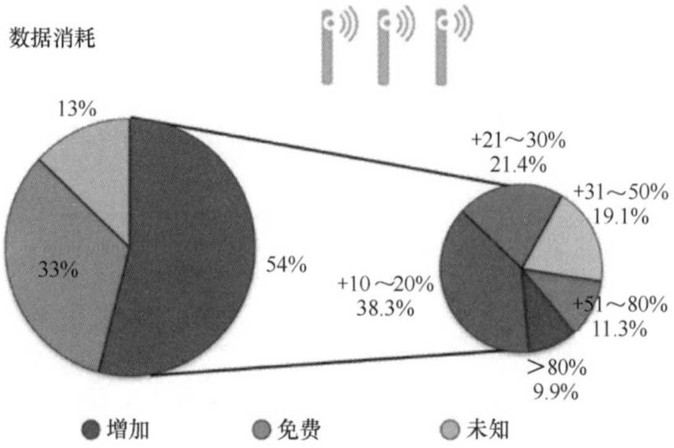

图8 微信导致流量增长

微信成为近30%用户手机上网使用流量最多的应用，如图9所示。用户在微信上的流量为所有应用中的最高，远高于微博、购物、视频、地图、邮件等服务。

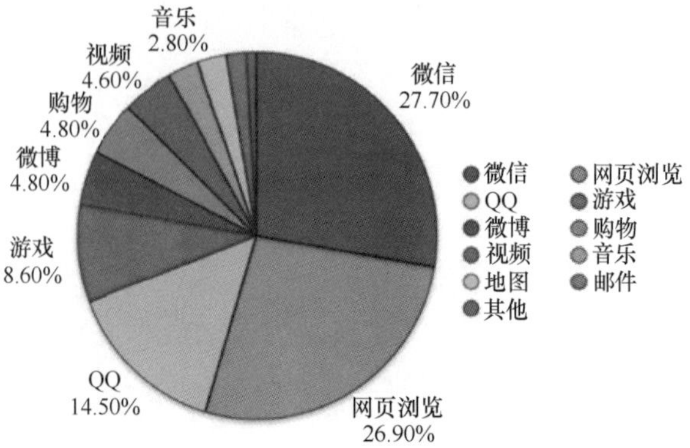

图9 不同应用消耗移动数据的情况

五、微信对娱乐和生活方式的影响

微信表情方面，如图 10 所示。56.5% 的用户未使用过微信表情，38.3% 的用户使用免费微信表情，而只有 5.2% 的用户愿意为微信表情付费。

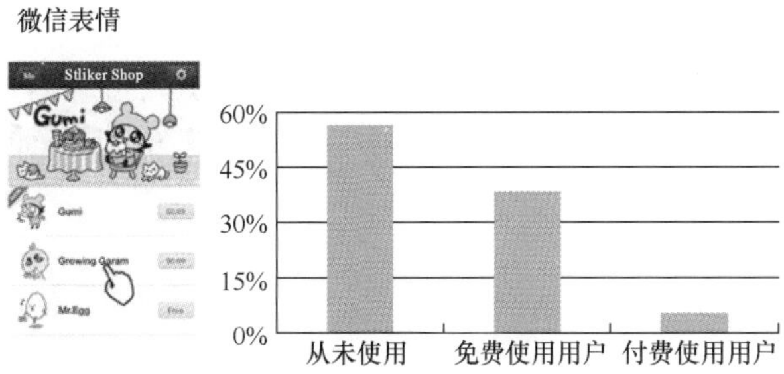

图 10　微信表情使用情况

微信直接带动的消费支出中，娱乐占了 53.6%、公众平台占了 20.7%、购物占了 13.2%、出行占了 11.3%、餐饮只有 2%，如图 11 所示。据统计，微信直接带动的生活消费规模已达到 110 亿元，如图 12 所示，其中娱乐消费是最大的支出，规模为 58.91 亿元。

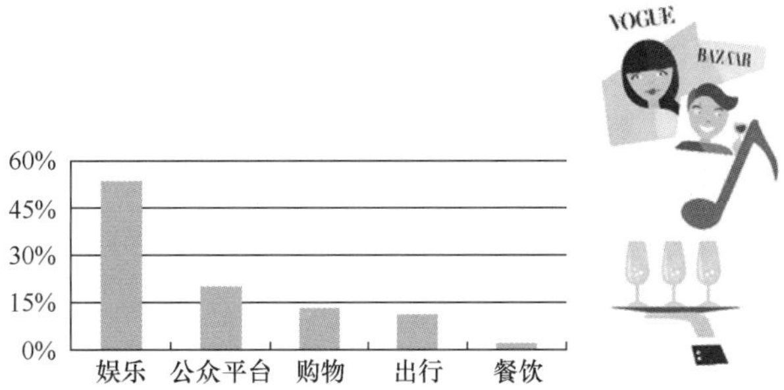

图 11　微信对生活消费的影响

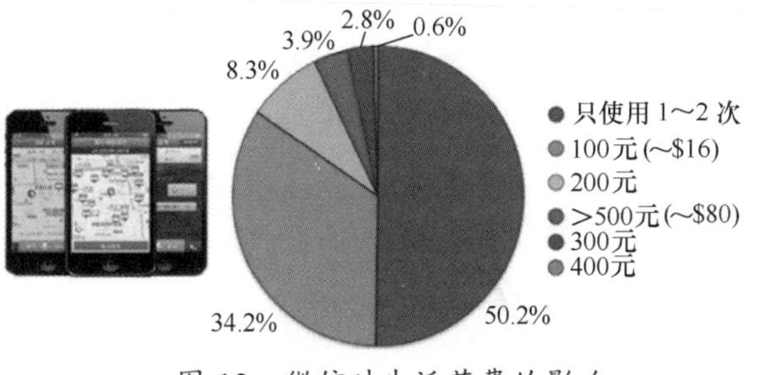

图 12　微信对生活花费的影响

另外在微信打车用户中，每月消费 100 元左右的用户比例达到 34.3%。

六、微信提供的公共服务

图 13　微信提供的公共服务

2015 年第一季度末，通过微信已实现大部分城市的当地社会公共服务，如图 13 所示，包括公共交通、生活设施缴费、医疗、市政等服务。

微信“摇一摇”功能也被扩展，继而使得商家可以为用户举办提供优惠券等促销活动。

七、微信支付和钱包

微信支付和钱包通过红包等交互活动获得了用户的广泛欢迎，如图 14 所示。

图 14　微信红包

八、微信公众号

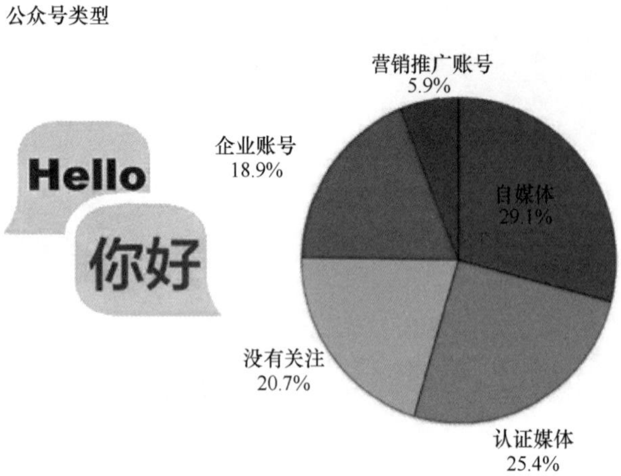

图 15　微信公众号分布

在关注比例方面，29.1% 的用户关注了自媒体、25.4% 的用户关注认证媒体，20.7% 的用户没有关注任何公众号、18.9% 的用户关注了企业商家、而 5.9% 的用户则关注了营销推广类账号，如图 16 所示。

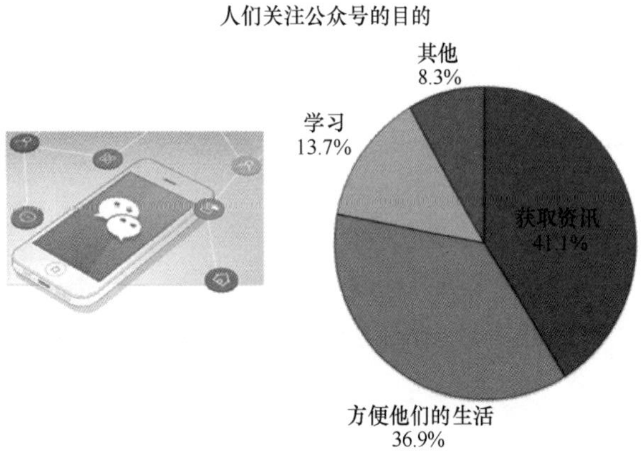

图 16　加微信公众号原因分布

可以说，公众号是微信的主要服务之一，近 80% 用户关注微信公众号。企业和媒体的公众账号是用户主要关注的对象，比例高达 73.4%。

微信公众号用途方面，如图 15 所示，用户关注公众号主要目的是获取资讯的占 41.1%，其次是方便生活的占 36.9% 和学习知识的占 13.7%。

微信公众号的消费比例方面，公众平台账号服务收费偏向于低单价模式，42.1% 的用户每月消费低于 10 元。

九、微信的主要功用

微信的社会影响如图 17 所示。

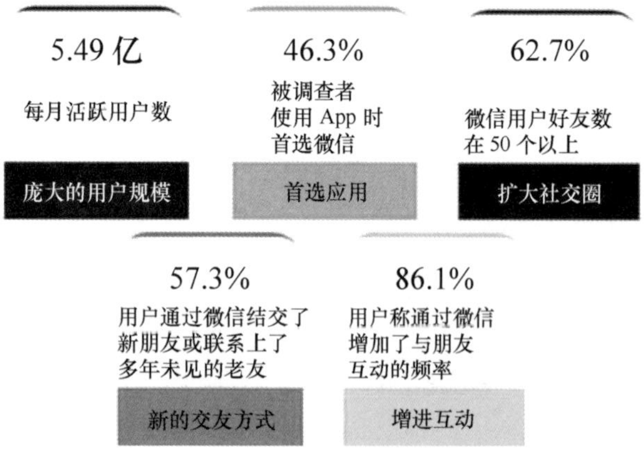

图 17　微信的功用

（深圳市腾讯计算机系统有限公司）

移动芯片产业发展分析

一、移动芯片产业现状及演进趋势

全球芯片消费市场向移动化迁移的态势持续放大，ARM 领先优势不断增强。ARM 公司 2015 年销售了 148 亿基于 ARM 架构的芯片，比 2014 年增长了 16%，其中 45% 的销售现在都来自于移动芯片市场。

基带通信芯片和应用处理芯片作为发展的轴心和竞争的关键，2015 年依然呈现高速发展的态势。LTE 大规模商用带动基带通信芯片快速增长，成为拉动移动芯片发展的主要力量。

全球移动芯片格局进一步集中，渐成高通、联发科双寡头垄断局面。SOC 整合优势已成为芯片厂商攻城略地的利器，所有逆势的芯片企业都将被逐步淘汰。任何 SoC 的设计都是性能、功耗、稳定性、工艺等多方面的平衡，集成度越高，封装、调试难度就越大，技术门槛也越高。

二、基带芯片市场现状和技术产业发展趋势

高通在 LTE 中斩获先机，占据巨大的市场份额，其领导地位稳固；展讯在 2G 市场中优势明显，其 3G 技术也获得突破，总市场份额超过 Intel，位居全球第三。

基带芯片仍将是产业最先进工艺的尝试者和领跑者。从技术演进上看，“多模多频”催高功耗和处理能力，要求用更高工艺解决功耗和尺寸问题；LTE-A 成为下一步演进主要方向，推动工艺、技术水平进一步升级，竞争形势日趋激化；MIMO、多频段等 4G 核心特性，要求基带芯片的单位面积处理能力进一步跃升。

移动芯片生产工艺向 20/14nm 甚至 10nm 演进，并向基带、射频、AP 甚至前端联合优化和一体化方向发展（见图 1）。

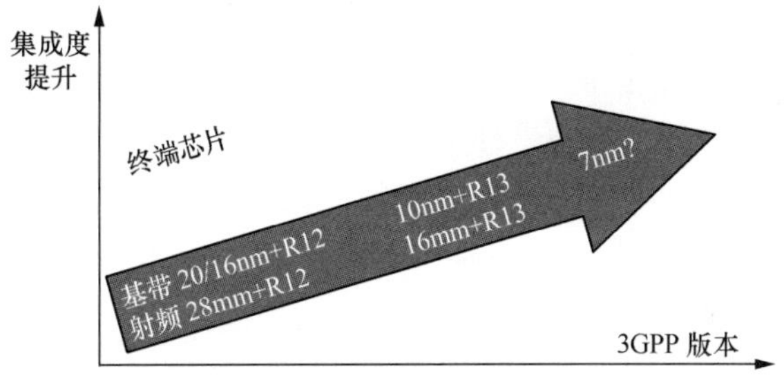

图 1　移动芯片工艺发展趋势

基带芯片在 2015 年的主流工艺为 28nm，但高通已领先采用 20nm，今年高通海思陆续采用 14/16nm，带领其他芯片厂家进入下个节点。

高通海思已率先发布 2 载波 CA 的 LTE-A 芯片，领先其他芯片企业 0.5~1 年。2015 年下半年高通海思更强能力基带芯片陆续发布，进一步拉大与其他芯片企业的差距。展讯 /MTK 等 LTE-A 芯片正在研发，2016 年市场发力。展讯、MTK、Marvell 工艺水平接近，Intel 尚待观察。

三、应用处理器芯片市场现状和技术产业发展趋势

应用处理器芯片围绕 64 位展开新一轮计算升级和竞争。Android L 正式支持 64 位指令集扩展，内存寻址的宽度增加可更有效地处理数据，有助于提升总体性能和电池效率；同时该扩展支持基于 ARM、Intel 和 MIPS 架构设计的 64 位芯片（见图 2）。

高通大力发展 64 位处理器 808\810\820，采用更高工艺解决 810 发热问题；苹果 2015 年 A9 芯片将

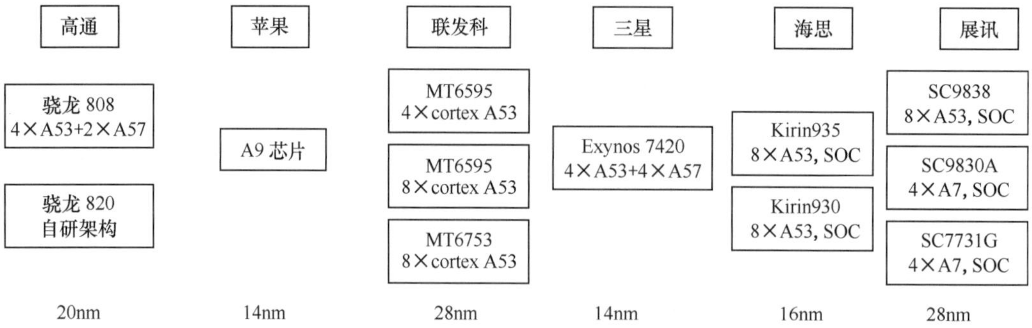

图 2 主流厂商应用处理器芯片 2015 年新品对比

由三星代工，工艺采用最先进的 14nm；内核均为苹果基于 ARMv8 指令集设计，技术水平高；联发科的 64 位新品全部采用 A53 架构，覆盖高中低端产品；三星技术架构与设计工艺领先，且集成众多自研芯片，用于三星顶级智能手机；海思积极跟进，发布 Kirin930/935，采用 16nm 先进工艺，用于华为手机；展讯以四核中低端 AP 产品为主，SOC 集成自研无线连接芯片，2015 年底发布 64 位产品。

四、射频芯片市场现状和技术产业发展趋势

射频及射频器件约占全球移动芯片市场 20% 的市场份额，达到 100 亿美元。支持高速 LTE 的载波聚合（CA）、传送分集（diversity）以及多重输入多重输出（MIMO）则会让功率放大器 PA、分集接收器（diversity receivemodule）、天线调谐器等拥有相当强劲的成长趋势。

LTE-A 宽频段、高速率的特点对射频芯片设计提出新的要求。国际领先厂商已开始提供基带、射频及前端整体解决方案，提升产品匹配性能。前些年射频领域厂家分为两大类，一类是依托基带平台，将射频作为平台的一部分，如高通、Intel、Marvell 和联发科。这是因为射频收发器与基带的关系非常密切，两者通常需要协同设计。另一类是专业的射频厂家，不依靠基带平台来拓展射频收发器市场，如英飞凌、意法半导体和 Skyworks。随着射频收发器向集成化和多模化发展，单模的收发器已经完全集成到基带里，分立的射频收发器越来越少见。

五、移动芯片制造发展趋势

移动芯片推动工艺升级步伐。28nm 后巨头竞争更加激烈，刺激摩尔定律加速发展，台积电垄断地位不在。由于台积电、三星、Intel 分别在金属工艺、芯片密度、晶体管上的差异化优势，在 2020 年之前竞争情况仍将持续，预计制程的快速升级仍将继续。

除应用处理器、基带通信等少数芯片外，RF、MEMS 传感器、模拟器件等其他 IC 工艺并非一味追求尺寸微缩，停留在当下较为成熟的节点。这些领域相对分散，个性化、定制化工艺应用较多，尚未形成全球垄断格局，是众多代工企业的重要盈利来源和发展机遇。

六、国内移动端芯片的发展

（一）国内移动通信终端芯片面临的挑战

在上一轮集成电路 / 移动芯片发展浪潮中，我国抓住了机遇，依托国内市场优势，取得了良好的技术产业基础和全球影响力，但步入 4G 时代发展面临新的挑战。

国内芯片技术产业发展所面临的局限包含以下三个方面。

（1）基础技术薄弱：4G 多模多频、LTE-A 新技术等仍不成熟，射频前端元器件与国外先进水平的差距更大；64 位 AP 芯片研发较为滞后，落后国际厂商一年左右。

（2）产品创新不足：企业多以跟进升级为发展策略，产品仍主要以中低端市场为主，新技术引入 / 新产品升级慢，产品价值低。今年以来国产芯片出

货下滑态势明显。

（3）制造工艺落后：国内制造刚迈入 28nm，但自给依然不足；在更高的 20nm/FinFET 16nm 工艺技术中，布局不利；下游装备及先进原材料等发展更是落后。总体来说，我国的集成电路 / 移动芯片技术产业仍有待进一步加强。

（二）国内产业政策对移动通信终端芯片的影响

集成电路已上升为国家战略，多重利好助力移动芯片产业升级。地方密集出台集成电路产业扶持政策，国务院 2014 年 6 月印发《国家集成电路产业发展推进纲要》。2014~2017 年国家及其他投资共计 1 200 亿元，共中 40% 将投入芯片制造与封装领域（晶圆制造占大部分），30% 投入芯片设计领域。国家集成电路产业投资基金设立。地方继 2015 年北京出台 300 亿元集成电路产业基金后，上海、深圳、武汉等地陆续出台百亿级产业基金。欧美大厂纷纷推出手机芯片市场。并且，新兴产业融合发展带来广阔的市场空间。高通在垄断调查中面临十亿级的罚金，国内芯片市场竞争秩序将更加规范；终端厂商“高通税”压力将得到有效改善。2014 年 9 月英特尔投资 90 亿元人民币入股清华紫光，投资占据清华紫光 20% 的股份。

高通反垄断调查规范市场秩序，提升产业竞争力。一是高通反垄断调查将打破其长期以来依托技术市场领先优势左右价格、排斥竞争对手的商业格局。二是国内芯片及终端厂商的发展空间及产业竞争力将得到有效提升，免费反许可模式的否定将使得华为、中兴、联想的专利价值凸显，新兴手机厂商专利危机加剧。反垄断将在一定程度上冲击高通对中国市场的垄断，为我国移动芯片产业发展争取更多空间，同时也将大幅降低终端制造成本，提升产业竞争力。“免费反向专利授权”许可商业模式的否定，中兴、华为等国内终端厂商将获得每年数亿元的专利授权费，并获取更大的智能手机市场份额。并且，小米与联芯合资成立松果电子，加紧专利布局。

（中国信息通信研究院 李珏 李文宇）

全球宽带发展分析

一、全球宽带战略及实施进展

（一）全球宽带战略总体情况

2015 年全球有 148 个国家实施了宽带战略或行动计划，相比 2014 年增加了 8 个国家，如图 1 所示。在宽带战略的引导、激励和示范下，全球宽带发展突飞猛进，特别是以光纤接入和 LTE 为代表的新一代高速宽带技术发展尤为迅速。光纤接入已成为固定宽带市场中最大的增长点，LTE 也成为有史以来发展最快的无线技术。

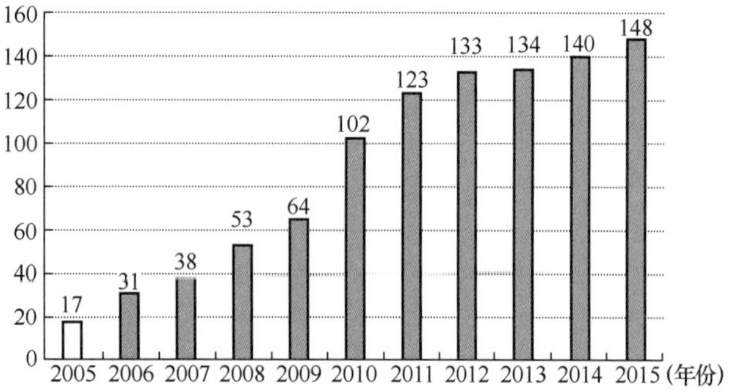

图 1　2005 ~ 2015 年全球制订国家宽带计划的国家数

宽带的发展，从根本上离不开国家战略的推动和相关国家政策的指导。部分宽带计划执行良好的发达国家和地区，其宽带建设阶段性发展目标已经提前实现。瑞典 2015 年 40% 的家庭和企业至少接入到 100Mbit/s 的目标已经提前实现；美国已经有 1.01 亿个家庭具有了下行 50Mbit/s 的接入能力，提前两年完成宽带计划中 2015 年的部分中期目标；英国已经开始调高宽带阶段性发展目标。

发达国家已经把高速宽带作为发展重点，1GMbit/s 业务开始逐步商用，少数的 OECD 国家已经开通 1GMbit/s 服务。FTTx 全球用户数同比增长 32.5%，成为固定宽带增长最快的部分。

（二）主要国家宽带发展进展

1. 韩国

作为全球宽带普及率最高的国家，韩国重视宽带网络的多元化发展和应用，将其与 IP 有线电话、3G/4G 无线上网和数字电视、地面广播的发展紧密结合。韩国政府在 2009 年 1 月颁布的《2009 ～ 2013 年广播通信网中长期发展计划》中提出，投资 325 亿美元，在 2013 年前实现 60% 的有线电话 IP 化，普及 VoIP 网络电话。至 2012 年，针对韩国国内 1 400 万用户提供 50 ～ 100Mbit/s 有线上网服务，2012 年后建造超高速宽带网络，提供 1Gbit/s 有线上网服务，对 4 000 万用户提供 1Mbit/s 的 3G 无线上网服务，2014 年推出 10Mbit/s 的 3.9/4G 服务。

2. 欧盟

目前，欧盟各成员国的互联网用户已经超过 2.5 亿，英、德、法、瑞典等成员国的宽带使用率也都排在世界前列。从整个欧盟的范围来看，其宽带使用率已经达到 24.8%，仅次于日本、韩国和美国。在全球宽带发展提速的大背景下，欧盟期望能够在自身无线和移动通信发展具备较大优势的基础之上，将下一轮宽带的发展与移动互联网等紧密结合，逐步摆脱在现有互联网发展格局中一直以来欧盟对美国的跟随态势，从而实现欧盟在全球互联网领域对美国的超越，并能够最终奠定欧盟在全球互联网领域的领先地位。

3. 美国

美国凭借其在互联网领域的先发优势，从 20 世纪 80 年代至今一直占据着全球信息通信领导者的地位。约 93% 的美国人使用下载速度在 3Mbit/s 以上的有线宽带，99% 的美国人使用相同网速的移动无线宽带。宽带可用性的提高反映出私人和公共投资的扩大。其中包括美国国家电信和信息管理局（NTIA）“宽带技术机会计划”（BTOP）投资的 40 亿美元、美国农业部（USDA）“乡村公共服务计划”（BIP）投资的35亿美元，以及农业部正在实施的“社区连接补助项目”（Community Connect Grant Program）的6 600万美元。

4. 日本

日本的宽带接入市场自2000年以来快速增长，目前在宽带普及率、接入速度以及应用的丰富程度等各个方面均处于全球领先位置。国家战略一如既往的支持是日本宽带快速发展的一个非常重要的推动因素。在2009年之前，日本政府先后发布了“e-Japan”计划（2000～2005）和“u-Japan”计划(2004～2010)以及IT新改革战略等。在2009年7月，日本又推出国家信息化战略《i-Japan战略2015》。日本在该战略中投资19亿美元，2015年实现以光纤（GB级）速率快速且简单的网络接入，建设高质量、高稳定性的超高速宽带基础设施。在2010年9月，日本政府在公布的《新经济发展战略蓝图》称，将通过推进基础设施建设，力争到2015年左右使国内约4 900万户家庭能够利用宽带网络服务。

二、全球宽带发展现状

（一）宽带接入用户总数

2015年来全球宽带接入用户数明显呈增长趋势。截至2015年第3季度末，全球宽带接入用户近7.4亿人，季度增长率为1.36%，占全球人口的10%。以目前的增长速度，预计到2017年，上网人数将会达到全球人口的30%，如图2所示。

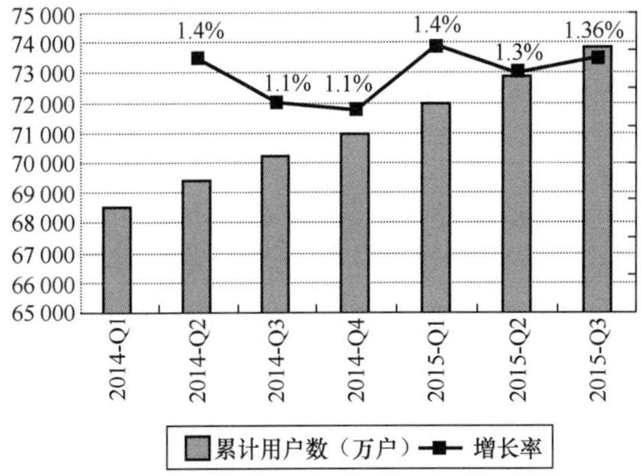

图2 全球宽带接入用户数及季度增长率

（二）新增用户

2015年第2季度新增用户917万户，虽然比2015年第1季度降低9.6%，但与2014年第三季度和第四季度相比明显呈增长趋势，如图3所示。

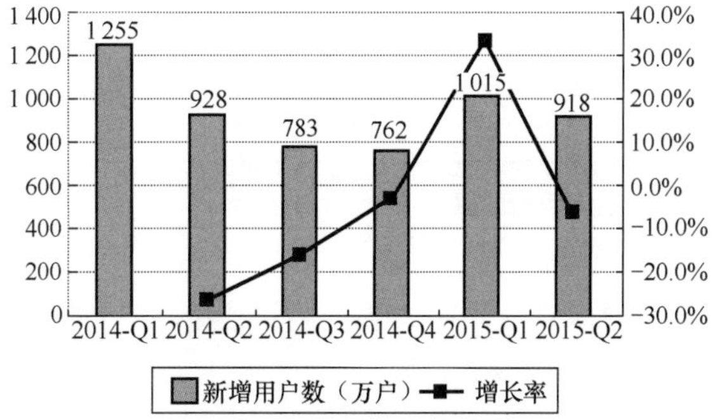

图3 全球新增宽带接入用户数及季度增长率

（三）宽带接入市场TOP10

截至2015年第2季度末，全球最大的10个宽带市场用户数在全球宽带市场总得占比高达75.3%，比2014年提高了1.6个百分点。

截至2015年第2季度末，中国的宽带用户数规模仍是全球之首，与第二位美国宽带用户数之间的差距逐渐增大。中国、美国这两个国家的宽带接入用户在全球宽带市场的占比高达46.7%。

2015年第2季度末，宽带接入用户年增长率最高的10个国家均为宽带市场起步较晚的发展中国家，如图4所示。

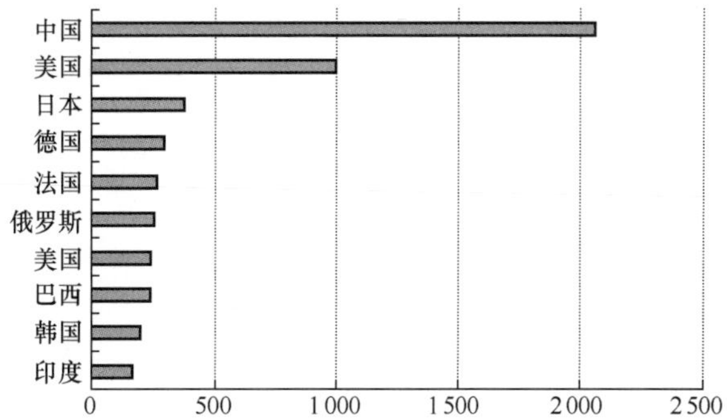

图4 宽带接入用户最多的10个国家和地区

（四）宽带普及率

截至2015年第2季度末，全球宽带人口普及率为12.4%，宽带的家庭普及率为48.2%。按人口普及率计算，瑞士是目前宽带接入业务普及率最高的国家，普及率高达50.5%。目前宽带人口普及率最高的10个国家和地区中，除亚太和中国香港地区及韩国外，其余均为西欧的经济发达国家，如图5所示。

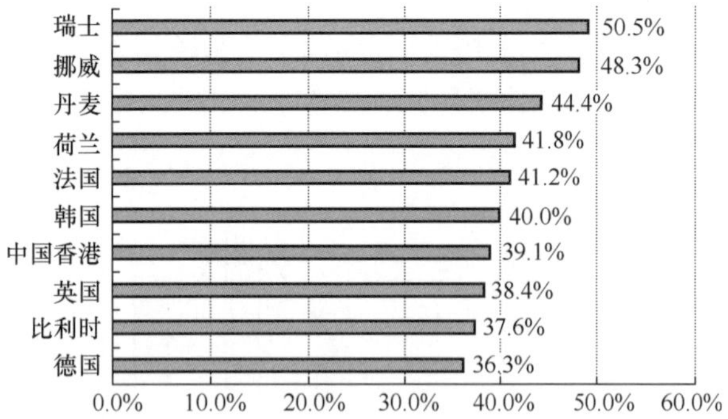

图5　宽带普及率最高的10个国家和地区（按人口计算）

（五）宽带接入价格

据ITU统计在2008～2014年间，固定宽带业务资费大幅度下滑，用人均国民总收入的比例衡量，从2008年年底的国民收入的94.5%降至2014年的18.3%。发展中国家的宽带资费下降尤其明显，2011年水平仅为2008年的1/4左右。尽管需要提高宽带价格承受能力，但2012～2014年宽带资费并未大幅度下降，大部分发展中国家的固定宽带价格仍超过国民收入的5%，与宽带数字发展委员会的目标仍有差距。而发达国家在2008年时就已实现宽带资费低于国民收入5%这一目标，尽管其宽带用户渗透率不断提高，但是入门级宽带资费却基本保持不变。

2014年，发达国家和发展中国家，固定宽带月服务费占月GNI比例分布情况：2%以下，共78个国家，其中发展国家占44.8%；2%～5%，共33个国家，发展中国家占97%；5%以上，仅包含发展中国家，如图6所示。

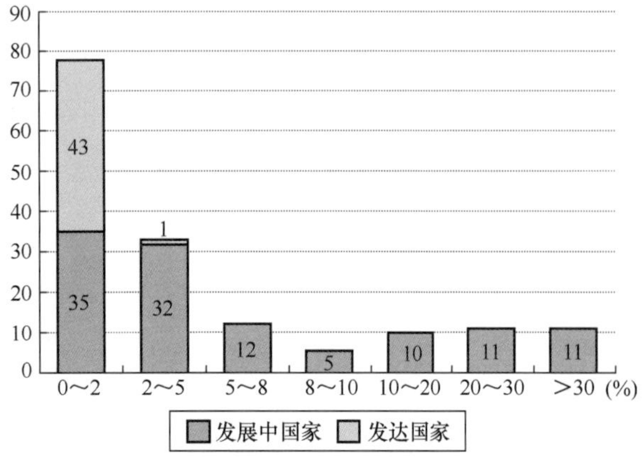

图6　2014年固定宽带支出占国民月收入的比例

截至2015年年底，全球住宅宽带资费已经降到平均99美元/月，全球商用平均宽带资费已经从2015年9月的3.43美元/MB降到2.37美元/MB。Point Topic在其2015年第2季度宽带报告中指出，日本的平均宽带收费是世界上最低的，而泰国的平均价格则是亚太地区最高的。

这份涵盖86个国家和地区宽带资费比较的报告显示，日本的平均宽带资费最低，入门级宽带收费排世界第6位。（排名越低资费越低，排名越高资费也越高。）在研究所涉及的亚洲国家中，入门级资费和平均资费之间的差距巨大。印度和越南入门级资费排名分别为第4和第5位，但平均资费排名的却是第65和第80位。这两种收费相对均衡的国家包括中国（入门级资费为第33位，平均资费为第27位）和菲律宾（分别为第74位和第72位）。泰国是亚太地区平均资费最高的国家，其综合排名为第84位，但新加坡和马来西亚的入门级资费则较高。在所有86个国家和地区中，平均资费最高的是玻利维亚，而入门级资费最高的则是阿根廷。

2015年第4季度，住宅宽带的全球平均资费为1.23美元/MB。铜线宽带的接入成本8.49美元/MB，有线接入成本为0.75美元/MB，而光纤接入成本为0.59美元/MB。

（六）宽带接入技术的构成

近几年来，全球宽带市场发展仍集中在大力推进光纤接入网建设上，光纤接入用户继续快速增长。截至2015年第3季度，全球光纤宽带用户总数达到2.85亿，近5年的年度复合增长率达到57%。Cable Modem接入技术用户的增长速度略有下降，但仍保持每年7%左右的速度增长。而基于铜缆的接入技术DSL增速一路下滑，继2013年时出现首次负增长后，2014年一年全球DSL用户净减少3 000余万户，如图7所示。2015年，全球DSL用户下降了15%。

在2010～2015年间，全球Cable Modem用户占比较为稳定，2015年第2季度末占比为18.70%，比2010年年底下降了0.83个百分点。而光纤接入用户在全部宽带接入用户中的占比提升明显，从2010年年底的14.09%上升到2015年第2季度末的34.61%，提升了20.53个百分点。同期DSL用户占比下降了20.37个百分点，2015年第2季度末占比为 42.66%，仍为最大用户份额的接入技术。

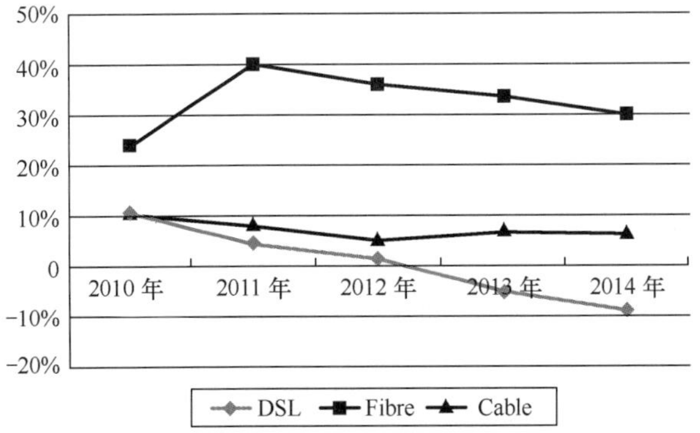

图 7　2010 ~ 2014 年宽带接入技术增长速度对比

高速宽带接入技术用户增长迅猛，FTTH 用户（包括 FTTH、FTTP、FTTN 及 VDSL 用户）及 DOCSIS 3.0 发展迅速。FTTH 用户从 2010 年的 3 920.2 万户增至 2015 年第 2 季度末的 1.85 亿户，用户增量占全球总宽带用户增量的 78.9%，年均复合增长率高达 47.4%。2006 年发布的 DOCSIS 3.0 是目前有线电视运营商普遍采用的技术，其用户规模在 2010 ～ 2015 年间实现了 12.6% 的年均复合增长率，2015 年第 2 季度末用户规模达到 165.8 万户。

三、全球宽带战略实施效果

（一）宽带战略带动了固定和移动宽带普及率的提升

宽带战略的实施，给各国宽带发展带来了全所未有的发展机遇。据 ITU 研究分析：对固定宽带普及率，实施宽带战略比不实施宽带战略平均提升 2.8 个百分点；对于移动宽带普及率，实施宽带战略比不实施宽带战略提升 7.6 个百分点。在竞争比较充分的市场，对于移动宽带的普及率，实施宽带战略比不实施宽带战略平均提升 28.4 个百分点；对固定宽带普及率，实施宽带战略比不实施宽带战略提升 1.6 个百分点。

（二）宽带战略带动了经济增长

宽带是国家地位和竞争的战略制高点，已逐渐成为各国政府的共识。发展宽带能有效应对贫困、气候变化、老龄化、国际金融危机等 21 世纪全球最重要的挑战。根据国际社会估计，宽带普及率每增加 10%，对 GDP 的平均拉动作用为 1.3%。网速的提高，有利于网络环境的改善，有助于电子商务、电子政务以及电子购物等领域的发展，从而间接推动国家经济的发展。宽带战略的实施带动固定宽带的普及率提高。由此可以推断，宽带的实施将带动 GDP 增长 0.036 4 个百分点。

（三）资费下降，但大部分发展中国家的用户仍然负担不起

判断宽带资费是否负担得起的标准是，宽带接入级资费在国民总收入 GNI 中的比重是否小于 5%。绝大多数发达国家和地区的宽带入门级资费已经下降到 5% 以下，但在发展中国家和地区中，还有超过 60% 的国家和地区的宽带入门级资费在 5% 以上。但与前几年相比，宽带资费有所下降，越来越多的发展中国家和地区的宽带入门级资费在 GNI 中所占的比重正在接近 5%。

（中国信息通信研究院　徐子晴）

互联网与信息服务篇

我国互联网产业发展情况

经过二十多年的高速发展，我国已成为具有本土竞争力、国际影响力和综合竞争力的互联网大国。互联网作为经济社会运行的基础支撑和创新源泉，是我国经济“新常态”下稳增长、优结构、防风险的有效选择，也是提升我国经济新动能的必然途径。互联网的普惠、便捷、共享特性，也渗透到经济生活与公共服务的方方面面，为加快提升公共服务水平、有效促进民生改善与社会和谐提供了有力保障。

一、互联网基础设施快速发展，奠定产业腾飞基础

根据 CNNIC 发布第 37 次《中国互联网络发展状况统计报告》，互联网发展呈现出网络高带宽、网民高渗透和网络终端移动化的趋势。

1．半数中国人接入互联网，手机网民占比超九成。截至 2015 年 12 月，中国网民规模达到 6.88 亿户，互联网普及率达到 50.3%，中国居民上网人数已过半。网民的上网设备正在向手机端集中，手机网民规模达 6.20 亿户，有 90.1% 的网民通过手机上网，手机成为拉动网民规模增长的主要因素。

2．“.CN”域名注册保有量居全球第一，国际出口带宽创新高。截至 2015 年 12 月，中国国家顶级域名“.CN”总数为 1636 万户，年增长为 47.6%，“.CN”域名已超过德国国家顶级域名“.DE”，成为全球注册保有量第一的国家和地区顶级域名（ccTLD）。同时，2015 年年度国际出口带宽创新高。截至 2015 年 12 月，中国国际出口带宽为 5 392 116 Mbit/s，标志着中国国际通信网络能力的显著提升。

3．无线 Wi-Fi 普及迅速，移动互联网更贴近生活。手机、平板电脑、智能电视带动家庭无线网络使用，网民通过 Wi-Fi 无线网络接入互联网的比例高达 91.8%。Wi-Fi 无线网络已成为网民在固定场所下接入互联网的首选方式。

二、互联网应用创新涌现，大幅提升两化融合水平

网民数量激增和市场需求旺盛推动了互联网向实体经济广泛渗透的热潮。从电子商务应用不断拓展，到线上线下融合不断创新，再到互联网金融业务爆发增长，以及在线教育、网络医疗的蓬勃发展，互联网已经渗透到生产和生活的各个领域，互联网融合创新已开启“互联网 +”的新时代。

1．网络环境完善和手机上网普及，使得移动支付需求不断被激发，应用领域日益广泛。2015 年，基础应用、商务交易、网络金融、网络娱乐、公共服务等个人应用发展日益丰富。其中，手机网上支付增长尤为迅速。截至 2015 年 12 月，手机网上支付用户规模达到 3.58 亿户，增长率为 64.5%，网民使用手机网上支付的比例由 2014 年年底的 39.0% 提升至 57.7%。

2．移动电商、跨境电商、农村电商等新兴电子商务领域发展迅猛。2014 年我国移动电商交易额超过 9 000 亿元，占网络零售的比重达 33%；农村电子商务成为市场竞争的新焦点，农村网店总数达 7 万家以上。

3．在线教育、网络医疗和网络约车等蓬勃发展。2015 年，我国已经有 1.1 亿网民通过互联网实现在线教育，1.5 亿网民使用网络医疗，9 664 万人使用网络预约出租车，网络预约专车人数已达 2 165 万户。

4．线上线下融合的 O2O 模式引发了我国生活服务业领域空前的创新创业热潮。当前，O2O 正在向零售、餐饮、旅游、社区、汽车、教育、健康、房产、婚嫁、家装等服务业领域广泛渗透，成为引

领我国“互联网+”时代的桥头堡。

5．互联网金融各项业务平台数量、交易规模均呈现大幅增长。2014年，网络借贷方面，全年共有网络借贷平台超过1 575家，同比增长超过100%；网络理财方面，共有56家机构共推出79个“宝宝类”互联网金融理财产品，规模超过1.5万亿元人民币；网络众筹方面，我国众筹平台数量累计已达122家。

三、互联网企业加速发展，开启融合创新时代

1．企业互联网使用比例上升，“互联网+”行动计划助力企业发展。我国企业的生产运营活动越来越离不开互联网。截至2015年12月，中国企业计算机使用比例、互联网使用比例与固定宽带接入比例，同比分别上升了4.8个、10.3个和8.9个百分点，分别达到95.2%、89.0%和86.3%。中国网站总数为423万个，中国网页数量首次突破2000亿个。中国企业越来越广泛地使用互联网工具开展交流沟通、信息获取与发布、内部管理等方面的工作，为企业“互联网+”应用奠定了良好基础。互联网不再是单一的辅助工具，企业已经将“互联网+”纳入企业战略规划的重要组成部分，这突出表现在企业对互联网专业人才的重视、开展网上销售和采购业务，以及运用移动端进行企业营销推广等。在开展过移动营销的企业中，微信营销推广使用率达75.3%，成为最受企业欢迎的移动营销推广方式。

2．互联网开放平台生态体系蓬勃发展，开创大众创业、万众创新新局面。互联网平台企业的内部资源开放与共享极大降低了第三方应用软件开发者的创新和创业门槛。开放平台已经成为互联网企业构筑生态系统、打造持续竞争力的基本战略。截至2014年6月，腾讯云开放平台集聚500万名创业者，中小团队开发者占创业总人数40%以上，是2013年同期的4倍，创业公司总估值超过两千亿元；阿里云服务的政府、企业客户超过140万户，涵盖电子商务、数字娱乐、金融服务、医疗健康、气象、政府管理等多个领域。

3．本土规模优势转向创新驱动，开辟自主发展新空间。基于本土规模优势，我国在搜索引擎、即时通信、电子商务、安全软件等领域已成长起一批主导型企业。互联网企业不断加大研发投入力度，创新方式逐步从低层级的模仿复制与改良型创新，向高层级的自主型创新迁移。我国互联网领军企业研发投入占收入的比例已达到10%～15%，与谷歌等巨头相当。

4．我国上市互联网企业快速发展，中美差距不断缩小。上市企业作为推动产业健康发展的主力军，近年来数量不断扩张，实力日趋提升。从企业数量看，截至2014年年末，我国上市互联网企业已达72家，主营业务包括了门户网站、搜索引擎、社交网络、电子商务、网络游戏、网络视频、信息保护和处理服务、IDC/CDN、其他增值服务等九大类。从营收看，2014年我国上市互联网企业营业收入近4 900亿元，近四年复合增长率超过50%，互联网服务已成为拉动信息通信业持续增长的核心引擎。从市值看，截至2014年年末，我国72家上市互联网企业市值规模高达3.94万亿元，同比增长118%，连续两年翻一番。全球市值前三十强中，中国企业市值规模超过美国的1/2，远远高于2013年的1/5，中美两国企业市值差距进一步缩小。

5．企业投资并购活跃，多元化投资和前瞻性布局特征显著。2014年我国互联网内部领域融资规模大幅回升，电子商务、网络游戏、互联网接入服务、网络视频等是我国互联网行业最具吸金能力的领域，融资规模占比达41%。大型互联网企业多方面布局战略重点。一方面，推动跨界融合，催生新型需求，如小米公司以3 719万美元领投P2P网贷平台积木盒子，进军互联网金融；另一方面，完善生态构建，提升服务能力，如腾讯以7.36亿美元收购58同城，加强本地化服务生态系统。

四、互联网持续高速发展，凸显对经济发展的促进作用

1．行业呈现阶段性发展趋势，进入高速稳定发展区间。第一，互联网行业整体呈现加速增长态势。2011年以来我国互联网行业发展经历起步发展、快速发展和加速发展三个时期。上市互联

网企业市值呈现出由低到高，互联网行业整体呈现加速增长态势。第二，发展动力依然强劲，行业进入高速稳定发展区间。互联网行业发展稳步增长，行业发展动力强劲。未来几年，我国互联网行业将继续保持稳定增长态势。但互联网行业在经历爆发式增长之后，平稳增长的可能性逐渐加大。

2．互联网供需呈现旺盛态势，拉动经济发展。当前，互联网行业仍将保持稳定、持续、高速发展态势。从需求端看，基于互联网的信息消费高速增长，为互联网行业发展创造了市场空间。基于互联网的信息服务消费潜力巨大，呈现出加速增长态势，约占整个信息消费的50%。从供给侧看，互联网企业及互联网对传统行业的融合渗透进入高速发展期，为互联网行业发展提供了内生活力。根据中国信息通信研究院的最新研究，2014年与互联网相关的信息经济总体规模突破16万亿元，占GDP比重超过26%，名义同比增速高达20.3%。

3．行业稳增长、熨平经济周期的作用明显。互联网行业已成为长期经济增长的内生动力，2010年以来，我国互联网行业发展波动显著小于整体经济波动，尤其在我国经济的新常态阶段，对于稳定经济、熨平经济周期性波动具有显著作用。

（中国信息通信研究院　何霞）

2014 年度增值电信业务发展分析

一、增值电信业务市场整体发展情况分析

（一）市场规模增长速度放缓

近年来，我国增值电信业务市场继续保持较快的发展势头，持证企业数量和从业人员持续增加，市场规模进一步扩大。如图 1 所示，截至 2014 年年底，全国增值电信企业数量为 30 871 家。其中，跨地区增值电信业务经营者总数达到 2 870 家。各省增值电信业务经营者总数为 28 001 家。

2014 年度全国增值电信业务收入（包括中国电信、中国移动、中国联通）为 6 462.1 亿元，同比增长 20.8%，其中基础电信企业的增值电信业务收入 2 308.8 亿元，占全国总体增值电信业务收入的 35.7%，同比增长 1.2%。如图 2 所示，增值电信企业的增值电信业务收入 4 153.3 亿元，占全国总体增值电信业务收入的 64.3%，同比增长达到 35.4%，其中跨地区增值电信企业的增值电信业务收入 568.2 亿元，同比增长 14.6%；省内增值电信企业的增值电信业务收入 3 585.1 亿元，同比增长达到 39.4%。

从行业就业方面来看，2014 年度全国增值电信企业从业人员约 97.1 万人，比上一年度增加 11.2%。其中，跨地区增值企业从业人员 20.5 万人，省内增值企业从业人员 76.5 万人，如图 3 所示。

（二）市场特点

1．区域发展不平衡

增值电信业务的市场需求受经济发展水平、技术替代、用户收入和消费观念等因素的影响比较明显。我国地域辽阔，沿海与内地地区经济发展不平衡，增值电信业务发展呈现出区域差异性，体现为经济发展地区指向性明显，无论是从用户分布、业务收入、投资规模还是经营企业的选址都向经济发达发展地区集中。另外，也与业务本身的地域性经营模式有关，由于经济发展水平差距以及相应支付能力和使用能力的差距，使得以互联网等

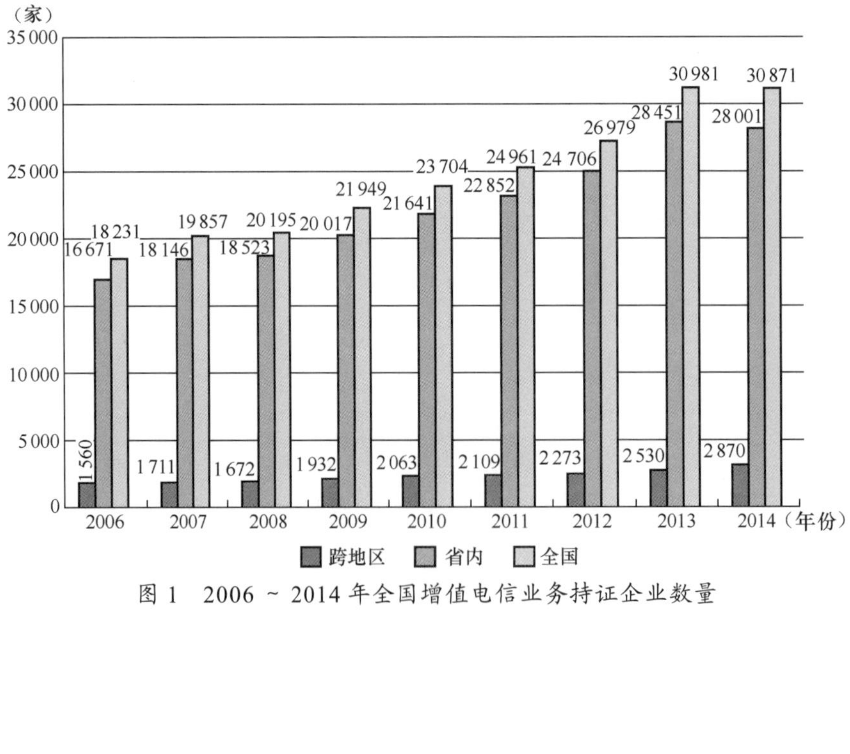

图 1　2006 ~ 2014 年全国增值电信业务持证企业数量

新兴增值业务应用发展的地域集中呈现持续扩大趋势。

从企业数量来看，如图 4 所示，北京、广东、浙江、江苏、上海集中了全国 50% 左右的增值电信业务经营者；而西部地区的增值电信业务经营者仅占全国的 12%。从业务收入规模来看，如图 5 所示，北京、上海、广东、浙江、江苏五省市的省内增值电信业务总收入占到总收入的 81%，其中 2014 年广东省、北京市省内增值电信业务收入均超过 800 亿元，江苏省、上海市增值电信业务收入均超过 400 亿元。

2. 行业发展差别巨大

增值电信行业发展不均衡。受互联网行业快速发展的影响，与互联网相关的信息服务业务、互联网接入服务业务、互联网数据中心业务、在线数据

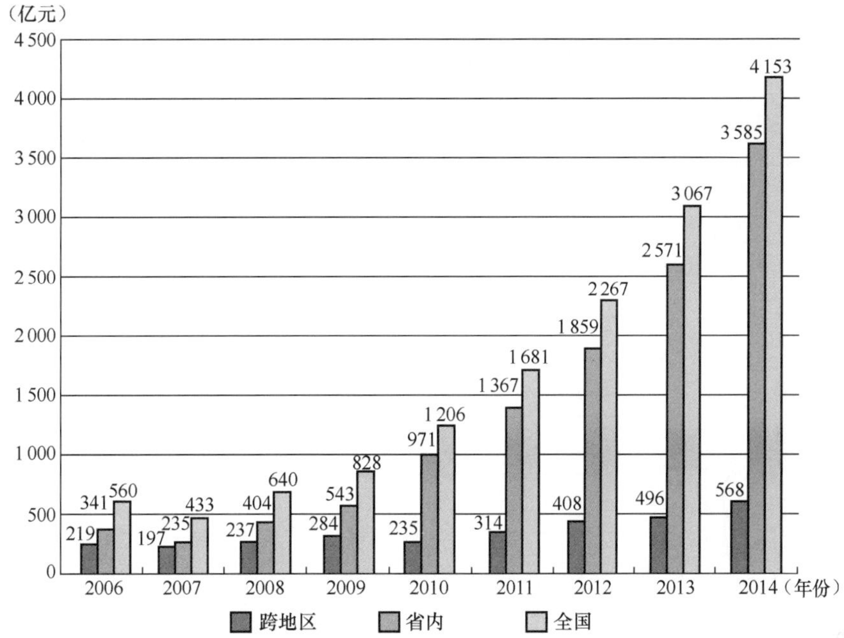

图 2　2006 ~ 2014 年全国增值电信业务收入（不含三家基础电信企业）

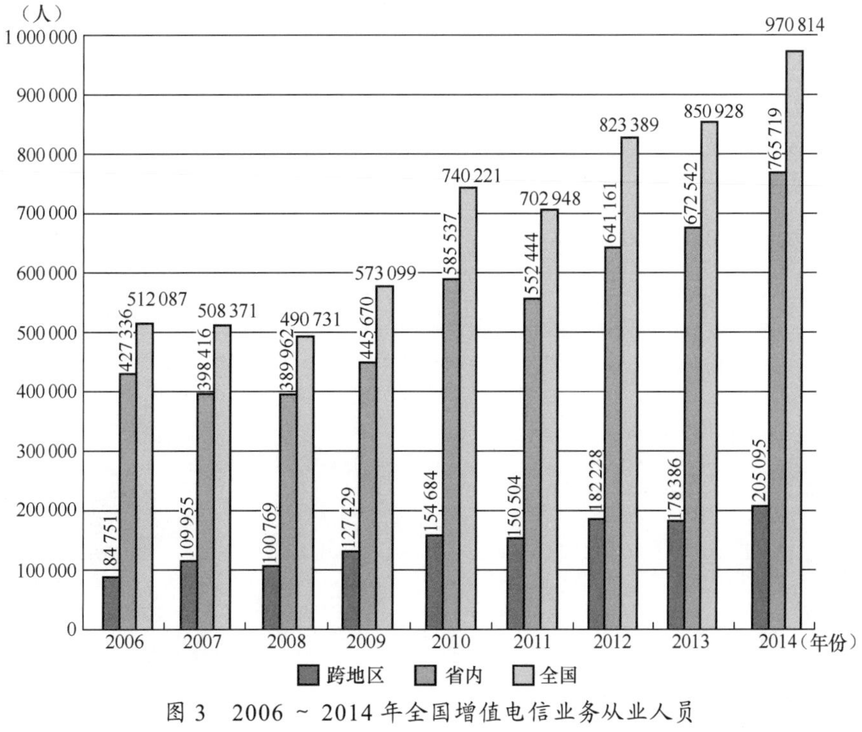

图 3　2006 ~ 2014 年全国增值电信业务从业人员

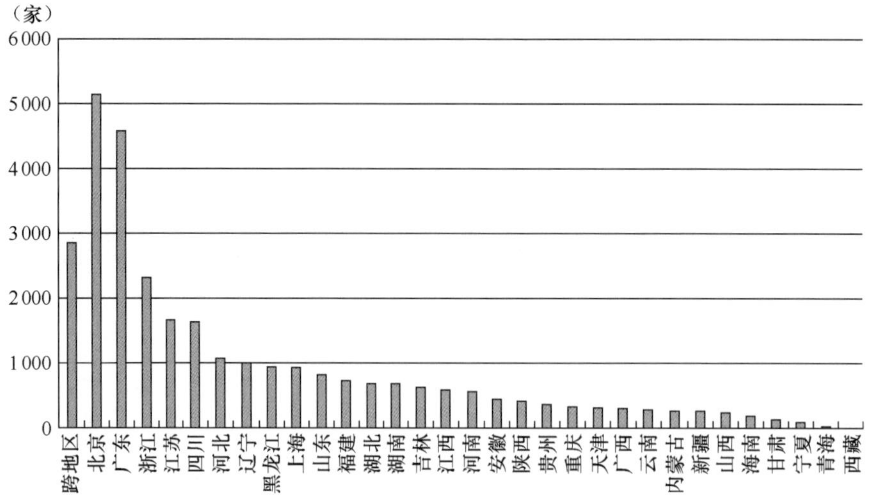

图4　2014年度全国增值电信业务企业分布情况

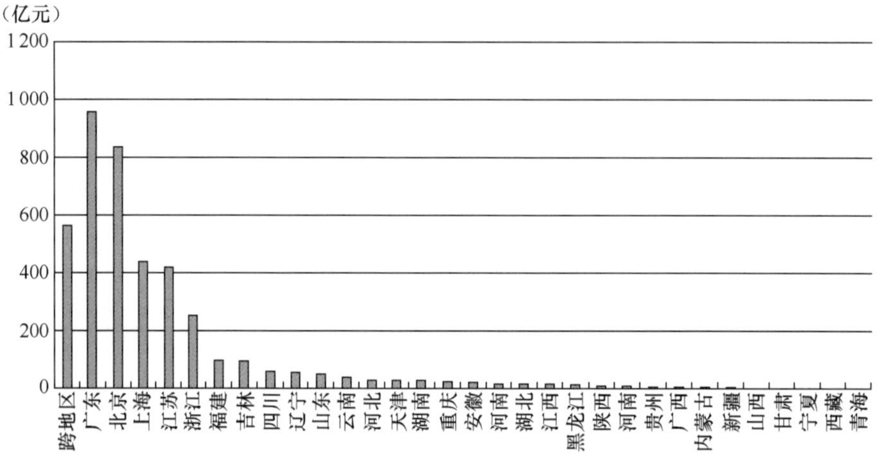

图5　2014年度全国增值电信业务收入分布情况（按地区）

处理与交易处理业务发展较好。如图6所示，2014年度增值电信业务收入中，信息服务业务收入占比79%，因特网接入服务业务收入占比5%，因特网数据中心业务收入占比2%，在线数据处理与交易处理业务收入占比5%；呼叫中心作为传统产业，也有较好的发展，收入占比3%；其他业务收入占比总和仅为6%。

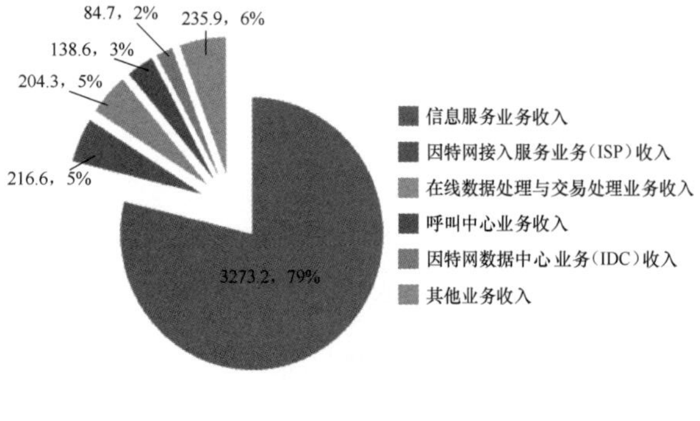

图6　2014年度全国增值电信业务收入分布情况（按业务）

3．行业内发展集中度高

增值电信行业发展的集中度高，以跨地区企业为例，增值电信业务收入排名前五名的企业，收入总和达到了156.3亿元，占跨地区增值电信业务收入总和的27.5%。具体业务也有表现，以呼叫中心业务为例，如图7所示，跨地区呼叫中心业务收入排名前五的企业，收入总和达到了27.9亿元，占跨地区呼叫中心业务收入总和的46.4%。

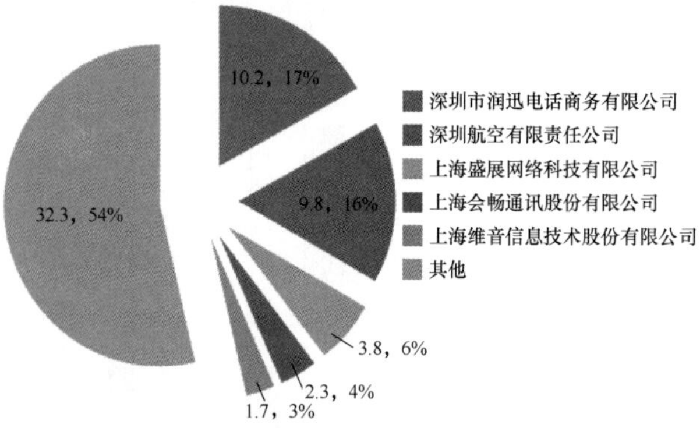

图7　2014年跨地区呼叫中心业务收入情况

4. 电子商务蓬勃发展

在增值电信业务中，经历早期的缓慢潜伏发展之后，近年得益于宽带和信息技术的普及、人民消费水平的提升、电子商务基础设施的完善，我国电子商务产业快速发展。根据国家统计局公布的2014年经济数据显示，2014年全国网上零售额27 898亿元，同比增长49.7%。

根据阿里巴巴和埃森哲的调研和预测，全球B2C电商市场增长迅速，未来几年仍将保持近15%的年均增速；交易规模将从2014年的1.6万亿美元增至2020年的3.4万亿美元；2020年全球B2C电商消费者人数将达到21.12亿人，占到适龄人口的62.7%。

其中，全球跨境B2C电商的增长尤为强劲，预计年均增长高达27%，全球市场规模由2014年的2 300亿美元升至2020年的接近1万亿美元。跨境B2C电商消费者总数将由2014年的3.09亿人增加到2020年的9亿多人，年均增幅超过21%，形成一群强劲的消费大军。

我国电子商务企业快速发展。2014年，阿里巴巴以114亿美元成为全球第三大互联网公司，超越美国的Amazon、eBay；京东、唯品会位列全球Top20互联网公司（按市值计算）。

二、增值电信业务的发展潜力巨大

增值电信业与国民经济的良性互动关系已经建立。增值电信业的发展与国民经济发展息息相关，国民经济增长为增值电信业发展提供坚实的基础，增值电信业的发展又拉动国民经济增长。工业和信息化部力推信息消费、扩大国内需求。2014年全国信息消费规模达到2.8万亿元，同比增长18%。全国电子商务交易额约为12万亿元，增长20%。移动网络、移动支付、二维码、移动社交等移动技术相继突破，新技术、新产品、新业态、新商业模式大量涌现，线上线下互动（O2O）成为新趋势。互联网外卖平台、互联网租车打车、互联网洗车、互联网家政、互联网医药等新兴业务发展迅速，已形成一定市场规模。物联网技术在智能装备、安全生产等领域应用示范成效明显。信息消费需求快速增长，增值电信业务市场面临重大发展机遇。随着我国宽带基础设施的跃升，需要消耗高带宽的互联网应用普及将进一步深化；普遍服务的实施也有利于缩小农村地区增值业务的发展差距。随着智能手机的普及和手机上网、支付模式的逐渐成熟，网络购物等新兴消费模式变得更加快捷和普及，增值电信业务将展现更大的发展潜力。

（中国信息通信研究院　曹磊　彭浩熹　刘在东　万杰）

互联网热点领域市场分析

截至 2015 年 12 月，我国互联网服务业务收入达到 1.15 万亿元，同比增长 27.5%，其中互联网信息服务收入 6 950 亿元，同比增长 39%，占比为 60.5%。我国网民规模达到 6.88 亿元，互联网普及率达到 50.3%，我国居民上网人数已过半。2015 年，随着网民的快速增长，即时通信、搜索引擎、网络新闻和社交作为基础的互联网应用，用户规模一直保持稳定增长态势。商务交易类应用经过多年的高速增长，进入稳健发展时期，企业积极拓展市场发掘新增长点。网络娱乐类应用稳步发展，以优质内容为核心拉动娱乐应用快速增长。互联网对个人生活方式的影响进一步深化，融入到医疗、教育、旅游、房产和汽车等服务领域，互联网医疗、在线教育和互联网旅游三大应用领域成为继互联网金融之后新一轮的热点领域。

一、互联网医疗

互联网医疗市场规模呈井喷式增长趋势。基于医疗刚性需求的不断扩大，互联网医疗正以前所未有的速度快速发展。首先，我国人口老龄化进程加快，目前 65 岁以上的老龄人口占总人口的比例为 9.5%，预计 2030 年该指标将达到 16.2%。人口老龄化的加剧将带来老年群体的医疗、保健需求的急剧增长，而医疗资源的增长明显低于需求增长，医院超负荷运营，医生则面临着医患关系紧张、工作强度大、收入低、风险高的现状。其次，我国医疗资源供需严重失衡，中国人口占世界 22%，但医卫资源仅占 2%，而 2% 的资源中有 80% 集中在城市。优质医疗资源被“小病”占据，患者深受“三长一短”困扰（三长一短即挂号、候诊、收费等候时间长，看病时间短），而基层医疗资源却被闲置。这些急需解决的问题为互联网与医疗行业的结合提供了切入点。最后，移动医疗的商业模式具备四大特征：（1）人性刚需是盈利基础；（2）数据决定发展空间；（3）社群带来流量经营；（4）产业链是竞争壁垒。基于商业模式驱动，移动医疗成为了投资中的一座“金矿”，投资规模节节高。

（一）移动医疗成为新一轮投资热点

2010 年之前在线医疗领域获得的投资非常少，2010 年之后开始呈几何级数增长态势，在经历了 2014 年互联网医疗元年的快速发展后，2015 年在线医疗行业继续火热发展，从已公开的交易金额来看，2015 年已有 90 笔投资，投资总额达到了 15 万美元，如图 1 所示，资本进一步加速在产业的布局，推动行业快速发展。

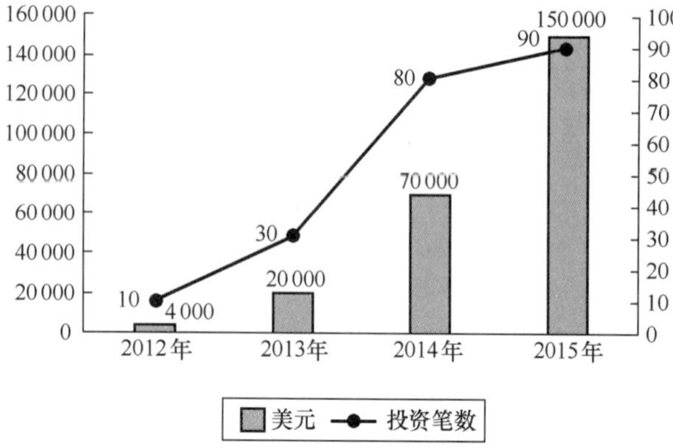

图 1　2015 年中国在线医疗投资笔数和金额

（二）移动医疗健康市场规模增势明显

2015 年移动医疗市场规模达 45 亿元，增长率为 44.7%，如图 2 所示。在资本的强力驱动下，中国移动医疗产品正在逐渐趋向成熟，产业生态圈正在逐步完善。在互联网企业及传统医疗机构的共同努力下，中国移动医疗市场将继续保持高速增长。

随着移动医疗市场的持续升温，越来越多的创业者加入到移动医疗的浪潮中，不断推出各种具有竞争力的移动医疗产品，吸引了大批用户。截至 2015 年 12 月，移动医疗用户规模为 1.52 亿户，占网民的22.1%，如图3所示，相比于其他网络应用，互联网医疗的使用习惯仍有待培养。

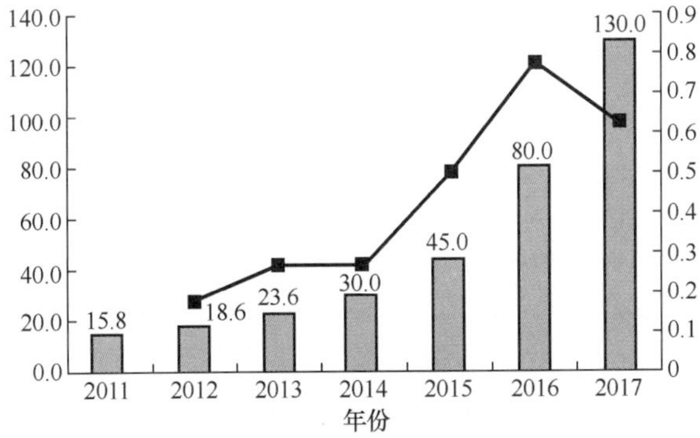

图2 移动医疗健康市场规模走势（单位：亿元）

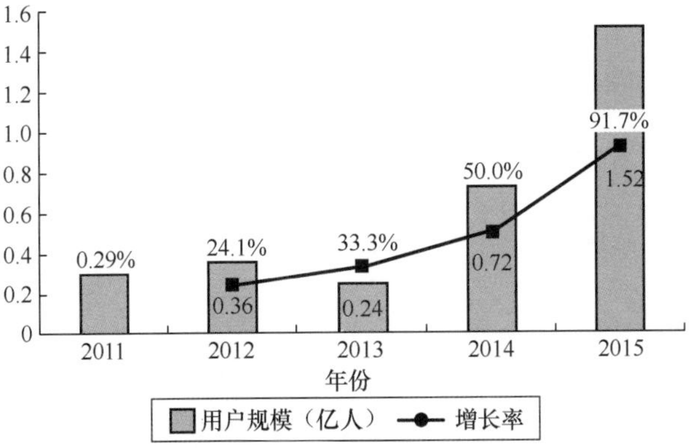

图3 2015年中国移动医疗市场用户规模及增长率

（三）移动医疗市场竞争格局分析

在中国移动医疗问诊咨询类应用综合竞争力排行中，春雨医生以7.5分排名第一，易诊以5.6分排名第二，平安好医生、快速问医生、好大夫在线分别位列第三、四、五位，如图4所示。春雨医生上线时间较早，移动端用户已有一定积累并保持较快增长，产品线开始向孕期、育儿、两性等细分领域咨询延伸，另外其未来线下诊所的布局与医疗大数据管理的发展方向也吸引了大家的广泛关注。

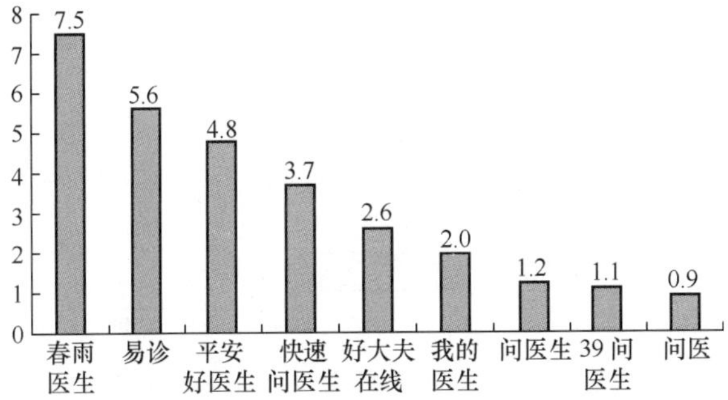

图4 2015年中国移动医疗问诊咨询类应用综合竞争力排行

预约挂号类应用中，趣医院、微医两款应用的用户覆盖率领先，如图5所示。此外，针对某些医疗细分领域的预约应用发展业较快，如提供儿童疫苗注射管理与预约的“超级疫苗表”，覆盖率也居该类前十。其中，微医凭借挂号网在PC端的长期用户积累稳居前列。

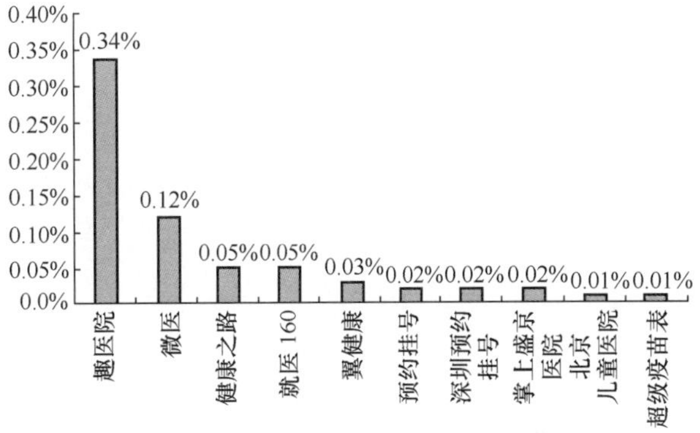

图5 2015年预约挂号类用户覆盖率前10名

资讯文献类应用由丁香园旗下的“用药助手”、“丁香医生”、“医学时间”占据用户覆盖率前三位，如图6所示。丁香园凭借在PC端专业领域的多年积累，获得大量医护工作者的资料，其面向医生与普通用户的两款用药辅助应用“用药助手”和“丁香医生”用户覆盖率较高，其中，专业文献应用“医学时间”用户增速最快。

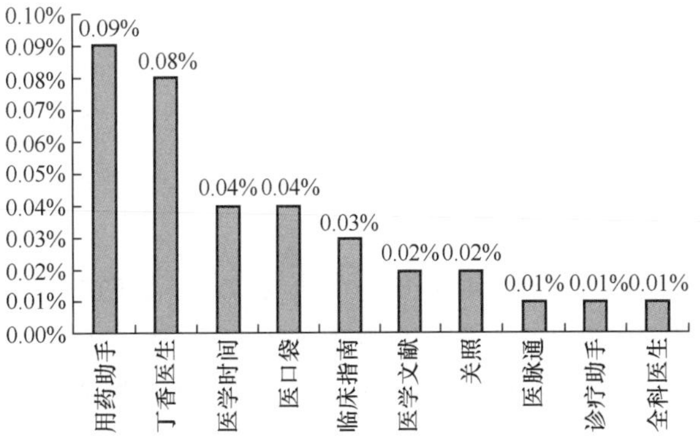

图6 2015年资讯文献类用户覆盖率前10名

医药服务类应用中，壹药网旗下的“1号药店”用户覆盖率位居首位，“阿里健康”与“自测用药”用户覆盖率分别位于第二和第三位，如图7所示。“1号药店”为壹药网旗下的医药电商应用，过去一年其用户规模报酬较快增长，在同类应用中具备一定的领先优势。“阿里健康”上线时间虽然较短，但用户覆盖量自 2015 年年初以来持续成倍增长，除药品服务外，还提供线上问诊咨询、智能导诊、预约挂号等衍生功能。

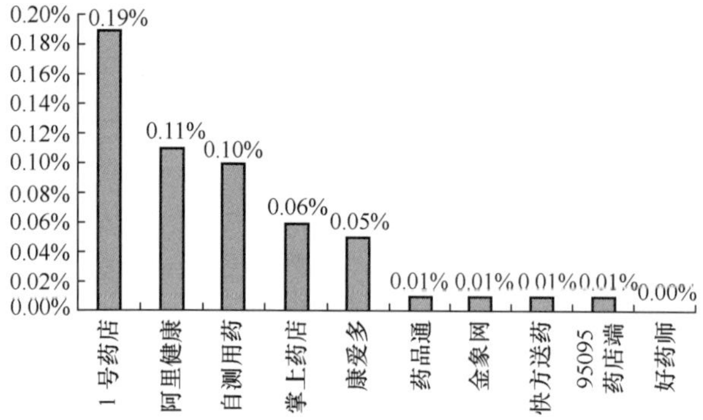

图 7 2015 年医药服务类用户覆盖率前 10 名

医疗信息化应用中，以体检报告线上管理为主要功能的“康康在线”用户覆盖率居首位；以病患管理为主要功能的“杏仁医生”，医脉通旗下的检验工具“检验助手”及杏树林“病历夹”的覆盖率也较高，如图 8 所示。

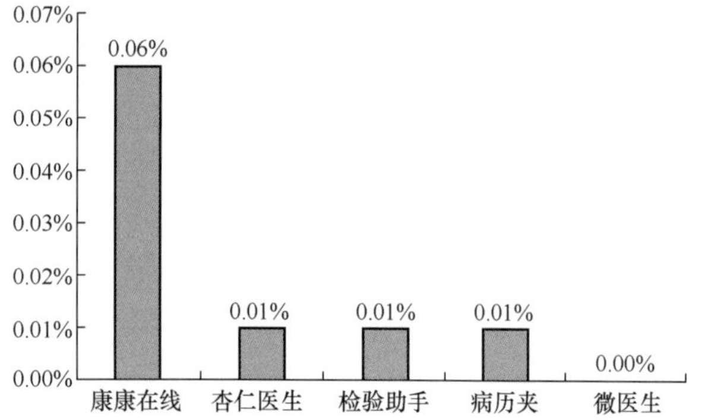

图 8 2015 年医疗信息化类用户覆盖率前 5 名

（四）移动医疗用户需求分析

患者，作为移动医疗的直接受益者，期望移动医疗成本低，并能得到健康管理。目前接入成本是用户使用移动医疗的最大阻碍因素，但医疗行业的服务比接入产品本身更重要。经济收入的增长，人们越来越注重身体健康，希望通过移动医疗获得健康管理和健康资讯的患者或是健康用户达 54.5%，位于期待用途之首，如图 9 所示。

除此之外，用户还希望通过移动医疗与医生多交流。由于我国医疗资源分布不均衡，与医生的交流成为随着患者对未来移动医疗的重要需求，64% 的患者愿意尝试运用移动医疗与医生交流；73% 的患者未来愿意尝试通过可穿戴医疗设备进行病情远程监控。移动医疗服务的提供方式未来也将转变，移动网络和智能手机应用有望取代语音和短信服务，成为未来最受欢迎的移动医疗的提供方式，其中，移动网络以 35% 的比例成为首选，如图 10 所示。

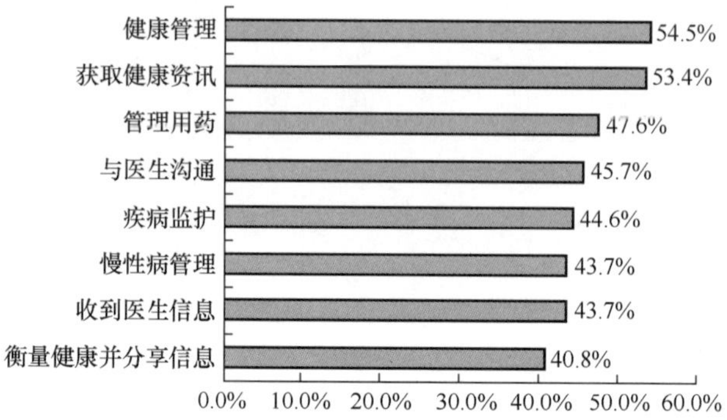

图 9 用户期待移动医疗提供的服务

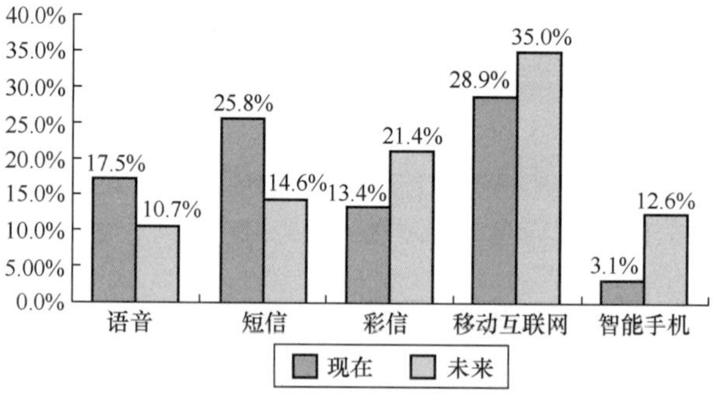

图 10 用户对移动医疗服务形式的选择

医生，作为医疗服务的实施者，期望移动医疗能提高医疗效率，减少现有工作量。然而 44.5% 的医生希望通过提高内部流程和沟通效率，以减少现有工作量，如图 11 所示。

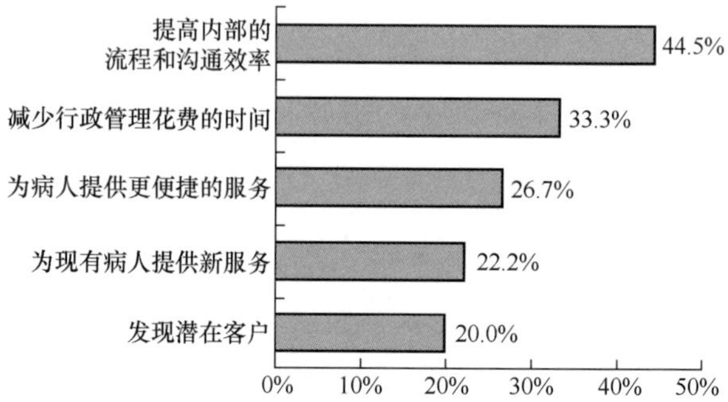

图 11 医生期望移动医疗可以改善方面

同时，医生还期望借助移动医疗进行远程工作，获取辅助决策信息，降低医疗风险，包括病情的远程监控、通过移动医疗设备演示治疗方案、让患者访问电子病历、视频咨询、预约提醒、药物服用情况沟通等，如图12所示。

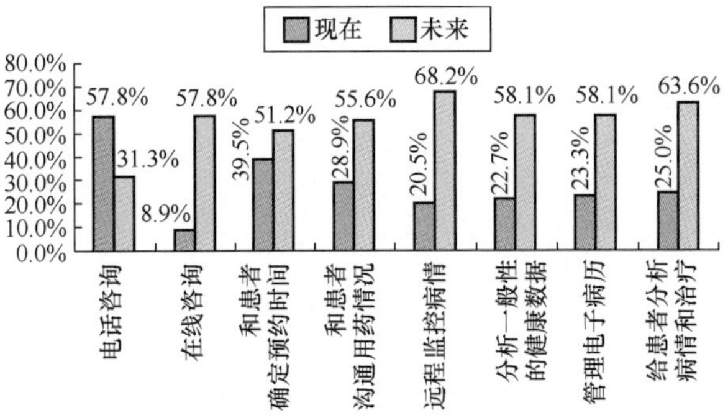

图12 医生对改善与病人互动服务的选择

在2015年中国移动医疗发展潜力排行中，可穿戴设备排名第一，医药电商排名第二，在线问诊和挂号预约紧随其后。从当前行业热度来看，可穿戴设备无疑走在移动医疗行业的前沿。而随着医药监管制度的落实，医药电商或将迎来发展良机，如图13所示。

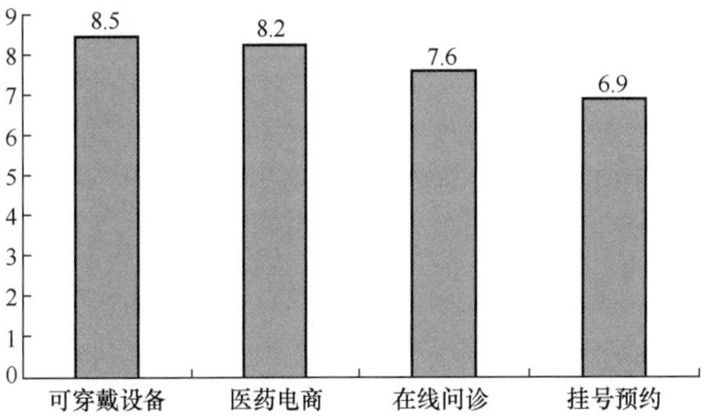

图13 2015年中国移动医疗发展潜力指数

（五）移动医疗发展趋势

1. 产业链整合，带来更顺畅的全流程医疗服务

目前在线医疗行业各环节相对独立，医疗服务流程和数据共享流程非常不顺畅。诊前环节中健康管理的监测数据仅实现在健康云平台存储和数据可视化，未能与电子病历实现对接，同时与在线问诊平台的对接也非常少；在线问诊平台积累的用户健康咨询数据也未能与电子病历实现对接。尽管当前在线医疗服务和数据分享流程还不畅通，但从目前市场上核心企业的动作来看，产业链或将整合。在线问诊平台目前正向产业链后端延伸。例如：春雨医生通过合作方式，将诊断和购药纳入服务流程，同时，通过与国家卫计委合作，也进入了慢性病管理的试点。从核心在线问诊平台近期的动作来看，在线医疗产业链或将整合，将为用户带来更顺畅的医疗服务。

2. 商保崛起，平衡各方利益

我国的医疗费用支付主要是政府主导的基本医疗保险，其次是个人支付，同时医保缺少控费机制，对医疗服务过程缺少有力监督，导致医疗服务方一方独大的现状，病患利益与医疗机构利益不平衡。从保监会监测数据来看，我国健康险保费收入呈快速上升趋势，商保日益崛起。随着商业保险的崛起，有望在未来改善医疗服务方一方独大的局面，并成为在线医疗行业主要支付方，进而促进在线医疗行业的发展。

3. 数据沉淀，衍生多种商业模式

现阶段我国医疗数据积累不足是主要矛盾，数据积累的不足和数据采集的不完全，对基于医疗数据构建的创业计划限制极大。当前在线医疗行业各参与者均意识到医疗数据的重要性，重视数据采集和数据分析，积极探索基于医疗数据的商业模式。从国外的经验来看，医疗数据应用主要有两个大方向：一个是公共卫生方向；另一个是商业应用方向。公共卫生方向主要是基于用户行为数据的疾病预测。而商业应用方向形式多样，可以为医疗机构提供治疗方案和治疗效果的比较、临床决策支持和远程病人监控；可以帮助保险公司实现风险控制、识别欺诈和基于医疗质量评估；也可以帮助制药企业实现个性化药品研发和精准化营销。

二、互联网教育

随着互联网发展带来的产业升级，传统行业的局限性开始被放大。当传统教育面临房租和人工成本高涨、用户满意度差等压力的时候，在线教育的发展迎来了新的契机。互联网教育不仅打破了时间与空间的壁垒，并开始通过更低的成本和多样化的教学模式与评估模式打动用户，满足用户个性化需求，而移动端教育产品的发展又使得在线教育迈上了一个新台阶，在线教育市场拓展速度加快。2015 年是中国全面深化教育改革的关键之年，多项重量级政策出台，这些都将持续刺激教育产业相关领域。尤其是在线教育，随着教育信息化的加快推进，将步入快速增长期。而随着技术的不断创新，能很好地帮助拓展互联网教学场景应用。

（一）在线教育市场规模

截至 2015 年 12 月，我国在线教育用户规模达 1.10 亿人，占网民的 16.0%，其中手机端在线教育用户规模是 5 303 万人，占手机网民的 8.6%；市场规模达 1 191.7 亿元，增长率为 19.4%，如图 14 所示。在“互联网 +”的推动下，在线教育市场将维持此前的快速增长趋势，预计 2017 年在线教育市场规模达 1 733.9 亿元。同时，在线教育产业将逐渐趋向移动化，各细分领域格局仍然未定，存在很多机会，从整个市场千亿级的体量来看，互联网教育行业将在未来迅速扩容，取得长足的发展。从市场细分来看，到 2017 年，高等在线教育市场规模将占全行业的 56%，占比最高，其次为在线职业教育和在线 K12 教育。

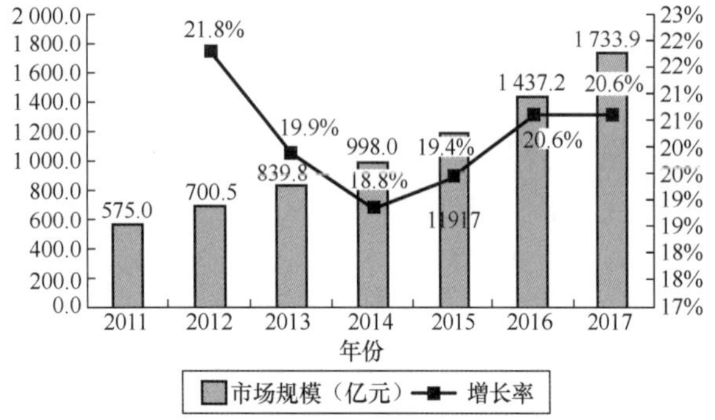

图 14 2015 年中国在线教育市场规模及预测

2015 年中国移动教育市场用户规模将达 7 227 万人，增长率为 20.5%，如图 15 所示。由于产业资本持续融入，移动教育产品日渐成熟，用户对于在线教育的形式接受程度也在提高，在线教育用户将会以将近 20% 的速度增长，预计到 2018 年达到 13 221.1 万人。

（二）在线教育用户需求分析

2015 年，38.7% 的在线教育用户利用其帮助考试考证；26.7% 的用户则希望通过在线教育提高自身的工作技能，如图 16 所示。从以上数据可以看出，目前在线教育用户主要集中在青年人群，所以目前在线教育主要功能在于增值学业或事业。而随着产业进一步推动，在线教育的惠利也将普及更多人群，使用需求也将更加多样化。

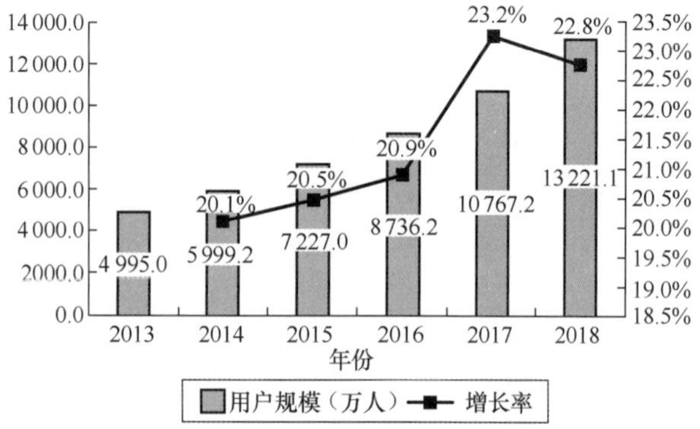

图 15 2015 年中国移动教育用户规模及预测

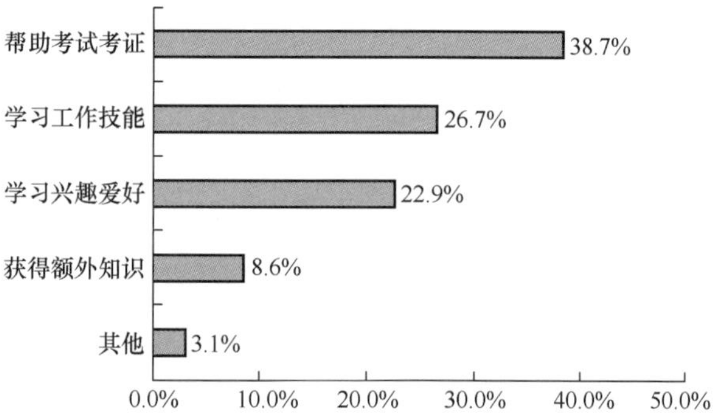

图 16 2015 年中国在线教育用户主要使用目的

2015 年，35.1% 的在线教育用户认为自己最期望的在线教育产品特性是学习来源权威的内容，27.6% 的用户期望学习丰富、更新速度快的内容，另有 20.8% 的用户期望学习丰富详细指导，如图 17 所示。从以上数据可以看出，从移动教育产品中得到自己希望的学习内容是用户的核心诉求，当前在移动教育产品良莠不齐的背景下，为用户提供真正有价值的教育内容是移动教育产品开发商赢得用户的关键。

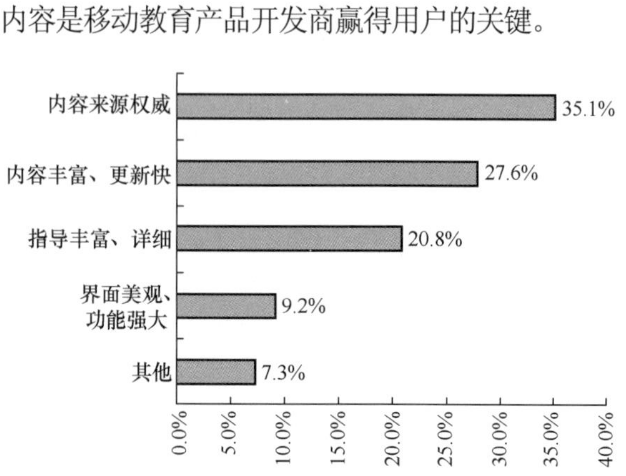

图 17 2015 年中国在线教育用户产品期望分布情况

2015 年，28.4% 的在线教育表示当前在线教育已充分满足其学习需求，66.1% 的用户则认为在线教育基本满足需求，但仍有巨大的提升空间。其中 31.4% 的在线教育用户认为目前在线教育服务难以形成较好的学习氛围。另外，无法与教师形成有效互动、教学内容质量不高也是用户担忧的主要因素，两者占比分别为 21.2% 和 16.9%，如图 18 所示。从以上数据可以看出，目前在线教育的服务和产品仍面临着诸多问题，相比线下教育，其学习氛围不足、与教师有效互动欠缺等问题一直是用户期待改善的方面。

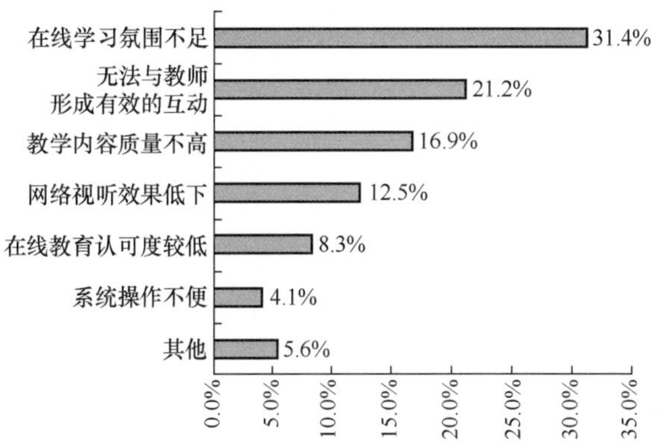

图 18　2015 年中国在线教育用户对在线教育不满意的原因

（三）在线教育的发展趋势

1. 通过跨界经营，提高在线教育平台的黏合度

教育消费很多时候具有一次性的特点，尤其是涉及资质证书考试的相关课程。用户如果一次性通过，便不需要再进行一次培训，如果没有通过，则很少会再次选择同一平台进行学习。所以企业在进行课程内容研发的同时，还应该拓展平台的学习内容，创新教学模式和场景。在拥有足够多用户的前提下，开展相关教育业务，如教育消费金融、职位推荐等。也可通过每上一节课，返回一部分相应课程费用的方式，来提升课程完成率。

2. 加强宣传推广，逐步向二三线城市渗透

对比 2013 年和 2015 年的调研数据，一线城市的在线教育用户占比相对下滑；三线及以下城市的用户占比增幅较小；二线城市将会成为下一个企业争夺的主要阵地，需要加强市场宣传，扩大用户规模，如图 19 所示。

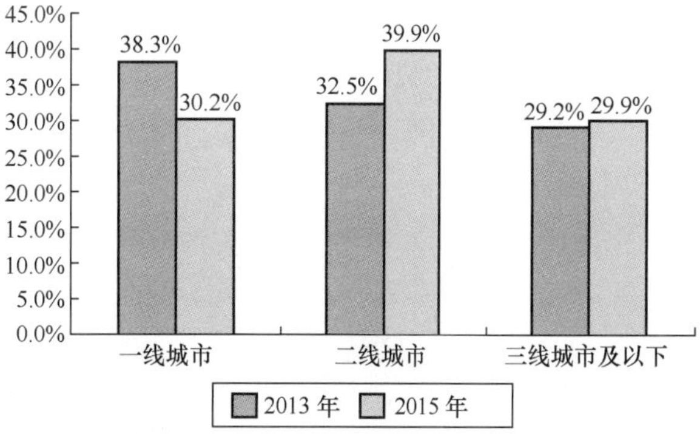

图 19　中国在线教育人群城市分布

3. 在线教育的战场开始向移动端转移

目前在线教育的形式多种多样，但就统计来看，主战场仍在 PC 端，尤其是系统性课程的学习，用户更愿意放在 PC 端，通过某一整段的时间完成。这样的课程，移动端起到的作用是约课、零散知识点记忆、课后问题解答、社区提问等。但移动端是互联网发展的趋势，移动端现有势头较猛的如 O2O、答疑、背单词等类别。如果将教学研究和新的课程内容重设，将会改变目前终端学习的现状。移动端会成为接下来的主要战场。

三、在线旅游

（一）在线旅游市场规模

随着生活节奏的加速，旅游出行成为了越来越多的人用来放松身心的选择。另一方面，在线旅游市场的布局进一步加剧了旅游市场的竞争，价格战大大刺激了消费者的出行欲望，国内在线旅游市场保持稳步增长。截至 2015 年 12 月底中国在线旅游市场交易规模达到 1 299.7 亿元，环比降低 29.9%，同比增长 54.3%，如图 20 所示。2015 年中国在线旅游市场稳步增长，主要得益于暑期旅游旺季，亲子游、学生游主题产品不断更新，加之各种营销活动的推波助澜，使得在线旅游市场非常火热。同时，随着在线旅游各细分市场的成熟，不少新兴细分市场如亲子游、邮轮游、本地玩乐、非标准住宿等迅速发展，市场规模显著增长。

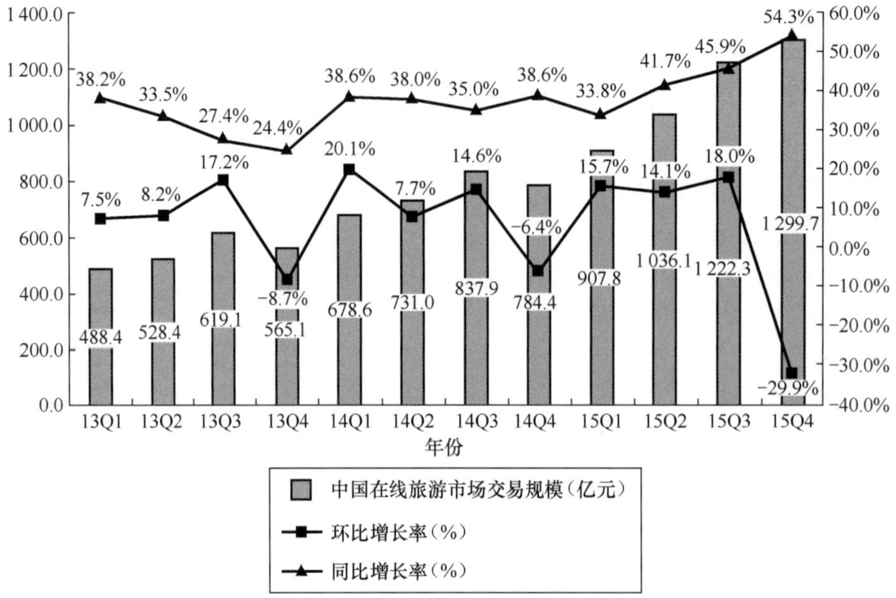

图 20　中国在线旅游市场交易规模

（二）在线旅游的市场收入结构

目前国内的在线旅游的市场收入中，交通依然是各旅游网站的主要收入来源，包括机票、车票的预订等，占到了全部收入的 60%，较 2014 年上涨 1.3 个百分点，这主要是由于旅游业扩大开放政策，远途旅游以及境外游的爆发式发展。酒店的收入占到了 20%，度假本身的收入占到了 16.7%，占比有所提高。这一方面得益于旅游服务业的逐步成熟，同时旅游扩大开放也刺激国外消费者入境旅游，带动国内旅游服务业的发展，如图 21 所示。

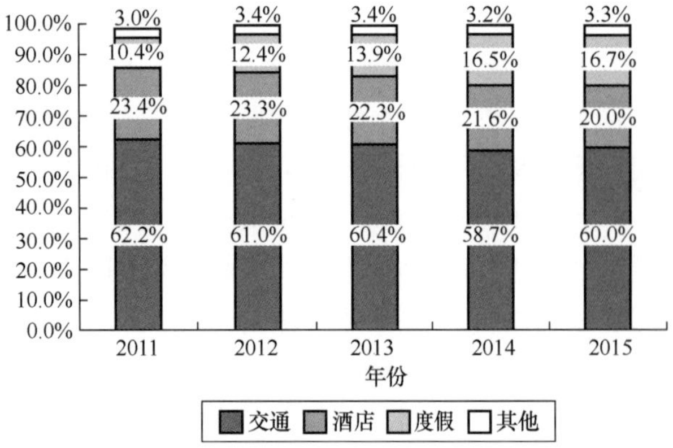

图 21　2015 年中国在线旅游的市场收入结构

（三）移动旅游市场格局分析

2015 年度中国排名前 11 名的在线旅行社的市场份额与排名，其中，如图 22 所示。市场份额最大的是携程旅行网，其次是途牛旅游网，同程旅游网位居第三，占比分别为 25.5%、15.0% 和 9.5%。三家的休量之和约占整个在线旅游市场 50% 的份额。其他几家在线旅游服务商或旅行社官网的份额都相对比较小。旅游度假产品相对复杂，品牌影响力很重要，旅游者会更为倾向于选择市场领先的品牌。领先的 OTA 企业在保持原有业务的基础上，不断扩张新领域并加强投资与合作，提高了运营效率，从而实现稳定的增长。

（四）飞机仍为出行的主要交通工具

从旅游出行的交通工具选择可以看出，飞机的选择占比为 34%，进一步印证了远途旅游和境外游的蓬勃发展。自驾占比为 24%，是短途旅游出行的不二选择，尤其是国内的租车市场进一步火爆，以及避开高峰期出行的选择，都进一步巩固了短途自驾的地位。火车虽然在春运期间扮演了主要角色，但在旅游出行中位置并不突出。这是因为远途旅行时火车影响旅途舒适度，而且相对飞机而言更加耗时，短途又被自驾冲击，因此占比仅为 12%，如图 23 所示。

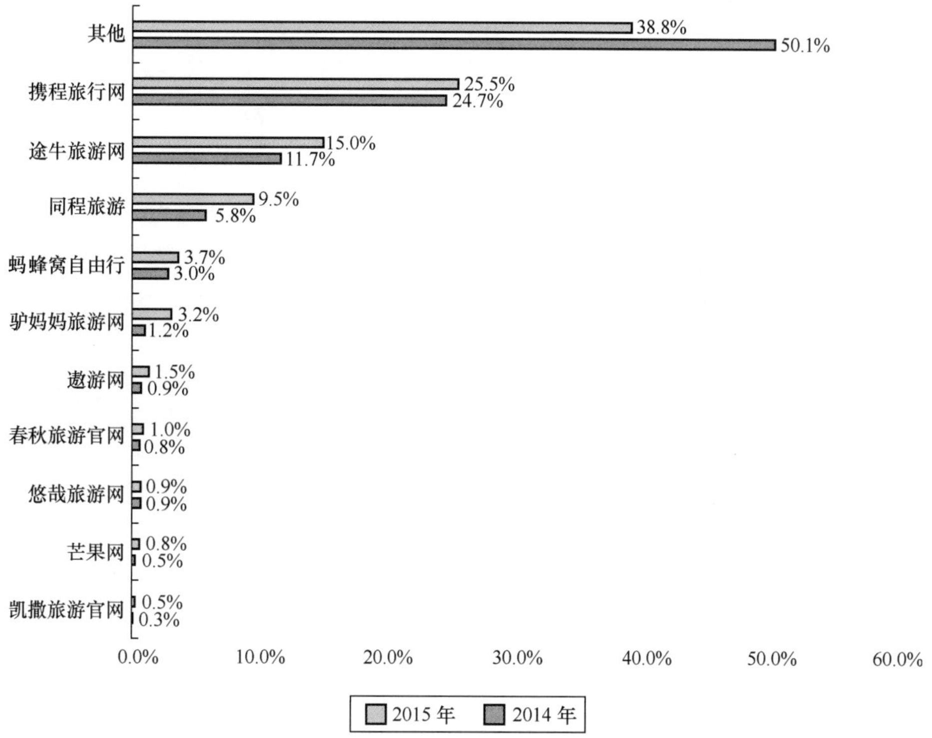

图 22　2015 年中国移动旅游市场份额分布

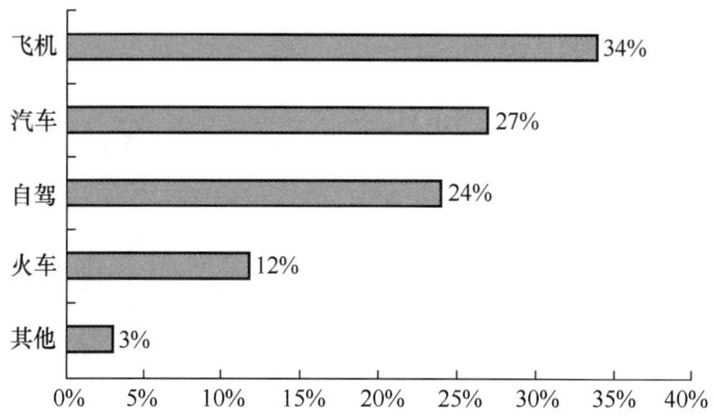

图 23　2015 年中国旅游出行主要交通工具选择

（五）在线旅游发展趋势

1. 旅游产品信息化进程加快，在线旅游的渗透率提高

目前中国在线旅游市场对旅游行业的渗透率仅为 8.5% 左右，远低于发达国家的市场水平。但是根据 2015 年的“十一”长假出行人数，国内旅游度假人数的增长速度很快，而未来随着信息技术的进一步发展和互联网覆盖面的进一步扩大，基于在线旅游的便利性以及安全性，必将会有更多的消费者选择在线旅游的消费方式，在线旅游市场规模将迅速增长。

2. 移动端在线旅游市场规模迅速扩大并向 O2O 转型

目前，在线旅游市场主要集中在“旅行前 + 旅行后”这两个阶段，但随着智能手机的普及以及移动互联网便捷性的提高，消费者可以通过移动互联网在“旅行中”，实时满足对旅游产品或服务的需求，填补了消费者“旅行中”的在线旅游消费空缺，因而会进一步扩大移动端在线旅游市场的发展规模。

3. 一站式预订服务：多个 App 切换将成过去式

过去我们出去旅游时要登录不同网站或 App 预订不同的产品，例如用“去哪儿”订机票，用“携程”订酒店，用大众点评团购当地的门票。现在，一方面，百度旅游这类聚合平台兴起了，它在帮你一键定制智能行程的同时就可以为你提供整体解决方案，价格更便宜，过程更简单；另一方面，携程与去哪儿合并，说明在线旅游行业正在加速盘整，要么是一个公司的服务，要么有兄弟公司关系，比如百度投资了去哪儿、携程、易到、Uber，这些平台的服务被一站式预订成为可能。

（中国信息通信研究院　贺静）

“互联网 +”金融行业的发展分析

一、互联网金融发展迅速

2014 年 3 月 5 日，国务院总理李克强首次在政府工作报告中提到互联网金融，并提出要“促进互联网金融健康发展”。这意味着互联网金融被提升到了国家战略层面，并在此后获得了迅速的发展。

截至 2014 年年底，中国互联网金融用户数达到 4.12 亿户，如图 1 所示，市场规模已经突破 10 万亿元。其中，截至 2014 年 12 月，P2P 网贷行业的从业人员约为 39 万人，企业超过 200 万家，带动的相关行业就业人数有 6 000 万人，2014 年全年 P2P 网贷行业累计成交额超过 3 000 亿元。

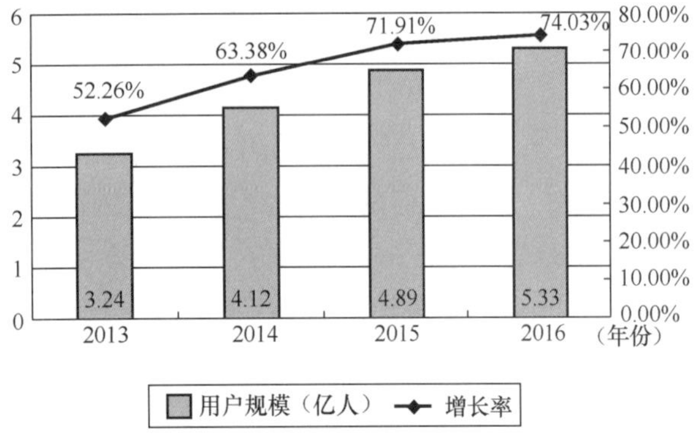

图 1　2013 ~ 2016 年中国互联网金融用户规模

二、互联网金融模式

目前比较常见的互联网金融模式主要包括众筹、P2P 网贷、第三方支付、数字货币、大数据金融等，其中众筹、P2P 网贷和第三方支付处于快速成长阶段。

（一）众筹

2015 年，随着阿里巴巴、京东、苏宁等互联网行业巨头以及部分传统金融机构的加入，众筹行业的市场竞争更加激烈，行业实现了爆发式增长。

截至 2015 年 12 月 31 日，全国众筹行业年度新增项目 49 242 个，共成功筹资 114.24 亿元，同比增长 429.38%。在 2015 年众筹行业筹资金额中，奖励性众筹和非公开股权融资分别为 56.03 亿元和 51.90 亿元，占比 49.05% 和 45.43%，而公益众筹的筹资金额为 6.31 亿元。

2016 年，股权众筹仍会成为市场发展的重点。在股权众筹的带领下，整个众筹市场的交易量至少会有 5 ～ 10 倍的增长，而且这种爆发式的增长趋势将持续到 2018 年左右。

从另一方面来看，截至 2015 年年底，中国正常运营的众筹平台已经达到 303 家，同步增长高达 100%，如图 2 所示。从众筹平台的类型来看，股权类众筹有 121 家，产品类众筹 104 家，如图 3 所示。从地区分布的角度来看，北京与广东两地的众筹平台最多，占比分别为 24.66% 和 23.99%，如图 4 所示。

图 2　2011 ~ 2015 年中国众筹平台数目

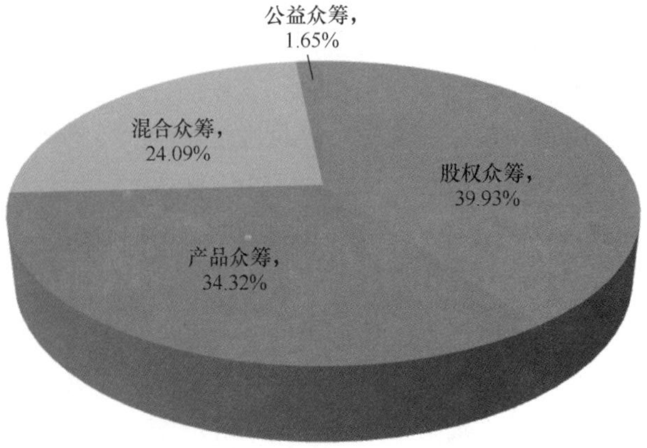

图 3　2015 年众筹行业平台类型分布

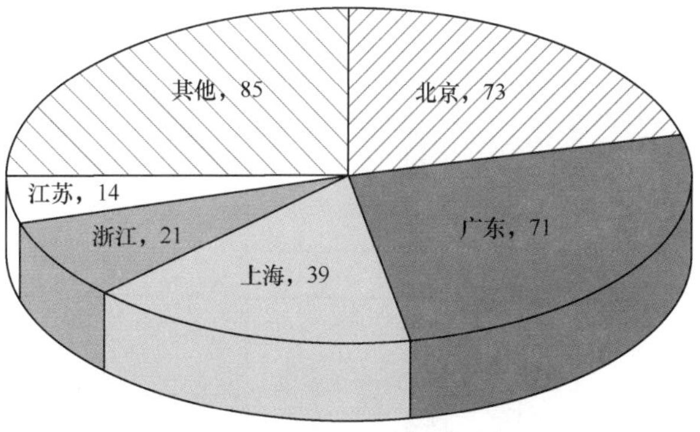

图 4　2015 年众筹平台地域分布

（二）P2P 网贷

随着互联网金融被列入“十三五”规划以及《网络借贷信息中介机构业务活动管理暂行办法（征求意见稿）》的落地，2015 年 P2P 网贷的发展进入了一个全新的阶段。

截至 2015 年年底，网贷行业运营平台数量为 2 595 家，绝对增量超越历史新高，如图 5 所示。但随着监管细则（征求意见稿）的出台，2016 年网贷行业运营平台数量将不太可能出现大幅度的增长。

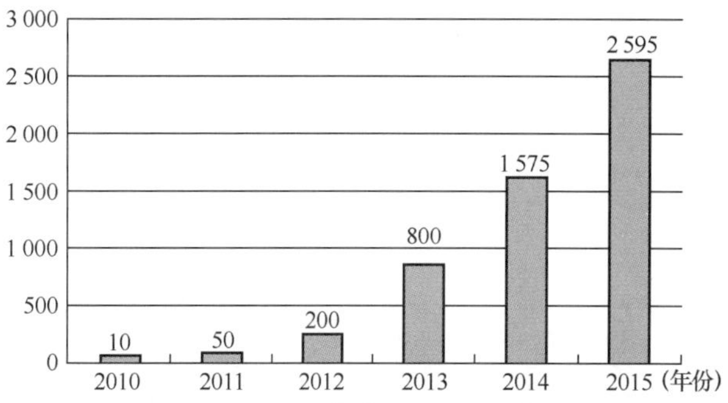

图 5　2010 ~ 2015 年中国 P2P 网贷平台数目

2014 年新上线平台的平均注册资金为 2 784 万元，而 2015 年这一数字已经有所提高。在新上线的 1 500 家网贷平台（包含问题平台）中，注册资金介于 1 000 万～ 5 000 万元的占比超过 50%，注册资金介于 5 000 万元～ 1 亿元的占比为 15%，平台的平均注册资金为 3 885 万元，如图 6 所示。

与 2014 年一样，多数的网贷平台分布在经济比较发达的东部沿海地区。截至 2015 年年底，广东、山东、北京三省分别以 476 家、329 家、302 家的运营平台数量排名全国前三位，占全国总平台数量的 42.66%，如图 7 所示。但同时，这些地区也出现了较多的问题平台。

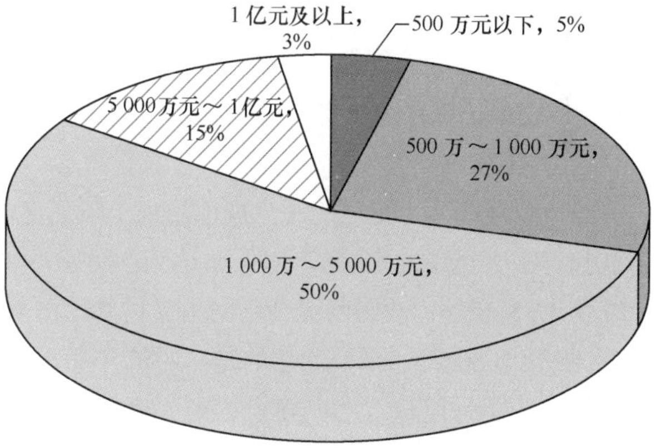

图 6　2015 年 P2P 网贷平台注册资金分布

2015 年全年的问题平台数量达到了 896 家，如图 8 所示。超过了 2014 年全年的问题平台数量。这主要是由于新上线平台数量大增，竞争压力增大，同时监管细则逐渐落地，一些平台便无法生存下去。

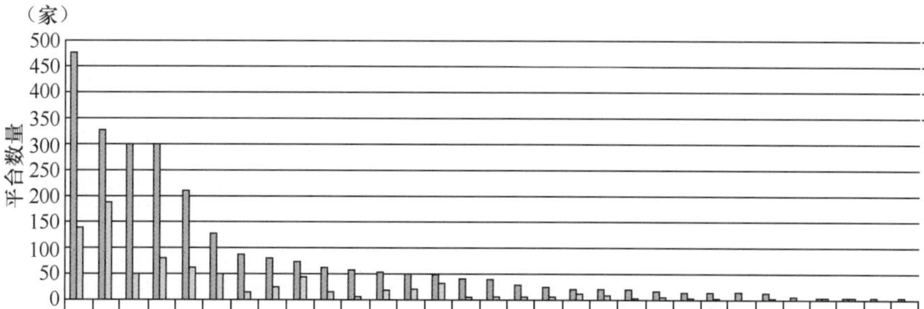

	广东	山东	北京	浙江	上海	江苏	湖北	四川	安徽	河南	重庆	福建	湖南	河北	江西	陕西	贵州	天津	云南	广西	辽宁	山西	黑龙江	宁夏	新疆	吉林	内蒙古	甘肃	海南	香港地区	台湾地区
运营平台数量	476	329	302	300	213	132	90	84	75	65	59	56	54	49	43	41	29	28	25	23	22	18	16	15	14	14	11	5	4	2	1
问题平台数量	141	191	54	84	66	49	17	28	46	18	11	25	23	36	9	9	6	11	14	13	6	9	2	3	2	6	4	3	7	0	0

图 7　2015 年 P2P 网贷运营平台和问题平台的地域分布

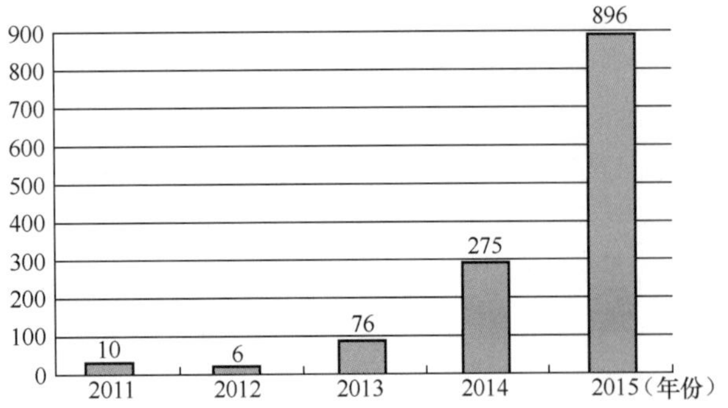

图 8 2011 ~ 2015 年 P2P 网贷问题平台数量

2015 年，全年网贷的成交量为 9 823.04 亿元，如图 9 所示，同比增长 288.57%。2015 年 10 月，网贷历史累计成交量首次突破万亿元大关，而截至 2015 年 12 月底历史累计成交量已经达到了 13 652 亿元。随着监管细则（征求意见稿）的落地，2016 年的网贷成交量仍然存在一定的变数。

（三）第三方支付

2015 年我国网上支付的用户规模达到 4.16 亿户，较 2014 年年底增加 1.12 亿，增长率达到 36.8%。与 2014 年 12 月相比，我国网民使用网上支付的比例从 46.9% 提升至 60.5%。需要注意的是，2015 年手机网上支付增长尤为迅速，用户规模达到 3.58 亿，增长率为 64.5%，是整体网上支付市场用户规模增长速度的 1.8 倍，网民手机网上支付的使用比例由 39.0% 提升至 57.7%，如图 10 所示。

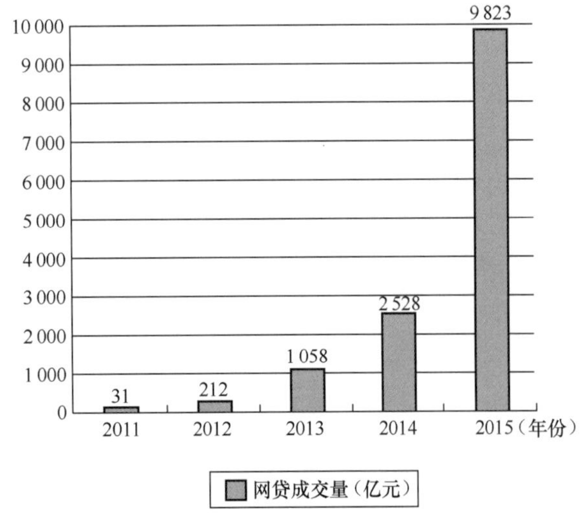

图 9 2011 ~ 2015 年全年网贷的成交量

近几年来，随着支付的场景越来越多元化，以及网上支付方式的普及，移动支付已经成为人们日常消费主要使用的支付方式之一。

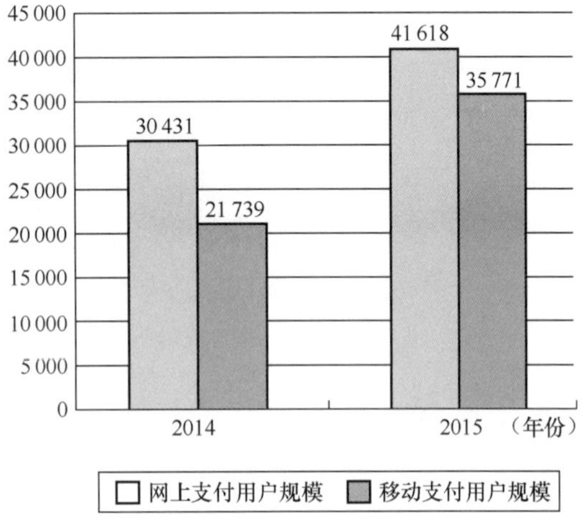

图 10 2014 年及 2015 年中国网上支付用户规模与移动支付用户规模

其中，在所有的第三方移动支付方式中，支付宝和财付通的市场份额分别居于第一位和第二位，占比分别为 72.9% 和 17.4%，其余支付方式的市场份额较低，如图 11 所示。这主要是由于支付宝和财付通背后阿里巴巴和腾讯生态系统的支撑，使其更容易获得用户流量，并接入不同的应用场景。

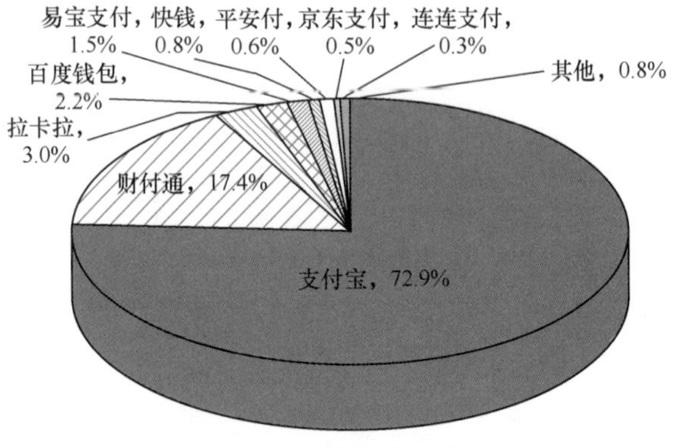

图 11 第三方移动支付方式的市场份额分布

三、中国互联网金融存在的问题

众筹、P2P 网贷、第三方支付等层出不穷的形式，让人们真切地感受到了互联网与金融结合的魅力。但相比其他行业，金融行业的风险往往更大，中国的互联网金融在发展过程中也暴露出了一些问题。

（一）众筹的法律问题

站在“大众创业万众创新”的风口，众筹带来了一场金融行业的革命。但由于行业处于发展初期，很多平台的团队、业务、运营等不够专业，也就带来了法律层面的风险。未来，投资业务出色、风控体系强大的正规军平台会得到更好的发展，而专业性有所欠缺的平台则会被逐步淘汰。

（二）P2P 网贷的扩张过快问题

作为互联网金融的领军企业，P2P 网贷一直保持着比较快的成长速度。由于竞争压力大，P2P 企业倾向于进行扩张，吸收更多资金提高自己的实力，但过快的增长也会带来一些问题。例如，一直以来 P2P 行业普遍存在专业人才匮乏、概念界定与实际运作方式脱节、小额信用贷款高违约率、骑虎难下的担保与赔付等问题。

（三）第三方支付市场秩序混乱

目前第三方支付机构正在成为我国支付体系的有益补充，但竞争的日益加剧和监管的相对滞后，使得第三方支付机构管理混乱、违规经营、恶性拼抢市场、冲击正常支付秩序、风险事件频发等诸多问题愈演愈烈，具体主要表现为：第三方支付机构的快速发展与其自身的风险管理能力严重不对称；第三方支付机构以所谓的创新名义，采用违规经营手段严重扰乱正常的支付秩序；客户信息泄露、伪卡欺诈、网络欺诈、套现等网络犯罪案件快速攀升，已成为银行卡犯罪新的高发部位等。

（四）互联网金融监管难度较高

由于互联网金融领域的交易过程均是通过互联网完成的，交易业务不受时间和地点的限制、交易对象模糊、交易过程不透明，随之带来的金融风险也就更加多样化；监管者与被监管者之间的信息不对称，也增大了互联网金融监管的难度。

（五）信息泄露风险

互联网金融运行的一大基础就是数据的挖掘和分析，在这个过程中，大量与账户有关的信息就有可能被广泛收集，影响用户的资金安全。

另外，互联网金融在运营过程中还存在技术风险、信用风险、流动性风险等问题，这些都有可能影响互联网金融的健康发展。

四、中国互联网金融未来的机遇及发展趋势

中国互联网金融的发展开始于 2013 年，2014 年因为余额宝的出现而引爆，经历了 2015 年的高速发展之后，2016 年将迎来互联网金融的 2.0 时代。

相比 1.0 时代，互联网金融 2.0 时代的应用场景会更加丰富：收集数据、建立风控模型等均可以通过互联网进行；而除了资金端，互联网化会下沉到生产或商业的整合，使得信贷的成本进一步降低；大数据等基础设施会更加完善，互联网金融领域也会出现更多的创新。

未来几年互联网金融的主要发展趋势如下。

（1）“供给侧改革”等政策推动消费金融的爆发，场景和流量成为产业的核心力量。互联网金融加速纵深发展，服务实体经济成为互联网金融企业持续发展的战略基石。

（2）互联网金融潜力进一步爆发，行业资本持续增多，互联网金融生态战略或成主流，数据资产成为产业的核心优势，互联网金融企业有望迎来上市潮。

（3）互联网金融监管政策进一步规范和落实，行业风险得到改善，用户的权益更加受到保护。

（4）众筹行业更加规范，发展速度增快；P2P 进入兼并重组期，部分平台面临转型；移动支付发展迅猛，第三方支付平台需重构商业模式；互联网保险等细分领域异军突起，结合大数据、云计算等技术将会推出更多创新产品。

（北京盛世卓杰文化传媒有限公司　王景）

“互联网+”教育行业发展分析

一、中国在线教育产业的概况

目前我国在线教育领域内企业数量约 8 000 家，其教学范围涵盖不同年龄层的不同教学内容，比如 K12 教育、高等教育、职业教育等，包括教学讲师、课程开发人员、技术人员、投资人在内的从业者约为 30 万人，如图 1 所示。

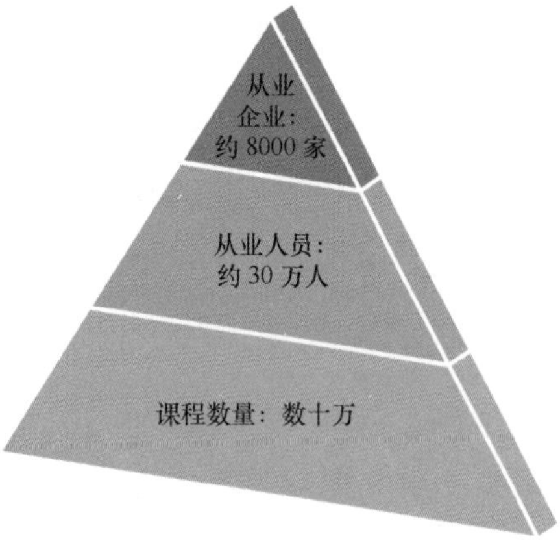

图 1　中国在线教育产业概况

2013 年被认为是“在线教育元年”，从这一年开始，中国在线教育行业的用户规模实现了比较快速的增长。截至 2015 年年底，中国在线教育行业的用户规模已经接近 1 亿人，预计到 2016 年，这一数字仍会实现大幅度的增长，如图 2 所示。学校以及一些官方的教育机构，都有可能加快在线教育的建设。

从在线教育的各细分市场来看，K12 教育由于市场需求大，因此市场规模也较大，更容易获得市场投资。在整个在线教育市场中，与 K12 教育相关的投资占在线教育市场总投资的 25.7%。其次，与语言培训、职业培训以及出国留学相关的在线教育企业也是市场投资的热点，如图 3 所示。

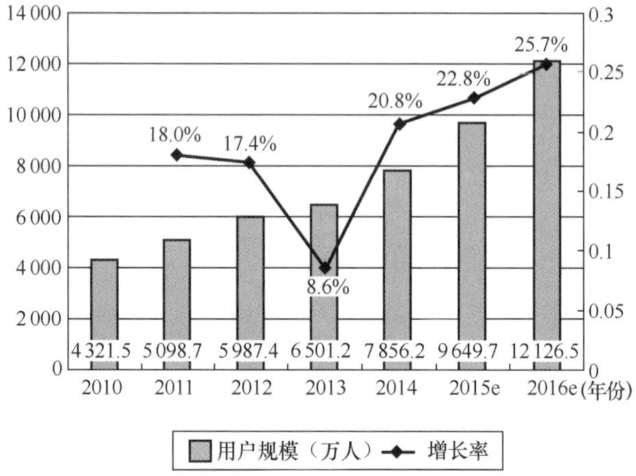

图 2　2010 ~ 2016 年中国在线教育行业的用户规模

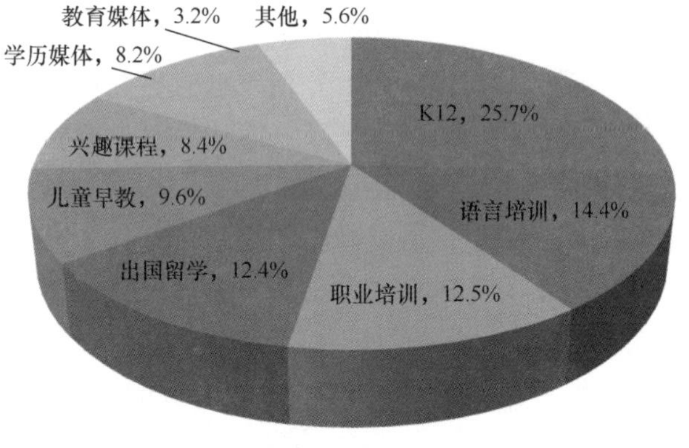

图 3　在线教育的市场投资结构

我国在线教育的发展还处于初级阶段，市场投资热点仍然以实用性的领域为主。未来随着用户认可度的提升以及市场的成熟，与兴趣培训等相关的在线教育项目将能够发挥巨大的长尾效应。

实际上，在目前所有的在线教育课程当中，兴趣类课程的用户关注度最高，占比为 28.2%；其次，与职业技能、语言学习、大学教育相关课程的用户关注度也比较高，如图 4 所示。

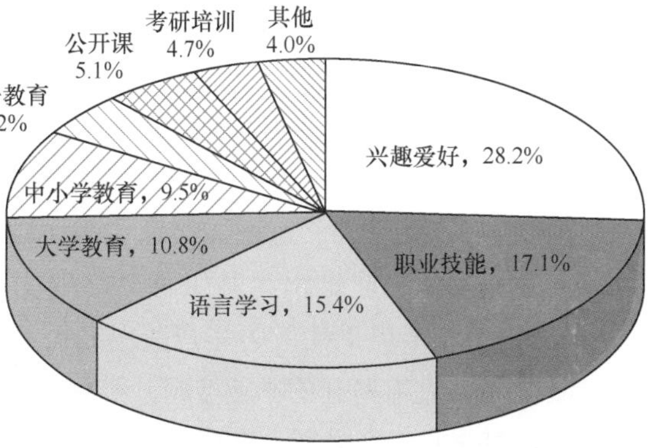

图 4 在线教育课程的用户关注度分布

从在线教育的推广渠道来看，超过半数以上的用户是通过线上渠道了解在线教育的，通过他人介绍或传统广告获得了解的则比较少，如图 5 所示。因此，对在线教育企业而言，应该加大在微博、微信等线上平台的推广力度，而且这样的推广方式更容易锁定目标用户。

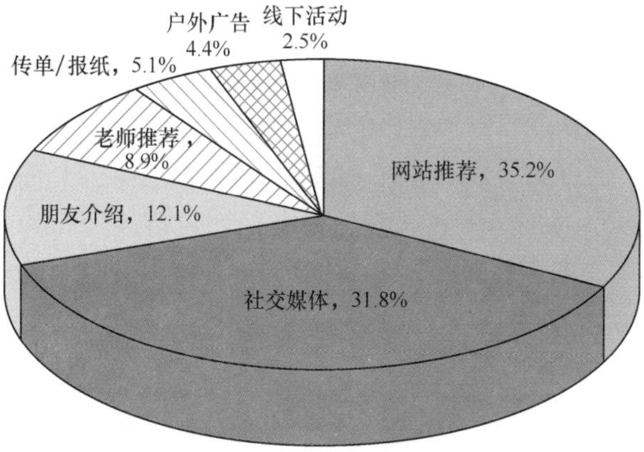

图 5 用户了解在线教育的渠道分布

另外，用户在选择在线课程的时候，最主要的考虑因素仍然是课程内容，其在所有因素当中的占比为 45.2%，名师资源和课程价格的占比分别为 35.1% 和 33.1%，如图 6 所示。

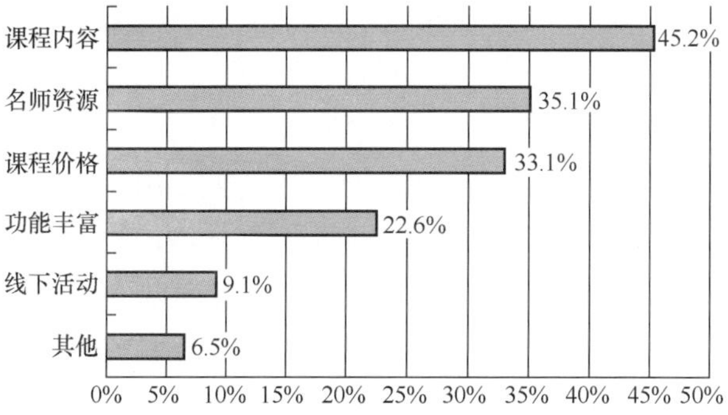

图 6 用户选择在线课程的考虑因素占比

在这一方面，在线教育与传统教育的差别不大。教育作为一种特殊的商品，其获得更应该以内容为重。好的课程内容和名师资源更容易吸引用户，并提升用户黏性。因此，对我国的在线教育企业来说，提升教学质量仍然是发展的重中之重。

最后，从在线教育用户的使用终端来看，2015 年我国移动终端的用户占比首次超过 PC 端，如图 7 所示。这一方面是由于通信技术的发展和智能手机的普及推动了移动互联网的发展，另一方面是因为移动终端更符合用户碎片化的学习特点。

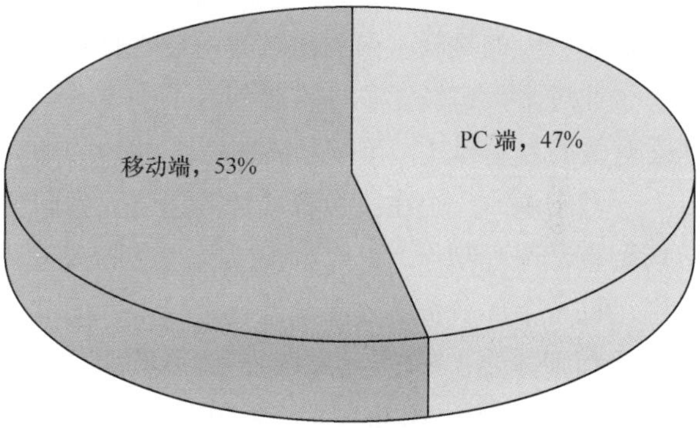

图 7 在线教育用户使用终端分布

二、在线教育产业面临的机遇和挑战

互联网的飞速发展，一方面使得信息呈现爆炸式增长，人们对知识的需求越来越多样化；另一方面也为教育的发展提供了新的平台，催生出在线教育这样一种新的产业形态。

2010 年中国在线教育的市场规模仅有 485.2 亿元，自 2013 年之后市场便开始蓬勃发展，到 2014 年这一数字已经超过了 1 000 亿元，预计到 2016 年，在线教育的市场规模有望达到 1 885.9 亿元，如图 8 所示。

之所以 2010 ～ 2013 年在线教育的市场增速较慢，一方面是由于在线教育的发展处于初级的摸索阶段，相关的配套体系都不成熟；另一方面是因为用户认知的调整和使用习惯的培养需要一个比较长的过程。而在经过 2015 年在线教育的深耕年之后，市场已经相对比较成熟，行业内的参与者正面临着大好的发展机遇。

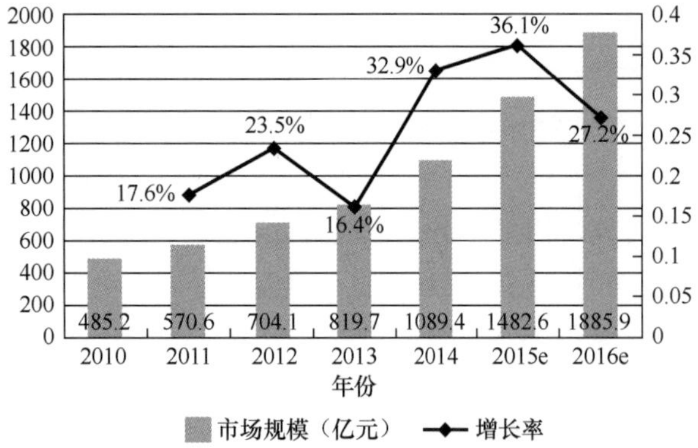

图 8 2010 ~ 2016 年中国在线教育的市场规模

与蓬勃发展的市场相比，中国的在线教育企业也面临着严峻的挑战。由于短时间内进入行业内的新型企业过多，市场竞争异常激烈，不少企业仍然缺乏有效的盈利模式，市场亏损率高达 70% 以上。

一般来说，一个在线教育项目的运营大致包括市场调查、课程制作、平台维护以及产品的营销和推广，每一个环节都需要高额的资金投入，而其要实现盈利则需要 3 ～ 5 年的时间，大多数的公司都有可能在这个过程中被市场竞争所淘汰。

对于不同的教育细分领域来说，其也会面临不同的问题。例如，K12 教育需要解决中小学校的封闭性和家长对在线教育的认可度低的问题；早期教育则需要解决优质内容的开发问题。

三、在线教育产业未来的发展趋势

在 2014 年的世界互联网大会上，阿里巴巴的当家人马云曾表达自己的观点：在阿里巴巴未来十年的投资计划清单上，教育排在第一位。除资本市场的越发火热外，近两年与在线教育相关的国家政策也不断明朗，国务院、教育部等陆续发文，从政策和资金两方面推进在线教育的发展。

未来几年，中国的在线教育产业将呈现以下发展趋势。

（一）并购和收购更加频繁，行业面临新一轮洗牌

2015 年，中国的在线教育市场持续升温，教育产品更加个性化、盈利模式更加多元化，在线教育领域的参与者也越来越多，既有学大、新东方等传统教育巨头，也有谷歌、百度等互联网大佬，甚至还不乏很多似乎跟在线教育毫不沾边的企业。

（二）市场向移动端迁移，教育类 App 成为企业开发重点

移动互联网的发展，使得各类移动应用也迎来了发展的良机。由于移动终端产品更符合用户的碎片化使用特征，而且操作方面尤其独特的优势，因此不少在线教育企业推出了基于移动终端的教育类 App。目前，市场上比较为用户所熟知的教育类 App，比如主打题库概念的小猿搜题、猿题库，主打家教 O2O 理念的疯狂老师、轻轻家教以及主打早教概念的小伴龙、贝瓦儿歌等。

虽然教育类 App 逐渐得到用户追捧，但大部分的产品仍然设计得不够合理，而且内容过于同质化。因此，在线教育企业要想突出重围的话，就应该在实用性和新颖性方面投入更多精力。

（三）线上与线下的融合加深，教育 O2O 迎来发展良机

单纯的线上教育和线下教育两种方式既有优势也存在弊端，而能够将线上、线下结合在一起的教育 O2O 能够发挥更好的教育效果。比较浅层次的教育 O2O 比如线上导流 + 线下教学，而更深层次的融合则比如线下标准化教学 + 线上个性化自学。

（四）教育逐渐回归本质，专业性和兴趣性领域的规模会进一步扩大

以互联网为依托的在线教育，其本质仍然是教育，互联网只是其工具。随着整个教育领域的发展，未来线上与线下教育的界限会逐渐弱化，教育也会回归其本质。在这个过程中，能够针对不同用户的专业性和兴趣性教学项目也会获得良好的发展前景。

（五）在线教育的渗透范围更广，市场将逐渐向三四线城市扩展

随着一二线城市的在线教育市场逐渐饱和，三四线城市甚至广大农村地区的市场空间将会更大、机会更多。

一方面，移动互联网的发展降低了用户使用在线教育的门槛，为在线教育向三四线城市的扩展提供了条件；另一方面，由于相比一二线城市，广大的中小城市和农村地区更不容易获得优质的教育资源，因此对在线教育的需求更加强烈。

（北京盛世卓杰文化传媒有限公司　王景）

“互联网 +”医疗行业的发展分析

一、互联网医疗的发展现状

互联网医疗涵盖的领域包括医药电商、在线挂号、医患社交、智能硬件、健康管理等，如图 1 所示。目前，在各个细分领域均有一些典型的代表。

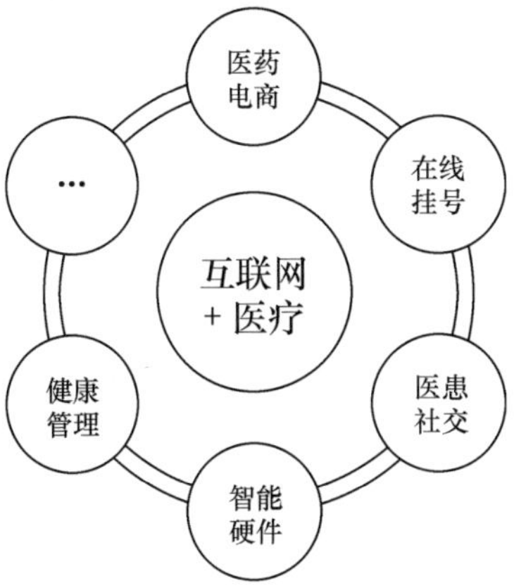

图 1　互联网医疗涵盖的领域

例如，挂号网是国家卫生和计划生育委员会批准的全国就医指导及健康咨询的移动医疗服务平台；天猫医药馆是天猫旗下的一个医药购物频道，其汇集了 OTC 药品、医疗器械、计生用品、品牌保健品、传统滋补品等网购服务项目；咕咚网已开发了多款个人健康保健电子产品。

如图 2 所示，互联网各行业与传统医疗的各方有效结合起来，互联网医疗产业链基本形成。

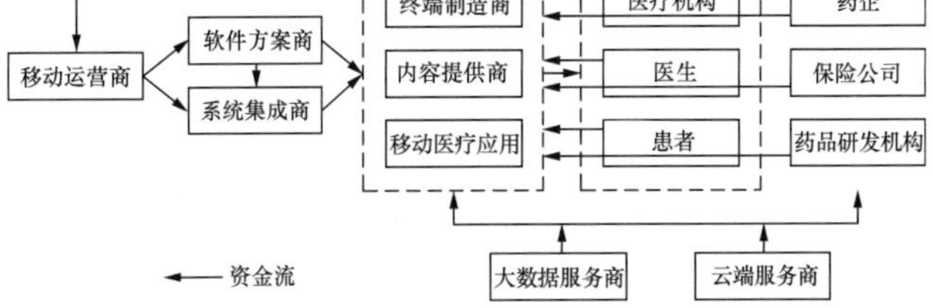

图 2　互联网医疗产业链

2011 ～ 2013 年，中国的互联网医疗刚刚起步，发展速度较慢，而到 2014 年中国移动医疗市场的规模已经达到 29.5 亿元。2015 年，这一数字会进一步增长，预计达到 42.7 亿元，同比增长 44.7%，如图 3 所示。

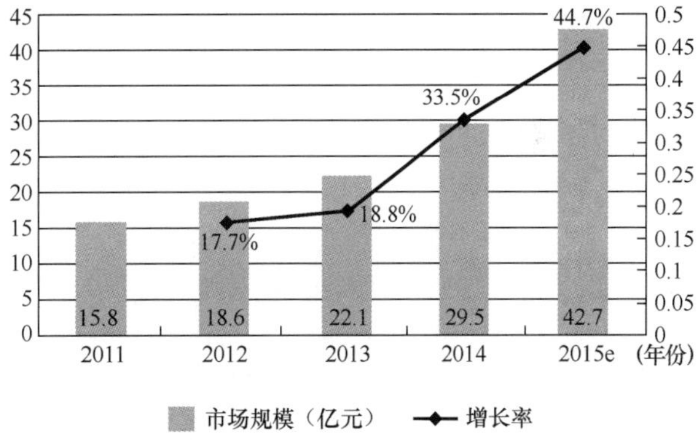

图 3　2011 ~ 2015 年中国移动医疗的市场规模

由于切中用户需求痛点以及资本的强力驱动，中国的互联网医疗生态圈正逐步完善。预计未来几年，中国的互联网医疗市场持续保持高速增长。

随着互联网医疗市场的逐渐升温，加入此领域的从业者越来越多，更多新的符合用户需求的产品被不断推出，吸引了更多的用户。2011 年，我国移动医疗市场的用户规模仅为 2 900 万人，而到 2015 年，这一数字将突破亿人大关，如图 4 所示。

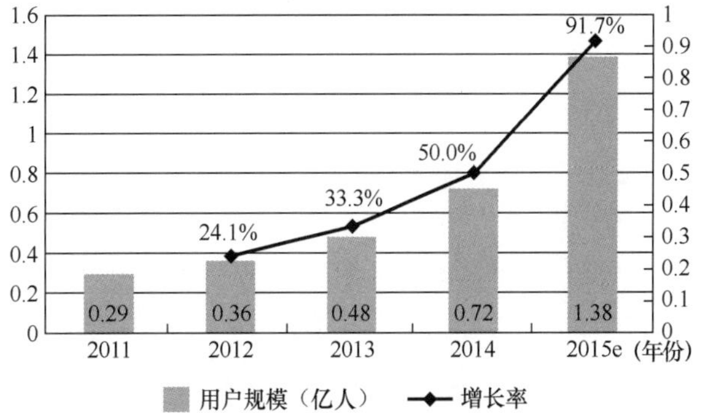

图 4　2011 ~ 2015 年中国移动医疗的用户规模

目前，我国的互联网医疗企业主要分布于北上广地区，其中北京的互联网医疗企业占比高达42.6%，广东和上海分别为22.4%和15.2%，如图5所示。

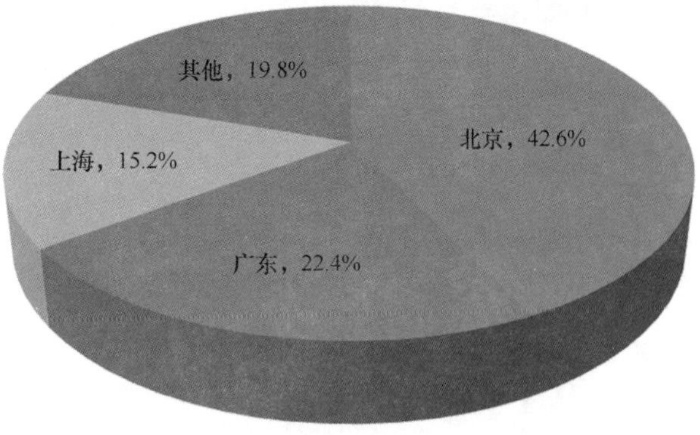

图5 互联网医疗企业的地区分布

而在所有的互联网医疗应用中，挂号预约类和问诊咨询类的使用占比最高，分别为28.5%和24.9%，如图6所示。但就整个行业来看，各细分领域的机会仍然很多，行业格局并未最终确定。

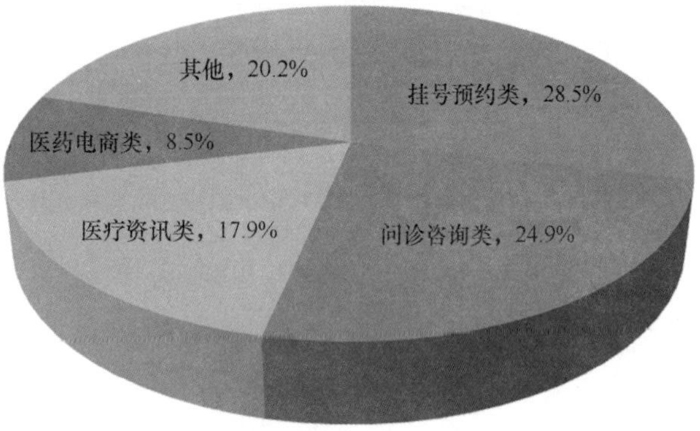

图6 互联网医疗应用的使用分布

而在各种类型的移动医疗应用中，由于可穿戴设备领域巨头更多的可能性，因此其发展潜力最大，其次为医药电商领域，如图7所示。

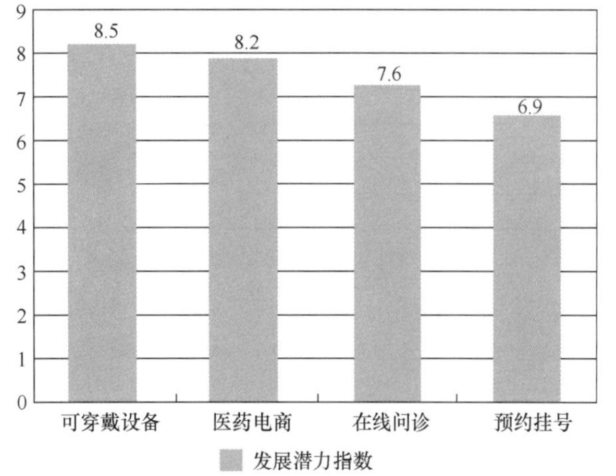

图7 各种类型移动医疗应用的发展潜力指数

而从用户使用的角度来看，互联网与医疗行业的融合，提升了医疗资源的利用效率。同样，用户的需求也变得更加多样化，对互联网医疗提出了更高的要求。在目前的互联网医疗产品中，68.6%的用户以预约挂号为主要需求，56.1%的用户以在线医患交流为主要功能需求，如图8所示。

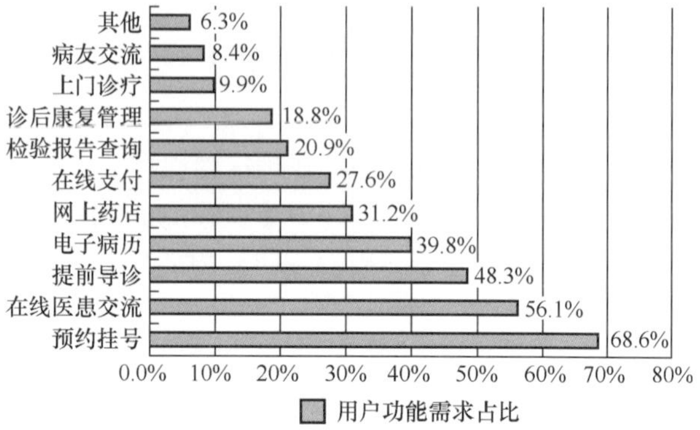

图8 互联网医疗产品的用户功能需求分布

而从用户服务需求的角度来看，目前用户对互联网医疗的需求已经比较宽泛，互联网医疗的产品形态也更加丰富。在服务需求的类型分布方面，高达72.1%的用户更希望得到健康科普类的服务，53.3%的用户希望得到用药医疗类的服务，48.7%的用户希望得到疾病在线咨询类的服务，如图9所示。

在目前互联网医疗市场的各细分领域当中，移动医疗问诊咨询类应用的竞争尤为激烈，其中国内首家基于手机终端的移动医疗品牌春雨医生以7.5分的综合实力排名第一，如图10所示。

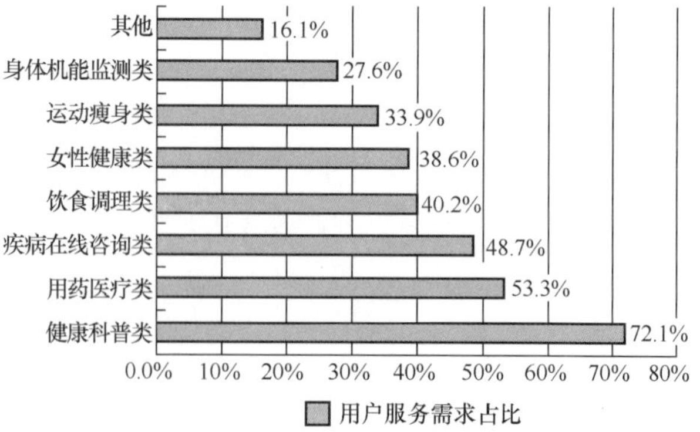

图9 互联网医疗产品的用户服务需求分布

二、互联网医疗的行业发展周期

互联网医疗行业的发展周期可以被划分为四个

阶段，依次为幼稚期、成长期、成熟期和衰退期，各阶段呈现不同的发展特点，具体见表 1。

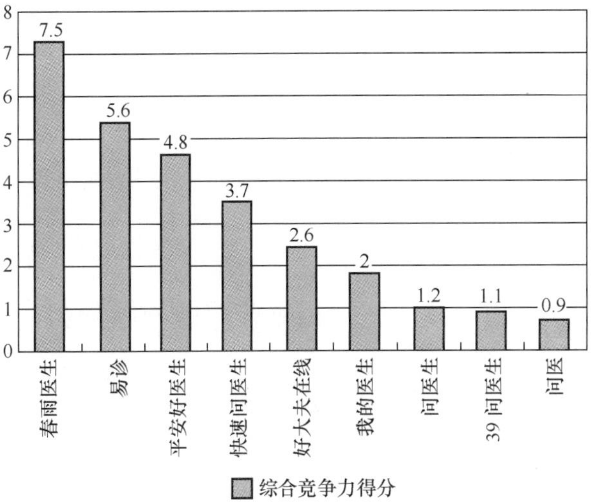

图 10 移动医疗问诊咨询类应用的综合竞争力得分

表 1 互联网医疗行业的发展周期

前流量时期		后流量时期	
幼稚期	成长期	成熟期	衰退期
大众对产品缺乏认知	产品为大众所熟知	产品成熟	市场饱和
流量规模小	流量规模逐步扩大	流量规模增长缓慢	流量规模几乎停滞
投资规模小	投资规模增长迅速	投资规模下降	投资规模非常小
营收规模小	营收规模缓慢增长	营收规模增长迅速	营收规模增长缓慢

由于用户流量是互联网相关行业不可忽视的重要因素，因此互联网医疗的发展周期也可以根据用户流量的不同被划分为前流量时期和后流量时期。前流量时期涵盖幼稚期和成长期，流量增长迅速，阶段的关键问题是使流量规模大幅度增长；而后流量时期涵盖成熟期和衰退期，其用户流量已经形成一定的规模，阶段的核心问题变成将用户流量变现。

2012 年之前，中国互联网医疗领域的投资规模非常小；2014 年的投资总额已经超过 7 亿美元；2015 年这一数字更是有了大幅度的增长，如图 11 所示。

从融资阶段来看，天使轮 26 起，A 轮 41 起，B 轮 9 起，C 轮 D 轮各 2 起，E 轮及战略投资各 1 起；A 轮及 B 轮几乎占融资交易额的 2/3，如图 12 所示，这是成长期的特征。可见，我国的互联网医疗行业目前正处于成长期。

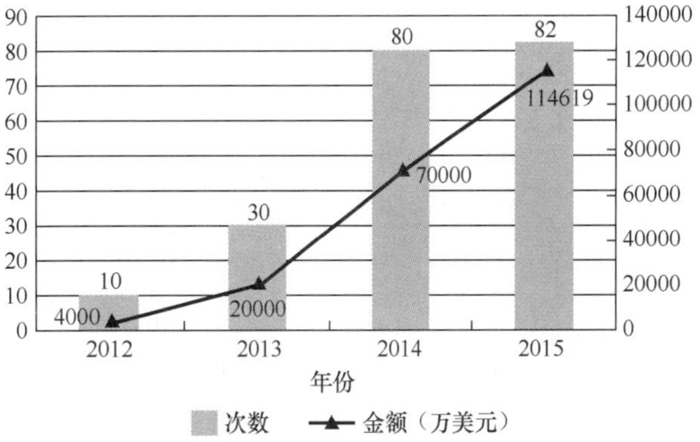

图 11 2012 ~ 2015 年中国互联网医疗领域的投资规模

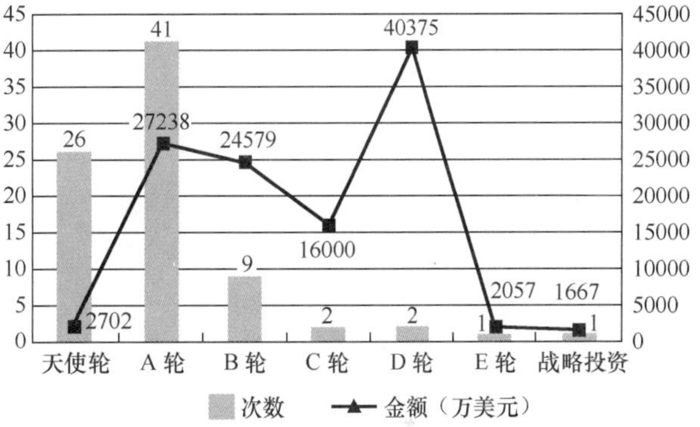

图 12 2015 年中国互联网医疗领域的融资分布

三、互联网医疗行业面临的机遇

由于医疗问题与人们的生活质量密切相关，因此一直以来都是民生关注的热点。尤其近几年，医患矛盾问题频发，医疗改革更是被提到了前所未有的高度。当医疗问题难以通过政策的推进来快速获得解决的时候，科技的发展却给医疗健康领域带来了一场革命。经过前几年的沉淀和积累，未来互联网医疗行业将面临更广阔的发展前景。

（一）与传统医疗机构扩大合作

互联网医疗的出现并不意味着对传统医疗的彻底抛弃和否定，相反，互联网医疗的各种平台与设备需要与传统的医疗机构进行合作，与医生等专业人才进行对接，才能够实现其价值的最大化。

（二）医药电商有望迎来爆发期

虽然医药电商的行进之路困难重重，但不可

忽视的是此领域蕴含着巨大的社会和经济价值。随着国家药品监管模式的不断完善，互联网延伸医嘱、电子处方等网络医疗健康服务的应用，医药企业利用互联网平台进行药品的采购和分销，能够大大提升经营的效率。而且，医药电商的发展能够进一步实现医药分离，降低药品销售对医院渠道的依赖性。

（三）可穿戴设备给医疗领域带来更多可能

可穿戴设备最有潜力的应用领域依次是医疗、健身和娱乐，穿戴医疗设备在医疗领域的应用正逐渐细分化和专业化，比如监测情绪变化、睡眠质量，追踪健康数据等。已经面世的产品种类也非常丰富，除了大热的智能手环、智能手表，还有智能血压计、智能血氧仪等，华为、小米等科技行业领军企业已经为可穿戴产品开辟了专门的事业部，可见其对这块市场的看重。

（四）医疗大数据的价值进一步提升

从新品研发、临床操作，到公众健康以及创新商业模式，大数据技术都可以创造出巨大的价值，提高医疗服务效率，降低医疗服务成本。

四、互联网医疗行业面临的挑战

随着大数据、云计算、物联网等技术的发展，医疗健康问题的处理变得越来越智能化。但要实现真正的互联网医疗还有很长的一段路要走，中国的互联网医疗行业仍然面临比较严峻的挑战。

（一）缺乏有效的盈利模式

尽管得到了资本市场的一片看好，但移动医疗的盈利模式一直不明朗，作为移动健康领域的先锋，春雨医生等也一直在探索可持续的盈利模式，利用数量庞大的用户和医生资源，努力实现平台的变现。

（二）企业遭遇人才瓶颈

虽然已经与互联网进行了融合，但医疗行业仍然是专业性比较强的行业之一，因此对人才的要求也就格外高。互联网医疗企业需要的人是既懂医疗又懂互联网的专业性、复合型人才，而人才的瓶颈制约了大多数企业的发展。

（三）用户隐私安全得不到保障

互联网医疗与其他“互联网+”涉及的行业一样，都需要基于大数据的价值进行产品以及市场的开发，但用于医疗健康类的数据敏感度高，因此，保障用户隐私是企业在发展过程中不得不重视的问题。

（四）政策以及法律的监管还未完全到位

以医药电商为代表的多个细分领域，都亟须法律以及政策的引导和支持。在法律和政策还未完全到位时，互联网医疗的价值也无法得到最大限度地发挥。

五、互联网医疗行业未来的发展趋势

可穿戴设备、移动互联网和大数据等新技术的发展和普及正在改变着人们对于医疗的传统认知，传统的医疗机构和医疗器械企业的商业模式正面临着被彻底颠覆的风险，“智慧医疗”的时代即将来临。

（一）医改逐步“去中心化”，互联网医疗行业的发展空间进一步提升

从近几年医改的动作来看，其具有明显的“去中心化”倾向，具体表现为：推行分级诊疗制度，进行医院的去中心化，为在线医疗服务提供发展机遇；放宽医生执业条件，进行医生的去中心化，为互联网医疗行业的发展提供核心医疗资源；允许处方药网售，进行药品的去中心化，促进医药电商的发展。

（二）互联网医疗产业链逐步整合，带来更顺畅的医疗服务

互联网医疗行业虽然正处于蓬勃发展中，但医疗行业的各个环节仍然相对独立，造成数据共享流程与医疗服务流程不够顺畅，但从实际动向来看，互联网医疗的产业链正逐步整合，未来必将给用户带来更顺畅的医疗服务。

（三）互联网医疗数据逐步沉淀，衍生出更多样化的商业模式

目前我国的互联网医疗数据还存在缺少对应法律法规、数据积累不足、数据共享性差等明显的问题，随着互联网医疗数据的采集和分析等环节更加完善，也必然能够衍生出基于医疗数据的多样化的商业模式。

（北京盛世卓杰文化传媒有限公司　王景）

“互联网 + 交通”新业态发展及展望

一、“互联网 + 交通”新业态发展状况

近年来，“互联网 + 交通”的新业态如雨后春笋般地涌现，正快速发展成为一个涉及汽车、互联网、通信、交通运输及金融保险的融合产业生态，已成为“互联网 +”中最具代表性、最具融合性和最具创新性的领域。

新业态之一：车载信息娱乐与生活服务。通过三维导航、实时路况、辅助驾驶、故障检测、车辆信息、车身控制、移动办公、无线通信、基于在线的娱乐功能及 TSP 服务等一系列应用，极大提升交通的电子化、网络化和智能化水平。

新业态之二：洗车类。一是上门洗车。商业模式是车主线上预约，汽车技师上门洗车，车主无需到场等候，如车点点、E 洗车等公司。二是到店洗车。车主上门预约并付款，或者购买虚拟会员卡，到线下合作商家享受洗车服务，如养车点点公司等。未来洗车类服务发展将呈现精准化和智能化趋势。

新业态之三：维修保养。商业模式有垂直搜索（如百车宝）、垂直电商（如养车无忧网）、上门维保（如弼马温）和到店维保（如卡拉丁等公司）。

新业态之四：汽车流通平台。互联网对于交易环节改造的核心是减少中间环节，降低流通成本。具体实现形式是通过网上交易平台 + 供应商 + 客户 + 金融等纵向服务来实现。汽车之家和易车网是中国汽车流通行业的电商代表，其商业模式以为汽车消费者提供相关信息、为经销商提供导流服务为主，并尝试进入汽车交易环节。

新业态之五：导航地图。以手机地图导航和车载导航地图为主的导航地图已成为人们出行的必备工具。有 9 家企业取得甲级测绘资质，其中四维图新和高德占据着我国的绝大部分导航地图市场，可提供交通拥堵、交通事件、交通预测、动态停车场、动态航班信息等智能出行信息服务。

新业态之六：打车软件、网络租约车、拼车、顺风车。打车软件、网络租约车、拼车、顺风车等新业态正在实现着对传统出租车服务业和原有消费方式的颠覆，并对行业监管带来了新的挑战。目前，在滴滴打车、优步中国、神州专车和易到用车成为市场份额最大的四家平台公司。

新业态之七：智能停车。万达飞凡智慧停车系统的问世、奥迪全自动泊车技术应用等推动智慧停车新业态的发展，加上灵活的支付方式，日益受到消费者的关注。未来智能停车将向综合性汽车服务平台发展，在停车的同时可提供电动汽车充电服务、洗车服务和维修保养服务，甚至是更多人性化服务。

新业态之八：汽车共享，包括分时租赁和闲置车辆再利用两大类。分时租赁是一种新型租车模式。用户打开手机 App，就可定位并搜索附近的提车点，在软件中可根据需要选择车型，确定租赁时长以及在线支付，大大提升了租车的效率。另外，杭州“微公交”在国内首创纯电动汽车分时租赁服务，如图 1 所示。

图1 杭州"微公交"电动汽车分时租赁站点

新业态之九：综合电子支付（ETC, Electronic Toll Collection）。ETC不停车收费系统是目前世界上最先进的路桥收费方式。ETC通过不需停车而能缴纳路桥费，提升收费站车辆的通行速度，缓解交通拥堵。同时，ETC还可用于智能停车场中的不停车收费、发布信息、车位引导和车量信息统计等。ETC电子标签及速通卡如图2所示，速通卡支付停车费如图3所示。

图2 ETC电子标签及速通卡

图3 速通卡支付停车费

新业态之十：智能公路。智能公路是通过交通资讯信息的收集和传递，实现对车流在时间和空间上的引导、分流，避免公路堵塞，减少交通事故的发生。我国高速公路已进入智能交通系统集中升级改造阶段，正大范围地建设智能道路。

新业态之十一：智能物流。智慧物流是利用集成智能化技术，在流通过程中获取信息、分析信息及做出决策，从商品源头开始实施跟踪与管理，实现信息流快于实物流。智慧物流集多种服务功能于一体，强调信息流与物质流快速、高效、通畅地运转，降低社会成本，提高生产效率。

新业态之十二：保险服务。"互联网+交通"带来的保险服务主要体现在车险上。最初是网上车险代理，目前是发展UBI(User Behavior Insurance)，即基于驾驶行为的差异化确定车险产品的价格。除此之外，还出现了基于驾车习惯分析而开发的保险服务项目。

二、"互联网+交通"带来的巨大变化

经过近五年来的快速发展，"互联网+交通"的新业态已经改变了人们的出行方式和交通运输的传统业态，提升了交通管理的效率。

（一）围绕"汽车生活"产生大量新的业态

通过车载信息服务，对道路、交通、气象、停车场等交通信息和紧急事件信息的实时聚合能力，提供基于导航的位置服务、基于互联网的信息娱乐服务、基于语音识别的通信服务和紧急救援等安保服务等丰富的车载信息，促使汽车制造厂商、汽车电子厂商、网络设备提供商、IT解决方案提供商、终端设备开发商、信息处理和内容供应商以及应用开发商间的快速融合和业务创新，构建"汽车生活"的新空间。

（二）全面进入"互联网+交通"的大数据时代

大数据已经成为"互联网+交通"发展中重要基础资源。一方面，通过在大数据平台上建立车辆运行状态分析、驾驶行为分析和交通状态分析等，大幅提升交通指挥、道路运输监管、汽车性能监测诊断和商业运输车辆调度管理等能力，降低交通管理和运行成本；另一方面，通过大数据服务平台的融合发展，构建面向汽车制造、汽车后服务、交通管理、商业运输管理和金融保险等跨行业的大数据信息服务生态系统，全面开创"互联网+交通"的大数据时代。

（三）提升交通安全，促进管理模式变革

通过"互联网+交通"发展，构建"人、车、路"

协同的交通体系，实现交叉路口通行辅助、车辆行驶盲区预警、行人及非机动车碰撞预警、协同式队列控制、危险远程预警与监控技术等业务应用，降低各类碰撞事故风险和行驶安全风险。通过查询交通地理信息数据，结合精确定位信息，对车辆前方的行驶阻力等状态进行预测，帮助驾驶员和车辆控制系统优化动力系统的工作效率，以促进节能减排。

（四）大大提升了交通出行的服务品质

借助互联网及信息技术对交通运输服务关键环节的改造，交通出行模式和管理方式已悄然发生变化，人们出行便利性和运行效率明显提升。电子导航地图的快速普及为各类基于位置服务的创新应用提供了可能，打车软件、专车、拼车、分时租赁以及智慧物流等基于用户体验和需求的业态创新越来越多，大大提升了交通运输的安全、能效和便捷性。

三、“互联网＋交通”发展前景展望

（一）未来的自动驾驶模式将交改变生活方式与社会观念

未来的全自动驾驶，可实现完全的无人驾驶，实现端到端的货物或人员运输，将形成以汽车为中心的一系列生活和工作方式的改变。把无人驾驶汽车作为超级终端连接用户在驾驶沿途和目的地发生的全部旅游、娱乐、订餐、住宿、购物和其他消费，甚至判断用户需要租房、购房时把地段介绍、楼盘、行情、推荐、点评、价值分析一并提供，这样巨大的商业想象空间是任何一家企业无法抗拒的。无人驾驶改变的远不止汽车制造业和出租车服务业，而是创造了以无人汽车为中心的新经济和前所未有的生活方式与社会观念。

（二）未来的立体交通模式将全面提升人们的出行品质

“互联网＋交通”的深度渗透将实现民航、铁路、水路、道路和管道多种运输方式的无缝衔接，提升交通服务体系的可靠性、便捷性和安全性。同时，虚拟现实将使人们出行与货物运输的供需双方的时空分布以及载运工具分布与服务等参数实时展现在虚拟环境中，满足交通运输服务需求预判和实现实时的双向互动。

（三）未来将根本性改变城市规划模式

从城市出行需求上看，刚性出行需求将不断降低，商务、旅游、社交休闲等弹性出行需求将不断提升；大宗货物运输需求不断降低，小件快件运输需求将显著提升；私人拥有运输工具占比将降低，分享比重将不断提升。这些变化将促使交通资源使用、运输方式和服务半径等城市规划发生重大变化和根本性的改变。

（四）未来交通服务与交通管理模式的巨大变化

“互联网＋交通”已在公路交通领域发生了“化学效应”，未来将全面创新航空、铁路、出租车、商务租车、商务专车和公共的交通为一体的综合交通运输体系。多方式协同的一体化出行模式将全面改变现有的交通出行方式，为人们提供多样化的选择与高品质的服务。基于ETC、智能停车、交通出行大数据应用等将大幅提升交通运行效率，全面打造智能交通体系。

（中国信息通信研究院　何霞）

“互联网 + 政府管理”发展现状与趋势分析

一、我国“互联网 + 政府管理”的发展现状

在 2015 年的两会上，李克强总理首次提出制定“互联网 +”行动计划，政府管理作为民生的有力保障，也应当紧跟“互联网 +”的大潮流，推进政府管理创新。自“互联网 +”计划提出以来，我国各省市政府积极推行新型政府管理建设，建设网上政务平台，从管理监督向提升政府服务能力积极转变。省级政府网上服务能力调查评估排名见表 1，主要城市电子政务发展水平评估排名见表 2。

表 1　省级政府网上服务能力评估排名

排名	省级政府	总分	服务方式完备性指数	服务事项覆盖性指数	办事指南准确性指数	在线服务交互性指数
1	浙江	91.36	99.00	91.44	89.27	90.24
2	江苏	91.12	85.00	86.71	94.02	93.59
3	湖南	88.73	78.00	82.82	91.02	97.52
4	四川	88.51	87.00	78.70	90.20	95.65
5	湖北	87.50	88.00	75.05	89.54	95.00
6	广西	85.01	82.00	71.28	94.16	80.38
7	贵州	84.60	95.00	79.55	79.87	92.48
8	黑龙江	84.21	82.00	63.37	87.21	99.96
9	广东	82.92	86.00	80.94	82.59	83.36
10	福建	82.29	83.00	86.92	76.73	89.62
11	海南	81.58	80.00	66.64	81.33	98.27
12	安徽	81.56	84.00	86.87	82.00	73.40
13	北京	81.55	71.00	87.91	80.82	84.74
14	甘肃	80.53	94.00	92.38	76.64	67.31

（续表）

排名	省级政府	总分	服务方式完备性指数	服务事项覆盖性指数	办事指南准确性指数	在线服务交互性指数
15	上海	78.73	89.00	67.64	77.23	85.50
16	新疆兵团	76.39	81.00	51.35	82.72	83.75
17	宁夏	75.79	73.00	57.70	78.97	88.80
18	吉林	75.15	64.00	74.47	77.02	80.00
19	青海	74.55	79.00	68.64	78.76	67.66
20	辽宁	73.71	74.00	73.58	75.44	69.74
21	河北	72.81	69.00	59.26	69.67	96.30
22	天津	72.54	83.00	75.29	70.93	65.59
23	内蒙古	70.77	63.00	68.39	78.72	61.09
24	江西	68.65	61.00	69.34	72.77	64.45
25	河南	67.32	64.00	60.08	75.10	59.55
26	新疆	66.34	73.00	54.53	72.28	59.79
27	山东	66.02	64.00	71.85	68.75	55.56
28	陕西	64.97	68.00	61.56	68.18	58.88
29	云南	64.75	79.00	54.98	55.97	83.56
30	山西	64.20	69.00	59.14	66.71	60.01
31	重庆	63.17	62.00	50.33	73.04	54.68
32	西藏	60.06	58.00	54.56	63.68	58.94
		代表指数等级为非常高			代表指数等级为高	
		代表指数等级为中等			代表指数等级为低	

数据来源：国家行政学院电子政务研究中心发布《2015 省级政府网上政务服务能力调查报告》。

表 2　主要城市电子政务发展水平评估排名

城市	EGDI	EGDI 排名	排名变动	城市	EGDI	EGDI 排名	排名变动
北京	91.23	1	△1	哈尔滨	51.98	19	▽6
上海	90.80	2	▽1	长沙	50.28	20	△3
广州	90.22	3	▬0	郑州	46.37	21	△5
青岛	88.36	4	△2	长春	46.21	22	▽1
深圳	83.08	5	▽1	西安	45.23	23	▽1
厦门	80.91	6	△1	沈阳	42.38	24	▽4
杭州	79.31	7	△1	石家庄	39.50	25	▽1
福州	71.30	8	▽3	兰州	38.25	26	△1
武汉	66.47	9	▬0	贵阳	37.30	27	△1
南昌	62.78	10	▬0	合肥	34.59	28	▽3
南京	61.57	11	△5	海口	32.78	29	△2
宁波	60.06	12	▽1	昆明	15.84	30	▬0
成都	58.17	13	▽1	南宁	15.43	31	▽2
天津	56.34	14	▬0	南宁	14.21	32	△1
重庆	55.61	15	▬0	银川	13.85	33	△2
济南	54.82	16	△3	呼和浩特	12.68	34	▬0
大连	54.20	17	▬0	乌鲁木齐	11.77	35	▽3
太原	52.07	18	▬0	拉萨	9.38	36	▬0
平均值	52.42						

数据来源：国家行政学院电子政务研究中心发布《2015 中国城市电子政务发展水平调查报告》。

就目前而言，我国各级政府“互联网＋政府管理”服务水平有了一定程度的提高，适应了移动互联时代的大背景和大趋势，大部分主要省市基于互联网发展的政府管理新型模式已经初步建立，取得了较好的成果。

首先，各级政府都已经建设了政务服务栏目，部分省份建设了专门的政务服务平台或审批大厅。但是，当前的网上政务服务在事项与服务、发布与办理、平台与业务等方面仍存在“两张皮”的问题，距离“一站式”、“多渠道”网上办理要求还有很大差距，个别政府政务服务建设水平较为落后，仍仅限于信息公开为主的阶段。政府要充分发挥移动政务的优势，为公众享受在线服务与电子参与的便利提供条件。

第二，大部分的省级政府网站都具备了网上公开办事指南的功能，可以进行较为完善的单向服务。但仍有较多的政务服务事项没有被公开或部分被公开，全国各省在事项数量上仍存在较大差异。服务指南更新慢、不更新的现象屡见不鲜，服务指南内容差距较大，政务服务事项不标准、不规范，办理过程也存在地区间流程上的差异。

第三，一部分省级政府能够以互联网思维和新技术应用推动政府职能转变为原则，基于权力事项梳理，建设了统一规划、统一标准的服务平台。按照一体化、集约化、规范化、绩效化的要求，初步实现了集行政审批、便民服务、政务公开、流程监控、互动交流于一体的“一站式”标准化政务服务，服务事项提供数量较多，事项指南内容标准化程度较高，办理流程统一规范。部分业务实现了网上受理、查询、咨询等功能，为社会公众和企业提供了便捷的“互联网＋政府管理”服务。

二、“互联网＋政府管理”存在的问题

近年来，我国各省市“互联网＋政府管理”建设进展迅速，取得了卓越成果；对于促进政府部门职能转变、建立信息化新型政府管理体系具有举足轻重的作用，是政府治理现代化的必然选择。

然而目前，我国各级政府在“互联网＋政府管理”建设上仍存在以下 6 个主要问题。

（一）在线服务仍有较大的提升空间

在我国经济发展水平较高、“互联网＋政府管理”建设进展较快的省市，个人在线服务也仅处于提供办理事项的程序和步骤的信息服务阶段，各领域的“互联网＋政府管理”服务也存在发展现状参差不齐的情况。

（二）管理服务事项办理一体化能力不足

由于不同行政级别的“互联网＋政府管理”服

务由不同的机构负责承建，标准不统一，我国各级政府网站设计风格、业务布局、事项目录、办理流程、用户体验等都有着显著的差异，需要加强不同在线服务的标准化。

（三）管理服务质量参差不齐

省级以及市级的行政单位要比县级的行政单位提供的“互联网＋政府管理”服务多，区县级的政务服务有时会更加详尽具体。在“互联网＋政府管理”服务较为完备的省份，手机政务 App 能够实现的在线服务功能与网页相比也仍然比较有限。

（四）普遍缺乏互联网用户思维

目前，“互联网＋政府管理”服务主要从政府的视角出发，不能够敏锐地洞察用户的需求，普遍缺乏互联网用户思维。某些在线服务办理事项难以被找到，阅读体验较低，冗余信息过多，缺乏许多用户真正需要的服务。

（五）管理服务落实严重不足

不少城市的在线服务事项都无法被打开，或打开后只有简短的办事流程，缺乏在线办事的服务。镇、街级别的行政机关在该方面的问题尤为严重，许多只能提供基础的新闻信息服务，完全忽视了群众在线办理事项的需求。

（六）衡量在线服务办事质量的标准过低

我国大部分地方政府的在线服务的不足根源就在于标准过低。目前，我国政府用于衡量在线办理业务的质量标准大多停留在在线事项的办理率，这显然无法满足用户的实际需求，达不到建设“互联网＋政府管理”的真正目的。

三、“互联网＋政府管理”的发展趋势

（一）“互联网＋政府管理”将不断适应互联网时代的发展特点

随着我国经济社会的发展，互联网与网络技术的普及，我国“互联网＋政府管理”的发展也将不断适应互联网发展的新进展和新特点，适应公众新的需求。

互联网发展的核心在于用户思维，而政府管理的核心则务必以公众的需求为核心，因此“互联网＋政府管理”的发展需要提供能够满足不同用户特定需求的基本公共服务。为了实现这一目标，“互联网＋政府管理”的发展需要提高自身的服务能力，及时了解公众的需求，提高公众的满意程度。政府要运用互联网时代的思维模式，大胆尝试基于互联网的公共服务一体化、“政务 O2O”等多元服务模式，探索建设“互联网＋政府管理”服务新模式。

互联网时代信息化手段和移动互联网新媒体技术的发展，突破了传统政府治理和公共服务供给的渠道障碍。有效地运用网络通信技术和互联网络平台，不仅可以实现传统的政府管理服务供给，也可以实现通过电子邮件、互动专区等渠道的为民服务，同时还积极利用移动新媒体技术作为向社会公众提供政府管理服务的有效渠道，有效地消除公共服务供给的空间障碍，使人民群众能获取政府的真诚、有效、透明、及时的“互联网＋政府管理”服务。

（二）在线服务将成为未来“互联网＋政府管理”发展的突破口

互联网与“互联网＋政府管理”的发展使社会公众对政府的在线服务有了更高的期望与需求。社会公众不再满足于仅仅政府网站提供的“政府信息公开”和“政府在线办公”的功能，对“互联网＋政府管理”的“政民互动”与“在线服务”方面提出了更高的要求。

移动互联网的普及极大地提升在线服务的便捷性、及时性和可获取性，“互联网＋政府管理”服务新模式利用政府网站、移动新媒体等对社会公众提供全天候实时有效的基本公共服务，从根本上消除了公共服务的“盲区”，满足了广大人民群众日益多元化的发展需求和利益诉求。

政府上网已经步入加强应用使用效率的深化发展阶段。为了进一步为人民群众提供满意高效优质的“互联网＋政府管理”服务，应当建立起统一的服务标准规范体系，促进“互联网＋政府管理”服务的标准化建设。

从全国来看，面向人民群众日常生活的基本公共服务政务应用和事项较为分散，部分基本公共服务设计也不合理，给群众带来了不便。“互联网＋政府管理”平台通过建立按地区、按类别的标准化属性添加的方法，将来自全国不同地区、不同类别的

政务服务进行集中、统一、规范的集中展示，实现了用户检索、政务办理的简便化和高效化。

（三）社会平台将成为“互联网 + 政府管理”发展的重要支撑力量

企业是推动社会信息化发展的主力军，信息化发展的步伐一直领先于政府。借助企业和社会平台的力量，是“互联网 + 政府管理”快速发展的重要途径，也符合当前我国国家治理体系和治理能力现代化战略提出的多方参与、社会共治的方针。

随着移动互联网的普及和新媒体技术的发展，以政务微博、政务微信公众号和移动政务客户端（政务 App）为代表的我国移动政务新媒体的出现和飞速发展，新媒体平台成为很多政府机构面向公众提供服务的重要渠道。各党政机关不断出台更加高效、详尽、全面的新媒体管理办法，进一步促进新媒体向着规范、有序和健康的方向发展。未来类似的政企合作还将继续深化，为“互联网 + 政府管理”的发展提供重要支撑。

运用大数据提升政府治理能力，需要有广泛的数据来源和强有力的技术平台做支撑。我国主要的互联网企业具有丰富的数据资源、较强的技术能力和较成熟的技术平台，同时也有与政府充分合作的意愿。应该拓展思路，研究能满足各方需求的合作机制，将相关企业和平台的力量充分利用起来，共同推动大数据在政府的应用。

（国家行政学院　丁艺）

网络与信息
安全篇

通信网络与信息安全形势及发展分析

一、2015 年网络与信息安全总体形势

（一）"互联网 +"加速安全事件跨界蔓延，全球网络空间安全形势不容乐观

随着"互联网 +"的不断推进，以云计算、大数据为代表的新一代信息通信技术不断向经济社会各领域渗透融合，加速了网络安全事件的跨界蔓延，导致安全事件数量大幅增加，截至 2015 年 10 月，全球安全事件数量达到近 600 亿起，较 2014 年增加 38%，超过了 2012 年安全事件数量的 2 倍[1]。医疗、金融和交通成为 2015 年发生安全事件数量较多的领域。

与此同时，网络与信息安全威胁持续升级扩散，主要体现在以下三方面：一是安全漏洞数量不断增加。截至 2015 年 7 月，全球共发现安全漏洞 9 225 个，其中高危漏洞 1 024 个，较 2014 年提升 1.6%。二是数据泄露作为全球性安全难题仍未缓解。仅 2015 年上半年，全球已发生数据泄露事件 888 起，医疗、科技、零售和教育成为受数据泄露影响最大的产业。三是病毒和恶意程序的感染范围不断扩大。截至 2015 年 10 月，全球共有 3 606 万余个主机 IP 地址感染飞客蠕虫。而 2015 年被曝光的 Xcode Ghost 恶意程序感染了 350 多款 iOS 应用，使超过 1 亿的 iOS 终端受到影响。

（二）各国安全战略由顶层设计迈向细分布局，网络空间攻防对抗不断升级

2015 年，美国率先提出"网络威慑"战略并稳步推进实施。美国于 2015 年 12 月 28 日公布《网络威慑战略》，进一步强调提升关键信息基础设施的抗攻击、"反威慑"与恢复能力。全球各主要国家紧跟国际网络空间形势变化，多角度强化网络安全保障，重点布局网络空间治理和数据保护领域。在网络空间治理方面，日本修订《网络安全战略》，明确提出确保网络空间的自由和安全；新加坡于 2015 年 2 月成立网络安全局，专门负责研究安全政策的推进实施并监管安全产业。在数据保护方面，欧盟计划提高侵犯用户信息"被遗忘权"的罚款额度；澳大利亚、德国都通过立法来加强和巩固企业的数据留存义务。

（三）我国安全顶层设计和制度建设步伐加快，多措并举推进安全软硬实力提升

在政策制定方面，安全与发展协同推进，保障安全成为促进发展相关文件的重要内容。《关于积极推进"互联网 +"行动的指导意见》、《中国制造 2025》等重要文件都涉及了"保障网络安全"的相关内容。在法制建设方面，网络安全基本法将出台，立法取得"里程碑"式进展。《国家安全法》、《反恐怖主义法》等重要法律也充分体现了网络安全的重要性。在监管手段方面，国务院和各部委安全监管模式不断创新，监管能力不断提升。开展了互联网应用及服务领域信用建设、电信和互联网行业网络安全试点示范等多项工作，取得良好收效。在对外合作方面，国际交流合作持续深化，取得积极成效。我国主导的《信息安全国际行为准则》在国际网络空间不断推进；中美、中欧、中英等之间的网络安全双边、多边合作不断拓展。

与此同时，我国不断通过多种措施推进网络安全软硬实力建设：一是实现安全论坛峰会举办常态化，全面加强安全文化建设；二是加速安全人才培养，不断提升安全软实力；三是多部门联合开展专项行动，大力净化网络空间；四是聚焦云安全与数据安全，强化基础设施安全防护。

（四）网络安全威胁不断演化，我国公共互联网治理面临严峻挑战

2015 年，我国公共互联网安全威胁及演化趋势

[1] 数据来源：Key findings from The Global State of Information Security® Survey 2016，除特别说明外，本节各相关数据均来源于该报告。

呈现出以下五个特点，对公共互联网治理形成了严峻挑战。

一是被篡改网站数量激增。2015 年我国境内被篡改网站的数量为 16.5 万个，较 2014 年同期增长 171%[1]。二是木马僵尸网络控制服务器逐渐移向境外。截至 2015 年 10 月，我国境内被木马或僵尸程序控制的主机 IP 数共计 2023 万个，较 2014 年同比增长 46.6%，我国监测到木马僵尸控制服务器已有 64% 位于境外[2]。三是大流量 DDos 攻击数量不断增多，且逐渐向云平台蔓延。截至 8 月，2015 年已发生大流量 DDos 攻击 33 起，100G 以上的攻击总流量已超过 300T[3]。四是黑客攻击手段不断升级。呈现出隐蔽化、专业化、链条化的特点，黑客地下产业链分工明确，已形成木马开发、盗库黑客、电话诈骗等 10 余个不同工种。五是网络诈骗产业规模迅速扩大。截至 2015 年 9 月，全国共发生网络诈骗案件 20 086 起，涉案金额达 8 901 万元[4]，网络诈骗已成为当前公共互联网最严重的犯罪行为之一。

二、2015 年网络与信息安全热点分析

（一）大数据资源价值凸显，数据安全威胁升级蔓延

当前，以数据资源为目标的安全威胁行为不断增多，数据保护已成为全球共同关注的网络安全热点问题。一方面，国内外个人信息泄露事件频发，美国税局遭网络攻击，导致约 10.4 万用户信息泄露，经济损失达 5 000 万美元；我国申通快递公司管理系统被曝 13 个安全漏洞并导致 3 万多客户信息被窃取。另一方面，企业合作过程中数据泄露隐患突出，滥用、泄露、出售敏感数据等违规现象严重。为应对日益升级的安全威胁，各国纷纷将网络数据作为着力保护的重要资产。英美等国不断加大数据泄露处罚力度，加紧消费者隐私准则框架修订；俄、德、澳等国将数据保护策略聚焦于数据跨境流动和数据留存规则等方面。

2015 年，我国数据安全管理初见成效，工作进展主要集中在立法和监督两大领域。在立法领域，《网络安全法（草案）》、《刑法修正案（九）》等先后公布，对于用户个人信息、隐私和商业秘密的保护措施和罚则不断细化；在监管领域，网络安全防护检查将基础电信企业和百家互联网企业在网络数据及用户个人电子信息保护方面的情况作为检查的重点。然而，我国的数据保护工作还存在着数据跨境流动和开放共享等焦点问题规则不明确，数据安全事件的防范、取证、溯源、追责困难等问题。为有效应对我国数据安全挑战，缓解当前工作存在的问题，需科学推进数据安全保护立法进程、改进和加强数据安全监管、健全数据安全技术体系、完善数据安全标准和评估体系，多管齐下，多措并举，构建全面的数据安全保护体系。

（二）两化融合深度推进，工业互联网安全形势严峻

随着工业领域信息化的深入推进，工业领域各行业遭受的安全攻击不断增多，安全事件也随着攻击数量的增多逐年增加，以工业控制系统为例，2014 年发生的安全事件数已达 218 件，超过 2010 年的 5 倍[5]。

随着传统工业向工业互联网不断演进，围绕设备、网络、工厂控制、业务应用、数据五个方面不断产生新的安全需求。一是设备智能化，生产装备和产品直接暴露在网络攻击之下，内嵌安全成为智能设备安全防护的研究热点。二是网络 IP 化、无线化以及组网灵活化，支持灵活组网的动态安全域划分及策略管理成为网络安全的研究热点。三是控制环境开放化，功能安全和信息安全协调融合以及控制过程的安全虚拟仿真成为保障控制安全的关键。四是业务应用的多样化，需要针对不同业务的安全需求提供灵活的安全解决方案。五是数据开放化、流动化和共享化，审计和流动追溯成为数据安全的研究热点。

因此，为提升工业互联网安全能力，需从推进工业互联网安全顶层设计、加快工业互联网安全法制建设、完善工业互联网安全管理制度以及加强工业互联网安全技术研发等四方面入手，加强关键技术研究和核心软硬件产品研发及应用，提升工业基础设施安全可控能力，形成适用于工业互联网新业

[123] 数据来源：CNCERT。
[4] 数据来源：《现代网络诈骗产业链分析报告》。
[5] 数据来源：匡恩网络。

态的可信网络环境，建立统一的、贯穿产业全生命周期的安全防护管理和技术体系。

三、2016 年网络与信息安全展望

（一）国际网络安全博弈日益激烈，竞争合作将长期并存

一方面，各国加快网络综合实力建设和话语权争夺，网络安全竞争将长期存在。发达国家利用网络技术优势和经济、军事、政治等方面的优势力争占据国际主导。新兴发展中国家努力追赶，不断争取国际网络规则的话语权。中美、美欧、美俄等之间网络安全竞争还将持续存在。另一方面，面对全球共同的网络安全问题，加强国际合作交流成为主流趋势。网络与信息安全将成为多、双边谈判和投资贸易谈判的重要议题，区域合作中网络安全合作将更加频繁；国际组织将进一步发挥网络安全协调作用，将推动全球非政府间网络安全交流合作作为未来的重要工作职能。

（二）安全产业融资环境优化，政策引导促进产业创新

当前，国内安全产业融资环境持续优化，将驱动我国安全产业高速增长，主要体现在以下三个方面。一是安全领域迎来并购热潮。2015 年，启明星辰、绿盟等传统安全企业兼并了十余家安全企业，互联网巨头也明显加强安全领域布局，预计 2016 年安全产业的并购趋势仍将持续。二是安全产业发展基金相继成立，未来有望通过资金支持、促进国际交流合作、开展专业培训等方式，加快产业孵化，进一步加速产业培育，促进企业成长。三是新三板成安全企业融资新舞台。2015 年，天融信、上讯信息等企业成功在新三板挂牌成功，在业界形成了示范效应，更多企业积极筹划上市融资。此外，智能制造等新兴领域的发展政策也将保障安全作为基本原则或重点任务，将有力引导和促进新兴领域的安全技术和服务模式创新。

（三）“互联网 +”安全重要性凸显，保障基础不断巩固

一是随着“互联网 +”行动计划的不断提速，安全问题的影响范围不断扩大，影响程度不断加深，安全保障重要性不断提升，各领域各行业对安全的关注度将日益增强。二是在信息系统硬件和软件的底层采取安全措施将成为趋势，可信技术重要性提升，国家网络信任体系的研究和建设力度必将进一步加大。三是软件在越来越多领域中的关键作用将进一步显现，软件安全问题逐步渗透至工业等传统领域，同时，安全风险也将跨领域逐步渗透到日常生活当中。四是“互联网 +”对风险监测及应急处置能力提出了更高要求，国家安全监管能力将不断提升，行业组织、社会大众的监督作用不断加强。

（四）新型智能终端威胁加剧，产业链协同构建安全生态

一是新型智能终端迎来蓬勃发展。根据 Gartner 预测，2016 年全球将会使用 64 亿个物联网设备，这些设备能够采集包括生物信息等在内的重要数据，相关数据安全保护需求也将不断凸显。二是针对新型智能终端的安全攻击危害程度将不断加剧，这些安全攻击则可能严重侵犯人身和隐私安全。三是新型智能终端面临的安全威胁将日益严峻。四是构建产业链协同的安全生态、在产业链各环节采取安全评估、安全测试服务等有效措施，将成为构建完备安全生态环境的重要举措。

（五）安全防御技术向智能化演进，云平台与大数据技术成为关键

网络安全威胁的不断发展对网络安全防护思路和技术手段提出了新的挑战。一方面，网络空间加速扩张，新技术新业务不断涌现，云平台的兴起带动了基础设施的不断虚拟化；另一方面，网络攻击方法和入侵途径也不断进化升级，大量新型网络攻击层出不穷。未来，以云平台与大数据分析技术为依托的智能化安全防御将逐渐成为发展趋势。依托云平台，可实现恶意样本的广泛采集、高速分析和实时全网部署，以提升未知威胁的防御能力，增强防御效率；借助大数据分析能力，可将机器学习、人工智能等技术相互融合，并实现自动化威胁识别、阻断和追溯，降低传统防御工具的误报率，提升网络防御性能。

（中国信息通信研究院　网络与信息安全领域团队）

2015 ~ 2016 移动安全市场年度分析

2016年2月23日艾媒咨询集团发布了《2015～2016中国移动安全市场年度报告》。报告中指出，2015年全年手机安全软件用户规模增长速度放缓，但总体仍呈现增长趋势，手机安全软件市场相对成熟稳定，“流量偷跑”首次成为用户面临的主要安全问题。

一、2015年度手机安全大事件盘点

2015年手机安全市场上出现了许多大事件，在不少威胁到用户手机安全的漏洞被曝出的同时，厂商们也迅速做出反应：首个智能终端安全产业联盟成立，手机安全软件商联合手机厂商推出安全手机/系统。

（1）免费WiFi存安全隐患：“3·15”晚会上中央电视台曝光“免费Wi-Fi”窃取用户信息。

（2）SDK“泄密”事件曝光：移动广告公司发布应用软件“SDK”，允许数百个苹果iOS应用访问用户个人数据，违背苹果应用商店政策，造成严重社会影响。

（3）PMOS发布：中国国产手机安全操作系统PMOS研制成功，其主要面向公安用户群体和机要部门。

（4）智能手机安全联盟成立：中国首个智能终端安全产业联盟成立，手机安全问题被正式提上议程。

（5）iOS曝出恶意代码：国内iOS的App被恶意代码植入，开发者使用非苹果公司官方渠道的Xcode工具开发应用程序，导致病毒植入。

（6）厂商首推安全手机：手机安全软件商联合手机厂商推出安全手机或安全系统，如360操作系统。

二、2015年用户关注手机安全问题热点

2015年移动端安全事件频发，威胁隐患愈加明显，因而公众也开始关注到自己手上的电子设备安全问题。下面从数据中解读2015年用户所关注的手机安全问题热点。

（一）免费Wi-Fi窃取用户信息

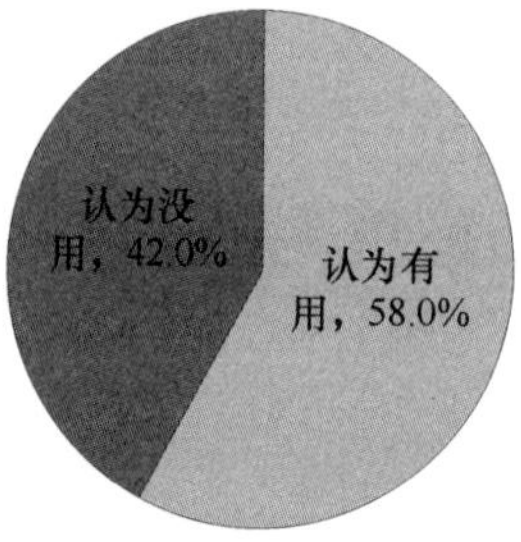

图1　手机安全软件内Wi-Fi检测功能调查

免费Wi-Fi窃取用户个人信息事件频频被曝光，用户自身也加强了对免费Wi-Fi的警惕性。调查数据显示，半数以上用户认为手机安全软件内置的Wi-Fi安全检测功能有用，会经常使用，如图1所示。

（二）“流量偷跑”问题

艾媒咨询数据显示，移动运营商自2015年10月推出“流量不清零”套餐以来，超过5成用户感受到流量使用速度明显加快。艾媒咨询分析师认为，“运营商偷流量”“App内恶意插件”以及“用户使用行为不当”均可能为流量跑得快的重要原因。

（三）移动支付安全

用户对移动支付安全的关注度越来越高，越来越多手机用户购买“账户安全险”来保障账户安全。监测数据显示，用户最担心泄露的个人隐私问题是个人财产信息（支付宝、银行卡信息等）。

（四）指纹识别技术备受关注

艾媒咨询数据显示如图2所示，半数以上手机

网民认为指纹验证是一种安全性更高的加密方式。另外，更为复杂和更安全的“虹膜识别”技术也受到越来越多人的关注。

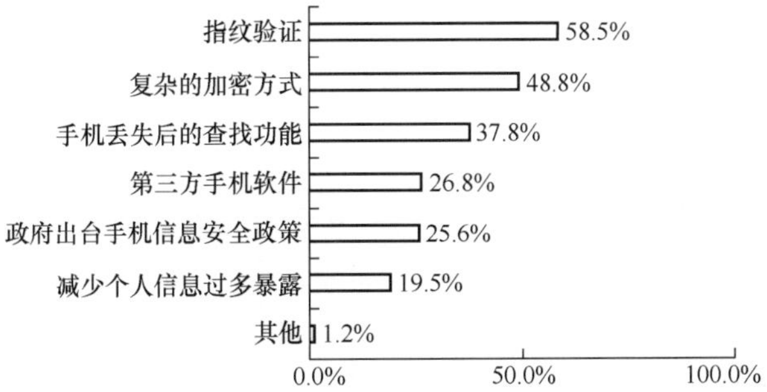

图 2　手机网民对加强手机安全各项措施的认可程度

（五）二手手机交易隐私泄露

艾媒咨询监测显示，大部分手机用户并不会转卖旧手机，在手机转卖问题上表现得较为谨慎。

（六）社交软件存在隐私安全

微博、微信等社交软件中的“转发”、“点赞”与“分享”等活动以及不知名公众号暗藏信息泄露和诈骗危机，这引起越来越多用户的重视，用户使用这类社交软件时表现得更加谨慎。

（七）恶意应用程序问题

自 2015 年 10 月移动运营商实施“流量不清零”业务以来，不少用户反映流量消耗快，除去“运营商偷流量”因素，应用程序恶意插件也是导致流量偷跑、跑得快的主要原因，如图 3 所示。

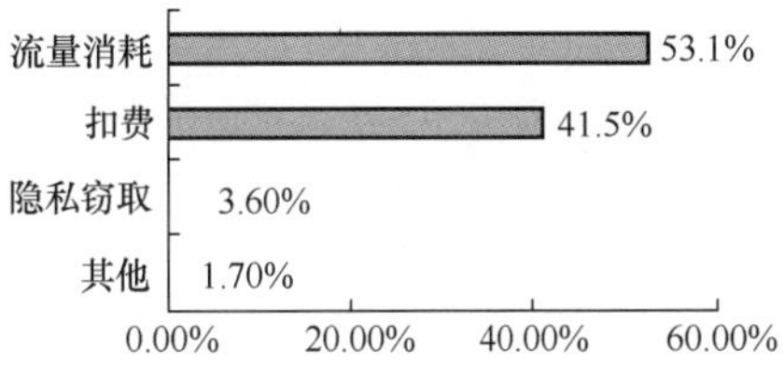

图 3　恶意应用程序造成问题类型

（八）“泛安全”需求功能突出

移动智能终端的特点决定了智能手机用户的安全需求不仅仅局限在传统的 PC 端延续的安全需求，还包括电池、流量、二维码、隐私、Wi-Fi 等安全监控需求。

（九）手机预装软件

艾媒咨询监测显示，大部分用户对手机预装软件表现出负面态度：近半数用户对手机预装软件表现出极其厌恶的情绪。目前手机安全软件如 360 手机卫士等已推出“卸载预装程序”功能。

三、2015 年手机安全市场分析

中国的手机安全产业链分为四个层次：移动终端、操作系统、通信网络以及内容应用。分析师认为，目前产业链中的每一个层次均存在安全隐患如图 4 所示。

目前在市场格局方面，随着智能手机的不断普及，安全问题频发，无论是手机厂商、手机安全软

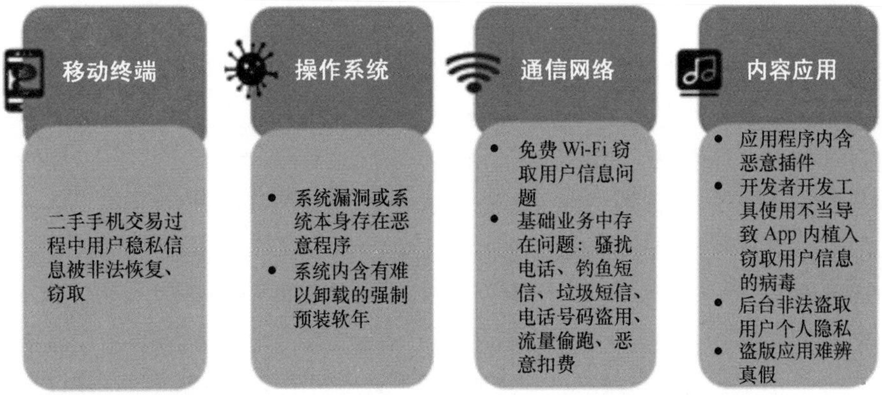

图 4　2015 年中国手机安全软件产业链主体及存在的隐患

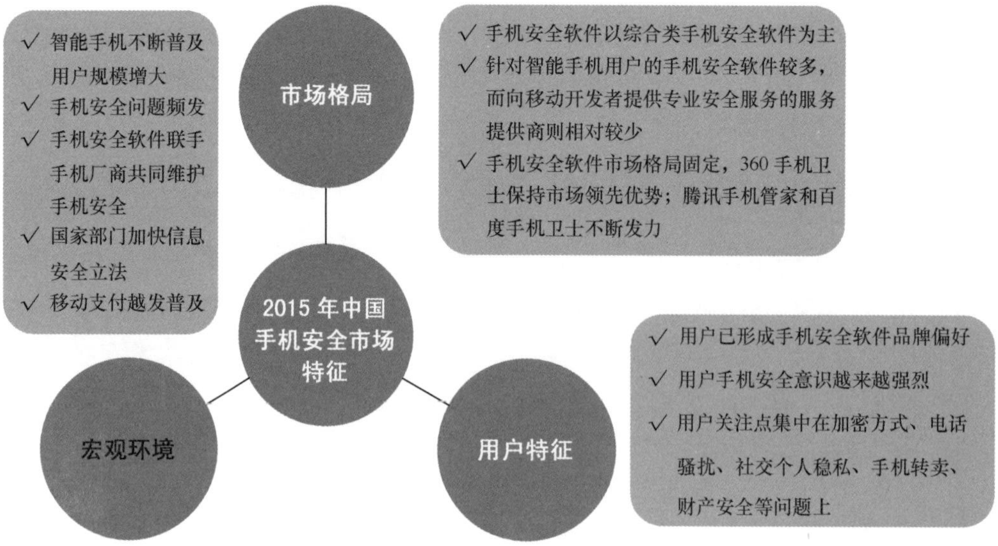

图 5　2015 年中国手机安全市场特征

件厂商，抑或是有关部门都对手机安全问题给予了重视。另一方面，手机安全软件以综合类手机安全软件为主，针对用户的较多，开发者的相对较少，仍有一定的市场空白。在用户方面，用户的安全意识日益强烈。所以手机安全市场仍有良好的前景如图 5 所示。

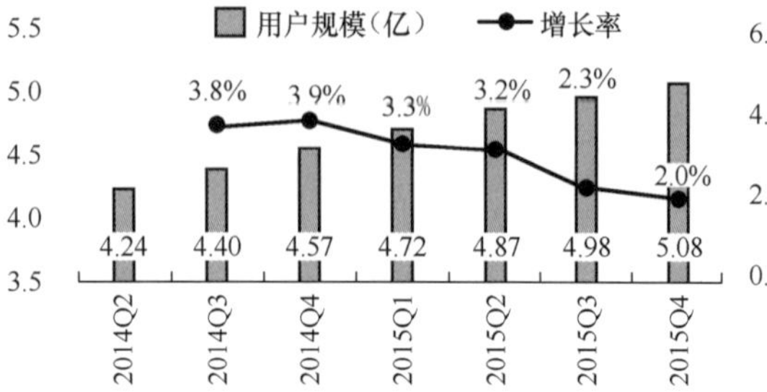

图 6　2014～2015 年中国手机安全软件用户规模

艾媒咨询数据监测显示，截至 2015 年第 4 季度，中国手机网民规模达到 6.79 亿，中国手机安全软件用户规模达到 5.08 亿，环比增长 2.0%，同比增长 11.2%（见图 6）。2015 年全年手机安全软件用户规模增长速度放缓，但总体仍呈现增长趋势，手机安全软件市场相对成熟稳定。

手机安全软件市场增长一方面由于智能手机用户规模呈增长趋势，智能手机越发普及；另一方面源于手机安全问题频发，用户手机安全防范意识不断提升。

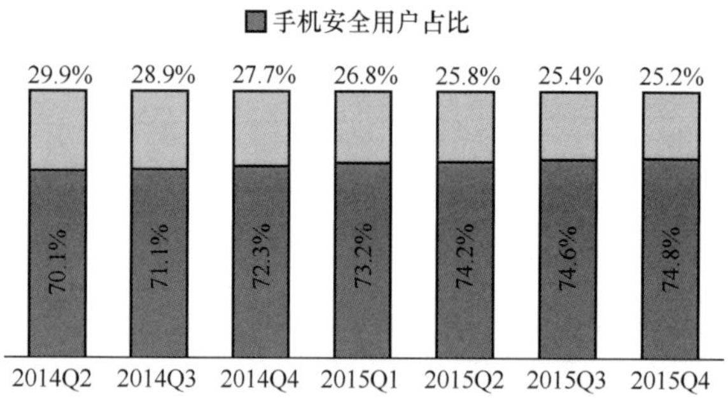

图 7　2014～2015 年中国手机安全软件渗透率

艾媒咨询数据显示，截至 2015 年第 4 季度，中国手机安全软件用户在手机网民中的渗透率达到 74.8% 如图 7 所示，手机安全软件的用户数量仍呈现出增长态势。

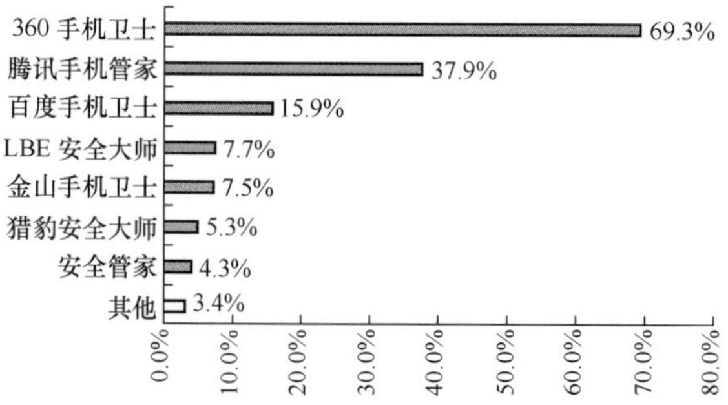

图 8　2015 年第 4 季度中国手机安全软件活跃用户分布

艾媒咨询数据监测显示，截至 2015 年第 4 季度，360 手机卫士拥有最多活跃用户数据占比为 69.3%，其后依次为腾讯手机管家和百度手机卫士，分别为 37.9% 和 15.9% 如图 8 所示。

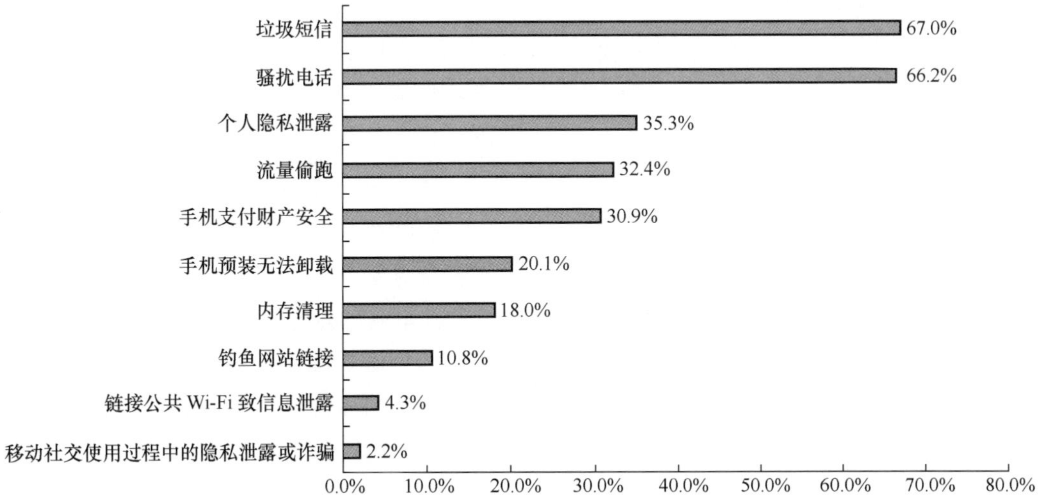

备注：此调查题目为多选项问题

图 9　2015 年最受中国手机网民关注的手机安全问题

四、2015 年手机安全市场用户行为分析

艾媒咨询数据显示，2015 年度中国手机网民面临的安全问题主要为手机隐私泄露、骚扰电话、诈骗短信和流量偷跑如图 9 所示。其中，在艾媒咨询 2015 年第四季度手机安全调查中，“流量偷跑”首次成为用户面临的主要安全问题。艾媒分析师认为，造成此现象的原因有多方面：一是 2015 年第 4 季度运营商推出“流量不清零”业务后，可能存在“偷跑流量”现象；二是 4G 网络的普及会使用户在无意识中加快流量的消耗；三是越来越多 App 含有偷跑流量的恶意插件。

艾媒咨询数据显示，中国手机安全软件用户主要使用的手机安全软件功能为手机内存清理、流量监控、垃圾短信和骚扰电话过滤以及杀毒安全扫描，分别占 72.5%、53.9%、52.0% 和 48.7%（见图 10）。但近年来与社会讨论热点相关的隐私管理和 Wi-Fi 接入安全监测功能却依然没有引起用户足够的重视。

五、手机安全市场发展趋势

根据上述分析，手机安全市场将会出现以下趋势：一方面移动安全端问题将会日益突出，用户也会日益关注这一问题。另外一方面，复杂加密技术会更为普及，针对开发者的安全软件市场会更加重视。

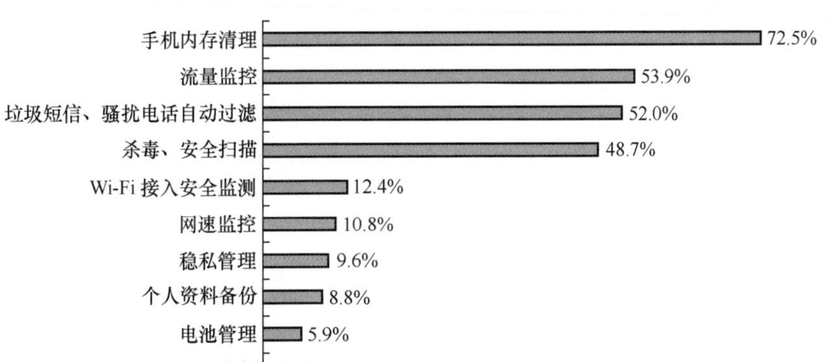

备注：此调查题目为多选项问题

图 10　2015 年中国手机安全软件功能使用情况调查

（一）移动端安全问题越发突出

随着智能手机更加普及，移动端将逐渐取代PC端成为黑客攻击的主要对象，病毒将从桌面环境转移至移动环境中。

（二）物联网成为新威胁

物联网将会使人们的智能设备得以连接到一起，实现数据的有效传输和共享，但物联网的发展也将进一步威胁用户隐私安全：一个环节的漏洞或物联网各环节碎片信息的收集都可泄露用户的隐私，为移动安全带来新的挑战。

（三）复杂加密技术将更普及

复杂的加密技术（如指纹识别、虹膜识别）将有助于提高用户隐私安全级别，将会更普及，成为加固手机安全的重要技术。

（四）个人隐私问题更受重视

用户会更重视手机隐私安全。随着手机集成的功能越来越丰富，手机将包含更多的用户信息，因此用户会更注重手机个人隐私的保护。

（五）安全手机或安全系统

手机厂商会更注重开发自带手机安全软件、安全系统或安全手机，从根本上解决手机安全问题，避免病毒入侵。

（六）开发者安全不容小觑

潜藏在开发者工具中的恶意代码事件频发，开发者自身安全将越来越受到重视，针对开发者的安全软件市场也会更受重视。

（七）一站式手机安全软件更受青睐

移动端设备用户的泛安全需求突出，因此包含丰富功能的一站式手机安全软件将更能满足用户需求，更受市场欢迎。

（八）手机预装软件问题严重

智能手机厂商之间激烈的竞争降低了智能手机硬件利润率，预装软件成为手机厂商重要收入来源，其中运营商定制机是重灾区。预装软件难以卸载成为用户在使用手机过程中的烦恼之一。

（广州艾媒数聚信息咨询股份有限公司）

移动支付 App 安全风险分析

一、发展现状

移动支付是用户使用移动终端对商务活动中产生的消费进行支付的方式。随着移动 App 的迅速发展以及 O2O 商业模式的日益繁荣，移动支付 App 获得了广泛普及，正逐步取代银行卡、POS 机，推动了日常支付模式的便携化升级，也带动了网络基金、P2P 网贷、众筹等线上金融服务的移动化转型。据官方数据，2015 年第一季度，全国银行机构移动支付业务 13.76 亿笔，金额 39.78 万亿元，同比分别增长 108.85% 和 921.49%；2014 年“双 11”，天猫商城全天成交金额 571 亿元，其中移动端交易额达到 243 亿元，占比 43%，创下全球移动电商平台单日交易的历史新高。

移动支付 App 作为一种新兴的支付方式，使用过程中不可避免地存在安全风险，加之其蕴含诸多经济利益，吸引了越来越多黑客的注意。在内部发展需求和外部关注的双重压力下，移动支付相关单位的风险防范意识及风险管理水平应不断提高。

二、风险分析

移动支付 App 的主要安全风险包括防伪机制缺失、运行环境脆弱、安全机制缺陷、自身安全漏洞等，见表 1。

表 1　移动支付应用主要安全问题

序号	安全风险	风险描述	危害
1	手机病毒感染	App 被注入木马病毒	支付账号、交易记录遭窃取，正常通信功能被中断
2	防伪机制缺失	App 代码保护不足，未进行来源认证	攻击者易破解应用包，掌握核心代码逻辑，制作山寨应用
3	运行环境脆弱	App 运行的操作系统及网络环境不可靠	用户的登录账号和密码被窃取
4	安全机制缺陷	App 的访问鉴权、数据保护机制等不完善	用户敏感信息被窃取，攻击者可通过暴露的入口对服务端进行攻击
5	自身安全漏洞	App 存在逻辑缺陷和程序错误	应用功能紊乱、数据泄露、业务崩溃等

（一）手机病毒感染

以移动支付 App 为目标的手机病毒干扰用户终端的正常通信和交易功能。此类病毒的特征主要表现为自动运行、隐藏图标、窃取隐私、静默删除短信、静默发送短信等。例如，近年来流行的手机病毒“支付宝大盗”采用“应用二次打包”的方式将恶意代码植入正规应用 App 中进行传播，静默获取用户姓名、身份证号码、支付宝账号密码等信息，进而划取用户支付宝账号中的资产，如图 1 所示。

（二）防伪机制缺失

山寨盗版已成为移动支付 App 最大的安全风险之一，众多手机网银客户端和支付工具都有山寨版本在公开市场流传，严重威胁着用户的资金财产安

图 1　仿冒的支付 App 界面对用户进行钓鱼欺诈

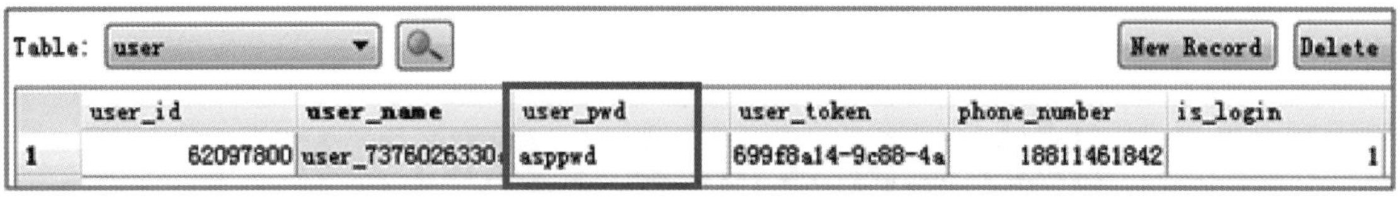

图 2 用户密码本地明文存储

全。应用本身代码保护不足、防伪机制缺失，使得攻击者能对应用进行反编译，进而篡改代码、生成仿冒的钓鱼应用，而仿冒应用一般包含诱骗转账、窃取密码等恶意功能，用户很难发现。

（三）运行环境脆弱

1. 操作系统不可靠因素

攻击者可利用操作系统漏洞实现对应用敏感信息的界面劫持和键盘监听。通过对系统输入法的攻击，达到对支付 App 内部输入框数据的窃取；通过对 App 界面或 App ID 的劫持，可诱骗用户在仿冒的页面输入资金账号、密码。

2. Wi-Fi 环境不安全因素

利用部分 Wi-Fi 网络加密算法和路由器设置不合理的弱点，攻击者很容易入侵 Wi-Fi 所在局域网，实现中间人攻击和数据包嗅探，监控用户的手机操作。黑客一旦掌握用户个人隐私，盗取用户财产将变得轻而易举。

（四）安全机制缺陷

1. 敏感数据明文存储

攻击者可利用该缺陷获取手机用户的敏感数据，如交易明细、账号信息等，如图 2 所示。

2. 网络传输防护不严

攻击者可利用该缺陷对网络传输的数据包进行截获、重发、编辑、转存等操作，获取网络通信包中的用户敏感信息，如图 3 所示。

3. 服务端鉴权失效

如果服务端未进行有效鉴权，攻击者可以利用网络工具对服务端多次发送请求，通过对请求参数的遍历，获取其他用户信息或者对用户密码进行暴力破解，如图 4 所示。

（五）自身安全漏洞

除了来自外部的安全威胁，支付 App 自身的漏洞也给不法分子提供了可乘之机。2015 年 2 月，“微信红包”被曝存在高危漏洞，由于客户端程序设计缺陷，黑客可绕过权限，设计程序自动领取其他任意用户的红包。

三、安全建议

安全是移动支付应用进一步普及的重要基础，也是其持续发展的关键因素。结合当前形势，建议产业链相关单位重点做好以下保障。

（一）App 可信来源保障

对用户而言，应增强安全意识，从正规渠道下载官方软件，杜绝使用不可靠的支付应用。对监管机构而言，应完善相关法律法规，加强对移动互联网的管制，通过第三方电子认证机构建立网站和移动 App 识别体系，摒弃传统的自审核模式，实现可信的 App 验证升级。

（二）App 完整性保障

App 研发单位应重视完整性保护，防止应用程

图 3 应用明文传输的用户密码可被截获

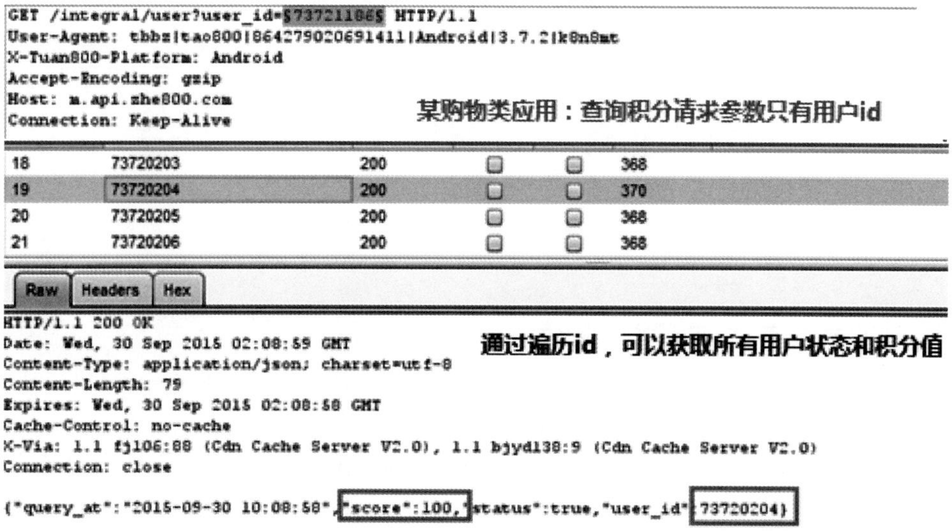

图 4 服务端未鉴权可获取任意用户信息

序被破解、篡改。通过代码混淆提升核心代码的破解难度，通过加壳加固对关键代码加密运行。此外，还可采用签名检查、文件校验等方式识别文件遭篡改痕迹，提醒用户重新下载或者更新支付 App。

（三）终端环境安全保障

对软硬件厂商而言，需加大对移动终端设备的安全投入，研发安全性能更好的操作系统，运用可信技术保证移动终端的通信安全、数据保密和业务稳定，防范恶意代码感染，防止关键数据泄露。

对用户而言，需提高安全意识，掌握必要的使用技巧。例如，不 Root 手机，操作系统 Root 之后相当于大门敞开，完全暴露在外；不安装不明软件，不随便点击陌生人发来的文件、邮件、短信和网络连接；不连接不明 Wi-Fi，防止同一网段的攻击者进行信息嗅探和中间人攻击。

对监管机构而言，需继续加强对 App 应用软件的安全监督管理，重点打击山寨应用、手机病毒；同时，健全相关法律法规，加大对互联网犯罪的惩处力度。

（四）加强安全机制保障

支付 App 的研发和运营单位应加强安全机制的设计和实现。

首先，通过强密码、多因素验证、行为模式分析等机制实现强身份认证。移动支付 App 应将系统登录密码、资金支付划转密码分开设置，关键操作采取数字证书、短信动态密码等二次验证。如果手机硬件条件允许，还可采用指纹、人脸、虹膜等生物识别技术强化验证级别。此外，支付 App 可在取得用户同意的前提下，采集用户的手机型号、地理位置、密码错误次数等行为模式信息，发现并中止异常行为。

其次，通过“云、管、端”协同实现数据安全保护。利用加密技术和鉴权机制，从移动终端用户身份安全、移动终端网络接入安全、数据通信安全、应用访问控制安全、数据存储与访问控制安全等多个环节构建数据泄露防护体系。

（五）应急联动机制保障

安全漏洞防不胜防，事前尽力避免固然重要，事后及时处置也是降低安全影响的重要环节。政府监管部门、学术机构、产业界、白帽子团体应建立通畅的沟通管道和高效的应急处置流程，共同维护移动支付的安全发展氛围。

（中国移动通信集团公司信息安全管理与运行中心 邱勤 袁捷）

云服务安全分析及监管策略

一、云服务下信息系统面临的风险与安全分析

在传统的企业数据中心中，服务提供商只提供机架和网络，而包括服务器、防火墙、软件和存储设备等都由企业自行负责。用户对所有的物理设备和软件系统有完全的控制权，企业不论是自建数据中心还是租用机房，通过物理隔离的方式都可以避免未授权用户访问自己的服务器和数据。而在云计算环境下，企业自身的数据都在云中，而云本身的构架又是不透明的，这样用户会产生一种不信任的心理。这不仅仅是一个商业问题，其中涉及诚信、法律法规等多方面的因素，解决云计算的安全性问题也要从技术和非技术着手。我们作为一个技术机构，更多关注的是云计算安全性问题的技术方面。从“云计算”的概念被提出以来，关于其数据安全性的质疑就一直不曾平息，这里的安全性主要包括两个方面：一是自己的信息不会被泄露，避免造成不必要的损失；二是在需要时能够保证准确无误地获取这些信息。总结起来，用户在选择云计算服务时主要关注的安全风险有以下 4 个方面。

（一）数据传输安全

企业数据中心保存大量的企业私密数据，这些数据往往代表了企业的核心竞争力，如企业的客户信息、财务信息、关键业务流程等。企业将数据通过网络传递到云计算服务商进行处理时，面临着以下 3 个方面的问题：第一，如何确保企业的数据在网络传输过程中被严格加密而不被窃取；第二，如何保证云计算服务商在得到数据时不将企业的绝密数据泄露出去；第三，在云计算服务商处存储数据时，如何保证访问用户经过严格的权限认证并且是合法的数据访问，并保证企业在任何时候都可以安全访问到自身的数据。

（二）数据存储安全

企业的数据存储是非常重要的环节，其中包括数据的存储位置、数据的相互隔离、数据的灾难恢复等。在云计算模式下，云计算服务商在高度整合的大容量存储空间上，开辟出一部分存储空间提供给企业使用。在这样的环境下，相比传统的数据存储模式而言，用户可能面临一些新的风险：第一，用户并不清楚自己的数据被放置在哪台服务器上，甚至根本不了解这台服务器放置在哪个国家，他们得到的只是云服务提供商的保证；第二，云计算服务商在存储资源所在国是否会存在信息安全等问题，能否确保企业数据不被泄露；第三，云计算服务商是否能够保证数据之间的有效隔离；第四，即使企业用户了解数据存放的服务器的准确位置，也必须要求服务商作出承诺，对所托管数据进行备份，以防止出现重大事故时，企业用户的数据无法得到恢复。

（三）数据审计安全

企业进行内部数据管理时，为了保证数据的准确性往往会引入第三方的认证机构进行审计或是认证。在云计算环境下，云计算服务商如何在确保不对其他企业的数据计算带来风险的同时，又提供必要的信息支持，以便协助第三方机构对数据的产生进行安全性和准确性的审计，实现企业的合规性要求。

（四）云计算环境下的黑客攻击

用户将大量的敏感数据放在全球可以访问的云中，攻击者不再需要到现场窃取数据，他们可以地球的任一个角落发起攻击，在云中采取虚拟化技术使多个企业的虚拟机共存于同一物理服务器上，而传统数据中心采用的物理隔离和基于硬件的安全防护无法防止云中虚拟机之间的相互攻击。

二、全球企业和消费者对云计算安全的关注

云计算能够充分利用互联网的高速传输能力，可以让数据的处理过程在大型计算中心和个人计算机之间互相转移，又能提供计算能力和储存能力的服务，是新型的商业计算模式。业界对云计算模式普遍认可，将其纳为信息技术领域新的发展方向。云计算的广泛应用也使云的安全性受到更多的质疑，我们在享受云计算便利的同时也不能无视它的风险所在，若无法妥善解决安全问题，云计算也终将是“云烟”，无法触碰。对于云计算在众多的讨论，其中特别有代表性的是Safenet。“关于云计算的问题，有88.6%的企业表示最担忧其安全性。从一个方面来说，要想实现云计算的大规模应用，安全防护是最大的问题；另外，它也能为在云模式的大环境下寻求有效的数据保护方式推波助澜，企业能够依靠云模式激发最大的商业潜力不断创新，不断成长。”从消费者的角度来看，传统的安全产业受到了弹性计算及海量数据计算的强大冲击，消费化趋势越来越明显，安全因为云计算从开始的“奢侈品”变成了“消费品”。社会调查结果显示，企业及消费者最关心的问题是怎样确保云环境的安全，怎样处理好云计算的安全和管理问题也是云计算产业迫在眉睫要解决的重要问题。

三、云计算安全规范、标准现状分析

云计算是一种新型Web服务模式，计算和存储能力从桌面端转移到云端以及网络资源的动态伸缩是其内在的本质，目的是提高企业的运作效率和减少IT成本，涵括了软件即服务（SaaS）、平台即服务（PaaS）、和架构即服务（IaaS）等方面。未来，云计算对当下的工作方式和商业应用将产生翻天覆地的变化，担负着在IT、电信、互联网、政府和金融企事业单位众多范围内构建信息化的重任。云计算应用安全的研究在不断成熟当中，现有的主流研究组织有通用保障测量体系（CAM，Common Assurance Metric beyond the cloud）和云安全联盟（CSA，Cloud Security Alliance）。业内多家企业为加强云计算应用安全的研究和发展，指引用户进行安全云计算，于2008年12月共同建立了CSA这样一个非盈利的组织。2009年12月7日，CSA对外发布了新一期的《云计算安全指南》（V2.1），分析了云计算当中的安全控制模型、技术架构模型和相关合规模型之间的映射关系，并从云计算用户的角度说明了安全威胁、商业隐患和理应进行的安全举措。

CAM项目是由欧洲网络信息安全局（ENISA）和CSA共同发起的，它的目标是研发出一个科学、合理的测量标杆，来对云计算服务提供商的安全执行力做出评测。2011年1月，为给公有云计算的安全及隐私保护提供安全性意见，美国国家标准委员会推出了SP800-144标准草案。

四、云计算下的安全防护思路

（一）建设高性能、高可靠的网络安全一体化防护体系

为了应对云计算环境下的流量模型变化，安全防护体系的部署需要朝着高性能的方向调整，为了应对云计算环境下的流量模型变化，安全防护体系的部署需要朝着高性能的方向调整，同时，考虑到云计算环境的业务永续性，设备的部署必须要考虑到高可靠性的支持，诸如双机热备、配置同步、电源风扇的冗余、链路捆绑聚合、硬件BYPASS等特性，真正实现大流量汇聚情况下的基础安全防护。

（二）建设以虚拟化为技术支撑的安全防护体系

目前，虚拟化已经成为云计算服务商提供“按需服务”的关键性技术手段，包括基础网络架构、存储资源、计算资源以及应用资源都已经在支持虚拟化方面向前迈进了一大步，只有基于这种虚拟化技术，才可能根据不同用户的需求，提供个性化的存储计算及应用资源的合理分配，并利用虚拟化实例间的逻辑隔离实现不同用户之间的数据安全。安全无论是作为基础的网络架构，还是基于安全即服务的理念，都需要支持虚拟化，这样才能实现端到端的虚拟化计算。

从网络基础架构的角度（如状态防火墙的安全隔离和访问控制）出发，需要考虑支持虚拟化的防火墙，不同用户可以基于VLAN等映射到不同

的虚拟化实例中，每个虚拟化实例具备独立的安全控制策略，以及独立的管理职能。从安全即服务的角度出发，云计算服务商联合内容安全提供商提供类似防病毒和反垃圾邮件等服务，也必须考虑配合VMware等中间件实现操作系统层面的虚拟化实例，同一服务器运行多个相互独立的操作系统及应用软件，每个用户的保密数据在进行防病毒和反垃圾邮件检查的时候，数据不能被其他虚拟化系统引擎所访问，只有这样才能保证用户数据的安全。

（三）以集中的安全服务中心应对无边界的安全防护

与传统的安全建设模型强调边界防护不同，存储计算等资源的高度整合，使得不同的企业用户在申请云计算服务时，只能实现基于逻辑的划分隔离，不存在物理上的安全边界。在这种情况下，已经不可能基于每个或每类型用户进行流量的汇聚并部署独立的安全系统。因此，安全服务部署应该从原来的基于各子系统的安全防护，转移到基于整个云计算网络的安全防护，建设集中的安全服务中心，以适应这种逻辑隔离的物理模型。云计算服务商或企业私有云管理员可以将需要进行安全服务的用户流量，通过合理的技术手段引入集中的安全服务中心，完成安全服务后再返回到原有的转发路径。这种集中的安全服务中心，既可以实现用户安全服务的单独配置提供，又能有效地节约建设投资，考虑在一定收敛比的基础上提供安全服务能力。

（四）充分利用云安全模式加强云端和客户端的关联耦合

在云安全建设过程中，充分利用云端的超强计算能力实现云模式的安全检测和防护，是后续的一个重要方向。与传统的安全防护模型相比，新的云安全模型除了要求挂在云端的海量本地客户端具备基础的威胁检测和防护功能外，更强调其对未知安全威胁或是可疑安全威胁的传感检测能力。任何一个客户端对于本地不能识别的可疑流量都要第一时间送到后台的云检测中心，利用云端的检测计算能力快速定位解析安全威胁，并将安全威胁的协议特征推送到全部客户端或安全网关，从而使得整个云中的客户端和安全网关都具备对这种未知威胁的检测能力，客户端和云端的耦合得到进一步的加强。基于该模式建立的安全防护体系将真正实现PDRR（Protection、Detection、Reaction、Restore）的安全闭环，这也是云检测模式的精髓所在。

五、我国云服务安全监管策略

除了依靠技术手段，政府部门更应着力推进监管政策及法律法规的制定与实施以实现云服务安全监管。监管政策和法律法规作为上层建筑，从宏观层面影响着所有具体业务。有效的监管环境也有利于建立用户与云服务商的信任关系，提升用户信心。而我国在云安全方面尚未正式出台针对性的监管政策和法律法规。因此，为促进我国云服务健康发展，政府应从以下3个方面入手。

首先，从国家层面加强云服务网络数据安全、个人隐私保护、知识产权保护、数据跨境流动等方面的法律法规建设。在我国出台的第一部针对网络信息保护的法律，即《全国人大常委会关于加强网络信息保护的决定》的框架下，根据云服务的特点制定个人隐私保护、数据跨境流动等方面的法律法规或先行制定相应的部门规章，以保障我国云服务健康有序发展和保护用户的合法权益。针对云服务数据跨境流动问题，国外已有一些法规，如欧盟的《数据保护指令》适用于云服务。我国应尽快出台相关规定，改变我国在国际上的被动地位。

其次，完善云服务安全的事前准入、事中监测和事后处罚与退出机制。新版的《电信业务分类目录》已公开征求意见，其中将云计算作为互联网资源协作服务业务和在线数据处理与交易处理业务纳入电信业务监管范围。除了准入政策，也应对云服务商的日常安全运营进行监督管理，对出现问题的云服务商有相应的响应机制、责任认定机制、处罚和退出机制。

最后，应推动政府及重要行业关于采购IT服务的法律法规的修订，对政府及重要行业采购云服务作出规定。例如，规定政府、金融、医疗卫生、军事国防等拥有私人或敏感信息的单位只能使用国内云服务商的服务，且必须将数据存储在本国境内等。

（中国信息通信研究院　贺静）

移动终端安全发展分析

2015年移动互联网继续高速发展，“终端 + 软件 + 内容 + 服务”的全产业链垂直整合越演越烈。数以亿计的移动终端用户需求成为发展的主要驱动力，和民生息息相关的医疗、金融、交通、教育以及政务、商务、物流等行业成为应用热点。预计到2016年，中国智能终端用户将达6亿以上，智能终端已经并将进一步渗透至人们生活的方方面面。移动终端快速发展普及的同时，后门漏洞、病毒木马、山寨仿冒等安全问题不断涌现，对国家安全、产业发展和用户权益构成了威胁，亟待相关单位深化治理、创新机制、合作发展。

一、安全形势

与PC环境相比，移动互联网的产业链更加复杂，芯片、操作系统、软件厂商、传播渠道等每一个环节都可能引入安全风险。加之移动终端多与用户身份、账号关联，滋生了以贩卖信息为生的庞大地下产业链，安全形势日益严峻。

（一）个人信息泄露问题普遍

智能终端与用户日常工作、生活紧密关联，又具有无处不在的无线通信能力，可存储、传播大量隐私信息，包括图片文件、地理位置、账号密码、通信记录等，已成为个人信息泄露的主要途径。

1. 移动应用多窃取个人信息

近期公布的研究报告显示，谷歌GooglePlay和苹果App Store两大平台前55款最流行的应用，绝大多数都会定期向谷歌、苹果和其他第三方提供用户的电子邮件地址、名称和物理位置等信息。平均每个Android应用程序会向3.1个第三方域名发送潜在的敏感数据，iOS则发送2.6个，而关于健康的应用程序会在不通知用户的情况下，向5个以上的第三方域名发送包括诸如“疱疹”和“干扰素”等搜索记录。与此同时，近年来我国手机遭到恶意软件攻击的数量在不断攀升，隐私泄露司空见惯。

2. 终端使用不当加剧信息泄露风险

据统计，我国每年淘汰和废弃手机约1亿部。很多手机在删除用户信息时仅删除了文件索引，并没有覆盖掉原始信息，一旦智能终端流落别处，隐私信息可能被攻击者恶意恢复。

（二）行业应用风险不断显现

与民生相关的各大行业都发展了移动应用客户端，在给用户带来便利的同时，也扩大了信息暴露面，给业务发展和用户权益带来风险。

1. 行业应用安全漏洞危及业务正常发展

据国内安全机构报告，2015年第一季度数据，16个行业的前10位流行安卓应用共有4 775个漏洞，其中44%为明文存储、拒绝服务、远程代码执行等高危漏洞，平均每个应用有30个漏洞，金融、影音、生活服务行业的应用漏洞总量最多，业务数据丢失、业务逻辑错乱等问题多发。

2. 行业应用安全风险给互联网犯罪提供基础条件

近期，春秋航空、香港航空等多家航空公司App被曝存安全漏洞，不法分子可任意查询用户身份和订单信息，包括姓名、手机号码、航班信息等，进而实施“航班取消”诈骗等不法活动。

（三）国家安全面临终端挑战

1. 移动终端成为涉密信息获取新途径

移动终端携带的信息如被攻击并获取，结合大数据分析技术，可精确掌握目标用户的生活轨迹和工作信息；若锁定涉密人群，会给国家安全带来巨大威胁。据斯诺登披露，美国国家安全局及其盟友试图通过谷歌以及三星的应用商店，入侵用户手机并盗取数据；该组织还曾找出阿里巴巴旗下UC浏览器的漏洞，并借此搜集亚洲特别是中国和印度地区的网络数据。

2．*移动应用加大不良信息治理的难度*

基于移动智能终端的信息传播覆盖面大、传播速度快，致使危及国家安全的非法信息迅速、广泛传播，利用社交网络等引起的群体事件难以控制。移动应用已成为违法内容传播的新平台，部分应用商城出现过含不良信息的"文学城"等内容阅读器；境外多款SNS应用在群体事件中扮演了重要角色，给舆论健康、社会稳定带来严重威胁。

二、核心问题

（一）关键环节不可控

我国对智能终端基础产业的安全特性掌控不足，缺乏对相关核心技术、生态环境等关键点的控制。我国目前在用的数亿部智能终端绝大多数采用非国产芯片和操作系统，基于ARM架构的芯片一度占据全球智能手机95%以上的份额，主流的两大智能终端操作系统iOS和Android也是美国公司的产品。2014年7月，苹果iOS系统被曝留有获取用户数据的"后门"；而占中国智能终端60%以上市场份额的谷歌Android系统是完全开放的操作平台，对各种应用软件几乎没有准入限制，与之相关的钓鱼陷阱、金融诈骗等犯罪活动大肆泛滥。

（二）安全机制不完善

终端侧：智能终端实现用户需求的最终载体是应用程序，应用自身的安全缺陷既催生攻击破坏，又阻碍业务发展。应用安全机制包括数据存储安全、组件通信安全、网络通信安全、代码安全和权限安全等，任何一点在设计、编码、测试阶段的缺失，都可能导致应用业务逻辑错误、身份认证绕过、权限管理失效、敏感数据泄露等问题。

传输层：针对无线接入网络，移动设备与接入网络之间的空中接口是容易遭受攻击的部分，其面临的攻击主要有：在空口窃听信令或用户业务，拒绝合法业务或伪装网元攻击网络，阻止用户业务、控制数据、信令数据在无线接口上传输等。此外，WLAN和无线路由器的安全机制先天不足也给同一网段的攻击者实施信息侦听、恶意攻击提供条件。

服务端侧：移动应用服务端由于主体和客体的原因可能存在不同的脆弱性，包括SQL注入、认证绕过、数据明文存储等，为攻击者提供了入侵、骚扰或破坏系统的途径。

（三）应用来源不可信

不良信息借App之壳传播、病毒木马以流行应用之名发布等问题屡禁不绝，根源在于应用程序来源不可信，用户难辨真伪，监管机构难追责任。

目前大部分应用程序没有权威的来源标识和完善的验证机制，更缺乏对传播渠道的追溯手段，用户仅凭应用名称和界面难以鉴别真伪。对于缺乏来源保护的应用，攻击者很容易篡改仿冒、捆绑病毒，并以合法应用的名义吸引用户安装使用。

三、发展建议

（一）整合产业链资源，实现多方共赢

面对严峻的安全形势，全产业链需开放各方面能力和资源，从立法监管到研发创新、再到宣传引导，加强我国对终端安全关键环节的管控能力，构建完善的安全治理体系；通过产业链联防联控，共同治理，提高黑灰产业链的犯罪成本，从根本上解决移动终端安全问题，全面构建移动互联网安全新生态。

（二）加强系统设计，控制安全风险

移动终端软硬件开发者应在设计、编码、测试、验收、审核等各个环节加强安全意识，从认证安全、通信安全、接口安全、存储安全等各个方面增加安全控制。对于应用开发者而言，还应重点考虑反编译、反调试及内存漏洞防护，避免应用被植入恶意代码及敏感信息内存泄露的风险。

（三）深化安全治理，构建可信环境

终端安全治理的抓手在于应用程序安全监管，应用程序安全监管的关键在于明确生产、传播链条各参与者的安全责任。综合运用应用签名和安全认证等手段可对正版可信应用添加唯一标识，记录应用生产、传播过程信息，识别应用篡改盗版痕迹。推行移动应用程序签名认证是建设网络可信身份体系的重要举措，是保障应用软件正规化、正版化的有效手段，也是打通产业链条、强化全程监管的坚实基础。

（中国移动通信集团公司信息安全管理与运行中心
邱勤　袁捷）

新一代信息技术
发展篇

信息通信业大数据现状及分析

一、发展现状

2015 年 8 月，国务院发布了《关于印发促进大数据发展行动纲要的通知》，我国的大数据发展正式上升为国家战略。信息通信行业积累了大量的用户数据，为国家大数据发展奠定了技术基础。下面以中国移动和阿里巴巴为例，介绍其目前大数据系统的发展、问题和现状等内容。

在信息通信行业中，电信企业积累了用户在通话、短信和上网等方面的数据，像中国移动积累了约 100PB 容量的用户数据；互联网企业积累了用户在浏览、购物、支付、物流和服务等方面的数据，如阿里巴巴积累了超过 100PB 的用户数据。

电信行业的用户众多，因此产生了海量的数据。中国移动 2015 年用户数达到 8.26 亿，中国联通用户数达到 1.84 亿，中国电信用户数达到 9100 万。电信行业的数据涉及业务域（B 域）、网络域（O 域）和管理域（M 域），每个域里都有不同的系统。中国移动每个域的 IT 系统数超过 30 个，结构复杂而庞大。

中国移动的大数据系统包括了传统数据仓库和 Hadoop 云计算的混搭架构，具体架构如图 1 所示。中国移动采用了两级架构，包括省公司节点和总部节点。其中传统的数据仓库平台涵盖了 IBM/ORACLE/TERADATE 三家数据仓库产品，Hadoop 产品包括华为、亚信、新大陆、自研的大云等厂家产品。在 SPRAK/HIVE/HABE/STORM 等 Hadoop 生态链的产品也都有不同程度的应用，取得了较为显著的效果。

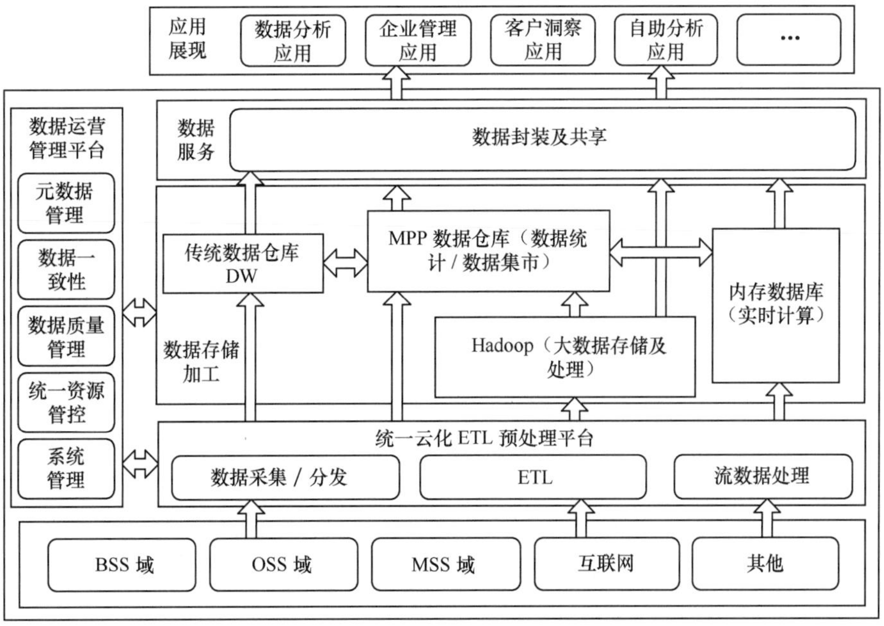

图 1　中国移动大数据的混搭架构

图 2 中国移动大数据业务应用框架

中国移动全国有 300 多人的大数据系统建设和运维团队，提供了 60 多个全国标准化的业务应用，部署了 100 多个标准的数据挖掘模型类应用，有效地支撑了中国移动精准营销、精细管理的需求。

中国移动大数据系统应用涵盖了用户分析、产品分析、精准管理等企业管理的各个方面。例如：在基于用户消费内容基础上进行了用户分析之后，形成了 1000 多种用户标签，有效支撑了用户精准营销需求。在对外服务方面，部分省定期对外发布节日游客来源和去向分析，辅助政府及时进行人流的监管和引导，其业务应用框架如图 2 所示。

阿里巴巴零售平台用户数达 4.07 亿，占据了中国网购用户 90% 以上的份额，包含了用户资料、商品浏览、商品订购、支付金额、物流地址和投诉信息等海量数据。其阿里云产品覆盖了 100 万企业和组织。阿里巴巴的大数据平台跨越杭州和内蒙古两个机房，单个集群超过 5000 台服务器。阿里巴巴采用了其自主研发的阿里云产品，并致力于打造服务于外部的公有云平台。阿里巴巴的大数据平台架构如图 3 所示。

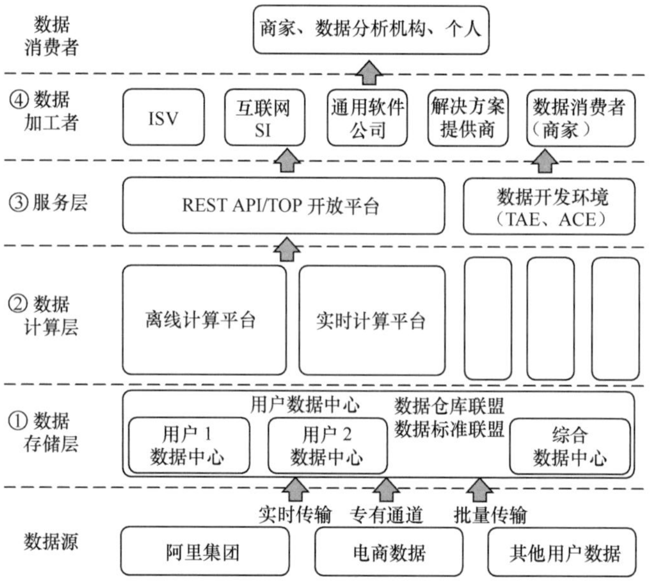

图 3 阿里巴巴的大数据平台架构

阿里巴巴的大数据平台支持了 1.5 万家服务开发商，可以据此为其店家提供数据分析服务。阿里巴巴大数据平台维护人员超过 500 人，其数据运营团队超过 300 人，累计接近 1 000 人。

阿里巴巴为其商业提供了很多大数据产品，包括江湖策、数据魔方、量子恒道和淘宝指数。店家或者第三方可以使用这些大数据工具，针对自己的需要进行数据分析，如图 4 所示。

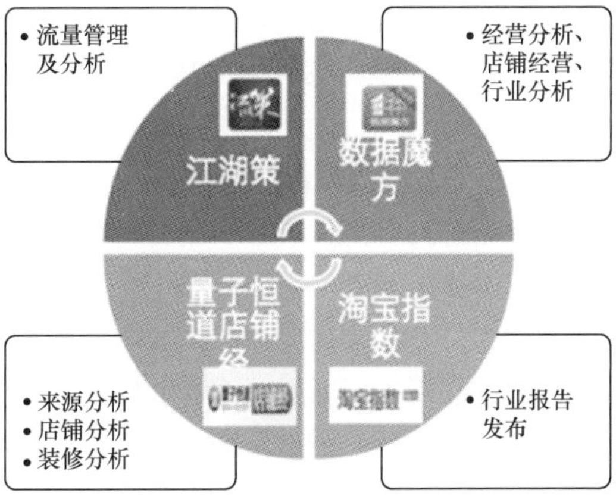

图 4　阿里巴巴的大数据产品

二、存在的问题

国内各行业大数据目前处于数据收集阶段为主，如何收集到自己需要的数据，并能够提供基本的数据分析，是各企业面临的主要问题。信息通信业借助前期的 IT 系统建设成果，基本完成了数据的收集和整理工作，但也面临以下 4 个方面的问题。

1．数据治理问题

在信息通信行业，首先要进行数据资产的评估和梳理。各种各样的数据，哪些具有资产价值，哪些没有必要存放？这些都要进行资产评估。目前采取的策略基本是把所有的数据都存放起来，这会导致 IT 系统资源的浪费。其次，这些数据要进行标准化工作，要建立标准的数据模型，例如中国移动的大数据系统中对 466 个实体、192 个参照表制订了标准化模型规范。

数据资产管理也要决定每部分数据的归属权、维护权等运维职责，确保每块数据都有人维护、有人负责。

中国移动有庞杂的 IT 系统，各种数据源十分复杂，各种主要的 IT 系统和数据内容如图 5 所示。

在进行数据资产梳理之后，同样面临数据质量如何管理的问题。借助业务元数据，可以明确每个指标、报表的业务口径，降低不同人的理解差异。通过技术元数据，能够确定每块数据的来龙去脉，建立血缘分析。之后通过业务规则库，可以检测数据质量的异常。例如：中国移动大数据系统日接口文件级检查规则涉及 39 类共计 7 644 项，月接口文件级检查规则涉及 39 类共计 8 190 项，通过这些庞大的数据质量检测规则来保障数据质量。

2．数据安全问题

因为大数据系统涵盖了各个维度的用户数据，包括用户的消费和家庭住址等信息，因此涉及用户的很多隐私。如何加强安全管理，降低用户信息泄露的风险，是建立大数据系统要首先考虑的问题。这些安全管控首先要解决网络层的安全，避免各种网络侧的入侵；其次，通过敏感信息加密技术，保障用户的隐私；通过水印技术保证泄露信息的可追溯能力。

	业务支撑域系统（B 域）	管理信息域系统（M 域）	网络支撑域系统（O 域）	DPI 数据系统	业务管理平台
主要系统	• 业务运营支撑系统（BOSS） • 客户关系管理系统（CRM） • 宽带开通平台（PBOSS） • 业务支撑网运营管理系统（BOMC） • 集才客户业务综合运营平台（ESOP） • 据业务管理平台（DSMP） • 4A 平台（BOMC） • 新业务管理系统（SIMS） ……	• 企业资源管理系统（EPR） • 合同管理系统（COMS） • 报账平台（EAS） • 预算管理系统(BMS) • 银企互联系统 • 电子采购系统(EPO) • 资产管理系统(EAM) ……	• 话务网管系统 • 数据网管系统 • 传输网管系统 • 电子运维系统（EOMS） • 无线网优平台 • 资源管理系统 • 故障管理系统 • 性能管理系统 • 自动拨测系统 • 自动路测系统 ……	• 信令监测系统 • 上网日志留存系统 • 数据业务监测与分析系统 • WLAN 日志留存系统 • LET 信令监测系统 • 不良信息监测系统 • IDC 流量流向监控分析系统 • CMNe 流量控制系统 ……	• 12580 综合信息服平台 • 139 邮箱业务平台 • MM 平台 • 飞信业务平台 • 手机服业务平台 • 终端管理平台 • 手机导航业务平台 • 手机视频业务平台 • 手机游戏平台 • 手机阅读平台 • 手机支付平台 • 手机桌面助理平台 • 无线音乐平台 ……
主要数据	➢ 三户数据 ➢ 订购关系数据 ➢ 通信详单数据 ➢ 渠道数据 ➢ 产品数据 ➢ 营销数据 ➢ 客服数据 ➢ 终端数据 ……	➢ 资产数据 ➢ 应收 / 应付数据 ➢ 财务数据 ➢ 合同数据 ➢ 预算数据 ……	➢ 性能数据 ➢ MR 数据 ➢ 资源数据 ➢ 告警数据 ➢ 工单数据 ➢ 拨测数据 ➢ 路测数据 ……	➢ 位置数据 ➢ 上网数据 ➢ 开关机数据 ➢ 流量数据 ➢ 寻呼数据 ➢ 漫游数据	➢ 用户数据 ➢ 订购数据 ➢ 登录数据 ➢ 浏览数据 ➢ 点击数据 ➢ 使用数据 ➢ 数字内容数据 ……

图 5　中国移动 IT 系统及数据种类示意

同时，急需国家出台有关用户隐私方面的法规，确保信息通信产业能够合理地使用用户信息，服务社会规划和治理，服务第三方企业进行精准营销和精细管理，让大数据能够合法地为信息通信企业带来运营利润。

3. 如何凸显深度应用的价值

在建立大数据系统之后，我们面临如何凸显价值的问题。服务内部用户时体现在辅助营销职责，找出产品的潜在用户等。服务内部管理时可以从节约成本入手，找到管理问题的切入点。例如：中国移动实施的量化薪酬工作，根据一线员工的工作业绩，按照激励算法决定其奖金额度，让很多一线员工收入大幅提升，极大地激励了一线员工的积极性。

中国移动的某地市公司利用数据挖掘算法，大大提升了校园用户识别率，查全率达到90%以上，极大地提升了校园市场工作的精准性。

4. 人才积累不足的问题

大数据系统需要大量的人才，在硬件上降低了成本，却也在人工成本方面提升较高。大数据系统要培养大量操作Hadoop、SPARK、HBASE等工具的人，而国内目前这方面的人才十分缺乏，而且待遇较高。互联网企业依靠较高的待遇可以留在这些人才，但电信运营商却面临如何利用现有体制留住人才的问题。

Hadoop生态系统涉及的产品族如图6所示，都是比较新的技术内容，而且都是开源产品。

图6 Hadoop生态环境示意

三、展望

大数据对于信息通信行业意义重大，是互联网企业下一个发展的战略机遇。马云在2008年就说，发现阿里巴巴是一家大数据公司，而其电商平台仅是为了收集用户的数据。电信行业普遍面临着“被管道化”和“被边缘化”的危险，未来电信运营商可以朝着“大数据”运营商的方向转型，重新占据有利地位。

1. 大数据为我国提供了一次“弯道超车”的战略机遇

中国在互联网领域发展的速度十分迅速，截至2015年12月，中国网民规模达6.88亿，互联网普及率为50.3%；手机网民规模达6.2亿，占比提升至90.1%。而在大数据领域，国内与国外基本处于一个起跑线上，借助我国在大数据领域的不断创新，我国可以发挥规模优势，完成一次“突破”。可以在系统工具层面、运营层面等成长出一些新的大数据创新企业，出现大数据领域自己独立的“BAT”企业，实现一些跨越！

2. 大数据将为各个行业注入新的发展活力

伴随着“互联网+”的号召，大数据也可以同时渗入到各个行业，在实现我国工业4.0的过程中发挥重要作用。信息通信业可以帮助完成各个行业的互联网化、物联网化的过程，而其中的大数据则可以发挥“大脑”的价值，告知用户喜欢哪些产品，这些产品如何进行定制等等。大数据将提升政府的办公精细化水平，例如中国政府可以根据居民的出行路线分析、时段分析等，合理安排公共交通路线和站牌，合理布局产业位置，降低居民出行距离和时间，以此降低城市油耗，减少污染，实现绿色发展的战略目标。

3. 大数据为信息通信业激发出新的“青春”

信息通信业需要第二次创新的机遇，而大数据无疑是最好的选择。互联网企业在完成O2O等改造之后，缺乏新的增长点。电信行业在完成了电信网络的建设之后，也面临着增长乏力的问题。信息通信企业手中掌控着互联网上所有的数据，这些数据的分析和应用，会产生很多无法想象的业务场景，带来无法想象的利润增长空间。例如：电信行业可以给汽车行业提供潜在用户的分析，给出用户的标签和特征视图，并帮助汽车企业进行汽车营销，降低企业的营销成本，扩展企业的营销渠道。如此，电信企业变身为精准营销的基础服务企业，会依靠大数据的应用带来可观利润。

（中国移动通信集团公司　段云峰）

物联网发展分析

伴随“互联网 +”等国家战略的稳步实施，物联网作为重要的基础产业也进入了快速推进的关键时期。2015 年，物联网与工业、农业、交通、医疗等传统行业的结合试验逐步转为区域性商用。美国、日本、韩国和欧洲的发达国家对物联网的发展投入了巨大的政策和财力支持，均把物联网作为未来保障国家经济持续稳定的重要力量。我国政府也相继出台鼓励物联网发展的相关政策，标准制订和关键技术研发上逐步达到国际水准，一批颇具实力的物联网企业相继涌现，智慧城市建设整体态势良好。但也仍需清楚认识到我国物联网面临的问题和挑战，以及监管层面的诸多困难。

一、国外物联网最新进展情况

（一）美国持续出台国家政策保障物联网领先优势

美国奥巴马政府非常重视物联网的战略地位，将“智慧的地球”当成重振经济的法宝，甚至上升为美国的国家战略。近年来，美国政府更是相继出台多项政策，旨在推动物联网的快速发展，巩固其在全球范围内物联网产业领先的优势。2015 年，美国政府投入 1.6 亿美元推动智慧城市计划，将物联网应用实验平台作为核心应用；美国能源部组建“智能制造创新机构”，投入 7000 多万元促进传感器、控制器和自动制造工艺的研发。可以说，美国在物联网方面给予了巨大财力和物力的支持，将物联网视为保障本国长期繁荣的重要发展方向。

（二）欧盟：创建物联网创新联盟打造全新生态体系

2015 年，欧盟投入 5000 万欧元成立了横跨欧盟及产业界的物联网创新联盟（AIOTI），并通过咨询委员会和推进委员会统领新的“四横七纵”体系架构，将包括原有 IERC、地平线 2020 在内的 11 个工作组纳入旗下，统筹原本散落在不同部门和组织的能力资源，协同推进欧盟物联网整体跨越式创新发展。其中四横指项目设置、价值链重塑、标准化和政策导向四大横向基础支撑，七纵指家居、农业、可穿戴、智慧城市、交通、环保和制造七大行业纵深领域。

（三）日韩巨资支持物联网核心技术研发和应用

亚洲发达国家一直非常重视物联网技术的研发和应用，日本和韩国表现尤其突出，近年来逐步投入巨资支持物联网核心技术的研发和应用。2015 年 10 月，日本成立产学官合作组织——物联网推进联盟，成员涵盖企业及地方政府约达 750 个，将主要从事热门技术的研发和测试。2015 年，韩国物联网市值为 4.8125 万亿韩元（约合 39.7 亿美元），近三成业务集中在智能家居和医疗保健等物联网个人服务。而且韩国未来科学创造部和产业通商资源部表示将投资 370 亿韩元用于物联网核心技术以及 MEMS 传感器芯片、宽带传感设备的研发。

二、我国物联网发展情况

我国物联网呈快速发展形势，据统计估算，2015 年，中国物联网整体市场规模达到 7500 亿元，年复合增长率超过 30.0%，预计 2020 年 M2M 数量将达到 3.5 亿。当前，各类企业加快物联网的发展和资源配置，已形成国家政策推动、企业联合创新的良好发展局面。

（一）国务院和各部门通过多方面政策持续完善政策环境

继制定物联网“十二五”发展规划之后，国家建立物联网发展部际联席会议制度和物联网发展专家咨询委员会，以加强统筹协调和决策支撑，国务院出台《关于推进物联网有序健康发展的指导意见》，进一步明确发展目标和发展思路，推出十个物联网发展专项行动计划落实具体任务。《关于信息消费扩大内需的若干意见》提出增强电子基础产业创新能力，重点支持智能传感器等三大产业发展。《关于促进智慧城市健康发展的指导意见》则高度重视和突出物联网在智慧城市发展中的重要作用。国家多方面政策对于完善物联网发展大环境作用明显。

（二）技术研究和标准化方面取得突破性进展

在核心技术和标准方面，以中国信息通信研究院为代表的研究机构和以华为为代表的国内企业通过不懈努力实现突破性进展。中国信息通信研究院牵头的国际标准 ITU-T Y.2068《物联网功能框架和能力》已经于 2015 年 3 月正式发布，该标准主要明确了物联网功能架构和联网能力等内容。无锡物联网产业研究院和工信部电子工业标准化研究院等联合推进物联网“六域”模型，提出了一致性的系统分解模式和开放性的标准设计框架。华为公司积极推动窄带物联网 NB-IOT 在 3GPP 的标准化研制工作，2015 年 7 月，华为和中国联通开展了全球首个 LTE-M 蜂窝物联网的技术演示。

（三）各类物联网企业竞相发展争当龙头

我国物联网产业经过了几年的培育期已经形成了一批具有综合集成能力的企业，而且具备了不俗的实力，竞相发展争当龙头：深圳先施科技和远望谷两家企业占国内 RFID 超高射频市场份额的三成以上；新大陆产业集物联网核心技术、核心产品、行业应用和商业模式创新于一身，成为综合性物联网企业；海格电子推出的 GPS 北斗导航定位系统已在部分地区大规模商用；杭州海康威视公司立足于安防领域不断向物联网监控领域拓展。

而互联网巨头在物联网领域的战略投资也形成了我国物联网产业发展的重要力量，阿里巴巴、腾讯、百度、小米、360 等互联网巨头纷纷以产品、服务、投资、战略合作等方式进军物联网市场，在智能家居、可穿戴产品等多个领域积极布局和拓展业务，通过互联网企业的强大创新能力推动物联网应用快速达到用户侧并收获良好的体验口碑。

（四）工业互联网产业联盟促进物联网重点领域发展

工业互联网是物联网与传统制造行业结合的重要方向，对国家经济的发展具有深远的影响，是各国推进物联网应用的重点领域。在我国，工业互联网被认为是推进物联网发展、“互联网＋”行动及“中国制造 2025”等战略的重要手段。2016 年 2 月，中国信息通信研究院、中国电信、阿里巴巴、华为、大唐等 143 家涉及工业、通信业、互联网及软件服务企业组建“工业互联网产业联盟”，以此促进互联网带动工业创新和提质增效，联盟以工作组的形式，推进共性技术难题突破、技术标准、试点示范及国际合作等，促进我国工业互联网产业的发展。

三、我国物联网发展存在的问题

（一）我国物联网应用服务业仍不成熟

我国物联网应用服务业虽初具雏形，但仍很不成熟，目前已经成为阻碍我国物联网产业发展的主要因素。我国物联网应用主要集中在一些分散的领域，已有的物联网应用大多是行业和企业的内部化应用。涌现的专业物联网企业规模不大，大部分资源仍掌握在互联网巨头等少数企业中。联网应用服务业在社会化、商业化方面仍有较大的欠缺。外部化的物联网应用服务业成长还需要一个较长时间的市场培育，并需突破成本、技术、安全和行业壁垒等一系列限制。

（二）标准的统筹和实施难以满足发展需要

目前，物联网的标准化工作虽然仍在不断推进，物联网国家标准、行业标准的数量也在迅速增加，但统一的规划和部署仍显不足。一方面，由于物联网应用种类繁多、需求差异较大，现有标准的研究、制定模式、推广力度难以跟上产业快速发展和规模化应用的进程，中小企业参与度低、感知度差、采用度少，标准对行业的指导作用亟待提高；另一方面，目前物联网标准主要集中在垂直领域，跨领域、开放互联的共性基础差，缺乏重点布局，新兴领域物联网发展往往没有参照标准，发展混乱。

（三）物联网数据安全机制仍需完善

目前，物联网数据安全机制建设大幅落后于产业发展进程。物联网在各个行业发展的速度参差不齐，实际上，很多设备和应用在安全机制上并没有经过严格的论证和检测，甚至缺乏必要的安全保障手段，这给物联网发展埋下了较大隐患，相关数据安全机制亟需完善。一方面，各行业领域应通过联盟等形式尽快推出业内统一的安全标准，并推动相关法律法规的建设；另一方面，从技术上来说，物联网数据安全隐患来自于传感器、核心网、加密机制漏洞和应用端几个方面，应该从秘钥管理、数据分析和隐私保护、增强型路由协议、入侵检测等方面加强研究和完善。

四、我国物联网监管思路分析

（一）完善各行业协同监管机制

物联网技术、产品和应用发展迅速，引发的新业务新模式也层出不穷，与现有监管政策和体制间的矛盾也日益突出。以医疗健康领域为例，一批健康物联网应用示范工程在发展过程中和现有医院相关政策出现冲突，如专业远程医疗诊断中心缺少资质认定办法，医保无法覆盖远程医疗，远程医疗合规性、服务标准、责任认定和追究制度欠缺等。物联网在医疗、农业、交通、工业、服务业等行业中的应用必然涉及多个主管部门，各具体行业主管部门有必要与工业和信息化部、国家工商行政管理总局建立起协同监管机制，主动作为，共同推出符合行业发展情况的监管政策，保障物联网应用的健康发展。

（二）保障安全的前提下应放低准入门槛

从整个信息通信产业的角度来看，人与人之间的通信将越来越多地转移到人与物、物与物之间的通信。传统的电信和互联网监管思维更多地还是聚焦于人与人之间的通信，现在越来越多的人与物、物与物之间的通信也理应被纳入信息通信主管部门的监管之下。

事实上，工业和信息化部在2015年年底发布了《电信业务分类目录（2015年版）》，其中在“B21在线数据处理与交易处理业务”业务中包括“网络/电子设备数据处理业务”，网络/电子设备数据处理指通过通信网络传送，对连接到通信网络的电子设备进行控制和数据处理的业务。按照上述描述，为第三方提供物联网应用服务的专业物联网服务商应当依照《电信业务分类目录》获得工业和信息化部颁发的增值电信业务经营许可，并遵循工业和信息化部在信息和网络安全、服务质量、互联互通等方面的监管要求。

现阶段，政府对物联网的发展应当以鼓励和培养为主，适当降低物联网应用服务企业的准入门槛，鼓励中小企业创新发展。但这必须以保障用户安全和合法权益为前提，而且政府在加强物联网数据安全和隐私保护等方面仍需加强力度。

（中国信息通信研究院 徐恩庆）

智慧城市发展现状及趋势分析

一、智慧城市发展现状

如以2102年作为中国智慧城市推动元年计算，经过3年如火如荼的智慧城市建设，总体是百花齐放，百家争鸣，主要呈现以下5个特点。

特点一：城市大小与智慧城市建设发展关联性不大。一二三线城市在领跑者、追赶者、准备者等行列均有分布。

特点二：长三角和珠三角地区的智慧城市建设比其他地区起步早，速度快。智慧城市需要嗅觉灵敏和富有远见的领导者，需要雄厚的资金实力和产业基础。

特点三：政府服务能力、能源利用与环保意识两项指标的得分率较高，部分智慧城市在服务能力和环保意识方面，初步达到了基本要求。

特点四：智慧城市的基本设施建设已开始动工，试点示范减少失败、注重顶层设计规划先行的意识逐步加强。

特点五：智慧城市的部分场景应用已经开始在一些城市建设中规模化应用，如下5个应用经部分城市试点后，得到了较好的用户体验。

（一）智慧交通

2015年智能交通市场包含电子警察、卡口、交通视频监控、交通采集与诱导、交通信号控制、交通类平台、GPS与警用系统、出租车信息服务管理系统、客运枢纽信息化与智能公交在内的10个细分行业中市场规模为246亿，同比增长25%。2010～2015年复合增长率为24%。

（二）智慧政务

2015年中国主要城市电子政务发展指数排名前十的城市依次为上海、北京、广州、深圳、福州、青岛、厦门、杭州、武汉、南昌。2014年中国36个主要城市电子政务发展指数的平均值为52.71，其中有21个城市在平均水平之上。上海、北京、广州三个城市排名在本次评估的前三位，显示了它们作为具有国际影响力的大都市在电子政务服务方面做出的卓越努力。其中，上海以其雄厚的经济基础、信息产业基础、人力资源优势以及友好的电子参与服务，占据榜首位置。

（三）智慧医疗

1. 医生工具移动化

面向医院医生的智慧医疗应用模式主要用于医生之间的交流、医学知识库的应用和管理病患健康数据等方面。目前面向医生的智慧医疗商业模式较难复制美国，而是以一种向医生提供信息化服务为主的循环补贴模式，但随着新医改的不断推进，或将为向医生收费这种模式打开新局面。

2. 移动医疗App百家争鸣，主攻大众用户入口

2014年中国移动医疗市场规模增长至30亿元，同比增长89.9%，同年全球移动医疗市场规模达45亿美元。2017年中国移动医疗市场规模有望达到130亿元。目前这些App的服务对象主要为大众用户，用于满足寻医问诊需求；预约挂号及导医、咨询和点评服务需求；细分功能需求等。另外，移动医疗的软件和硬件相结合将为市场带来爆发式增长。

3. 医疗设备可穿戴化，颠覆传统健康管理模式

可穿戴医疗是将传统医疗技术与传感器技术相结合，并辅以大数据分析而形成的交叉领域，可满足医疗机构、医生、大众群体的不同需求。多家机构均对可穿戴医疗未来发展持乐观态度。2012年中国可穿戴医疗设备市场规模为4.2亿元，预计到2015年这一市场将达到12亿元，2017年将达到47.7亿元，年复合增长率达60%，发展潜力巨大。

4. 政策红利助医药电商焕发新机

随着网售处方药新规《互联网食品药品经营监

督管理办法》的正式出台，处方药网售限制逐步放开，医药电商市场会大幅扩大，线上零售额占比将从2%左右逐步加大至20%～30%与国际接轨。

（四）智慧家居

随着中国国内社会的飞速发展，人群的经济水平、消费能力持续提高，消费思维观念也发生了很大变化，人们对居家生活的品质要求也越来越高，居住环境的舒适化、安全化，家居生活的人性化、智能化逐渐成为普通人家的生活要求。逐渐成长的、并越来越具有智能设备消费思维和消费能力的80后、90后甚至00后的年轻一代人群逐渐成为消费市场的人群，更是智能产品消费市场的巨大蓝海。

中投顾问在《"十三五"数据中国建设下智慧城市深度调研及投资前景预测报告》中指出，从智能家居整体系统解决方案方面讲，过去的智能家居系统消费一直停留在高端别墅区，靠装修工程和智能家居项目配套销售；现在的消费群体则明显在向普通消费者转移。和传统智能家居系统相比，轻型智能家居系统引入了众多的无线传输技术、物联网技术、互联网技术、软件应用技术，并随着移动互联网建设及智能终端的普及，将全面取代采用综合布线形式的传统智能家居系统，更好地体现节能、环保、舒适、方便的生活理念，给人们带来良好的用户体验，逐步走入大众人群的家庭中。

近1～2年内，智慧家居的主要消费用户群体应该是特大城市、一线城市、东部沿海及部分中部发达地区的中青年人群。而这样的消费人口数量已经非常庞大，产业商机巨大。

（五）智慧旅游

到目前为止，有关"智慧旅游"的概念可谓众说纷纭，有的甚至有误导的成分。综合国外的相关研究，结合我国的实际，"智慧旅游"是指以游客为中心，以应用互联网、物联网、云计算、3G通信、三网融合、GIS等"智慧旅游"为手段，以计算机、移动设备、智能终端等为工具，以智慧服务、智慧商务、智慧管理和智慧政务为主要表现形式，以全面满足游客"吃、住、行、游、购、娱"的服务需要为基本出发点，以为游客、旅行社、景区、酒店、政府主管部门以及其他旅游参与方创造更大的价值为根本任务的一种旅游运行新模式。

二、智慧城市发展中存在的问题

随着智慧城市向深处发展，遇到的矛盾日益突出，因此智慧城市未来实现长期发展，从现阶段来看，还必须克服一些问题。

（1）智慧城市诸多业务还有形成商业模式；

（2）缺乏统一的信息化平台，无法实现城市状态的全面感知、监控与应；

（3）封闭的内部管理系统，缺乏公众的参与互动；

（4）城市信息资源过度分散，数据不能共享，人为壁垒严重；

（5）专业人才缺乏。

三、智慧城市未来5年发展新趋势

以2016年为坐标，展望未来5年，到2020年，中国智慧城市会有什么样的发展趋势，我们从6个维度做了判断。

（一）ICT及互联网企业将争相布局智慧城市建设

ICT及互联网企业将会以行业应用和云计算为切入点，通过开放的合作模式推动智慧城市建设。同时，国家层面将通过财政改革、购买服务和政府引导等多种模式推动企业参与智慧城市发展。目前，中国智慧城市建设呈现合作大于竞争的特点。智慧城市的建设是一个庞大的工程，其中涉及多个层面，需要生态系统中的各类厂商共同合作，通过建设模式的创新促进生态系统的衍变，才能做好智慧城市。智慧城市的建设正在从单纯提供解决方案式的项目建设向提供附加值更高的后期运营转型，而这种转变恰恰开始于手握用户和流量的ICT及互联网企业进场之时。

（二）以PPP模式为基础、政企协同为主，逐渐替代政府投资为主

在智慧城市建设中，政府若既抓管理又管运营，将极易导致城市发展财政不足、可持续发展能力低下、管理效率滞后等诸多问题。而借助民间资本的力量，将市场机制和经营理念引入城市管理，则既可拓展城市管理的综合资源，又能提升城市管理的

能力和质量。事实证明，政企协同比政府投资为主的方式更有利于智慧城市建设实施。从 2015 年，国家发改委、财政部推动 PPP 项目，这种趋势在智慧城市建设中将更加明显地显现出来。

（三）智慧管网、智慧交通、智慧医疗、智慧教育、智慧环保等关系到民生服务的应用将成为政府推动智慧城市的着力点

随着“幸福城市”、“宜居城市”概念提出，国内诸多城市已经开始从多维度考虑城市未来发展及治理，因此构建新的城市核心竞争力，已变得非常迫切。智慧城市作为城市可持续发展模式的新思维，日益成为城市治理者关注的焦点。如何打造“低碳、安全、便利、友好”新兴城市，未来五年，必须启动“智慧管网、智慧交通、智慧医疗、智慧教育、智慧环保”等涉及建设民生服务的应用，因此这些应用将成为智慧城市的投资热点及着力点。单是“城市综合管廊＋智慧管网”的投入，都需要上万亿，智慧城市投入的海量资金需求可见一斑。

（四）智慧家居、智慧社区及智慧园区将成为智慧城市入口的争夺点

随着智慧城市的推广以及新一代技术的普及，智慧家居、智慧社区及智慧园区的项目必将迎来新一轮的快速发展。智慧家居、智慧社区及智慧园区入口的争夺，将会随着模式创新、技术推广和数据沉淀而日趋激烈。“智慧家居”、“智慧社区”及“智慧园区”作为智慧城市的重要入口，是离市民及企业最近的智慧城市应用。

（五）基于云计算的大数据发掘将提升智慧城市体验

随着云技术的逐步成熟，各地的智慧城市数据中心建设均加入了云计算的概念，通过数据中心的云化建设，更大化地提升数据中心海量数据的支撑能力。除此之外，一些智慧城市产业链成员，如华为、中兴、IBM、银江股份等均开始在大数据方面加大投资，同时也将智慧城市平台作为大数据获取的来源。在 2015 年，智慧城市平台建设中，通过大数据发掘等方式实现智慧城市体验提升和商业变现的成功案例明显增多。随着政企合作模式在全国范围的推广应用，带动了政府大数据资源的共享和利用。智慧城市中的“智慧”结晶离不开大数据的“瞻前顾后”，即总结过去和预测趋势的能力。大数据分析有助于城市运行体征的监测，助推城市管理和服务优化。

（六）信息安全将成智慧城市建设的战略重点

在智慧城市的建设过程中，信息安全是智慧城市建设的重中之重。预计到 2016 年，智慧城市的建设将更加关注信息安全。政府方面应该着力将基础设施分级分类，继续深化在网络基础设施及信息资源方面的安全防护；企业方面应该加强产业合作，形成合力，推动中国安全信息产业的发展。解决信息安全问题，首先要提高全社会的网络安全意识；其次要不断完善网络信息安全立法；三要建立全方位的安全防御体系，先要对信息系统进行严格的安全域划分，对不同的安全域实施不同的安全策略，对智慧城市应用实施多级安全防护措施，实现智慧城市信息系统的深度防御；四要加强城市信息安全监管。

第四次工业革命正在向我们走近，推动人类的生产力及生产方式悄然发生变化，而作为城市里的人，正在感受这种变化带来的温度；体验这种温度的政府、企业、市民都在努力适应新变化，并且克服原有的旧习惯。未来，相信智慧城市必将重构基于城市的新经济发展模式和新生活模式，我们期待这一天早日到来！

（中国智慧城市研究院　吴红辉）

VoLTE 网络部署策略研究

随着国内 LTE 网络如火如荼的建设，目前 LTE 网络仅支持数据业务，语音业务主要是依靠双待机、CSFB 或 VoLTE 来解决。双待机和 CSFB 是解决 LTE 语音业务的过渡方案，其均是利用 2G 或 3G 网络进行电路域语音呼叫，双待机方案是指 LTE 终端可以同时在 LTE 和 2G/3G 电路域驻留，实现数据业务和语音业务的并发；CSFB 方案是指终端驻留在 LTE 网络，一旦发起语音业务则回落到 2G/3G 电路域进行语音呼叫。

VoLTE 被认为是 LTE 语音解决方案的最终形态。VoLTE 是架构在 LTE 网络上全 IP 条件下的端到端语音方案。VoLTE 的语音作为 IP 数据传输，无需 2G/3G 网，全部业务承载于 LTE 网络上，便可实现数据与语音业务在同一网络下的融合。

一、VoLTE 的网络性能分析

LTE 是国际主流的新一代宽带移动通信技术。基于 LTE 面向分组域优化的架构，LTE 网络不再区分电路域和分组域，采用统一的分组域架构。在 LTE 系统架构下，不再支持传统的电路域语音解决方案，IMS 控制的 VoIP 业务将作为未来 LTE 网络中的语音解决方案。

VoLTE 相较 2G、3G 语音通话，语音质量能提高 40% 左右，因为它采用高分辨率编解码技术。VoLTE 为用户带来更低的接入时延，比 3G 降低 50%，大概在两秒左右，而 2G 时代则在六七秒。此外，2G、3G 网络下的掉线情况时有发生，但 VoLTE 的掉线率却接近于零。

与 OTT VOIP 相比，VoLTE 比 OTT VoIP 省电 40%，且更省流量。在相同的语音质量前提下，大多数的 OTT VoIP 应用在通话过程中比 VoLTE 多消耗 20% ～ 40% 的流量。在 Non-GBR（Non Guranteed Bit Rate）承载流量高的网络环境下，OTT VoIP 的掉话率高达 100%；在 Non-GBR 承载流量中等的网络环境下，OTT VoIP 的掉话率可达 65%，而 VoLTE 始终保持零掉话率。同样，随着网络负荷上升，OTT VoIP 的语音质量明显下降，而 VoLTE 始终能够保持高质量的语音。

二、VoLTE 部署策略模型

VoLTE 的部署应从多个方面进行考量，但是过多维度的引入将使得分析过程复杂化。结合网络未来发展趋势，全网 IP 化程度逐渐加深，2G/3G 网络未来会被升级改造或退网。假设 4G 网络在 5G 网络商用之前将成为移动通信网络的主力网络，我们主要从三个维度来进行分析，分别是用户维度、业务维度和终端维度。通过对三个维度的数据进行预测后联合分析，形成具有一致性的价值总和，即 VoLTE 部署价值区域。价值必须体现为可量化数据才具有应用意义，价值的计算须结合三要素展开。

VoLTE 部署策略模型算法如下。

（一）提取、清洗、整理并计算所需维度及子维度数据

用户维度。在电信运营商市场经营活动中，用户属性是根据用户通信套餐区分。若用户资费是 4G 套餐，则该用户为 4G 用户，其他亦然。VoLTE 网络的部署是面向 4G 语音业务的网络改造，VoLTE 部署的最大受益用户是 4G 用户群体。对于高 ARUP 用户，这一类用户大部分是 VIP 用户、星级用户或消费额度较高的用户群体。因此，用户维度进一步分为 4G 用户密度、非 4G 用户密度及高 ARUP 用户密度三个子维度。

终端维度。终端是用户接入网络的重要媒介。在当前终端产业，支持 VoLTE 功能的终端较少，在分析时，默认 4G 终端支持 VoLTE 功能，非 4G 终端不支持该功能。因此 VoLTE 部署成功后，用户只有凭借 4G 终端才能在发起语音业务时采用 VoLTE 功

能。因此，终端维度进一步分为4G终端密度及非4G终端密度两个子维度。

业务维度。通信业务在大类上基本分为数据业务和语音业务，这样分类也是由于语音业务属于CS域业务，而数据业务属于PS域业务。但是在VoLTE部署之后，对于4G业务而言，其数据业务和语音业务均承载在PS域。因此对于3G及2G网络，在部署VoLTE后，语音业务在综合业务（语音业务＋数据业务）的占比分梯度降低。因此，业务维度进一步分为3G语音占比综合业务量及2G语音占比综合业务量两个子维度。

（二）对各维度、子维度数据的预测

以上所述各维度、子维度数据均可由运营商平台提供，它们反映网络之前和当前的状态。而目前一些课题，研究成果分析的数据大多集中于现行网络数据，这样分析的结果可能存在片面的效果。而网络建设，尤其是本文研究的VoLTE部署策略，都具有一定的网络改造时延。而且，当前社会发展日新月异，通信行业及通信用户群体也不再一成不变。对数据进行宏观预测，则可将用户、终端及业务在一段时间后的演进状况宏观展现，利用预测后的数据进行分析，可使策略分析结果更具现实意义。本模型采用最小二乘法拟合模型进行预测。

（三）采用层次分析法确定维度权重

对各维度及子维度制定专家调研表并进行调研，调研结果生成专家矩阵。由专家矩阵生成n个一致性矩阵，矩阵最大特征值对应的特征向量即为权重。此过程分为两个部分，其一是对子维度计算权重；其二是对各维度计算权重。

（四）综合价值计算并可视化呈现

利用价值公式将各子维度与权重、各维度与权重计算求得部署区域价值，之后在用于分析策略落地的网格上予以可视化呈现。

$$U=\sum_{i}\left(\sum_{j} d_{ij}u_{ij}\right) \tag{1}$$

U表示总价值；d_{ij}表示第i维度、第j子维度得分；u_{ij}表示第i维度、第j子维度权重。

三、VoLTE部署策略模型应用

对于某地市VoLTE部署策略，分析的颗粒度建议为本地网格层级。针对每一个网格，结合三个维度——用户、终端及业务进行联合分析。提取数据即某地网络B+O侧数据，数据时间为2015年每月的第三星期，并根据层次分析法对三个维度指标导出权重，利用对应维度的预测数据求得本地所有网格的综合价值得分，将其映射到本地网格，则排分靠前网格区域为优先部署VoLTE区域。

经过数据的提取，并利用预测模型进行预测，以地市物理网格为依托，展示部分数据，见表1～表3。

表1 用户维度中各子维度部分数据示例

网格名称	非4G用户密度	预测2016	4G用户密度	预测2016	高ARPU用户密度	预测2016
XX网格	4729.28	2601.35	303.35	874.65	2205.43	4146.17
XXX网格	2120.99	1167.44	179.18	516.86	717.55	1349.82
XXXX网格	2350.32	1293.27	223.65	644.26	742.03	1395.23
XX网格	6805.14	3743.69	409.01	1178.74	3301.47	6207.45

表2 终端维度中各子维度部分数据示例

网格名称	非4G终端密度	预测2016	4G终端密度	预测2016
XX网格	4775.44	1590.36	3309.55	8165.45
XXX网格	2619.23	872.87	919.89	2269.
XXXX网格	2816.44	938.45	995.65	2456
XX网格	7096.50	2363.38	4010.10	9893

表3 业务维度GSM语音占比综合子维度部分数据示例

网格名称	GSM语音占比综合	预测2016	WCDMA语音占比综合	预测2016
XX网格	0.81	0.33	0.31	0.2158
XXX网格	0.80	0.32	0.28	0.1985
XXXX网格	0.86	0.35	0.25	0.1734
XX网格	0.83	0.34	0.20	0.1476

对子维度各数据进行标准化后，利用专家打分形成的矩阵求得的特征值，即权重，求得其价值；随后将三个维度价值计算其综合价值，在网格上分级别予以呈现，见表4。

表4 综合价值部分数据示例

网格名称	用户维度价值	终端维度价值	业务维度价值	综合价值	分类呈现
XX网格	15.7833	14.1961	7.7892	11.9510	一类价值
XXX网格	0.2620	0.4177	0.1801	0.2932	二类价值
XXXX网格	−0.0877	−0.0583	0.1262	−0.0012	三类价值
XX网格	−0.0514	−0.0457	−0.1109	-0.1032	四类价值

将表4中综合价值呈现在本地网格上，如图1所示，根据四类价值，以不同热度颜色呈现，热度越高，则表示VoLTE部署应优先该区域；反之，应推迟或暂不考虑部署VoLTE。

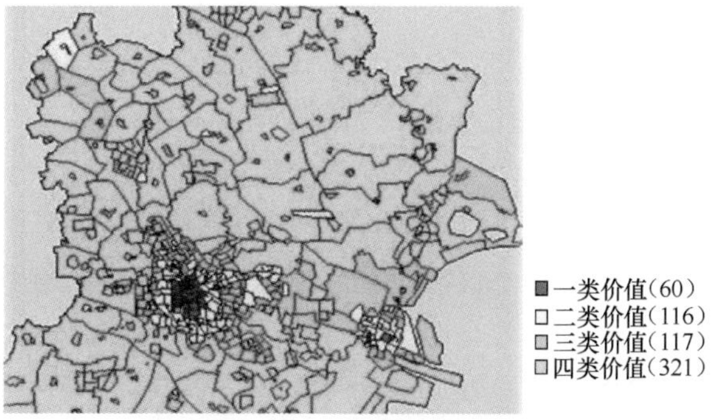

图1 某地市VoLTE部署策略部分区域展示

运用本文的VoLTE部署策略模型，由可视化呈现后可知，本地VoLTE部署若分阶段部署，则建议一类价值区域优先部署，二类、三类部署价值区域次之，四类价值区域暂缓或推迟部署。

（北京电信规划设计院有限公司　毛利凯　崔玲龙）

2015 年通信行业 SDN 市场发展分析

当前，面向 SDN/NFV 的网络架构变革已经成为业界共识。这不仅将为运营商的转型升级注入强劲驱动力，同时也会给整个行业带来新的机遇。2015 年，SDN 技术由炒作期走向成熟期，SDN 与现网应用结合、与已有运维体系结合的需求越来越强烈。因此，2015 年，SDN 从实验室测试逐步走向商用验证和部署的阶段。

一、市场规模和标准、商用进展

SDN（Software Defined Networking，软件定义网络）的出现提供了一种最开放、灵活和可持续演进的创新架构，其核心技术是通过将网络设备的控制面与数据面分离，从而实现网络流量的灵活控制，为网络及应用的创新提供了良好的平台。

业界普通看好 SDN 的发展。例如在数据中心和企业级市场，HIS Infonetics 所发布的《数据中心及企业级 SDN 软硬件市场报告》曾预测，2015 年，使用 SDN 控制器和相关交换机的 SDN 市场将达到 14 亿美元，与 2014 年相比将增长近 100%。

目前虽无明确的分析指出是否达到这个市场规模，但 2015 年全球多个运营商、设备商及合作伙伴展开基于 SDN 技术在网络方面的合作研发和商用部署消息不绝于耳，可见 SDN 市场发展之迅速。

在过去一年间，包括 AT&T、NTT、西班牙电信、Verizon 以及国内三大运营商在内的全球主要运营商，都根据自身的情况纷纷开展了 SDN 测试。从全球范围来看，北美运营商在 SDN 领域进展最快，比如，AT&T 基于 SDN 技术实现的“随选网络”服务，在 2015 年上半年已扩展至美国 100 个城市。

在中国市场，出于“网络创新带动创收”的目的，三大运营商在过去一年间，不断探索 SDN 在现网中的应用，目前各省分公司都在联手设备商共建 SDN 联合实验室或试水 SDN 试验网络，所涉猎领域已经涵盖了无线接入网、移动回传网、SPTN 以及协同承载网等。

在 SDN 标准方面，全球有 ONF、ETSI、IETF、MEF 等标准化组织，以及 ONOS、Openday Lignt、OPNFV 等开源组织，为推进标准化做出了积极努力。

2015 年许多 ICT 厂商和标准组织正在为标准进行角力。综合来看，SDN 标准组织 ONF 所提倡的开放性已经被各方公认为 SDN 的核心基因之一，国内三大运营商、工信部电信研究院和华为、百度、阿里巴巴等 ICT 厂商都是 ONF 的成员，为营造 SDN 的开放创新生态做出了重要贡献。

中国厂商参与 SDN 标准研发的热情非常高，并取得了非常有利的地位。如在 ONF 组织中，华为专家就担任了 ONF 组织 ServiceAreaDirector、L4-L7Service 项目主席。显然，无论全球 ICT 行业针对 SDN 标准达成怎样的共识，崛起的中国通信产业都不会是无足轻重的跟随者。

二、运营商 SDN 侧重各不同

我国三大运营商已全面拥抱 SDN/NFV，以构建“智能化”的网络，适应未来网络发展需求。运营商引入 SDN，基本确定了先数据中心，再核心网、接入网的思路。目前 SDN 已在多省的云数据中心落地，产生了初步成效，并且逐步走向传输网以及企业专网等应用场景中。

中国电信作为固网资源的“老大哥”，提出“互联网化转型”战略由来已久。中国电信成立云计算开放技术联合实验室，打造 SDN/NFV 开放生态系统。而在 2015 年 11 月中旬，中国电信联合主流设备厂商华为启动了号称是全球最大 SDN 商用骨干网络的建设项目。

其官方信息显示，这项工程覆盖了中国电信位于全国的六大核心数据中心基地、15 个核心数据中心城市，将在全网基于 400Gbit/s 及以上路由器平台上引入 SDN 创新技术。待建成后，中国电信将能够实现云基地与各省核心 IDC 机房的云间互联，由此为自身 IDC 云业务的快速部署和业务联动提供高品质的承载保证。

中国联通对于 SDN 的引入可以追溯到最早的“沃云”，其又与华为、华三通信等在 SDN 领域处于领先地位的设备企业组建了联合试验室，期望在云化 IDC、光传送网等领域实现创新。在具体发展时间节点方面，2015 年中国联通对于 SDN/NFV 进行试验性推广，2016 年将推动试点的落地，争取在 2017 年实现创新网络试点的全面推广。目前中国联通对于 SDN 的尝试主要面向云化 IDC、VPN 智能专线以及 ICT 整体解决方案等领域。

就在 2015 年 9 月，中国联通公布了其面向新一代网络架构 CUBE-Net 2.0 白皮书，作为指导中国联通下一个 10 年网络规划的“顶层设计”，SDN/NFV 作为其中的关键技术也有着浓墨重彩的一笔。

中国移动在如何促使“SDN 价值化”方面下了一番苦功，在场景应用方面，中国移动对 SDN 的引入策略是优先在云计算数据中心、集客 PTN 网络应用，逐步在 IP 广域网试点试商用。

2015 年中国移动完成业界首次 SDN+NFV 的数据中心商用测试，部分产品已经可以商用。目前中国移动四大数据中心都采用该架构，也进行了国内第一次比较全面的组合测试，在 2016 年，中国移动将在数据中心开展大规模的升级。

值得一提的是，2015 年，中国移动提出了新一代网络“NovoNet”愿景， 希望融合 NFV、SDN 等新技术，构建一张资源可全局调度、能力可全面开放、容量可弹性伸缩、架构可灵活调整的新一代网络，以适应中国移动数字化服务战略布局的发展需要。

三、产业链各方企业争雄

SDN 市场一直是设备厂商关注焦点，包括华为、中兴、思科、诺基亚、英特尔等主流大厂都推出了相关产品，并投入巨额资金进行研究。

比如在 SDN 发展方面，华为作为 SDN 技术领域的领先解决方案提供商，积极推动 SDN 在中国的产业化。华为在 OIF、ONF、IETF 等主流标准组织担当核心职位并贡献多种应用场景，与西班牙电信、沃达丰等运营商开展 T-SDN 领域联合创新，亦携手天津联通开通全球首个基于 ONOS 开源架构的 SDN IPRAN 企业专线业务，实现 IPRAN 专线业务的快速部署。

华为先后与中国电信、中国联通、中国移动以及 Telefonica、VDF、SingTel 等全球领先运营商开展了 SDN 联合创新项目及商用部署。截至 2015 年 8 月底，华为参与的 SDN 项目累计达到了 156 个，除了传送网，还包含数据中心互联、广域网、政企专线、城域边缘等多个应用场景。

在刚刚过去的 2015 年，中兴通讯全面参与了国内外运营商在 SDN 各领域的现网测试及试点，ElasticNet 弹性网络方案得到了较全面测试验证和市场商用的检验。中兴通讯还全面支持了国内外运营商在 SDN 化数据中心、SDN 承载、统一编排等领域的测试和部署。截至 2016 年初，中兴已经在全球范围内获取超过 10 个 SDN/NFV 商用合同，PoC 测试 / 试点 50 余个。

在国内，中兴通讯还陆续完成了福建、江苏、海南等多个省公司 SDON 现网试点测试，充分验证了 SDN 化光网络的端到端管理能力，支持 BOD 按需带宽服务，提升光网络开放能力；完成了浙江、江苏等多个省市公司的 SDN IPRAN 现网试点测试，验证了虚拟集群、弹性伸缩等网络能力，大幅简化了网络运维。

作为国内新 IT 基础架构提供者，华三通信在 SDN/NFV 领域积极投入。2015 年 12 月，在乌镇举行的第二届世界互联网大会上，华三通信数十套 VSR、VBARS 等 NFV 设备得到大规模部署和应用，这是对华三通信领先的技术实力有力验证。华三通信还携手淘宝网建成了国内最大的 SDN 网络。

SDN 将打开封闭的网络设备产业，注入更多玩家。一直在 SDN 和 NFV 领域领跑的赛特斯，已建成多个基于 SDN 的虚拟私有云平台，基于 SDN 和 NFV 的柔性网络完美诠释了面向 SDN/NFV 的云执行环境，目前已成功为中国移动、中国联通集团及多个省分公司数据中心、云控制平台提供专业服务。

此外，盛科网络、网锐网络、星网锐捷、网锐网络等产业链不同环节的企业，均在2015年借助SDN抓住新市场机遇。

四、SDN和NFV关系厘清

业界对SDN和NFV两项技术经常混为一谈。2015年，业界更加清晰SDN/NFV的区别，两者互为补充关系。从本质上来看，SDN和NFV是完全不同的技术，SDN是网络连接，NFV是实现的网络功能、实现各种各样的调度。

从国际上看，研究SDN和NFV的也是不同产业和从业人员，包括国际标准化组织也不一样，但是这两者又是未来网络很重要的部分，它们可以互相补充，发挥更大的价值。

NFV和SDN已成为未来网络基础技术。两者相互结合、相互补充，将发择更大的效应。而"SDN+NFV+OpenStack"的整体解决方案将是下一阶段的热点和协同的难点。

此外，SDN已经具备商用的条件。相比而言，NFV在IMS核心网、小基站网关、数据中心虚拟负载均衡、虚拟防火墙设备转发性能方面取得一定突破，但在其他方面还处于真正大规模应用的前期，还有很多问题需要解决，需要产业界的持续努力。

总之，SDN通过软硬件解耦，实现网络软件化，NFV能为网络带来更好灵活性，SDN与NFV的搭配，可更好地支持负载均衡、广域网优化的虚拟网络功能，因此ONF预计，2016年在运营商网络和企业云领域，SDN和NFV的结合将更加普遍。

五、技术发展的挑战与应对之道

SDN技术还有待成熟，表现在：组网性能有待提高，如何提高SDN控制器的运算效率和处理能力，提高转发面的转发能力；集中控制算法有待解决，在大规模网络节点中的接种控制算法、拓扑信息和资源状态采集方法有待实现；虚实组网演进，在分场景分区域引入SDN和NFV时，虚拟网元和物理网元、运营支撑系统之间并存、互通以及协同等有待解决。

谈及SDN发展面临的问题，中国移动研究院网络所所长段晓东在2015年相关论坛上提出以下4点。

一是SDN研发和产品实现的重心问题。一方面，目前SDN的产品和应用集中在数据中心场景，其他场景的研发滞后；另一方面，SDN和NFV的研发进度不一致，NFV相对滞后，且相互间缺乏协同。

二是数据中心的北向接口问题。OpenStack支持的北向接口不足，且近期采用App扩展Restful API弥补OpenStack的不足。远期业界还需要推动OpenStack社区完善，统一北向接口。

三是数据中心业务缺少开放架构。NFV、SDN和OpenStack共同组成数据中心整体架构。SDN+NFV实现业务链时，由于NFV接口标准化缺失，难以兼容多厂家VNF。

四是广域网SDN南向接口和平滑引入问题。近期重点考虑基于传统协议作为南向接口，使IP承载网平滑演进到SDN架构。

除了企业加快自我研发的步伐外，为有效解决SDN所面临的挑战，目前业界已经成立了诸如"SDN产业联盟"等组织，以开放合作的态度支持SDN产业从技术向商用迈进，联合产业界各方共同推动SDN产业健康发展。

六、2016年SDN市场发展预期

对于SDN人们非常看好其发展前景，例如IDC预测到2018年SDN市场规模将达到80亿美元。SNS Research的报告显示，2015～2020年，网络服务提供商在SDN/NFV方面的投资将持续提升，年复合增长率将高达54%，预计到2020年可达200亿美元。

就中国市场，中信证券预计，中国市场在云计算、IDC及运营商更广泛网络场景需求爆发，以及设备国产化替代进程加快，也将会迎来SDN的巨大投资机会；预测到2020年国内SDN设备销售规模将超过400亿元，2016～2020年CAGR达到92%。

2015年，SDN已经在零售、医疗保健等行业得到了广泛应用。进入2016年，SDN将在更多垂直行业加速落地，特别是在电信运营商市场，随着应用程序、移动终端的持续增长，SDN 的重要性和价值将不断显现。

展望 SDN 的发展，华为提供了 3 个阶段预测：从 2015 年到 2016 年，主要运营商完成基于现网定制的 SDN 顶层设计；从 2016 年到 2017 年，主要运营商推出 SDN/NFV 的新架构；从 2018 年到 2019 年，行业领先运营商中 70%，新增网络实现 SDN/NFV。

对于运营商 2016 年发展 SDN 应该侧重的领域，中国联通专家则建议，未来的 SDN 网络控制器成为网络的大脑，运营商需要占据主导权，否则将失去与应用方合作的能力，同时也失去对网络的主导力。

总体来看，到 2016 年底，SDN 市场将全面结束实验室试用阶段，走向生产现场部署阶段，尤其是在数据中心和企业网络领域。到 2017 年，SDN 将从早期的尝鲜者手中走向主流买家。

（《通信世界》杂志副主编　黄海峰）

云计算技术发展分析

市场调研公司IDC最新调查数据显示，云服务市场规模巨大，58%的受调查企业计划使用基于网络的云计算服务，比例远远超出2014年年底的24%。另一家市场调研公司Gartner预计，云计算产业规模在2019年将达到3 150亿美元，远远超过2015年的1 750亿美元。

公司业务结构中软件、云计算产品占比提升符合IT产业大趋势。同时，企业从传统架构向基于云计算的IT架构转型可有效节约成本。据悉，企业将应用从传统IT架构迁移到云计算可节省成本高达70%。云计算与传统IT平台相比可提高企业创新效率高达300%。

近年来，云计算市场规模迅速增大，行业标准逐步确立，技术水平不断提升，产业环境逐渐成熟，云计算已经历了由小到大、由炒作到成熟的发展过程，正进入大变革的时期，全面迈向2.0时代。

一、云计算市场风起云涌

中国信息通信研究院通信标准所副所长何宝宏认为："云计算技术Docker的兴起令产业从产品竞争转向了生态系统竞争。"在云计算开源和闭源世界中，开源的OpenStack在云计算市场占比高达90%，OpenStack的地位已经稳定；同时，闭源世界的引领者亚马逊正在打造其生态系统，亦有超过2 000家合作伙伴。目前，开源和闭源并存的竞争格局已经基本确立。

在国际市场上，亚马逊、谷歌、微软以及IBM仍然是云计算市场的主导者。2015年亚马逊云计算业务营收达到约80亿美元，亚马逊成为云计算市场的龙头企业。市场调研公司Synergy Research Group预计，微软目前已占据了全球云计算市场10%的份额，虽然落后于亚马逊的30%，但其拥有卓越的知识产权，实力不容小觑。而谷歌在云计算的发力给人留下了深刻印象。谷歌明确表示，要转型成为一家大型云计算公司，努力为全球IT行业提供服务，从而改变过去主要依赖搜索广告赚钱的盈利模式。为了提升在云计算的地位，谷歌将大规模扩充其数据中心网络，未来12～18个月将再增加10座数据中心。谷歌曾与苹果签署了一项价值4～6亿美元的合同，苹果将使用谷歌的云平台服务，谷歌云计算服务迎来一场大捷。

国内的云计算市场可谓风起云涌，各路资金和创新技术纷纷涌入。云计算如今已成为全球各大IT厂商争夺最重要的领域。国内主要的几类云计算公司包括公有云服务提供商阿里云、腾讯云、金山云、uCloud和华为云等，基于开源OpenStack的云服务解决方案提供商九州云、海云捷讯和EasyStack等，以及基于Docker容器技术的服务解决方案提供商灵雀云等，传统IDC企业光环新网、易动云等。

从市场占有额来看，阿里云在中国公有云市场份额达到了30%，超过亚马逊、微软和IBM在中国市场的份额。目前阿里正在为全球60多个国家的180万家企业提供云计算大数据服务，也为自己前不久实现的3万亿电商交易额做出了巨大贡献。SunTrust分析师预测，到2018年，阿里巴巴云计算业务收入将达到12亿美元，这意味着阿里云将在未来几年依然保持迅速的增长。

在云计算市场的争夺战中，自然少不了中国移动、中国电信、中国联通三大运营商的身影。中国移动除在南方基地和北方基地建立云计算研发中心外，还在江苏建立研发基地；中国电信在内蒙古和贵州建立云计算中心；中国联通在国内建成了十大云基地。三大运营商正借助云计算实现企业转型。技术供应商华为、浪潮、联想等云战略逐渐明晰，华为在安徽、湖北建立云计算中心，联想也于近日推出腾云计划，将在中国兴建 50 个云计算中心。

二、混合云将成业界主流

尽管市场竞争已高度激烈，但绝大多数的分析师和云计算产业高管均认为，用户正越来越偏好于混合云服务。云投资组合管理公司 RightScale 最近的一份调查显示，82% 的企业用户采用了“多云”（multi-cloud）战略。企业用户不希望把所有的数据保存在一家公司的服务器网络当中，可以选择不同云计算服务厂商的服务，因此包括 Box、Dropbox 等小型服务提供商都将有生存空间。

对于云计算领域的公司，金山集团兼金山云 CEO 张宏江提出三个标准，即第一是技术关，第二是规模关，第三是服务关。“你要想过规模关你必须得有很好的资源，如果你没有资金的资源，你没有人力的资源，你很难做到能够给用户提供很好的云服务。”

当前云计算亟待转型，云计算的转型应从思考云、构建云、利用云三个方面考虑。IBM 大中华区云计算事业部营销总监罗启明表示，在思考云方面，需明确制订云的战略和云的实施路线图；在构建云方面，在私有云领域 IBM 是全球公认领导者，在公有云领域，IBM 已在全球 15 个国家建设了 40 个数据中心；在利用云方面，IBM 已投资了 10 亿美元，构建了强大的 PaaS 平台，也拥有人力资源以及精准营销等 SaaS 平台，IBM 正打造云服务提供商的新生态。

Gartner 的调查显示，云计算产业最赚钱的领域将是软件即服务（SaaS），到 2019 年，软件即服务市场的规模将达到 610 亿美元。其次则是基础设施即服务（IaaS），它有点类似于公共服务。微软、亚马逊等厂商将托管客户的计算基础设施，并根据用户的计算数据使用量进行收费。Gartner 预计，该项服务的市场规模到 2019 年将达到近 500 亿美元。

三、云计算迈向 2.0 时代

目前，云计算已从 1.0 时代迈向 2.0 时代。云计算的使用主体及应用范围发生了转变。云计算起源互联网，云计算 1.0 时代的使用者主要是互联网或初创企业。但是随着云计算的不断发展，企业客户也逐渐意识到云计算的巨大优势，并开始使用云计算。IBM 大中华区云计算架构师王攀表示：“在云计算 1.0 时代，企业级用户更多地将云计算引入非核心系统或测试开发系统，进入云计算 2.0 时代，其核心系统也会不断地向云计算迁移和演进。”

在云计算技术上，可以提高 30~100 倍处理效率的 Spark 技术的兴起，意味着云计算的核心技术将发生变化。何宝宏认为：“云计算正由原来简单虚拟化的 1.0 时代，向优质虚拟化云计算 2.0 时代转变。”同时，云计算的服务模式也在发生转变，尤其是软件服务模式。在运维层面，只有对专业技术掌握得更好、技术更贴近用户，才能赢得用户的青睐。

近年来，尽管我国云计算产业发展较快，但是与发达国家成熟的云计算产业相比，我国的云计算产业仍然处于初期阶段。目前我国云计算企业基本形成了技术研发和产业化的能力，在关键的云计算资源管理调动系统方面，涌现一批自主创新成果，并获得了市场应用。但是企业整体实力仍然不够强，核心技术受制于人的状况还没有根本改变。

为推进云计算发展，尽快壮大云计算产业，缩小与先进国家的差距，云计算亟需转型。工信部通信发展司副司长陈家春表示，首先，各企业需抓住当前宽带普及提速、移动互联网、大数据的发展机遇，不断进行技术业务和商业模式的创新。其次，云计算企业要积极采用绿色节能技术，提高云计算能效水平，促进云计算产业绿色、健康、可持续发展。最后，不断拓展云计算与移动互联网、大数据、物联网等技术的交叉运用，推动云计算与工业、农业等相关领域产业深度融合势在必行。

四、云时代，网络安全不可忽略

当前大数据、云计算的发展已列入了国家“十三五”规划。政府工作报告中明确指出，要促进大数据、云计算、物联网等技术的广泛应用。

云计算时代，网络安全不可忽略。在云计算的 2.0 时代，隐私问题非常突出，安全方面得到了业界普遍关注，因而需要重新定义隐私的内涵和边界。

目前，网络威胁攻击一方面通过多样化的攻击手段、专业的工具、有组织地获取高额的商业利益，另一方面则表现为国家层面战略布局。此外，攻击者本身可以方便地调动大规模资源，从而其攻击的速度更快、破坏性更强。而防守方仅凭传统的防守方案已经无法阻挡攻击，威胁、情报、检测、防护、态势感知都是新的防守技术，而更加智能化的产品和云交付的模式也是应对威胁的新举措。在这些方面，无论IT巨头、传统安全龙头还是信息安全厂商都在积极布局，以完善自身的技术、市场和产品。

随着云应用的普及，云安全不再是空泛的概念和技术设想，已有众多厂商针对云的安全危险弱点开发出相应的产品并投入市场。

（《通信世界》周刊　刁兴玲）

通信设备制造及建设运维篇

2015年通信设备制造业发展分析

一、宏观经济环境分析

（一）全球经济形势仍然缺乏动力，我国经济发展稳中向好

2015年全球经济复苏之路崎岖，经过上半年的短暂回调后，下半年全球经济由于缺乏增长动力，再度出现萎缩。美国经济受库存拖累和油价下滑的影响，增速持续放缓；欧元区受德国经济增长大幅优于预期的影响，整体保持温和复苏态势；日本经济增速不及预期水平持续萎缩，消费及投资均出现疲软态势。从国内形势来看，我国经济运行稳中有进、稳中向好。2015年全年，国内生产总值实现676 708亿元，按可比价格计算，同比增长6.9%。经济平稳运行，为通信设备制造业营造了良好的市场环境，其各项经济运行指标均领先于电子信息制造业平均水平。

（二）我国密集出台系列措施，促进通信设备行业发展

2015年以来，我国先后出台一系列措施，规范和促进通信设备行业发展。

为了深入推进落实“宽带中国”战略，工业和信息化部于2015年2月26日召开会议部署“宽带中国”2015专项行动引导目标和实施计划，并于2015年5月16日发布了《关于加快高速宽带网络建设推进网络提速降费的指导意见》，将拉动通信网络建设投资需求。

为了统筹推进4G融合发展，促进信息消费，工业和信息化部于2015年2月27日向中国电信和中国联通发放“LTE/第四代数字蜂窝移动通信业务（LTE FDD）”的经营许可，将激发通信基站和智能终端设备需求。国务院于2015年8月25日发布了《三网融合推广方案》，有利于激发通信网络建设的投资。

为了顺应新一代信息技术与制造业深度融合发展趋势，国务院于2015年5月19日印发了《中国制造2025》，以推进智能制造为主攻方向，加快推进我国制造业创新发展、提质增效，实现从制造大国向制造强国的转变。为落实国务院《中国制造2025》的战略部署，加快推进智能制造发展，工业和信息化部、国家标准化管理委员会共同组织制定了《国家智能制造标准体系建设指南》。

为加快推进云计算标准化工作，工业和信息化部于2015年10月16日印发了《云计算综合标准化体系建设指南》，将进一步激发通信网络建设的投资；为适应近年来电信新技术新业务蓬勃发展，工业和信息化部于2015年12月28日正式发布《电信业务分类目录（2015年版）》，并将于2016年3月1日起正式施行。

二、我国通信设备制造业发展现状分析

（一）我国通信设备制造业对外依存度持续下滑

2015年全年，受信息安全战略影响，我国通信设备市场国产化趋势日渐明显，我国通信设备制造业对外依存度持续下滑。未来，随着4G建设的全面展开，物联网、云计算、大数据等技术不断成熟，智慧城市建设加速和信息安全战略的不断提升，国内通信基站和智能终端设备市场需求将大幅上升。国内通信设备市场需求大幅上升将提升通信设备制造业内需占比，通信设备制造业对外依存度持续下滑。2015年1-12月电子信息主要产品进出口情况见表1。

表 1 2015 年 1-12 月电子信息主要产品进出口情况

合计	出口		进口	
	金额（亿美元）	同比增长（%）	金额（亿美元）	同比增长（%）
	7811	-1.1	5277	-1.2
其中：通信设备	2148	8.7	505	9.8
广播电视设备	76	-10.2	41	-11.7
计算机	1941	-14.4	533	-12.6
家用电子电器	1057	-0.6	198	-5.0
电子元件	808	3.0	480	-7.3
电子器件	1399	6.2	2994	2.2
电子材料	66	-6.1	73	-9.6
电子仪器设备	316	-4.9	453	-6.8

（二）我国通信业收入增速平稳，电信固定资产投资增速明显

通信行业是通信设备制造业务主要下游行业，通信设备产品需求结构和数量变化趋势与通信行业发展趋势、电信运营商固定资产投资走势密切相关。

2015 年，电信业务收入完成 11 251.4 亿元，按可比口径测算同比增长 0.8%，比 2014 年回落 2.8 个百分点。电信业务总量完成 23 141.7 亿元，同比增长 27.5%，比 2014 年提高 12 个百分点。

2010–2015 年话音业务和非话音业务收入占比变化情况如图 1 所示。2015 年，非话音业务收入占比由 2014 年的 58.2% 提高至 68.3%；移动数据及互联网业务收入占电信业务收入的比重从 2014 年的 23.5% 提高至 27.6%；移动宽带用户（3G/4G）在移动用户中的渗透率达到 60.1%，比 2014 年提高 14.8 个百分点；8Mbit/s 以上宽带用户占比达 69.9%，光纤接入（FTTH/O）用户占宽带用户的比重突破 50%。融合业务发展渐成规模，截至 12 月底，IPTV 用户达 4 589.5 万户。

工业和信息化部公布的数据显示（如图 2 所示），2015 年，规模以上电子信息制造业 500 万元以上项目完成固定资产投资额 13775.3 亿元，同比增长 14.2%，增速比 2014 年提高 2.8 个百分点，高于同期工业投资增速 6.5 个百分点，达到自 2009 年以来

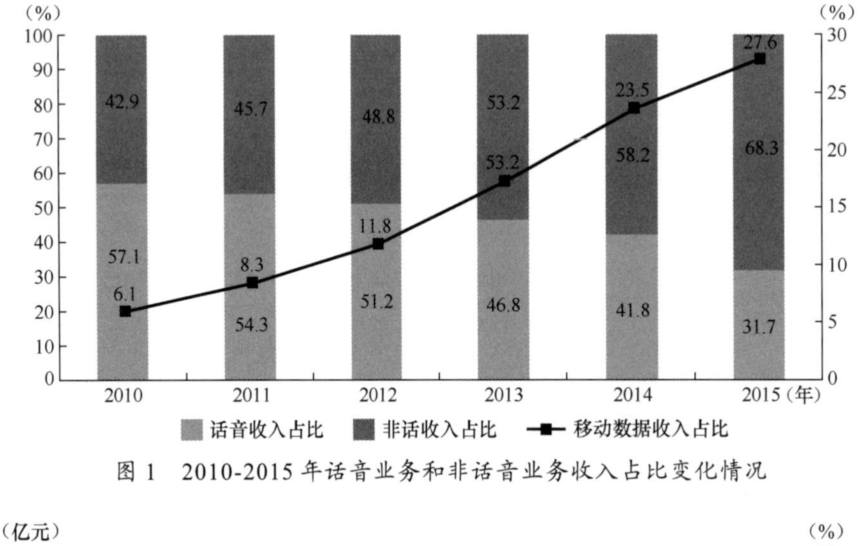

图 1 2010-2015 年话音业务和非话音业务收入占比变化情况

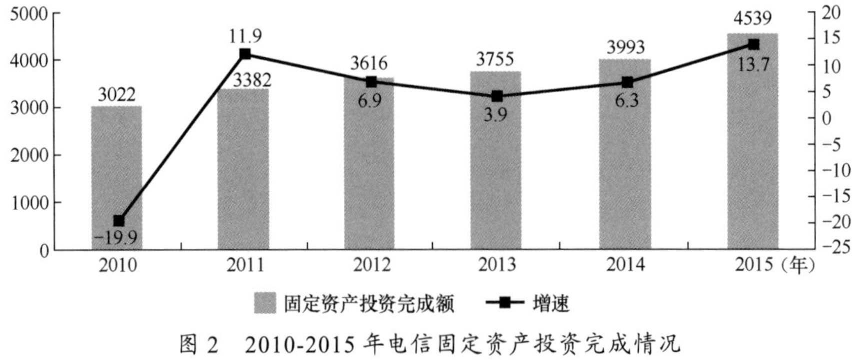

图 2 2010-2015 年电信固定资产投资完成情况

投资水平最高点；其中，2015 年，电信全行业固定资产投资规模完成 4 539.1 亿元。投资完成额比 2014 年增加 546.5 亿元，同比增长 13.7%，比 2014 年增速提高 7.4 个百分点。

2010-2015 年固定资产投资主要业务投资变化情况如图 3 所示。2015 年，移动投资 2 047.5 亿元，同比增长 26.5%，占全部投资的比重达 45.1%，比 2014 年提高 4.6 个百分点。互联网及数据通信投资完成 716.8 亿元，同比提高 79.9%，占比由 2014 年的 10% 提高至 15.8%。

2015 年，电信固定资产投资增速保持稳步增长，主要是因为宽带接入网试点服务和 4G 商用的推广，引发了通信行业上下游产业链的投资热潮。同时，工业和信息化部积极开展和部署创建“宽带中国”示范城市（城市群），也导致移动通信网络和光纤宽带基础设施建设的不断提升，详见表 2。

表 2 2015 年通信行业主要通信能力指标增长情况

指标名称	单位	2015 年年底到达	比 2014 年年底新增
光缆线路长度	公里	24 873 432.3	4 413 163.3
其中：长途光缆线路长度	公里	959 914.6	31 516.6
固定长途电话交换机容量	万路端	828.3	-193.3
局用交换机容量	万门	26 482.4	-8 142.3
接入网设备容量	万门	17 436.5	-2 466.5
移动电话交换机容量	万户	211 065.8	6 528.8
互联网宽带接入端口	万个	47 425.5	7 320.1

（续表）

（三）通信设备制造业务运营情况平稳

2015 年，通信设备、计算机及其他电子设备制造业运行呈现出以下特点：行业景气指数持续略有增长，且预期指数高于即期指数，短期内行业景气指数回升趋势明显。

（1）固定资产投资

电子信息制造业 500 万元以上新开工项目 9 614 个，同比增长 19.8%，增速比 2014 年提高 18.8 个百分点。其中，通信设备行业新开工项目数量增长

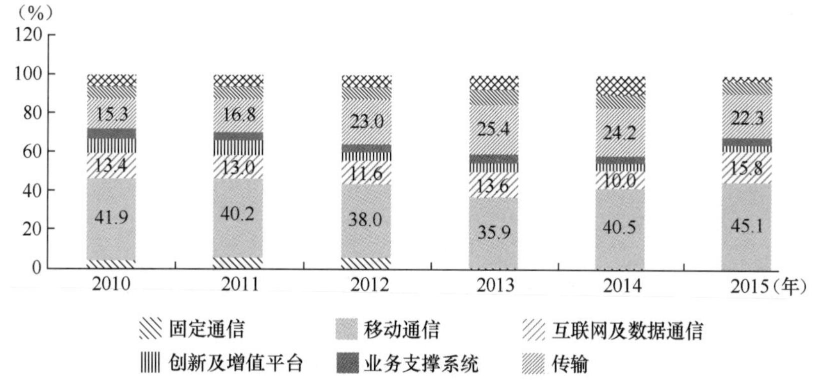

图 3 2010-2015 年固定资产投资主要业务投资变化情况

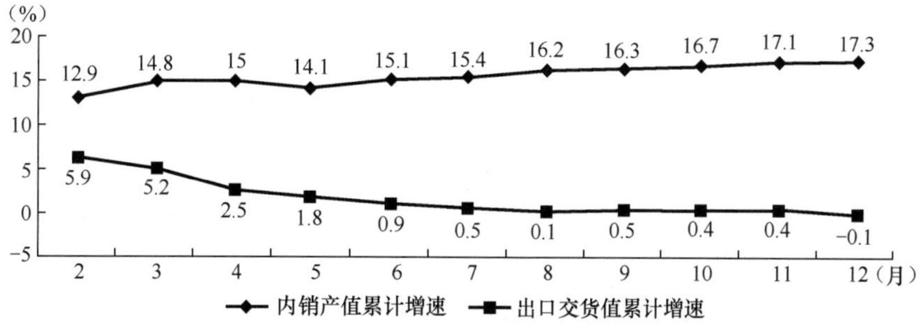

图 4 2015 年电子信息制造业内外销产值累计增速对比

32.7%，电子计算机行业增长 35.9%，电子元件行业增长 20.6%，电子信息机电行业增长 24.4%；分地区来看，江苏仍是新开工项目最为集中的地区，新开工项目数同比增长 18.2%，高于 2014 年同期 16.1 个百分点，浙江、广东、安徽省新开工项目分别增长 13.4%、4.8% 和 45.3%。

（2）国内外销情况

2015 年，规模以上电子信息制造业实现销售产值 113 294.6 亿元，其中内销产值 61 695 亿元，同比增长 17.3%，高于出口交货值 17.4 个百分点；内销产值占销售产值比重（54.5%）超过一半，比 2014 年提高 4.6 个百分点。2015 年电子信息制造业内外销产值累计增速对比如图 4 所示。

电子测量仪器和电子信息机电行业的内销产值占比高达 83.3% 和 80.3%，电子专用设备、广播电视设备和电子元件行业的内销产值占比达 74.6%、65.1% 和 65%，家用视听设备、通信设备、电子器件和电子计算机行业的内销产值占比为 55.5%、52.6%、42.6% 和 28.1%。此外，内资企业的内销产值占比达 81.5%，中小型企业内销产值占比 76.9%，对国内市场的依赖度较高；外商投资企业和大型企业内销比例均不同程度提高。

（3）进出口贸易

电子信息产品进出口总额达 13 088 亿美元，同比下降 1.1%；其中，出口 7 811 亿美元，同比下降 1.1%，占全国外贸出口比重为 34.3%。进口 5 277 亿美元，同比下降 1.2%，占全国外贸进口比重为 31.4%。贸易顺差 2 534 亿美元，与 2014 年基本持平，占全国外贸顺差的 42.7%。2015 年我国电子信息产品进出口累计增速变化情况如图 5 所示。

从贸易方式看，一般贸易出口额 1 988 亿美元，同比增长 11.5%，增速高于平均水平 12.6 个百分点，比重（25.5%）比 2014 年提高 2.9 个百分点；在贸易主体上，内资企业出口 2 419 亿美元，同比增长 13.2%，其中民营企业增长较快，同比增长 16.8%，国有和集体企业保持 3% 和 7.9% 的增长；从贸易伙伴结构看，新兴市场中的新加坡、印度、泰国的出口增速达到 10.3%、19.2% 和 20.8%；在区域结构上，部分中、西部省出口增长较快，贵州、青海、广西、甘肃和内蒙古出口增速达到 435.9%、70.9%、37.9%、32.3% 和 30.5%。

（4）结构调整

在规模以上电子信息制造业中，内资企业实现销售产值 46 316 亿元，同比增长 17.8%，高出全行业平均水平 9.1 个百分点，在全行业中占比提高至

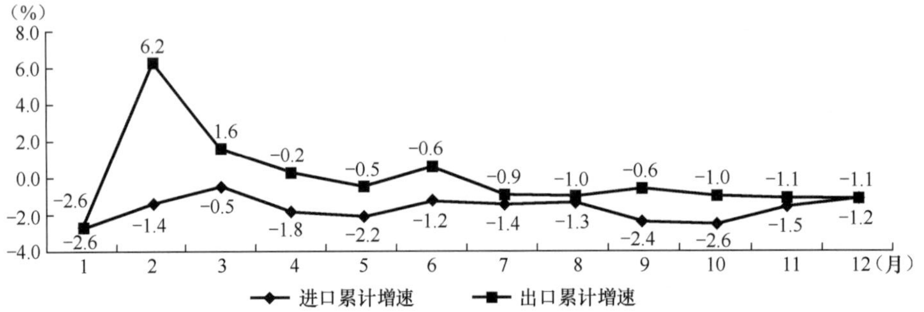

图 5　2015 年我国电子信息产品进出口累计增速

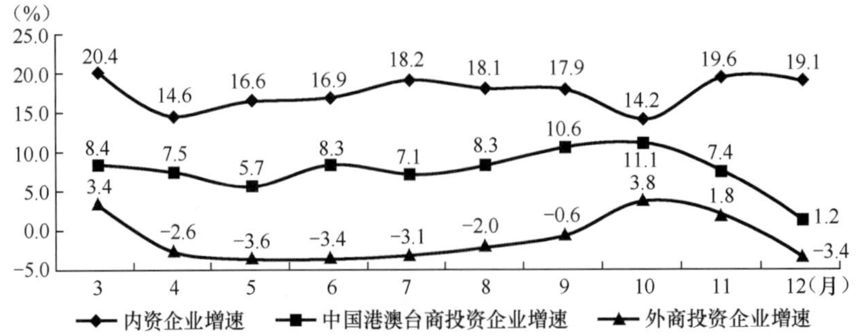

图 6　2015 年电子信息制造业不同性质企业销售产值分月增速对比

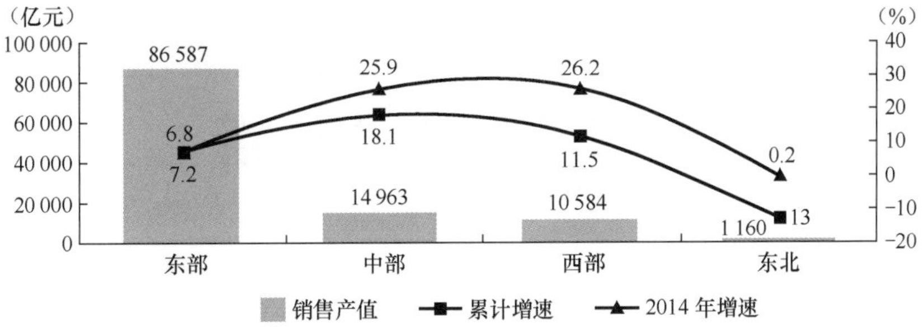

图 7　2015 年东部、中部、西部、东北部电子信息制造业发展态势对比

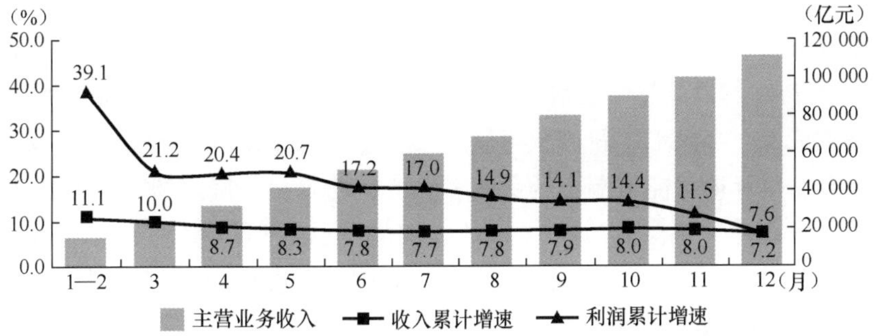

图 8　2015 年我国规模以上电子信息制造业收入及利润情况

40.9%。三资企业实现销售产值 66 978 亿元，同比增长 3.2%，增速低于平均水平 5.5 个百分点，如图 6 所示。

在规模以上电子信息制造业中，中、西部地区分别实现销售产值 14 963 亿元和 10 584 亿元，同比增长 18.1% 和 11.5%，增速高于平均水平 9.4 和 2.8 个百分点，在全国所占总比重达到 22.6%，比 2014 年提高 1.5 个百分点；中、西部地区软件业务收入增长 19.3% 和 16.6%，比 2014 年下降 1.5 和 4.6 个百分点。东部和东北地区电子信息制造业分别完成销售产值 86 587 亿元和 1 160 亿元，同比增长 8.7% 和下降 13%，增速低于全国平均水平 1.5 和 21.7 个百分点；东部和东北地区软件业增速分别为 17.2% 和 10.7%。2015 年东部、中部、西部、东北部电子信息制造业发展态势对比如图 7 所示。

（5）经济效益

2015 年我国规模以上电子信息制造业收入及利润情况如图 8 所示。规模以上电子信息制造业实现利润总额 5 602 亿元，同比增长 7.2%。产业平均销售利润率 5%，低于工业平均水平 0.8 个百分点，比 2014 年提高 0.1 个百分点；每百元主营业务收入中平均成本为 87.8 元，仍高于工业平均成本 2.1 元，但比 2014 年下降 0.6 元；产品存货周转天数为 14.8 天，高于工业平均水平 0.6 天。

规模以上电子信息制造业每百元资产实现的主营业务收入为 130.7 元，高于工业 14.8 个百分点；平均总资产贡献率为 10.1%，与 2014 年持平；资产负债率 56.6%，比 2014 年下降 1.2 个百分点。

从主体来看，内资企业占全行业收入和利润的比重达到 41.3% 和 52.9%，分别比 2014 年提高 4.9 和 5.2 个百分点；从规模来看，小型企业继续保持较强发展活力，收入和利润增速分别为 20.8% 和 19.4%，高于平均水平 13.2 和 12.2 个百分点；从分行业来看，部分行业效益增长较快，通信设备行业收入和利润增长达到 14.4% 和 18.1%，电子专用设备行业收入和利润增长达到 14.5% 和 14.1%，电子信息机电行业收入和利润增长达到 13.6% 和 19.7%，超过行业平均水平。

三、2016 年通信设备制造业发展展望

展望 2016 年全年，全球经济保持低速增长态势将为我国通信设备制造业提供相对稳定的出口环境；国内经济在系列企稳向好政策作用下保持平稳运行将为通信设备制造业创造相对良好的发展环境，特别是随着“互联网 +”行动计划、《中国制造 2025》、“宽带中国”战略的逐步落实，都将为我国通信设备制造业提供巨大的市场投资需求空间。

（中国信息通信研究院 胡海波）

智能终端产业分析

2015年中国智能终端市场的发展表明，智能手机作为“传统”智能终端的代表，已经步入产品成熟期，而以智能穿戴设备为代表的新一代移动智能终端，还处在成长期的初始阶段。尽管总体来看，新一代移动智能终端的成长，会是一个新的较为漫长的历程，但它却是今后数年内智能终端市场新的增长点。

一、中国智能手机市场发展特点

国内几乎所有的手机销售研究机构的数据均显示，2015年中国市场上的智能手机销量，同比增长率比去年的7%更低，已非常接近零增长。这说明在经过2013年到2015年智能手机的连续更新换代以后，我国智能手机的年销量已趋于稳定，会保持在4.5亿部到5亿部之间。回顾2015年中国智能手机市场，有以下特点。

（一）4G手机成主流，引领智能手机市场发展

据统计，2015年4G手机机型达到1410款，同比增加800款，4G手机销量超过3.5亿部，同比增长3倍多。2015年12月，线下实体门店销售4G手机近3000万部，占其月度手机总销量的88%。2015年线下实体门店4G手机销售情况，见表1。

4G手机按价位段分布，主要集中在1000元左右，总体价格呈下降趋势。根据赛诺统计数据，2015年1000元以下4G手机占全部4G手机的销量份额为45%，同比增加8个百分点。2015年4G手机价格段分布情况，见表2。

（二）线下实体门店手机销量负增长，线上手机销量增速放缓

据长期专注于国内实体门店手机销量的赛诺统计，2015年实体门店手机销量3.7亿部，同比下降3.5%。另外据艾瑞咨询对电商的手机销量数据统计，2015年线上手机销量约1亿部，同比增速由2014年的超过50%，下降到20%左右。小米手机作为线上销售的第一大品牌，在2015年仅有15%左右的同比销量增长，而在2014年的同比销量增长率达到了327%。

表1　2015年线下实体门店4G手机销售情况

	1月	2月	3月	4月	5月	6月	7月	8月	9月	10月	11月	12月	合计
实体门店手机总销量（万部）	3050	2950	3070	2910	2990	3010	3060	3210	3170	3380	3290	3400	37490
实体门店4G手机销量（万部）	1950	2000	2200	2030	2290	2350	2390	2600	2630	2900	2860	2990	29190
4G手机占比	63.9%	67.8%	71.7%	69.8%	76.6%	78.1%	78.1%	81.0%	83.0%	85.8%	86.9%	87.9%	77.9%

（数据来源：综合GFK及运营商终端销售报表等数据）

表2　2015年4G手机价格段分布情况

4G手机价位段	300元以下	300-700元	700-1000元	1000-1500元	1500-2000元	2000-3000元	3000-6000元	6000元以上
手机款数	25	404	326	246	164	137	89	19

（数据来源：综合GFK及运营商终端数据）

（三）手机品牌市场份额有变化，品牌集中度仍然非常高，国产智能手机市场份额进一步提升

2015年手机销量份额排名前十位的品牌依次是：小米、华为（含荣耀品牌）、苹果、OPPO、vivo、三星、联想、魅族、酷派、金立，其中魅族主要依靠魅蓝品牌上位，替代了上年度排在前十位中的中兴。前十位品牌中，三星和处于转型中的联想与酷派手机销量持续下滑，OPPO、vivo凭借在TDD-LTE制式手机上的发力超过三星。前十位品牌的手机销量合计占中国整体智能手机销量的76%，其中八个国产手机品牌的销量份额合计达到55%。

（四）4G公开版手机成为新的发展趋势

2015年4G公开版手机共上市229款，累计达268款；赛诺统计全年销量约5500万，占全部4G手机销量的比例约为15%，但在中国电信和中国联通的联合推动下，其发展势头十分强劲。2015年12月4G公开版手机销量约800万，占当月全部4G手机销量的比例超过20%。2015年4G公开版手机机型及销量情况，见表3。

影响2016年中国智能手机市场发展的主要因素，是用户消费升级和产品同质化之间更加突出的矛盾。用户消费升级主要表现为从功能性需求向价值性需求、场景体验需求转变。上网、下载使用各种应用软件等常用功能作为智能手机的标准配置，已不是用户普遍关注的重点；用户更加关注手机品牌价值及品牌所蕴含的情感归属标签，它们体现了用户的价值性需求；而安全手机、视频手机、网络购物手机等特色手机，则满足了不同用户的场景体验需求。但同用户需求相矛盾的是，智能手机硬件创新上的瓶颈，让产品同质化的现象更加严重。从用户消费特点出发，进行产品差异化创新，才有可能取得市场突破，才能推动中国智能手机市场的进一步发展。其它如主要手机品牌厂商渠道下沉到县乡市场、运营商的购机补贴政策以及资本市场对新手机品牌的注资等，也会对智能手机市场发展有一定影响。

二、新一代移动智能终端发展情况

近年来，随着移动智能终端硬件技术发展，应用领域扩大，产生很多新的产品形态，其中智能穿戴产品、智能家居、智能医疗产品等新兴移动智能终端被广泛看好，这些新兴的移动智能终端被统称为新一代移动智能终端。新一代移动智能终端可简单定义为：通过软硬件结合的方式具备智能化的功能，通过数据连接实现互联网服务，通过云＋端的架构具备大数据和加载价值。

新一代移动智能终端中，市场影响力最大的是智能穿戴产品，其中以谷歌眼镜（Google Glass）为标志，已经经历了三年多的发展，但仍处于产品成长期。

根据国际数据公司IDC发布的2015年中国市场可穿戴智能设备数据，第四季度中国可穿戴设备市场出货量为790万台，同比增长404.9%。其中，小米手环以240万的出货量位居第一，乐心公司生产的运动手环、智能体重秤、无线互联血压计等智能健康产品，以80万的出货量位居第二，苹果公司的Apple Watch以50万出货量居第三，步步高旗下产品“小天才”儿童手表以40万的出货量位居第四，华为公司的智能手表、智能手环、智能耳机合计出货量40万，位居第五。另外据小米官网消息，2015年小米手环销售量超过1200万只，同比增长超过10倍。上述一系列数据表明，以智能穿戴产品为代表的新一代移动智能终端，正处于快速成长期，但要达到上亿支的年销量，真正成为继智能手机、平板电脑之后的又一大移动智能终端品类，还会是一个新的较为漫长的历程。

表3　2015年4G公开版手机机型及销量情况

	1月	2月	3月	4月	5月	6月	7月	8月	9月	10月	11月	12月	合计
新增公开版机型数量（款）	7	10	4	23	12	12	16	15	38	25	25	42	229
公开版手机销量（万部）	241	272	290	354	388	404	426	477	546	652	649	794	5493

（数据来源：综合GFK及运营商终端销量数据）

影响新一代移动智能终端发展的主要因素。

（一）物联网技术还处在发展期

物联网、云计算技术和新一代移动智能终端发展是相辅相成关系，物联网技术不成熟，必然会影响终端的发展。当前物联网缺乏统一的技术标准是主要问题之一，因为智能硬件千差万别，应用场景又十分丰富，要制定统一的技术标准难度很大，而没有统一的物联网技术标准，新一代移动智能终端就缺乏了生存的土壤。

（二）新一代移动智能终端缺乏产业标准和行业标准

物联网技术标准创造的是网络环境，产业标准和行业标准则创造了产品生产环境。绝大部分新一代移动智能终端产品是跨界的创新产品，而且是快速迭代的，其产业标准和行业标准同样很难制定，即使制定了也很难执行。且不考虑行业壁垒、政策障碍等制约因素，如果出台的标准滞后于产业技术的发展更新速度，反而会阻碍产业发展。

（三）还没有形成产业链规模

产业链规模和新一代移动智能终端发展同样是相辅相成关系，制造新终端所需要的、与智能手机不同的芯片、传感器、显示屏、存贮器、电池等硬件，开发新终端所需要的云平台等，大部分未形成规模，其中有一部分还存在技术障碍。

（四）需要较长的市场培育期

目前智能手机和PC仍然占据着用户相当多的时间，在这种情况下，要培育用户对新产品的使用习惯，显然难度较大。与此同时，媒体和资本市场对当前所谓“新智能终端”的热炒，生产商过度营销的不实之词，反而引起了大部分潜在用户的反感。

（五）产品问题是众多问题的归集，也是影响发展的根本

当前产品问题主要表现在：大部分产品其实非智能，只是披着智能的外衣；大部分产品并非用户刚需；产品设计复杂，非人性化，不实用；技术不成熟；产品质量不好，性能不稳；产品存在安全隐患。

三、新一代移动智能终端主要发展方向

（一）智能穿戴领域

产品形态更加丰富，智能服装、智能跑鞋、智能饰品等更多针对细分市场的产品，让智能穿戴引领新一代移动智能终端发展。

（二）智能医疗健康领域

产品质量和性能提升，行业壁垒被打破，大数据价值得以发挥。

（三）智能家居领域

逐步建立统一的开放平台和技术标准，形成智能家庭生态系统。

（四）智能交通领域

由智能车载导航仪、行车记录仪发展到车联网、无人驾驶汽车，发展道路漫长但可期待。

（六）虚拟现实领域

在内容丰富之后，智能眼镜、虚拟现实头盔等逐步普及。

（中国电信集团公司　李祖鹏）

信息通信建设企业现状及发展分析

2015 年，中国通信企业协会通信工程建设分会及所属设计、施工、监理、招标代理各委员会对相关企业开展了调查工作。调查信息主要包括 2014 年度企业基本情况、经济业务指标、财务状况和发展环境评估及建议。本次调查收集了设计 24 家、施工 29 家、监理 36 家、招标代理 24 家、系统集成 61 家企业的信息和数据，样本以规模较大型企业或资质等级为甲级或一级为主。

一、主要数据指标

（一）设计企业

（1）24 家样本企业职工总人数为 23 824 人，可大致估算出通信设计行业的从业人员在 35 000 ～ 40 000 人，是比较庞大的一支队伍。

（2）24 家样本企业共拥有教授级高工 171 人，占总人数的 0.72%；高级工程师 2 910 人，占总人数的 12.21%；工程师 6 485 人，占总人数的 27.22%。从人才结构可以看出通信设计行业工程师以上的人员占总人数的 40.15%，说明通信设计企业属于知识密集型企业。

（3）24 家企业 2013 年营业收入总计 1 363 259 万元，2014 年度营业收入总计 1 553 275 万元，增长率为 13.9%。2014 年度营业收入超过 10 亿的企业有 22 家。由此可以大致估算出近两年通信设计行业每年的营业收入总计在 200 ～ 250 亿。24 家企业中，2013 年合同额超过 10 亿的有 21 家，2014 年度合同额超过 10 亿的有 20 家。

（4）24 家样本企业 2013 年合同额总计为 1 480 600 万元，2014 年合同额总计为 1 752 847 万元，增长率为 18.4%。由此可大致估算出近两年通信设计行业每年的合同额总计在 250 亿～ 300 亿。

（5）24 家样本企业人均劳动劳动生产率达到 65 万元，生产效率还是比较高的。

（6）24 家样本企业 2014 年度的利润额总计为 249 120 万元，人均利润率为 10 万元。该项指标从劳动力利用的角度反映了通信设计行业的经济效益处在全国的中上等水平。

（二）施工企业

（1）信息通信建设施工样本企业总资产规模为 162 亿元，平均资产为 6.63 亿元，企业资产规模在 1 亿元到 10 亿元之间的占比为 77.78%。年完成合同总数为 56 849 个，企业年平均完成合同 2 106 个。样本企业单个合同额为 40.75 万元，金额偏小。

（2）营业总收入为 196.83 亿元，单个企业年营业收入为 8.06 亿元。境外收入占总收入的 3.12%，与 2013 年持平。施工样本企业中只有 6 家企业有境外收入，说明行业中大部分施工企业还没有走出海外，营业收入主要来自国内。

（3）样本企业净利润总额为 7.11 亿元，企业平均净利润为 0.27 亿元，其中半数以上企业净利润值介于 1 000 ～ 4 000 万元，人均利润 18 454 元。企业中将近 40% 的企业净利润在 2 000 万元以下，甚至出现负值。

（4）样本企业负债总额为 115.06 亿元，平均负债额为 4.11 亿元，负债总额相比 2013 年增长了 12.99%，2012 ～ 2014 年平均负债增长率为 8.74%。施工合同没有预付款或者是拖欠款严重，导致我国施工企业资产负债率水平普遍较高，企业经营风险比较大。

（5）样本企业现金流总额为 2.47 亿元，有一半的企业现金流增加值为负数。整体来看，我国通信建设施工企业的现金情况有待改善。

（6）样本企业从业总人数为 35 413 人，企业平均从业人数为 1 221 人。从业总人数中，工程技术人员总数为 20 848 人，占从业人员总数的 58.87%。工程技术人员中，高级工程师、工程师、助理工程师、技术员、施工员所占总从业人数的比例分别为5.36%、15.11%、25.03%、15.95%、38.54%。平均每家企业有719名工程技术人员。

（三）监理企业

（1）36家样本监理企业完成合同82 797项，企业平均合同量2 299项，较2013年增加了162项。完成合同总额451 958.98万元。企业平均合同额12 554.42万元，比2013年增加了1 476.98万元。

（2）36家样本企业，其中21家营业收入同比增长额为37 504.13万元；15家有所下降，下降额18 246.93万元。2家中等收入企业营业收入大幅下降致使同类企业同比下降。资产负债率同比增加0.04，略有上升。

（3）样本企业现金流与2013年的6 233.7万元相比，增加净流入5 653.5万元。其中负数企业有18家占企业总数的50%。企业面临的资金压力逐渐加大，现金流量明显不足。

（4）人均利润同比下降，2013年为1.90万元，2014年1.38万元，同比增长-27.37%

（5）样本企业中各类工程技术人员总数为12 472人，平均人数为687人，其中年平均人数小于500人的企业有18家；年平均人数在500～1000人的企业有14家；年平均人数大于1000人的有4家。

各类工程技术人员中，高级工程师987人，占比为7.91%；工程师3 761人，占比为30.16%；助理工程师及技术员7 724人，占比为61.93，由此可见，初级及以下工程技术人员占比较大。

（四）招标代理机构

（1）24家样本招标代理企业中，从业人员年底总人数2 581人，人数超过60人的有11家，占比45.8%；人数最多的企业有460人，人数最少的企业有12人，年底平均人数为107人。从业人员数量反映了通信招标代理企业同时承担业务项目的数量和规模的能力。

（2）样本企业工程技术人员人数占从业人员年平均数的74.34%，其中的高级工程师、工程师、助理工程师主要集中在通信类。其中的高级工程师与工程师的比例为29.5%，与去年数据的40%相比下降了较多，反映出行业需要关注招收和培养信息通信技术专业人员的问题。

（3）样本企业中，招标师共有428人，占从业人员16.5%，其中，最多的有141人，有3家为零。通信招标代理企业在招标专业人员培养方面做了大量工作，也取得了较好的成果。但招标师人数少于10人的企业有17家，占71%。说明提高行业从业人员素质仍是各企业今后需要特别重视的工作之一。

（4）样本企业营业总收入75 935.46万元（7.6亿元），最低为0万元，招标营业收入不足200万元的有5家。企业中招标业务的承接能力以及市场份额分配相当不均匀，29%有能力的企业承接了92%的市场份额，而部分实力较弱的企业仅占领很少的市场份额甚至完全没有。

（5）样本企业利润总额超过1 000万元的有5家，占比20.83%；超过100万元、低于1 000万元的有7家，占比29.1%；利润总额为负数的企业3家，占12.5%。根据统计数据计算出的行业平均利润率（利润/中标金额）为0.12%，说明通信工程建设招标代理行业是一个微利行业。按人均计算为6.18万元/人，比去年的7.9万元/人降幅达到28%，幅度较大。

（6）样本企业“低价竞争”的情况还不是很严重。但各企业间业务成本的差异很大，行业的平均成本比较高，有47%的企业业务成本高于行业的平均成本。这说明业内很多企业的成本管理还有很大的提升空间。

（五）系统集成企业

（1）样本企业总资产规模为83.85亿元，企业平均资产为1.55亿元。年完成合同总个数为39 969个。企业年平均完成合同583个，经计算单个合同额为25.37万元，项目小型化明显。企业营业总收入为119.20亿元，单个企业平均年营业收入为1.61亿元。企业间营业收入悬殊较大。

（2）样本企业净利润总额为68 395万元，企业平均净利润额为820万元，人均利润16 977元，大部分企业人均创利在1至3万元之间，利润偏低。

（3）样本企业负债总额为56.60亿元，企业平均负债额为1.03亿元，行业整体资产负债率水平偏高。企业现金流总额为48 927万元，34%的企业现金增加值为负数。

（4）样本企业从业总人数为33 499人，单个企业平均从业人数为483人，从业人数最多的公司为

5 009 人，从业人数最少的公司为 14 人。

（5）样本企业从业总人数中，其中工程技术人员总数为 17 590 人，占从业人员总数的 59.75%，高级工程师、工程师、助理工程师、技术员、施工员所占从业人数的比例分别为 5.51%、15.21%、17.04%、20.07%、45.92%。

二、现状浅析

随着我国大型通信骨干网络的建成，运营商基础设施建设投入规模和速度有所减缓，导致通信建设市场竞争更加剧烈，服务类企业的价格竞争，依然是决定获得市场份额的主要因素。根据本次调查数据，大体可以做出以下判断。

（1）设计、施工、监理、招标代理、系统集成企业的经营难度越来越大，盈利能力（人均利润）从高到低依次为设计（10 万元）、招标代理（6.18 万元）、施工（1.8 万元）、系统集成（1.7 万元）、监理（1.38 万元）。2014 年度数据表明，除设计企业人均利润有所增加外，其余均不同程度下降，施工、监理、招标代理企业尤其明显。

（2）近年来通信建设市场建设规模增速减缓，尽管各类服务企业的合同数量和合同额均增幅较大，但盈利水平趋势是下降的。例如，施工企业年平均完成合同 2 106 个，合同平均额只有 40.75 万元。由于单个项目规模偏小，使得工程管理成本上升，管理难度加大，这也恰恰是通信建设行业的特点之一。

（3）施工、系统集成企业负债率比较高，发展后劲不足，存在一定经营风险。2014 年度施工企业平均负债率达到 62.9%，系统集成企业平均负债率达到 48%。由于各种原因，企业现金流普遍紧张，应当引起足够重视。监理、招标代理企业资产规模较小，抗风险能力较差。连续 3 年的数据调查表明，服务企业投标价格持续下降，或引发以下后果：①部分服务企业退出市场；②经营管理风险加大；③行业生态环境恶化。

（4）高级工程师的评定工作已经停止多年，很多企业高工已经严重匮乏。过去一些年采用所谓学历加工作年限等同高级职称的办法，弊端已经十分明显。为此，招标人委托设计院的技术小组，协助技术标的评定。事实上教授级高工的评定工作也停止多年了，行业内的高级技术人员越来越少。

三、市场展望

（一）机遇

根据国家“十三五”规划信息化建设发展战略目标，新兴产业将有更快、更大的发展。通信建设市场三大运营商基础设施建设投资规模可望达到甚至超过 1.4 万亿元。那些信誉好、实力强的通信工程建设服务企业依然有机会分得“一杯羹”。

（二）挑战

各类企业“服务产能”严重过剩，为了生存，企业不得不竞相压低报价。而运营商在利润逐年下降的情况下，也在进一步压低投标报价最高限额（要求投标报价不得高于定额的 50%）。通信建设市场依然停留在大打价格战，而不是比谁的质量、安全和服务更好的局面上 。由于通信服务企业利润太低，负债相对较高，转轨变型又绝非轻而易举，企业发展没有后劲，不排除发生较大规模的裁员、倒闭情况。

同时，政府有关部门职能转移后，如何发挥行业协会作用，保持通信建设企业资质能力认证的连续性，保障企业和市场健康发展，也是当前应重视和解决的一个重要问题。

（三）建议

一是行业协会尽快开展服务企业工作。建立一套科学完整的企业能力认证体系是行业管理的需要。建立公正、公开、公平、透明、有效的企业能力认证体系，可以为营造良好健康的市场氛围奠定基础。

二是企业抓住战略机遇。主要是：加快企业转型，实施多元化发展战略；重视行业发展态势，注重业务调整转变；拓展海外市场，抓住“一带一路”机遇；建立人才梯队，助力公司转型发展。

（中国通信企业协会通信工程建设分会）

2015年度我国通信运维服务业发展概况与未来展望

“十二五”期间，我国通信业总体保持良好的发展趋势。全行业收入年均增长5.2%，2012年收入规模超过万亿，提前两年完成规划目标。近年来，随着传统电话和话音业务面临的市场饱和以及OTT业务带来的异质替代竞争逐渐显著，通信业收入增速明显趋缓，扣除短期财税政策调整的影响，按可比口径计算的收入增速已不到4%，大幅低于国民经济增速。“十二五”后期，受第四代移动通信（4G）正式商用以及宽带提速进程加速的影响，我国通信业迎来新一轮投资高峰期，5年累计投资达到1.9万亿元。

通信网络基础设施建设与通信运维服务业的发展关系密切。随着“宽带中国”的建设提速，2015年宽带接入网络加快升级，FTTH成为主流接入技术。光纤接入网络快速发展，光纤入户网络普遍具有100M接入能力，覆盖了中国近80%的家庭。农村地区的光进铜退和宽带提速也在积极推进，截至2015年6月底，全国行政村通光缆比例达到78.5%，宽带接入能力超过12M的行政村比例达到47.2%。4G网络建设创造中国速度。4G牌照发放后，基础电信运营企业用一年时间建成全球最大LTE网络，基本实现全国城市和县城的连续覆盖，以及发达乡镇、农村地区的热点覆盖。“十二五”末，我国LTE基站规模将达到200万个。

通信业的平稳增长和基础设施的建设提速为通信运维服务业的发展奠定了良好的基础。我国通信网络基础设施规模、容量和复杂度继续全球领先，特别是4G网络后来居上，跃居全球第一，这为运维服务业带来巨大挑战。今年国家对“互联网+”战略的提出和推进、三网融合的深化改革、固定宽带市场的开放等一系列的重大影响，为通信运维服务业的发展指明了方向并带来重大机遇。

一、我国通信运维服务业总体情况

（一）2015年基础运营企业的运维成本开支

三大电信基础运营企业2015年上半年运营支出共计5 589.2亿元[1]，同比增长略低于2%。其中中国移动2 783.74亿元，同比增长6.1%；中国电信1 477.99亿元，同比下降0.6%；中国联通1 327.5亿元，同比下降4.5%。全行业（铁塔公司暂无统计数据）运营支出增速相对处在历史低位。

相比运营支出情况，中国移动、中国电信和中国联通三家基础运营企业2015年上半年运维成本开支则同比显著提高。三家企业网络运维成本开支上半年共计超过1 722亿元，同比增加16%左右。其中中国移动运维成本开支约1 032亿元，同比增加18%左右；中国电信运维成本开支约433.8亿元，同比增加14%左右；中国联通运维成本开支约256亿元，同比增加11%左右。这与三家企业4G网络的大规模建设和网络提速相关，同时三家企业在网络运维费用上均加大投入。

（二）通信运维服务市场的服务主体

目前运维服务市场的实业公司、第三方专业服务公司、网络优化公司等通信运维服务企业约有3 000多家，其中网络优化服务企业有400家左右。截止到2015年10月底，获得网络运维资质的企业（代维服务企业）超过295家[2]，具备甲级证书共发放128张，其中具有网络运维双甲级资质（基站和线路）的企业有40家，甲级资质企业数量同比提升40%。截止到2015年10月底，我国通信运维服务从业人员约60万人，其中基础运营企业约10万人，代维企业约50万人。

[1] 根据三家基础运营企业半年报数据整理。

[2] 数据源自中国通信企业协会运营专委会。

（三）通信运维服务市场的发展规模

2014至2015年4G网络的大规模建设拉动了我国电信业资本开支的高速增长，基础运营企业运维外包比例进一步加大，因此国内通信运维服务市场本年度将继续保持较高的增长速度。特别是国家“互联网+”计划的逐步实施，将对运维服务市场带来直接的拉动作用。

按照人均每年20万[1]的收入能力测算，2015年运维服务市场规模达到1 350亿元左右。预计到2018年我国通信运维服务市场规模将超过2 100亿元人民币，如图1所示。

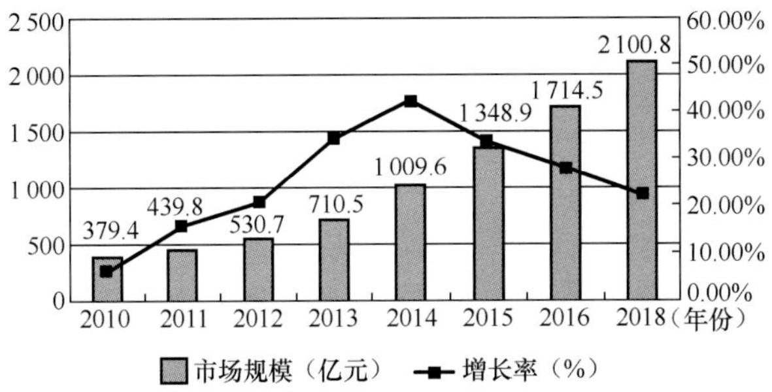

数据来源：CAICT

图1 全国通信网络运维服务市场规模（亿元）

二、我国通信运维服务行业展望

“十三五”期间将是信息通信业深化改革的关键阶段。中央十八届三中全会对全面深化改革做出系统性部署。五中全会提出的“创新、协调、绿色、开放、共享”的发展理念将贯穿于整个“十三五”时期。信息通信业是国民经济基础行业，在改革全局中具有重要地位，在改革纵深推进、攻坚克难的关键阶段，按照中央要求进一步简政放权、理顺政府与市场关系、发展混合所有制、深化国有企业改革各项任务十分紧迫。信息通信业要不断健全行业管理体制机制，充分发挥市场机制作用，建立统一、开放、透明的市场规则，营造公平竞争市场秩序，把深化国企改革各项举措落到实处。总的来说，通信运维行业挑战与机遇并存，机遇远大于挑战。

（一）行业开放带来发展新变数

国家“一带一路”战略引领信息通信业开放的进程。随着全球产业竞争格局不断重构，我国对外开放脚步不断加快，信息通信业将面临更大的外部冲击，制度、管理、技术、资本多个层面都需要加快与国际接轨。在这样的背景下，海外运维服务市场的增量效果将非常显著，设备供应商、运营企业和大型通信运维服务企业在这一领域具备较强的竞争优势，通信运维服务业走出去的步伐将进一步加快。

在电信市场开放方面，继移动虚拟转售市场开放后，今年工信部进一步向民间资本开放宽带接入市场，这是进一步推进电信业深化改革开放的一个重要举措，大量互联网属性企业涌入这一市场，这在客观上给通信运维行业带来了新的变数。而今年国务院三网融合推广方案的颁布实施，则将进一步加剧通信服务市场的竞争。对于通信运维服务业来讲，特别是对于领先的服务商，机遇大于挑战，行业也面临新的洗牌和升级。融合运维与宽带运维是行业企业发展演进的必由之路，而面向互联网属性企业的宽带运维服务模式将对行业企业带来新的挑战。

（二）提速降费迎来发展新机遇

2015年5月国办发布的《关于加快高速宽带网络建设推进网络提速降费的指导意见》，进一步加速了宽带中国工程的推进速度和推进力度。当前FTTH已经成为主流接入技术。光纤接入网络快速发展，光纤入户网络普遍具有100Mbit/s接入能力，覆盖中国近80%的家庭。农村地区的光进铜退和宽带提速也在积极推进，截至2015年6月底，全国行政村通光缆比例达到78.5%，宽带接入能力超过12Mbit/s的行政村比例达到47.2%。4G网络建设创造中国速度。4G牌照发放后，基础电信运营企业用一年时间建成全球最大的LTE网络，基本实现全国城市和县城的连续覆盖，以及发达乡镇、农村地区的热点覆盖。

通信行业将持续迎来新一轮的投资高峰，拓宽了通信运维行业的增长空间，也会带动通信运维服务行业进入新一轮的增长期。特别是新的发展周期为行业领先企业的转型升级争取了时间，带来新的发展契机。

（三）信息经济引领发展新常态

在2015年全国两会上，“互联网+”行动计划

[1] 源自2015年行业调研数据。

首次出现在《政府工作报告》中。4月，国务院常务会议又做出了发展电子商务等新兴服务业、落实“互联网+”行动，促进传统产业和新兴产业融合发展的工作部署，“互联网+”吹响了我国信息经济发展的号角。新常态下我国信息经济增长潜力十分巨大。推进宽带基础设施升级、促进信息应用服务繁荣、扩大信息消费将为经济增长带来持续动力。同时“互联网+”国家战略的推进，将对通信行业自身的融合变革和基础支撑都提出了迫切的、很高的要求。在这个历史性的变革当中，通信网络、通信业务能力、通信服务能力将扮演不可或缺的重要角色。

从总体上判断，信息经济将成为国家经济未来很长一段时间的发展主旋律。通信业作为信息经济的支撑产业，未来仍有很大的发展空间和发展动力。伴随着通信基础设施的不断建设完善和基础运营商运营支出的持续提高，通信运维服务市场规模将得到持续拓展，创新性服务业态将层出不穷，通信基础设施和数据基础设施跨界维护服务业务将得到爆发式增长。

（四）数据基础设施运维开辟新蓝海

伴随着互联网的高速发展，互联网数据中心也迅速发展。尤其是云计算的发展，使得更多的应用处理集中到云端，促使云计算数据中心的规模急剧增长。未来的互联网流量将以云计算数据中心为核心，未来的互联网将是以云计算数据中心为核心的网络。对通信行业自身来说，在网络技术更新、数据业务种类不断丰富、智能终端迅速普及的推动下，网络流量长期呈现高速增长的态势。在这样的背景下，电信业务平台乃至电信网络的架构都在发生着深刻的变化。这其中，以IT资源的集中化、池化和弹性部署为主要特征的“云化”成为电信网络的显著发展演进趋势。主要体现为云网融合，利用虚拟化技术，将分布式数据中心的资源（网络、计算、存储）进行集中化的统一业务提供。而工业和信息化的进一步深度融合，智能制造成为国家未来工业的主攻方向，工业云和工业大数据成为智能制造最重要的基础设施。面向生产领域的数据基础设施未来将会有爆发式增长。

在这样的预判下，未来数据基础设施运维服务市场将会是很大的蓝海。数据中心是一个技术高度密集型的场所，对维护服务主体和队伍要求很高。这需要运维服务企业未雨绸缪，抓住发展机遇，转型升级做大做强。

（中国信息通信研究院　徐志发）

河南移动提速“宽带中原”助力河南省“互联网+”发展

围绕深入推进“互联网+”发展、打造“米”字形信息网络枢纽、加快信息化建设等进一步深化战略合作，中国移动400亿元的投入将主要用于支持河南互联网发展、信息化建设及信息产业发展，助力河南进一步夯实“互联网+”的发展基础。

中国移动河南公司（以下简称“河南移动”）长期致力于打造4G精品网络，搭建云计算和大数据平台，创新4G服务和应用，助力河南逐步提升“互联网+”能力。

提速度，4G网络让“互联网+”真正落地

自2013至2015年，河南移动5.8万个移动4G基站已然矗立在中原大地上，在河南省运营商中率先实现河南境内4G网络全覆盖,4G网络规模达到“一年超3G、两年超2G”的目标，同时也赢得了超过1500万的省内4G客户。

“河南曾用15年解决百姓打手机‘找信号’问题，但现在，我们只用400多天就将全省铺满了移动4G信号！”在2015年7月河南移动召开的新闻发布会上，河南移动负责人正式宣布，河南移动4G网络覆盖已完成全省18个地市所有城区、县城、乡镇区域和高速、高铁的连续覆盖，以及100%的行政村、100%的3A级以上景区的有效覆盖，4G网络达到甚至超过2G覆盖水平。从时速300公里以上的高铁再到地铁、公交车，4G信号已实现全覆盖。

2015年9月，河南省基于4G网络的VoLTE语音电话正式打通，年底前将实现VoLTE网络大规模商用，通话声音高保真近乎100%还原音质，为客户提供了更好的融合通信服务。

同时，河南移动还大力投资小区宽带和集团专线建设。目前小区宽带覆盖数达到5万个，累计覆盖家庭1400万户；集团专线累计达15.7万条，为5万家集团单位提供了信息化接入。

截至2015年10月份，4G客户规模达到1545万户。在河南，平均每4个移动客户，至少有1个4G客户。以手机为代表的智能终端广泛应用于河南省居民生活和行业应用之中，信息消费能力大幅提升。

搭平台，提升云计算和大数据能力

2015年5月10日，中国移动（河南）数据中心在郑州航空港经济综合实验区的破土动工，以“打造国际通信业务的中转枢纽站”为目标的河南移动“一号工程”正式启动。建成后，它将成为中国移动在中原地区的通信生产基地和信息服务基地，为提升郑州在全国骨干网、信息集散中心和通信网络交换枢纽的地位发挥主导作用。同时，也将会对河南产业布局调整和产业结构升级、加速“两化”融合发展起到强劲的推动作用。项目投资45亿元，建设规模20.69万平方米，可安装1.68万个机架。

与此同时，河南移动投资20亿元，建设高新区数据中心，建筑规模12.6万平方米，可安装1.4万个机架；投资6000万元，建设洛阳数据中心，建设规模8000平方米。三大项目的建设，可满足河南省2030年之前的信息化建设需要，对河南省贯彻落实国家“一带一路”、“互联网+”发展战略规划，推进“智慧中原”、“宽带中原”建设发挥积极作用。

2015年7月14日，省内大数据云计算中心—安阳市大数据云计算中心成功开通，一期工程投资1000多万元，并已与安阳市工商局、住建局、教育局、公交总公司等多家市重点单位签订入驻意向。

与此同时，南阳市智慧城市云数据中心正式启用，在全省率先打造出“南阳旅游指南”信息平台，“智慧社区”、“智慧农业”等已陆续达成入驻意向。目前，漯河、濮阳、开封等多个地市大数据云计算中心也正陆续建设开通，为加快地方经济社会发展提供强力支撑。

推应用，拓展数字化服务和物联网

无论是4G网络建设，还是布局大型数据中心，都是为了推动云计算、物联网等具体应用。目前，河南的城市管理者和普通百姓已经享受到了“互联网+”带来的便利和实惠。

近年来,河南移动整合自有业务，打造了市民城市生活的一站式信息服务“和生活”平台。围绕党政、公检法、金融、教育、农业等行业及重点项目，信息化服务覆盖全省70多万家单位和企业，使用人数超过1500多万人。2015年，在河南省率先开启大数据分析服务，为河南省政企、旅游、教育等行业提供了精细化、实时化的大数据支撑服务。

“‘互联网+’时代可不仅仅是这些。”还可以让普通百姓的衣食住行都‘4G+’。同时，借助移动4G网络，还可以让游客到达景区后点点手机，就能在平台上进行旅游信息查询、在线支付、线路导航等人性化服务。

2016年，河南移动还将以政务云、教育云、民生云、中小企业云等行业云为核心，大力推动行业应用需求的产品化、市场化，形成重点行业的“互联网+”、物联网应用解决方案；同时以河南省《2015年信息化推进工作实施方案》和《“十三五”信息化发展规划》为指引，积极参与信息消费试点城市建设、电子政务平台、中小企业公共服务平台建设、智慧企业建设等项目，加快推动互联网、物联网与各领域深入融合和创新发展。

降资费，便捷实惠更亲民

网络好，可以吸引客户入门。可是，要让客户发自内心点赞，还需要软实力。近年来，河南移动围绕“高速畅通、覆盖城乡、质优价廉、服务便捷”，不断加大网络基础设施和服务体系建设。

在资费大幅下降的基础上，河南移动还将提供更实用的4G产品，依托深耕多年的无线城市，重塑“和生活”业务。新的“和生活”涵盖了原“无线政务、12580、生活服务、医疗保健、交通查询、旅游指南、教育培训、求职就业、购物优惠”等全方位便捷服务信息。客户点击“和生活”客户端，在手机上即可快捷查询两险一金、车辆违章、高考成绩、公交线路等信息，还可在线选购电影票、预约挂号，真正实现全方位、本地化的“衣食住行”信息全覆盖。

有了实惠的资费、丰富的产品，河南移动的优质服务，也是如今各行各业服务的楷模。进入4G时代后，河南移动又提出了“六项服务承诺”，将服务推向了一个新高度。

2015年10月1日起，河南移动兑现承诺，已为按流量计费的手机月套餐客户推出套餐内剩余流量当月不清零服务，2015年底流量综合资费同比将下降35%以上，更好地助推“大众创业、万众创新”。

“未来三年，河南移动将计划总投入400亿元，继续全力支持我省互联网发展、信息化建设及信息产业工作。”河南移动有关负责人告诉记者，河南移动将以良好的客户规模、网络质量、业务水平、服务品质、社会形象等综合优势，为加快“宽带中原”建设、助力“互联网+”发展奠定坚实基础，为加快中原崛起、河南振兴、富民强省，做出新的、更大的贡献。

中国电信福建公司全力助建“数字福建”

自2000年“数字福建”建设提出后，作为福建省信息化建设的主力军，中国电信福建公司主动对接福建省信息化战略目标，全力打造光纤宽带、天翼3G／4G立体高速网络，创新推出覆盖政务、经济、民生等领域的信息化应用，全面助力“数字福建”建设，得到福建省领导和相关部门的高度肯定。

截至2015年年底，天翼4G移动通信网络已覆盖福建省所有乡镇及部分发达行政村，以及高铁、高速路、主要景区，3G/4G网络覆盖保持行业领先；千兆光纤已通达全省各县区，乡镇、商务楼宇光纤通达率均达100%，行政村光改率75%，光缆线路1300万芯公里；已建成了20个全光县区，实现光宽带用户占比75%；拥有三星级以上IDC机楼9座，整体IDC出口带宽超过2000G，并建成云管端一体化的网络安全防护体系，服务器防攻击能力达1000G。

同时，该公司积极落实“互联网+”行动，加大社会信息化应用推广力度，助力产业转型升级和提升运营效率。已推广翼校通、加密通信、销售管家等十大政企信息化应用，拓展翼支付、导航、通信能力开放平台等12项互联网创新应用。

中国电信福建公司与福建省电子信息集团签订战略合作协议，携手推动福建电子商务快速发展，助力福建产业升级

中国电信福建公司召开2014年开放合作大会

中国电信福建公司网络指挥调度中心

承建长乐市12319城市管理服务指挥中心

中国电信装维员上门为客户安装宽带

中国电信汛期应急演练
提高通信防灾抗灾能力

客户通过中国电信宽带观看
ITV互动电视

中国电信福建公司工作人员介绍
“互联网+”产品

客户体验中国电信“互联网+
医疗”产品

天翼移动网络覆盖
福建城乡高速铁路

中国联合网络通信有限公司天津市分公司

中国联合网络通信有限公司天津市分公司（简称天津联通）是中国联通在津分支机构，是天津地区重要的移动通信、光纤宽带及信息服务提供商，具备丰富的网络资源能力和先进的通信技术水平。目前向近900万公众和政企客户提供LTE、WCDMA、光纤宽带等一流服务水平的通信业务，同时承担重要及应急通信保障任务。

近年来，天津联通全面实施聚焦战略，加快创新合作发展，以改革为统领、创新为驱动，凭借大胆尝试、勇于革新的创业精神，致力于天津市信息化建设。坚持4G为引领，推进LTE FDD与TD-LTE双网协同布局，加快VOLTE和载波聚合等新技术引入，实现移动通信技术和服务水平换代升级，增强移动网络覆盖广度和深度。大力落实"光纤城市、智慧天津"部署要求，助推天津市光纤入户工程，全面实现天津家庭光纤化。目前，光纤用户规模突破百万，居民宽带接入速率最高可达100M。同时，积极创新内容应用，深化"三网融合"，打造以"沃家电视"为品牌,以标清视频、高清视频、4K视频为基础的产品体系。适应新兴业态，探索线上线下一体化服务手段，网厅、手厅等服务载体充分契合广大用户生活方式和消费习惯，赢得广泛青睐。推动智慧城市发展，依托强大的网络平台和综合组网经验优势，研发基于大颗粒、大数据存储的移固融合应用和IT、CT集成应用等信息化产品，充分满足政企客户通信服务个性化需求。

面对国家电信业创新转型和深化打造“美丽天津”所带来的机遇挑战，天津联通将继续推进企业创新发展进程，立足4G和光纤宽带等业务主体，坚持以用户为中心，加强技术、业务、服务和管理创新，积极打造智能管道，加速提升企业综合实力和核心竞争力，在拉动国民经济、加速社会信息化，推动产业转型升级的进程中发挥主力军作用，引领天津市民早日进入数字多媒体新时代、畅享数字新生活。

落实聚焦战略 坚持创新转型
为推动实现移动互联网创新服务领导者再启航

——中国联合网络通信有限公司四川省分公司

中国联通四川省分公司（以下简称“四川联通”）是经中国联合网络通信有限公司（以下简称“中国联通”）批准在四川省境内设立的分支机构，主要承担中国联通在四川省境内通信基础设施建设、业务发展等。截至2015年年底，省分公司本部设有31个职能和生产部门，下辖21个市州分公司、383个综合网格，共有员工10586人。

近年来，四川联通加快企业改革创新，全面深化体制机制、运营模式、管理模式、发展模式、销售模式、价值结构六大转型，努力提升创新、运营、管理、执行、销售、服务六大能力，实现了从产品经营向客户经营、从价格经营向价值经营的转型。规划了“内聚合力、外放能力”的文化宗旨、“以人为本、客户导向、持续创新、共赢发展”的核心价值观，以及成为“移动互联网创新服务领导者”的宏伟愿景。通过全省广大干部员工砥砺前行，公司在投资规模、主营收入、业务发展、网络能力等方面实现了持续增长，企业发展取得了长足的进步。目前，移动、固定、宽带用户近千万户。移动网络覆盖全省21个市州，市区、县城、经济发达和重要乡镇、省级以上旅游名胜点覆盖率达100%，乡镇、行政村整体覆盖率达（除甘孜州、阿坝州、凉山州外）100%。

近年来，依托中国联通拥有的成熟技术，广泛应用，完善的产业链WCDMA制式的3G网络，以及TD-LTE、FDD-LTE“双百兆”4G网络优势，在中国联通集团的高度

重视下，在社会各界及广大客户的关心支持下，四川联通紧紧抓住国家实施“以信息化带动工业化”战略的契机，努力打造3/4G一体化移动宽带网络和全光网络，积极投身于推动国民经济和社会信息化进程，致力于为客户提供全方位综合信息服务解决方案。聚焦“智慧政务、智慧产业、智慧民生”三大领域，分别与四川省21个市州签署了“智慧城市”战略合作协议，围绕“政务、金融、交通、医疗、安全、能源、文教、物流等八大领域，推出了数字城管、智慧医疗、智能公交、移动执法等50多项智慧应用，在民生服务、行业发展、城市管理等方面领域发挥突出作用，塑造了城市信息化建设者的新形象，有序推进了“智慧四川、美丽四川”建设进程。

面对全球电信业创新转型和我国深入推进信息化与工业化融合带来的机遇和挑战，四川联通将紧紧抓住国家“互联网+”建设契机，坚持实施中国联通集团“移动宽带领先与一体化创新”的战略，认真落实提出的“巩固西部通信枢纽地位、打造西部信息高地”的多点多极战略，以大数据应用为重要抓手，推动信息化、工业化与城镇化的深度融合，推动经济转型升级，在强政、兴业、惠民等方面发挥更为重要的作用。

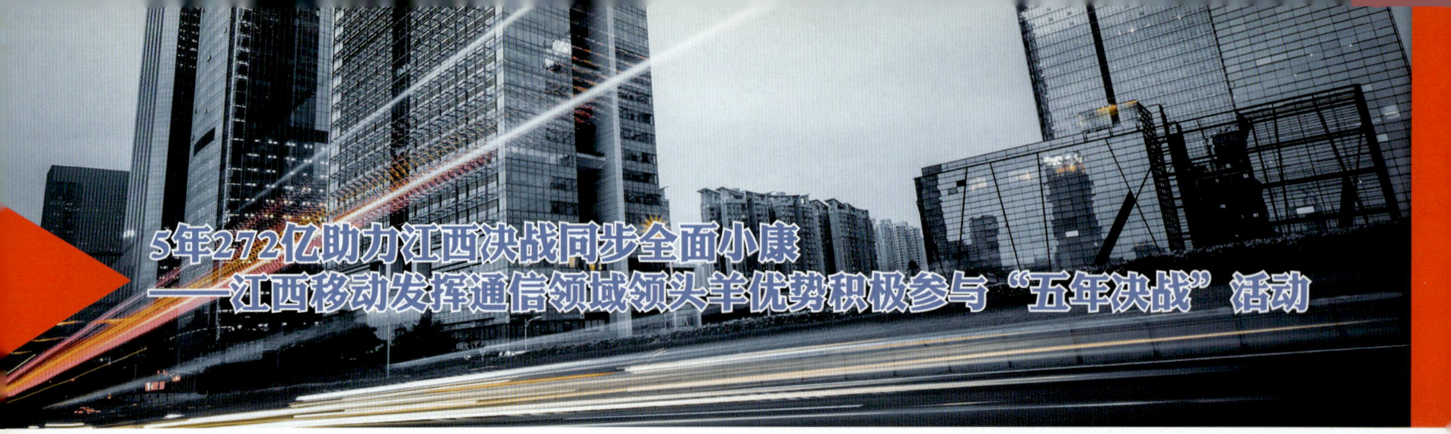

5年272亿助力江西决战同步全面小康
——江西移动发挥通信领域领头羊优势积极参与“五年决战”活动

作为主要的通信运营商，江西移动长期致力于提高网络服务水平，加速网络转型突破，强化核心竞争优势，打造4G精品网，建设光纤宽带网络，组建大数据平台等，为“互联网+”在江西的发展提供了良好的互联网环境，有力地促进新兴产业在江西地区的落户发展。截至2015年底，江西移动在全省新增建设4G基站超过10000个，4G基站总数已超过3万个，已实现乡镇、县城和城区区域的4G连续覆盖，实现3A以上景区全覆盖。

“‘五年决战全面同步小康，中央驻赣单位在行动’为驻赣企业服务江西搭建了一个大有作为的平台，江西移动作为通信行业的领头羊，将发挥自身优势，引领‘信息江西’建设，进一步服务江西、支持江西、建设江西，为江西经济社会发展提供更好更优的信息动力，助力江西早日实现‘两个翻番’。”中国移动通信集团江西有限公司党组书记、董事长、总经理李锋说。

今后5年，江西移动计划投资272亿，在4G建设、宽带江西、互联网+、大数据应用、民生服务、媒体宣传等六大领域，积极参与“五年决战同步全面小康”活动。

4G建设领域。目前已投入23亿元全力打造4G（TD—LTE）无线信息高速公路，全面实现了全省高铁、高速、高校、国道、市到县、乡镇以上道路4G网络的全面覆盖，行政村覆盖率达到85%，2016年继续投入21亿元，力争实现4G村村通，十三五期间预计投入总额108亿元，打造一张全省精品网络，为江西各行各业提供无缝隙的4G网络覆盖服务，助力江西经济发展；同时提前布局VoLTE融合商用网络建设，为百姓提供更清晰的语音和视频通话质量、更快的呼叫接续速度。

宽带江西领域。今年已投入16亿元大力发展宽带建设，全力推进“宽带中国”江西工程，通过“有线+4G”有效结合的方式，实现江西境内高速率上网无缝隙覆盖；目前移动有线宽带覆盖家庭数超过1000万，覆盖率超过80%，含无线宽带覆盖率达到99.9%；“十三五”期间将持续投入77亿元，力争三年内实现行政村以上全覆盖；积极推动南昌、抚州通信同城化，加强区域内互联互通，降低通信成本，助力区域经济发展；加快实施宽带“提速降费”，推出流量降费八项举措，免费为百万宽带用户提速到8M和20M，年底将对部分用户加速到50M，流量单价累计降幅达35%，为江西老百姓提供了更实惠的宽带服务，支撑了江西的信息发展。

“互联网+”领域。扎实推进“互联网+”行动计划十大重点工程，组建江西信息化产业联盟，着力推进“互联网+农业、互联网+工业、互联网+教育、互联网+服务、互联网+企业”等重点领域。十三五期间预计投入16亿元，以提高平台支撑能力、信息整合能力和应用服务能力，对电子商务、工业互联网、农业互联网、物联网产业、文创媒体等互联网经济提供有力支撑。

大数据运用领域：2015年已投入0.3亿元启动江西移动大数据云计算基地建设，基于移动海量数据，推出了“江西人去哪了”、“江西蓝色经济活跃指数”等大数据分析报告，为各行各业提供全面的数据支撑和科学决策服务，将大数据打造成为经济社会发展的新引擎。“十三五”期间将持续投入3亿元，支撑江西省创建全国大数据基地目标，实施大数据创新工程，初步具备对外大数据应用输出能力。

民生服务领域。目前已投入2亿元推进电子政务乡乡通、民政云平台等一批在全国有影响的标杆项目建设。打造了“和我信”居民生活服务平台，以最精准的通信服务、最快捷的生活服务、最实惠的商盟服务，目前已为660万江西人民提供24小时的窗口服务，预计年底将覆盖到750万用户。推出预约诊疗、掌上公交、智能交通、智慧人社等便民信息化服务，开展了智慧校园、和创客联盟建设、教育资源云平台、平安校园等活动，支撑江西“大众创业、万众创新”工程。“十三五”期间将持续投入12亿元，支撑智慧江西和两化融合发展，提高基础网络支撑和行业应用集成能力；启动智慧农业项目，支撑政府部门实施精准扶贫；拓展移动商盟，让广大群众畅享丰富、便捷、高效的移动互联网新生活。

媒体宣传领域：搭建美丽江西视频旅游平台，利用江西移动和视频信息平台设置“美丽江西”专栏，为江西旅游事业发展提供视频播放，视频发布，视频搜索，视频分享等服务，成为江西手机旅游的一张名片。

乘云而上 加速跨越

——贵州联通助推贵州省大数据产业蓬勃发展

2015年，贵州联通在中国联通集团公司领导下，坚持“双轮驱动、聚焦能力、变革创新”，抢抓大数据产业发展机遇，积极适应新常态、拥抱新思维、实施新举措，坚定不移地深化改革、推进转型、夯实基础、加快发展，取得了业务增长持续位居集团前列、经营效益实现重大历史突破、重点业务用户规模保持稳步增长的工作成绩，企业整体保持了持续、稳定、健康的发展态势。

一年来，贵州联通认真贯彻落实国家对贵州发展提出的“守底线、走新路、奔小康”总体要求，按照贵州省加快大数据产业发展的重要精神，持续推进中国联通贵安云数据中心建设，积极构建大数据应用平台，聚焦产业创新，全力助推贵州省大数据产业发展。特别是通过参加北京、深圳、上海三地“云上贵州·大数据资源招商引智推介会”系列活动、贵州省大数据博览会、第十届贵州旅游发展大会暨首届国际山地旅游大会、贵安数据基地全省项目观摩会等活动，贵州联通在大数据产业拓展上取得了丰硕成果。

依托中国联通强大的通信网络能力、一流的基础设施资源、优秀的专业运营体系和丰富的政企信息化建设服务经验，贵州联通已成功承载了落地贵州省的国家数据中心——国家旅游局数据（灾备）中心、全国云服务平台——“云上贵州”系统平台、全国基于云计算技术建设的电子口岸——贵州电子口岸平台等，建成了全国旅游大数据指数平台，发布了全国旅游大数据综合指数，并已正式签约首家落地贵州省的国家文化数据中心——中华文化云。贵州联通能够提供完整的云计算、云存储、容灾备份、IDC租赁等业务产品和解决方案，形成了独具特色的优势，已成为省内、国内公有云服务的重要力量。

2016年是国家“十三五”规划开局之年。贵州联通将积极把握经济发展和行业竞争新常态，落实集团聚焦战略，加快推进转型，全力聚焦发展。公司将乘云而上，加速跨越，以加快大数据发展为契机，推动企业实现创新发展，为实现贵州经济社会发展稳中有进、稳中有新、稳中向好做出更加积极的贡献。

中国联通陆益民总经理到中国联通贵安云数据中心调研

贵州联通亮相云上贵州大数据招商推介会（深圳）。贵州联通张哲总经理接受媒体采访

中国联通贵安云基地鸟瞰图

中国联通贵安云数据中心

企业发展篇

电信运营企业发展概况及特点

2015 年，电信业发生众多具有影响力的事件，如 4G 全面启动、提速降费、共建共享的切实推动，行业逐渐开放等等带来一定积极影响，同时也导致运营商的内外部运营环境趋于严酷，增量增收面临巨大压力和挑战，运营商已开始通过创新商业模式、独立互联网专业化公司等寻求新的增长动力。总体来说，这一年基础电信业呈现以下特点。

一、盈利能力承压，4G、流量运营成转型重点

2015 年 1 ～ 10 月电信业务总量完成 18 636.4 亿元，同比增长 25.6%，增速持续走高，但基础电信业务收入完成 9 568.7 亿元，同比下降 2 个 pp，去除营改增影响后同比增长 2.0%，降到近 7 年的最低点，低于 GDP 增速 4.9 个百分点。电信业务总量与电信业务收入增长的剪刀差由 2012 年的 1.8 个百分点持续扩大至 23.6 个百分点。资费下降、语音及短信服务被 OTT 替代、数据流量与 ICT 等新兴业务收入规模和增长仍有限导致收入增速放缓；而 4G 全面启动是业务增量增长的主要动力，流量收入增长是拉动收入增长的根本动力，如图 1 所示。

（一）4G 拉动业务总量增长

截至 2015 年 10 月，移动电话用户规模突破 13 亿，4G 用户总数达到 3.28 亿户，占移动电话用户的比重达到 25.2%。4G 用户的快速发展，带来了流量的高速增长，连续 10 月实现翻倍增长，1 ～ 10 月累计手机上网流量达到 28.8 亿吉字节，占移动互联网总流量的 89.7%。

（二）流量转型加速拉动收入增长

截至 10 月，移动话音收入持续下滑，占电信业务收入比重仅 32.4%，比上年同期回落 9.7 个百分点。非话音收入规模持续扩大，占比达到 67.6%，较去年同期大幅提升 10 个百分点，其中移动数据收入占比增速与非话音收入占比增速一致，说明移动数据是拉动收入增长的主要动力，如图 2 所示。

当前移动通信行业整体价值重心向流量转移，流量业务加速普及，用户渗透率从 76% 提升到 80%，2015 年上半年中国移动流量收入 1 515.12 亿元，同比增长 13.7%；中国电信流量收入 374.1 亿元，同比增长 43%；中国联通流量收入 249.28 亿元，同比增长 23.6%。中国移动、中国电信的流量收入均已超过

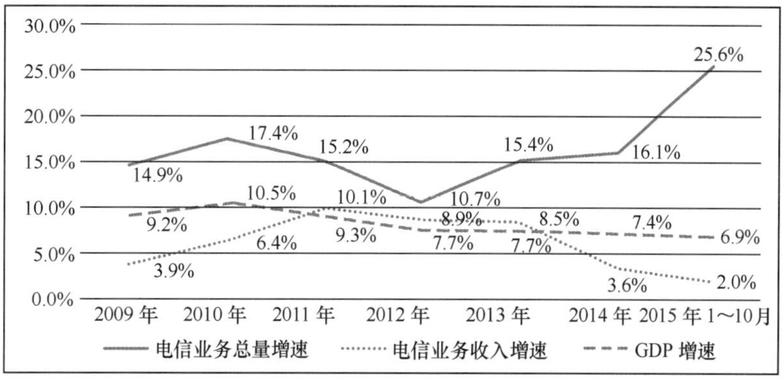

数据来源：工信部网站，国家统计局网站

图 1　2009 ~ 2014 年电信业务总量增速、电信业务收入增速和 GDP 增速比较

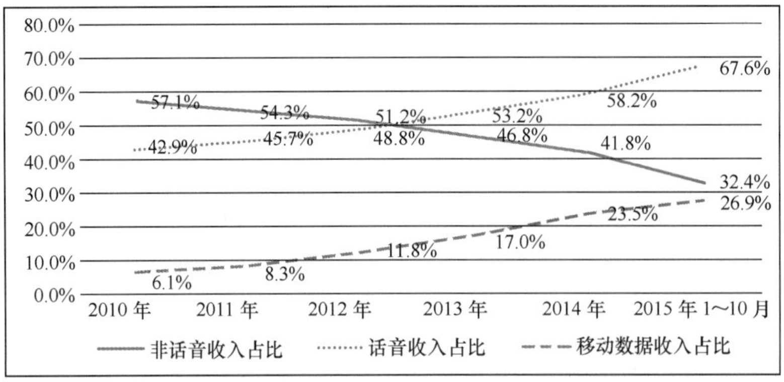

数据来源：工信部网站，国家统计局网站

图 2 2010 ~ 2015 年话音、非语音、移动数据及互联网收入占比情况

语音收入，中国联通流量收入占比已接近 50%，如图 3 所示。流量消费成为消费者主流消费方向，流量收入对语音收入的替代效应逐渐明显。

数据来源：三大运营商2015 年中期业绩报告

图 3 2015 年上半年语音及流量收入情况

二、运营商在企业责任基础上更多考虑社会责任

国家“互联网 +”、宽带中国等战略要求运营商提速降费，在网络提速方面，全国平均接入速率较 2014 年增长 1.17 倍，网间宽带扩容 612G；在网络降费方面，截至 10 月，固定宽带和移动流量平均资费水平下降幅度超过 50%、39%，国际漫游费降幅超过 80%。其余业务提速不提价，提高了性价比，宽带提速及资费下降效果日益显著。

运营商承担着两种责任，一种是企业责任，另一种是社会责任。前者要求运营商追求利润最大化，而后者要求运营商以公共服务为目的。提速降费对三大电信运营商的收入和利润增长造成压力和挑战，但却带来巨大的社会效益。提速降费要求运营商对自身的社会责任重新定位，强调社会责任的重要性。流量综合单价下降比例，中国移动、中国电信、中国联通分别达到 43%、40%、20%。宽带整体降价比例，中国移动、中国电信、中国联通分别达到 45%、30%、30%，如图 4 所示。

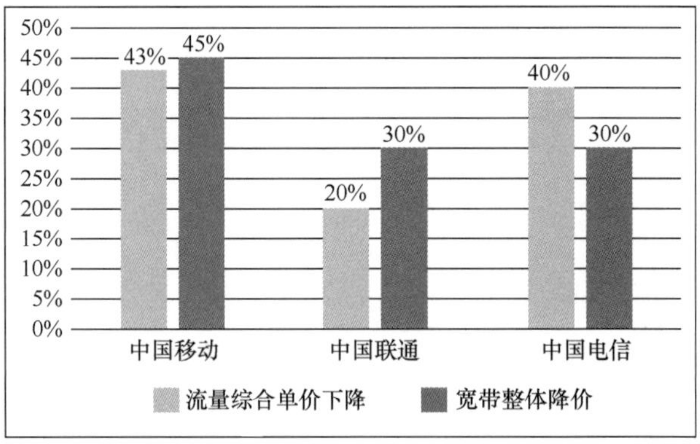

数据来源：各新闻网站

图 4 2015 年三大运营商资费下降比例

三、共建共享进一步落实提升资源配置效率

电信业长期存在的重复建设现象，不仅造成资源的极大浪费和对环境的负面影响，也造成运营商网络能力投资不足和回报率低下的问题。解决这些问题是中国铁塔公司成立的根本目的，铁塔公司已经带来较为明显的经济和社会效益。另一方面，中国电信和中国联通深度合作进一步推动了共建共享，有利于节约资源，保护环境，提高投资效率。

（一）铁塔公司成立切实推动共建共享

中国铁塔公司的“三步走”战略，目前已经完成前两步走——“新建能力建设”、“存量注入交割”，第三步“择机上市”正在筹备中。今年前三季度铁塔公司承接塔类需求44.3万个，累计交付订单31.7万个，共享率达到73%，其中电信、联通的共享率均超过80%，如图5所示。

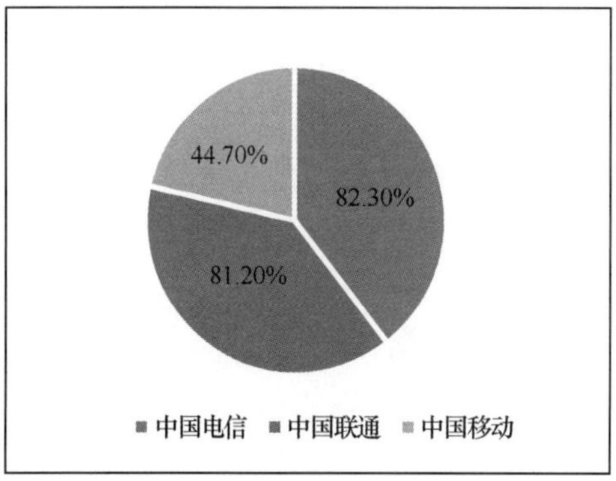

数据来源：中国铁塔公司董事长刘爱力采访材料

图5　2015年运营商共享率

中国铁塔公司带来较多经济效益和社会效益，能有效节约和配置社会资源，盘活铁塔存量资产，促进环境保护。对运营商而言，还可为其节约大量铁塔投资和运维成本，使运营商聚焦核心业务运营，提升市场竞争能力，加快转型升级。总的来说，以下价值已经逐渐显现出来。

通过存量共享和新建共享，前三季度已为行业整体节约建设资金约422亿元。建设层面，新建需求中60～70%可以从存量站址资源共享中满足，能快速提升共享建设进度；运维层面，存量资产注入铁塔公司后，每年还可为行业节约运营维护成本约8亿元；上市层面，铁塔公司上市后将为股东创造远高于目前存量资产的价值，实现国有资产的显著增值，同时存量资产的溢价也会给运营商带来相应的收益。

（二）中国联通和中国电信合作深度推进共建共享

2015年年底，中国电信与中国联通拟尝试开展网络、终端、业务的深度融合和合作，11月制定了《联通和电信4G网络的共享建议》，12月发布《六模全网通终端白皮书》，前者提出了包括基站、机房、传输在内的资源、技术共享路径，并且建议两大集团成立集团、省、市三级专项工作组，保障深度合作工作的开展。后者阐述了六模全网通手机在频段、模式和软硬件等方面的具体要求，是双方首次在终端方面的合作尝试。

网络和终端层面的深度合作对行业及运营商具有以下积极的影响。首先，有利于实现中国电信联通双赢。可以解决中国电信终端少，价格贵，以及中国联通网络覆盖不足问题，优势互补节约网络建设成本。其次，为终端产业链带来更多的便利和发展机遇，可以降低行业多版本终端产品的研发成本和维护成本，以及不同版本产品的备货风险。最后，通过网络、终端合作的步步深入，有机会实现1+1＞2，打破中国移动一家独大的竞争局面。

四、“互联网+”推动电信行业创新和升级

（一）移动转售推动运营商转型

移动转售企业对用户市场份额的影响并不明显，且均处于亏损状态，截至2015年11月中旬，虚商用户数约1 600万，与年初预估的5 000万用户相差较大，但占新增移动用户数的48%，高于预期20%～30%的水平。ARPU仅为三大运营商的1/4。究其原因，由于三大运营商的绝对话语权，形成了虚商“批零倒挂”现象，最终造成亏损。虚商对行业的积极影响在于其创新了更多的商业模式，提供更丰富的产品服务，有效推动了电信行业电信产品设计和资费模式的升级转型。

2015年虚拟运营商及三大运营商市场份额情况如图6所示。

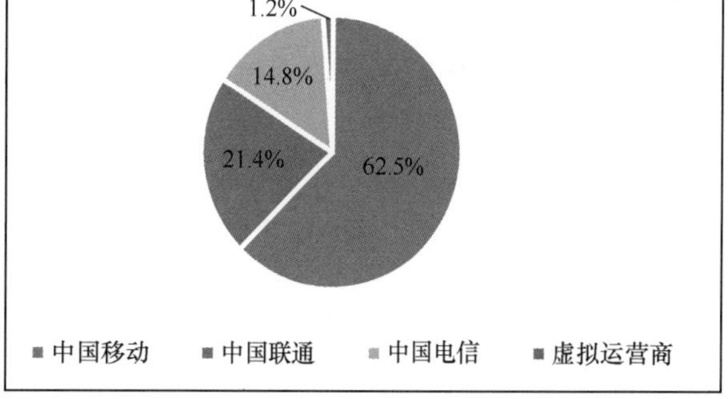

数据来源：运营商网站

图6　2015年虚拟运营商及三大运营商市场份额

（二）民营资本宽带准入激发市场活力

工信和信息化部发文扩大民营宽带试点范围，新

增44个城市，目前全国民营宽带接入试点城市已扩大至61个。向民资放开宽带接入市场，有助于推进宽带中国和提速降费战略，缓解宽带建设过程中遇到的各种压力，民营企业在资金充裕、机制灵活、反应迅速、技术创新等方面与现有运营商形成互补和竞争关系，进一步提升通信市场活力，刺激基础运营商加快转型与创新。

（三）后向商业模式促进收入增长

随着流量成为收入增长的主要动力，流量运营模式逐渐变化，后向经营模式是其中较为有效和积极的探索。三大运营商均已经开展流量后向经营，即前端用户上网产生的流量成本转移到后端企业身上，据《后向流量业务发展专题报告》估计，今年三大运营商后向流量销售市场规模大约在15亿左右，明年有望达到50～100亿左右的规模。中国电信综合平台开发运营中心的流量宝和天翼流量800、中国联通的流量银行及中国移动的流量统付等均属于流量后向业务。

流量后向经营是未来流量运营的主要方向之一，运营商通过后向收费模式，为用户提供免费业务，有利于吸引新用户，增加用户黏性，拓展后向收入来源，更有利于利用网络和数据优势，探索互联网化转型道路，比如针对后向流量购买企业，提供大数据经营分析、大数据精准营销等新兴业务。

（四）以专业化公司探索互联网业务

运营商在企业经营的各层面、各领域都有一些或深或浅的互联网化动作，力图将“互联网化”写入企业战略，但受到电信运营商管理体制所限等原因，互联网化迟迟未见成效，危机日深。运营商纷纷组建互联网公司：中国移动成立的“中国移动咪咕文化科技有限公司”、“中移互联网有限公司”；中国电信旗下阅读公司“天翼阅读”引入中文在线等三家战略投资伙伴；中国联通成立“小沃科技有限公司”、“中国联通云计算公司”。

三家运营商在基地公司化改革上的尝试，使得基地人、财、物实现一定程度的独立，有利于打破原先基地模式的制约。积极引入外部优质合作伙伴资源，进一步以市场化规律运作，拓宽了市场成长空间。但是公司化转型初期，在决策、业务、收入分配、KPI、用工制度等方面难以避免受到集团公司制约，离真正的互联网化、市场化、去行政化的独立运作仍存较大距离。

五、物联网成为转型发展方向

我国电信业目前处于语音和流量是主要核心业务的流量时代，随着流量对语音的替代完成，随之进入以链接和应用为核心业务的物联网时代。根据中国信息通信研究院统计，未来10年内物联网产业将保持每年20%的增速，2015年产业规模将达到7 500亿，2016年将突破9 000亿，2020年将突破1.5亿，我国物联网产业发展将迎来黄金期。

运营商盈利模式的核心是规模化发展，万物互联带来运营商新的规模量级。一方面，物联网产生的连接和流量是叠加在原有的连接和流量之上的，带来流量和收入新增。另一方面，为平台和应用发展带来新的机遇。开放平台和整合应用成为有效切入点，有利于实现能力和服务的产品化，提供整合应用服务。

（中国信息通信研究院　王强、周燕、卢泽旋、汪耘西、麦彬承）

中国电信发展分析

从中国电信2015年全年整体运营看，在巩固自身宽带优势基础上，4G发展和大数据应用均有较大突破，行业联合以及跨界合作是未来发展趋势。中国电信2015年的关键词是4G发展、提速降费和创新。2015年年初拿到4G牌照后利用先期部署和投入大力发展4G，并且积极部署4G+，深入与联通合作抗衡移动；积极响应国家提速降费号召，认真落实部署，完成工信部目标；借助云计算战略部署和大数据能力，结合互联网发展趋势，努力探索创新的产品、跨界合作以及员工激励方式。

一、4G投入加大，客户规模增长

中国电信于2015年2月27日获得“LTE/第四代数字蜂窝移动通信业务(LTE FDD)”经营许可，正式加入4G竞争。虽后发劣势明显，但积极部署4G，努力探索4G+。

2015年中国电信资本开支超1 000亿，较2014年增长40%，主要用于4G网络和宽带互联网建设。中国电信上半年完成资本开支预算34.03%，投入移动网络占比接近50%，如图1所示。

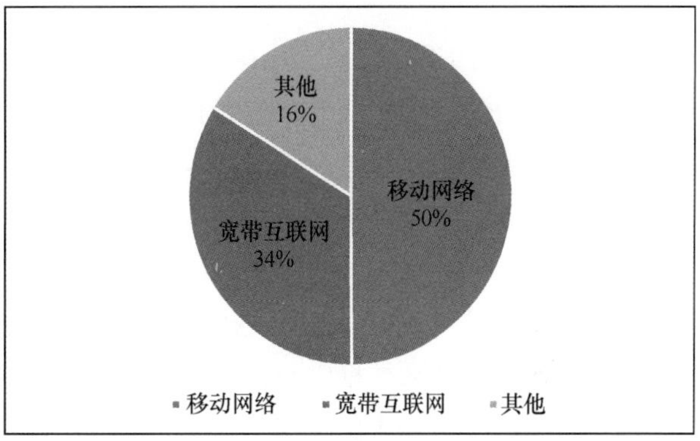

数据来源：2015年中国电信中期财报

图1　2015年中国电信上半年资本投入占比

随着LTE FDD牌照发放以及4G网络的大力投资，中国电信利用前期准备，借力共享的铁塔资源，使4G用户规模和市场份额快速提升。截至2015年9月底，中国电信4G终端用户数达到约4 373万户，2015年首三季度净增约3 665万户，全年4G用户渗透率行业第一。截至2015年11月底，3G/4G用户数达1.4亿，占移动用户比例为71.7%，结构不断优化。同时在4G以及4G+发展的背景下，流量经营初见成效，

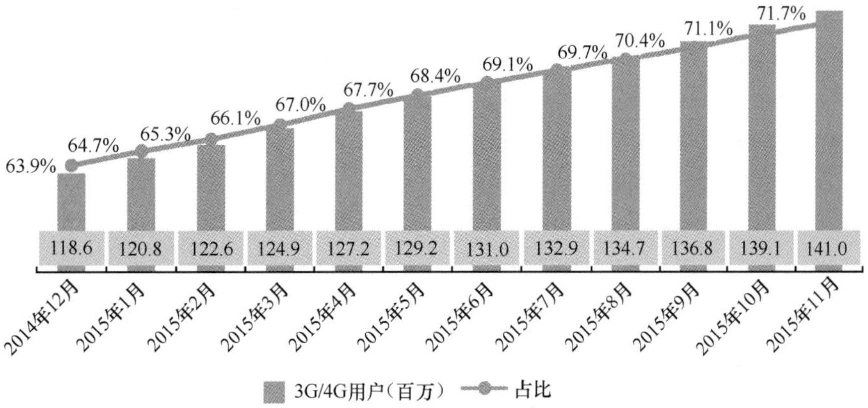

数据来源：2015年中国电信官网—主要运营月度数据

图2　2015年中国电信3G/4G用户数及占比

非语音业务占比逐渐增长，语音业务收入占比下滑，如图 2 所示。

2015 年 7 月天翼 4G+ 正式发布，并于 8 月 1 日正式上市。同时，中国电信与努比亚联手推出全球首款支持天翼 4G+ 网络的终端，4G+ 商用的进程也在步步推进。

二、深挖大数据，加快互联网化创新

（一）大数据布局

中国电信着手进行“2+8+X”云资源战略布局，全面承载“互联网 +”和“一带一路”，逐步形成东北、华北、华东、东南、华南、西南、西北和华中 8 个区域中心，并打造内蒙古和贵州云计算园区，布局全国各地 300 多个数据节点。内蒙古云计算中心已成为全亚洲最大的云数据中心。

11 月 27 日，中国电信在中国企业大数据联盟峰会上正式发布了“天翼大数据”品牌，推出精准营销、风险防控、区域洞察、咨询报告四类数据型产品和大数据云平台型产品，重点服务于旅游、金融、广告、政府、交通等行业。其中，风险防控产品基于中国电信用户标签数据，建立用户信用模型，主要服务于银行、保险、征信、P2P 等金融机构。区域洞察产品基于中国电信用户位置标签数据，为道路交通、区域人流分析、商业选址分析、智慧城市建设、智慧旅游建设等领域提供数据服务。

（二）流量产品创新

中国电信聚焦定向流量包、“流量 800”、“流量宝”等创新流量产品，打造互联网流量玩法。其中“流量 800”是中国电信后向流量业务的产品品牌，以流量作为合作资源，与客户协同开展业务合作，由客户购买流量并按照一定规则提供给其指定的前向用户免费使用。通过流量货币化提升流量价值，探索流量经营新思路。

（三）跨界合作创新

7 月 29 日，中国电信与中国银联联合推出 4G-NFC 移动支付新产品，探索跨界合作，初步进行“互联网 +”金融尝试。中国电信在 4G-NFC 手机钱包客户端中开辟“银联专区”，手机用户通过该“专区”能够很方便的将银联合作银行卡下载到手机卡上，从而使得手机具备银行卡功能，并能够在全国 500 万部具有“银联—闪付”标识的 POS 机上刷手机消费。下阶段，双方将进一步优化产品体验，丰富产品功能，使得中国电信的手机用户能够更快速和方便的加载和使用手机上的银行卡。

（四）员工激励创新

中国电信于 2012 年 3 月正式启动创新孵化工作以来，2015 年已基本完成布局。平台通过“专业孵化＋创业导师＋天使投资”的孵化模式，将中国电信的资金、网络、技术、人才、创意等资源与社会科技创新环境及资本进行高效整合对接，积极扶持内部员工和社会有志之士创新创业。截至 2015 年年底创业导师人数过百，专业化培训每年达 30 多场。基于内部员工创业的苗圃孵化，目前共征集了 7 批次约 1 500 个项目，其中 158 个项目成功入孵，17 个项目实现公司化运作，投资总额近 5 000 万元。

三、多举措响应提速降费

（一）宽带中国全面行动

2015 年 2 月 16 日，中国电信全面启动“宽带中国•光网城市”工程，开展宽带接入，年底完成光纤到户覆盖 4 500 万户，成为中国首个提供千兆入户的运营商，全球首个 10G-PON 技术的 FTTH 千兆宽带。2015 年上半年有线宽带用户总量达到 1.1 亿，净增约 261 万户，其中 FTTH 净增约 1 100 万户，达到近 5 400 万户。6 月有线宽带用户平均带宽达到 18MB，较去年同期提升一倍，百兆宽带用户占比超过 10%，如图 3 所示。

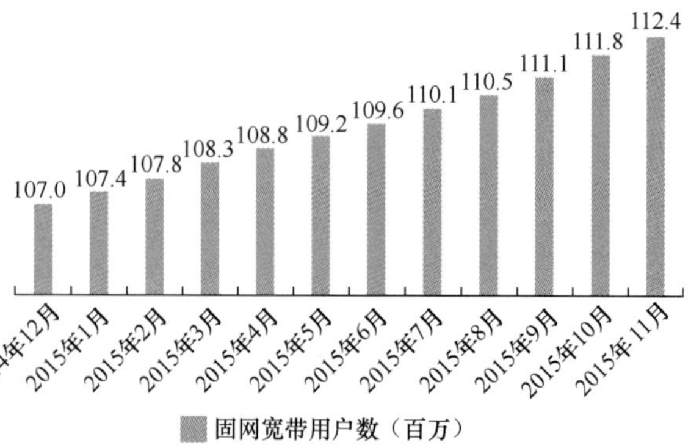

数据来源：2015 年中国电信官网—主要运营月度数据

图 3　2015 年中国电信固网宽带用户数

中国电信在全国范围内，针对有线宽带接入速率在 4 Mbit/s 以下的用户全部免费提速至 4Mbit/s。同时百兆宽带费用大幅下调，单位带宽价格降幅近四成。

（二）多手段全方位降费

1．京津冀一体化资费

为落实国家京津冀协同发展战略，中国电信自 2015 年 8 月 1 日起，在北京市、天津市、河北省 (以下简称京津冀) 区域内取消手机长途通话费和漫游通话费，即号码归属地为京津冀的中国电信移动用户，在京津冀地区拨打归属地为京津冀的移动电话、固定电话，及在京津冀地区接听电话，均按照本地通话费收取。

2．下调国际、港澳台地区漫游费

2015 年 7 月 1 日起，中国电信面向所有已开通国际、港澳台漫游服务的 245 个国家和地区，大幅下调数据流量、通话和短信资费。手机上网数据流量资费最大降幅超过 90%，语音通话资费最大降幅超过 90%，短信资费最大降幅超过 80%。同时面向 150 个国家和地区推出 3 元 /3MB、6 元 /3MB 和 9 元 / 3MB 的流量包资费。此次资费调整具有范围广、降幅大和聚焦流量等特点。

3．流量不清零

自 2015 年 10 月 1 日起，中国电信为手机上网按流量计费的月套餐用户推出套餐内流量当月不清零升级服务，即 2015 年 10 月套餐内剩余流量延期结转至 11 月底前使用，后续月份以此类推。流量不清零实施后运营商收入有所影响，但有用户反映不清零后流量跑快了。

（中国信息通信研究院　王强、周燕、卢泽旋、汪耘西、麦彬承）

中国移动发展分析

从中国移动全年公司的运营看，2015年的关键词是4G重拾领先、全业务发力、“提速降费”显成效，以及“互联网+”态势向好。4G发展层面，全面赶超电信和联通，重拾领先。宽带发展层面，正式收购中国铁通，补齐宽带短板，全面发力全业务领域。社会责任层面，应对国家“提速降费”等政策要求，推出多项措施降资费，提网速。行业发展层面，定位为“互联网+”助力者，在云计算、物联网、大数据等领域布局拓展，并依托咪咕公司、互联网公司等专业化公司，加强产业合作，深耕内容和应用领域。

一、4G发展重拾领先

2015年是中国移动4G发展的关键之年，拥有先发优势的中国移动在2015年通过4G发展重拾了领先地位，中国移动4G市场份额超过中国电信和中国联通两家之和。

（一）大规模部署4G基站建设

4G网络覆盖日益完善。截至2015年11月，中国移动已建设开通107万个4G基站，年底超过110万，覆盖人口超过12亿，建成全球规模最大的4G网络，基本实现了国内城市、县城及高铁线路的连续覆盖，发达乡镇、主要旅游区的深度覆盖，而通过载波聚合技术的应用，2016年中国移动计划再建30万4G基站，基站总数达140万。

（二）4G用户突破增长

截至2015年11月，中国移动4G用户数2.87亿，4G用户渗透率接近35%，占据行业绝对领先优势。4G用户是“互联网+”的应用基础，2016年中国移动将持续加大资源投入，2016年4G用户规模目标是达到5亿，4G用户渗透率超过60%，将推动通信市场4G竞争进入白热化，如图1所示。

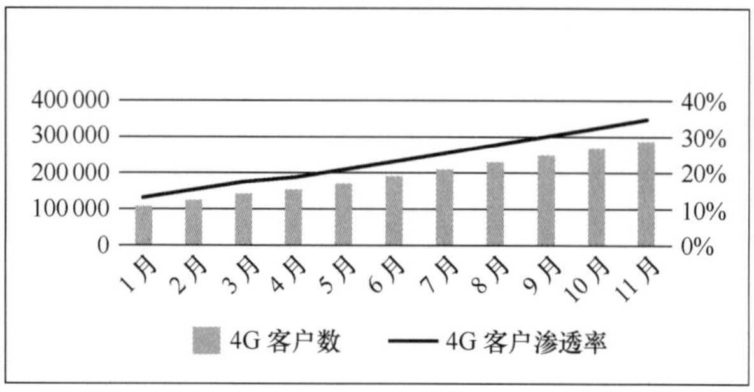

数据来源：中国移动2015年上半年推介材料

图1　2015年中国移动4G用户数及渗透率

（三）4G流量拉动增长

中国移动户均流量已从2014年的不足200MB增加至400MB以上，流量经营成为收入增长的主要驱动力。随着4G技术的提升和网络覆盖的普及，4G流量爆发式增长。4G流量占比高，对流量的增长贡献大。截至2015年12月，4G用户月均流量已经达到820MB，是3G用户的3倍多。从中国移动自身来看，4G网络的流量已经占到中国移动全网流量的75%。从行业来看，中国近70%的手机上网流量发生在中国移动的网内。全网客户DOU由行业最后跃升至行业第一，如图2、图3所示。

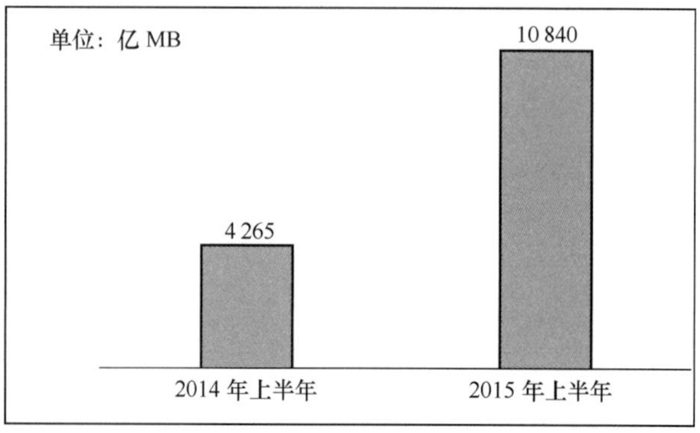

数据来源：中国移动2015年上半年推介材料

图2　中国移动数据流量

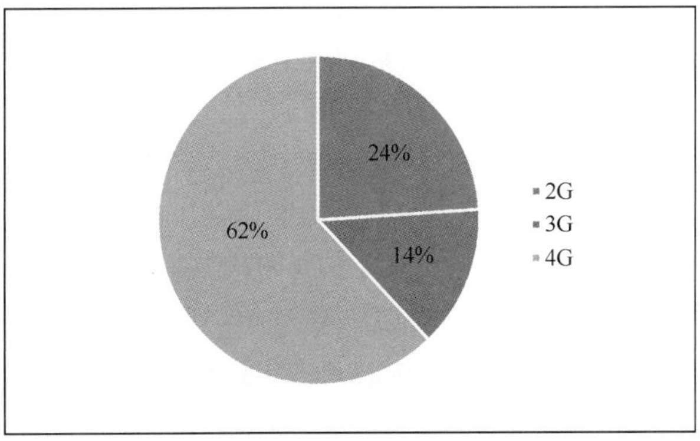

数据来源：中国移动2015年上半年推介材料

图 3 移动数据流量承载结构（2015.6）

（四）力拓 4G+ 和 VoLTE 升级发展

2015 年中国移动网络向 4G+（载波聚合）演进，并升级发展高清语音（VoLTE）、融合通信（RCS）等创新能力。在全国 90 余个城市开启下行两载波聚合商用网络，另外部分城市已完成下行三载波聚合商用验证及上行两载波聚合商用验证。已具备 VoLTE 大规模商用基础条件，2015 年年底发布自主品牌首款入门级 VoLTE 手机，预示着 2016 年将是真正意义的“4G+”年。

2016 年将在全国部署超过 10 万个 4G 载波聚合 CA 基站，覆盖国内所有地级以上城市的核心城区、热点区域，下行速率将提升 1 倍。同时，VoLTE 商用将进一步推进，预计到 2016 年中将实现超 260 个城市的 VoLTE 商用，2016 年将发展 VoLTE 用户 3000 万，将推出 100 款支持 VoLTE+CA 的终端。

二、全业务融合发展

（一）中国移动全面收购中国铁通

在三家运营商中，中国移动最后拿到固网宽带牌照，固网固话短板效应明显。为了快速获得固网宽带的核心资源，2015 年 11 月，中国移动正式将中国铁通并入上市资产，收购母公司全资拥有的中国铁通集团的固网电信资产。中国铁通拥有丰富的全国骨干网络、城市光纤、IPv4 地址等资源、超过千万的固网用户以及具有丰富固网运营经验的从业人员，代表着中国移动正积极向全业务布局迈进，有助其拓展“智慧家庭”增长潜力，发展融合捆绑服务，提高用户黏性及收入，为最终转变成固移融合的全业务运营商做好了铺垫。

（二）高起点发力宽带市场

中国移动的宽带将高起点发展，更加注重提速增效。2015 年上半年，移动固定宽带只有 0.3 亿户，占 14%。尽管市场份额较少，但中国移动发展宽带仍从高起点出发，注重提速增效。在网络建设方面，着力光纤宽带建设，推动住宅区和住宅建设区内的管线资源共建共享，并开展村村通宽带建设。在高速率带宽应用发展方面，首先是采用“提速不提价”方式，鼓励客户提速；其次是发展以魔百和为基础的家庭高清视频业务；再次是推广家庭网管业务，发展智能家居业务、家庭安防业务。

2016 年，中国移动 4G 网络建设任务较 2015 年减少，宽带建设力度将进一步加大。另一方面，将在应用、平台、终端三个层面推动“智慧家庭”快速发展，2016 年将聚焦互联网电视业务，计划发展魔百和客户 1 500 万、智能网关客户 500 万。

三、“互联网 +”创新发展

中国移动围绕国家“互联网 +”战略，在移动互联网方面，中国移动依托咪咕文化、互联网公司，加强产业合作，深耕内容和应用领域。

（一）行业“互联网 +”助力者

2015 年全球合作伙伴大会上，中国移动将依托移动宽带优势能力助力“互联网 +”行动，在移动互联网、云计算、大数据、物联网领域积极布局拓展，中国移动构建“互联网 + 开放平台”为合作伙伴提供基础通信、智能管道、大数据、运营支撑、IT 五大后端的基础能力。

2015 年面向行业用户，提供综合解决方案。从基础通信与设施，通用信息化及行业信息化层面拓展产业发展空间，助力政务、农业、工业、医疗、旅游等领域开展应用服务。此外，中国移动开放合作，打造通往万物互联的道路。2015 年 12 月，发布了“互联网 +”能力开放平台、物联卡 +OneNet 平台和“灵犀云”智能语音平台三款新产品，助力万物互联和产业融合。

（二）咪咕公司“一站式服务”推动数字内容服务

2015 年 1 月，咪咕文化科技有限公司在北京正式成立，宣告中国移动在数字内容服务领域正式开展公司化运营。2015 年年底，咪咕公司独立运营一周年，为内容、渠道合作伙伴带来的收入高达 121 亿元，25 家合作伙伴获得的分成收入超过 1 亿元，11 家渠道合作伙伴收入超过 1 亿元，65 部明星单品收入超千万。2016 年咪咕公司将创新平台能力，致力于打造国内最大的正版数字内容汇聚平台、行业首选全版权运营变现平台、产业最优创业创新平台三大平台，助力行业发展，塑造移动互联网时代全新的数字内容品牌。

（三）成立互联网公司

2015 年 10 月，中国移动互联网公司成立，将以 MM 为发展核心，形成集聚合、分发、计费、认证一体化的开放平台，标志着中国移动正式进军互联网。

中移互联网公司形成与个人开发者、企业、政府紧密合作、覆盖产业链上下游的聚合体系，汇聚逾 10 万开发者，聚合包括腾讯等近 300 家渠道。截至 2015 年 11 月，其用户规模已达 4.5 亿，年累计应用分发量 51 亿次，聚拢 10 万开发者，创建近百个创业孵化基地，汇聚 177 万件应用作品。未来的发展重点是产业聚合、渠道分发和能力建设业务，成为“互联网 +”领域的基础设施建设者。

（四）积极响应国家政策

2015 年中国移动积极响应国家“提速降费”、“宽带中国”等政策，落实企业社会责任，在降费方面，中国移动陆续推出了“购 1GB 赠送 1GB 夜间流量”、“降低国际及港澳台漫游流量资费”等 8 项措施降低流量资费，此外，中国移动在实现京津冀“长市漫一体化”，并推出流量不清零、流量转赠等创新服务。在提速方面，中国移动将从“打造 4G 精品网”、“做宽骨干传送网”、“扩容和优化 CMNET 网”、“扩容国际互联网出口带宽”等四大工程着手，提升网络能力和网络速率。

2015 年固定宽带和移动流量平均资费水平下降幅度分别超过 45% 和 43%，整体来说“提速降费”有一定成效，但是部分“夜间免费流量赠送”等措施并不符合用户真正需求，提速降费与公众期待仍有差距，仍存在进一步提速降费的合理空间。

（中国信息通信研究院　王强、周燕、卢泽旋、汪耘西、麦彬承）

中国联通发展分析

2015年的中国联通，整体运营情况的关键词是：主营业务发展乏力，转型升级和跨界创新合作。其中，主营业务发展乏力指的是由于用户流失严重、4G发展停滞以及固宽市场萎缩，导致主营业务收入下降的经营状况；转型升级是指为应对未来发展，提出基础业务、创新业务以及管理上的“三聚焦”战略，抓住4G业务发展的最后机遇，大力推进沃4G+，加速向更高速、更高质网络方面转换。跨界创新合作是通过跨界合作和业务创新，赋予公司发展新动力，开启转型新征程。

一、主营业务发展乏力

中国联通2015年运营情况不佳，主营业务收入同比下降了1.59%，净利润更是大跌22.6%，如图1所示。

（一）移动用户流失严重

2015年，中国移动、中国电信的用户量保持平稳较快增长，唯独中国联通的移动用户数自2月份以来，已连续第10个月出现下降，截至2015年10月，用户已流失1 226万，用户市场份额持续萎缩，前景依然黯淡，见表1。

（二）4G发展停滞

由于在4G商用初期采取较为保守的4G策略，中国联通4G用户发展缓慢，远远落后于中国移动、中国电信。3G时代，中国联通3G基站建设耗资数千亿，成本回收问题使其在4G基站建设上束手束脚，错过了4G发展的黄金时间。3G时代相对均衡的格局在4G时代又重回中国移动一支独大的场面，中国联通4G用户份额甚至已被中国电信超越，成为最弱势运营商。

表1　三大运营商用户市场份额（2015年3季度）

	2G市场	3G市场	4G市场
中国联通	21%	30%	9%
中国移动	69%	45%	77%
中国电信	10%	25%	14%

数据来源：根据三大运营商第三季度运营报告统计整理

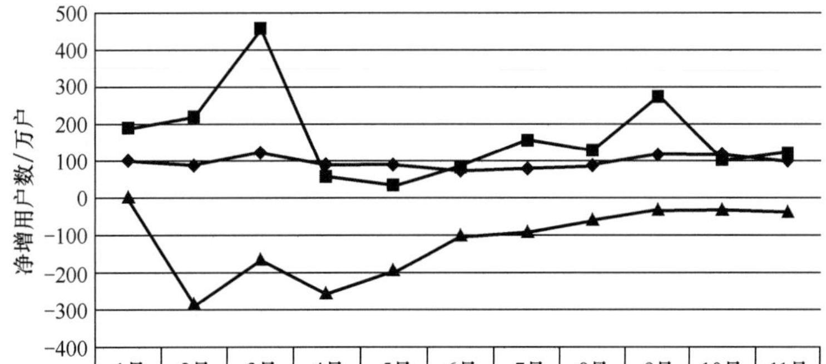

	1月	2月	3月	4月	5月	6月	7月	8月	9月	10月	11月
中国移动	192	222	460	58	37	86	158	137	276	107	121
中国电信	105	90	125	95	91	76	82	90	118	120	103
中国联通	8	−282	−161	−253	−191	−100	−89	−56	−29	−31	−35

数据来源：三大运营商月度运营报告整理

图1　三大运营商移动用户净增数

（三）固网宽带市场萎缩

随着中国移动获得固网宽带的资格以及正式并入铁通，加之民营企业的进入，中国联通的固宽业务受到巨大冲击。除中国联通外，中国电信与中国移动固宽市场占有率与上年同期相比均有提高，如图 2 所示。

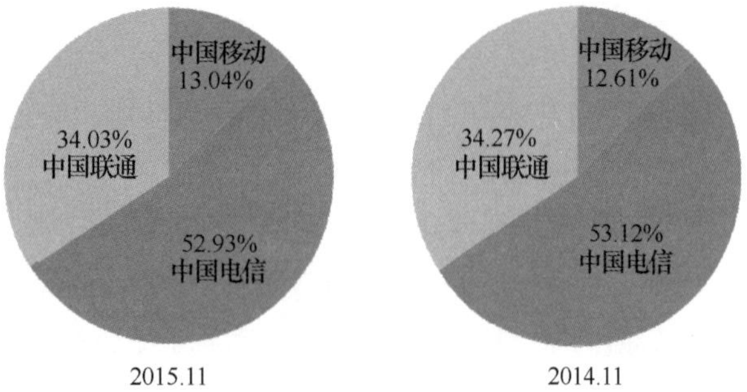

图 2　三大运营商固定宽带市场占有率

二、转型升级

面对困难，中国联通积极寻求出路，提出实施战略聚焦及发布沃 4G+ 品牌，加快中国联通沃 4G+ 战略的推进速度，努力打造全光网，加速向更高速、更高质网络方面转换。

（一）战略选择“三聚焦”

面对目前的地位和所处的环境，中国联通提出“三聚焦”战略，基础业务聚焦重点业务、重点地区，创新业务聚焦平台类及产业互联网，管理聚焦体制机制创新与适应市场发展的管理体系。

（二）大力推进沃 4G+

中国联通推出沃 4G+，目标是要建成 4G 更加完善、网速加倍提升、通话体验更加出色、业内领先水平的 4G 精品网络。为此，中国联通一方面通过一系列的网络建设和优化计划，全面加快 4G 网络建设步伐；另一方面加大网络资源共建共享力度，为用户提供加倍的覆盖、加倍的网速，打造出极致、完美的网络体验。目前，中国联通 4G+ 双载波聚合的峰值速率下行已经超过 300Mbit/s，上行已超过 75Mbit/s。通过 4G+ 的载波聚合功能，实现网络速度加倍，给用户带来加倍畅快的移动互联网体验。

同时，把资源集中投向产品、终端、渠道和运营的同步升级优化。产品方面推出主副卡套餐，主副卡之间共享主卡套餐内的语音、数据流量等资源，并且主副卡间本地通话免费，实现了一份套餐多人共享。终端方面，全面聚焦 4G，中高端坚持“全网通”，把“沃易购”打造为国内最大的、开放式的通信产品交易平台，为用户提供更好用、更自由、更丰富的终端体验。服务渠道方面，通过业内率先建立的线下连锁零售服务体系和多样化的 O2O 营销模式，实现用户全流程的完美购买与服务体验，打造中国联通独特的、差异化的服务优势。最后运营方面，着力打造业内领先的统一运营模式，从传统的分散运营向互联网化集中运营转变，一点接入、全国覆盖运营模式，大幅提升了运营效率，为与产业链合作伙伴开展广泛合作、构建产业链生态圈提供了重要的基础保障。

三、跨界创新合作

（一）成立招联消费金融有限公司

与招商银行合资建设“招联消费金融有限公司”，是首家获批开业的消费金融公司，也是国内首家在《内地与香港关于建立更紧密经贸关系的安排》（即 CEPA）框架下获批开业的消费金融公司，已经开始规模经营。

（二）与乐视等终端厂商进行战略合作

与乐视开展生态战略合作，推出 4G 联通定制合约机，打造线上线下联动的“互联网 +”营销体系。与此同时，携手国内知名手机终端厂商推出数款校园市场产品，采取“众筹模式”，由各级分公司销售一线的操盘手和渠道操盘手“众筹”，选取市场认可的性能好、颜值高、性价比高的终端。

（三）与国外运营商成立合资公司

和西班牙电信于 2009 年缔结战略联盟，并成立名为智慧足迹数据科技有限公司的合资公司。该合资公司依托中国联通稳定广泛的基础通信网络和丰富的市场经验，以及西班牙电信在“智慧足迹”等大数据服务方面的成熟技术，共同在中国提供大数据应用服务。

（四）与政府合作共推“互联网 +”

与广东、黑龙江、贵州等省人民政府签署“互联网 +”合作协议，大力助推产业互联网发展。与国家旅游局签署了《关于共同推进“旅游 + 互联网”战略合作协议》，进一步发挥自身在固定通信领域和移动业务领域的技术和资源优势，助力智慧旅游发展。

（中国信息通信研究院　王强、周燕、卢泽旋、汪耘西、麦彬承）

中国铁塔公司发展分析

根据中国铁塔公司“三步走”战略，目前已经完成前两步走战略：“新建能力建设”、“存量注入交割”，第三步走“择机上市”正在筹备当中。中国铁塔公司成立后，在优化管理机制，谋求多业务布局，平衡股东需求和自身独立性上做了较多努力，经过一年的发展，在推进共建共享，实现国有资产增值，优化资源配置上起到了一定的作用，但对行业变革的影响还需要足够的时间才能体现。

一、2015 年发展形势分析

（一）实现国有资产有效增值

2015 年年底，中国铁塔公司与三大运营商存量铁塔相关资产的交接工作完成，中国铁塔公司股份总数由 100 亿变更为 1 293.4 亿，中国铁塔公司通过增资扩股和引入新股东，以近 20% 溢价、近千亿元的现金支付和股份增发收购三家电信企业存量铁塔相关资产，实现了国有资产的有效增值，如图 1 所示。通过这种突出使用权，淡化所有权的新共享经济模式，中国铁塔公司成功实现了对存量资产的盘活，有效降低了边际成本，提升了资源利用效率，实现价值增量有效提升。

2016 年 1 月 29 日，中国铁塔公司资产规模已超过 2 700 亿元，铁塔总量 152 万座，真正形成铁塔资产的全国运营能力，也逐渐理顺与运营商的关系，形成三大运营商互相制衡，股权进一步稀释的局面。

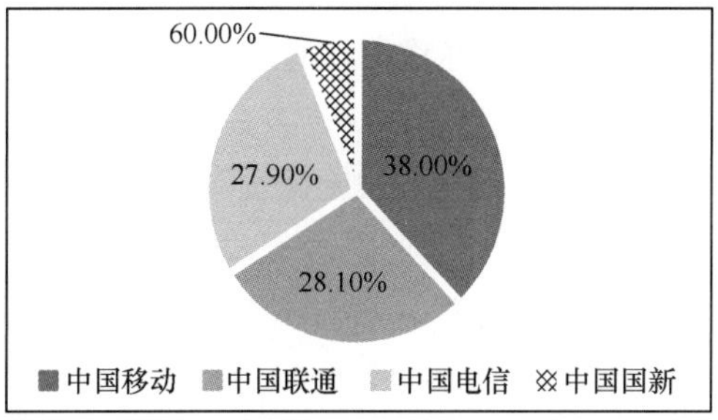

数据来源：中国铁塔2016年工作会材料

图 1 中国铁塔公司主要股东持股比例

（二）经济和社会效益有效提升

我国运营商长期以来独立建网，造成稀缺站点、土地资源争先抢夺，部分道路反复开挖的局面，严重增加了环境资源负担，2008 年《关于推进电信基础设施共建共享的紧急通知》出台，要求三家基础电信企业间启动共建共享工作，但三家电信运营商的合作流于形式，“核心资源不共享，非核心资源共享完成考核指标”几乎成为行业共识，铁塔公司的组建，有效激发了共享动力，创造了社会和经济效益。

2015 年，中国铁塔公司交付铁塔 48.5 万座见表 1，新建铁塔共享率提升到 75%，超过 50% 的新建需求通过存量共享实现，较大程度上减少了新建成本，如图 2 所示。通过建设、维护、管理的“三合一”，减少了 26.5 万座基站建设，节约了行业投资 500 亿元，减少土地占用 13 000 多亩，2015 年中国铁塔公司建设量相当于过去 30 多年行业累计建设总量 1/3，不仅带动运营商 4G 网络和服务品质的提升，实现了项目建设的降本增效，更节约大量投资和土地资源占用，促进了社会资源有效配置和环境保护，创造了可观的社会和经济效益。

表 1 2015 年年铁塔公司主要电信基础设施建设情况

电信基础设施	建设量	
铁塔	48.5 万座	
室分系统	1.18 万个	
	地铁类	444 公里
	高铁类	1524 公里

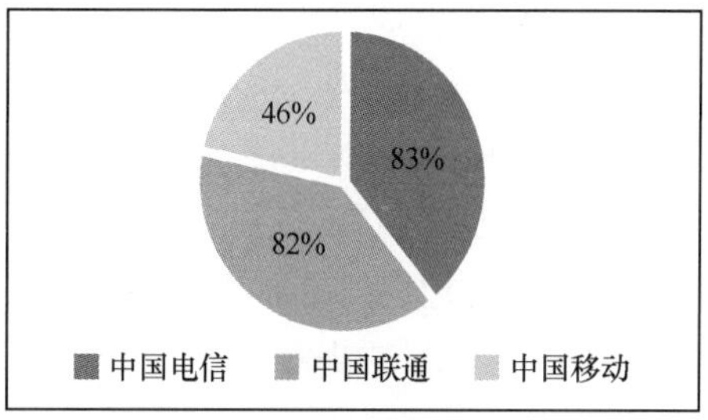

数据来源：中国铁塔2016年工作会材料

图 2 2015 年运营商共享率

（三）管理体制有效探索

中国铁塔公司作为国企改革的“试验田”，用互联网思维来创新管理体制、指导日常运营、建设线上平台，对整个信息通信业企业机制优化有较大地借鉴作用。第一，构建精简、节约、扁平、高效的体制机制。大幅压缩管理链条和管理者职数，淡化权力和层级，总部只设 7 个部门，部门内不设处室，管理人员仅 80 余人，全公司 90% 的人员配置在地市的生产一线，充分体现互联网开放、共享、扁平、高效的特点。第二，企业高效、规范、透明运行。人员招聘方面，管理层均从行业内市场化招聘，能上能下，分配灵活；员工招聘统一标准、统一流程、统一平台，确保公平公正；管理层的权力用在“制定规则”并实施监督，其他人员根据规则执行落实，过程透明规范。第三，建设完全开放的“铁塔在线商务平台”，在确保制度、规则、标准、流程、结果公开的前提下，实行集中管控、分层实施、一线订购、统一结算、快速高效、公开透明的“互联网+”采购。

（四）开展多元化布局

中国铁塔公司目前的主营业务领域是铁塔、基站等运营商电信基础设施的建设和维护，但 2015 年开始了多业务布局，开展多元化合作和打造多元化产品上做了较多努力。

1. 开展多元化合作

将铁塔类电信基础设施业务从电信运营商扩大到广电、政府、公用事业部门、移动互联网应用企业等部门和企业，并开展更多业务领域的合作。

2. 打造多元化的产品体系

中国铁塔公司不再将业务仅限定在通信基础设施，而是向外辐射，利用其电信基础设施建设中积累的大量与小区物业、开发商、村庄积累的人脉和合作经验，依托较强的服务水平和工作能力，快速进入充电桩建设领域，成为一支充电桩国家队。不仅能快速推动中国电动车行业的发展，更利于中国铁塔公司打开新业务视野，脱离开运营商的制约，从而成为更加市场化运作的基础设施服务企业。

（五）对行业变革影响尚需时间

中国铁塔公司成立初始，业内期待的一些美好局面并没有真正的实现：“运营商以及众多的虚拟运营商都成为了同等地位的面向客户的“服务机构”、“网业分离后，激发运营商市场竞争活力，促进资费较大幅度下调”，铁塔公司虽然为运营商网业分离做好了示范，打下了一定的基础，但还有较长的路要走。究其原因如下。

1. 基站、室内分布系统等电信基础设施资源共享不充分

虽然中国铁塔公司开展了多元化的布局，但仍存在多元化发展的较多阻力。中国联通、中国电信已经开始在网络、业务与市场营销等领域进行深度合作，二者在基站、室内分布等基础设施的共建共享，对中国铁塔公司业务衍生方向及未来的发展空间产生一定影响，铁塔公司应进一步探索除铁塔外，其他更多具有“共享性质”的业务，并提升更优质、多元化服务的能力。

2. 对运营商成本节约的效果尚不突出

中国铁塔公司共建共享虽然节约了社会成本，但是对运营基础设施运营和维护成本的节约影响还不充分。中国铁塔公司成立不久，在设备采购，施工建设、运营维护等方面经验尚不足，导致成本下降难度大，已有部分地区运营商反映中国铁塔公司租赁费用高于自己运营与维护的成本。另一方面，通过中国铁塔公司实现的铁塔、基站等基础设施共建共享节约的成本，只是运营商投资的一部分，对运营商整体的影响并不大，因此期望通过铁塔模式，短期内促进资费下调的可能性较低。

二、2016 年重点工作展望

中国铁塔公司 2016 年的重点工作是为 2017 年上市做好充分准备，作为“三步走战略”的最后一步，将对铁塔公司未来产生深远影响，2016 年中国铁塔公司仍需要将资源再整合、加强自身管理、继续加大马力开拓新业务。

（一）提升电信基础设施建设、维护的能力

通过集约化、专业化运营，量质并重进行规范选址、建设、维护工作，形成系统化、模块化的共建共享和存量维护落地能力。共建共享方面，高效完成新建铁塔任务，构建公平、开放的市场环境，提升新建和存量共享率；存量维护方面，

夯实维护基础数据，加快运维监控系统建设，健全与运营商各级对接流程，做好代维队伍的选择和整合等。

（二）打造内部高效管理模式

打造高效的管理机制、公平的薪酬分配机制，透明的员工成长机制三大机制，激发活力；运用生命周期管理、精益管理方式，夯实内部基础；完善制度流程和内控与风险防范体系，做好支撑保障；用 IT 建设推进系统贯通和数据共享，提升数据化支撑能力和深化技术支撑能力。

（三）深挖多元业务潜力

以共享引领业务协调发展，构建精品服务体系，建立健全营收体系；积极开拓新的业务领域，拓展发展空间，培育新的经济增长点；进一步探索商业模式、运行管理的新体制新机制新模式。

（中国信息通信研究院　王强　周燕）

2015年通信行业用户满意企业名单

中国电信股份有限公司张家口分公司

中国电信股份有限公司湖州分公司

中国电信股份有限公司怀化分公司

中国电信股份有限公司扬州分公司

中国电信股份有限公司深圳分公司

中国电信股份有限公司荆州分公司

中国电信股份有限公司上海崇明电信局

中国电信股份有限公司万州分公司

中国电信股份有限公司三亚分公司

中国移动通信集团北京有限公司城二分公司

中国移动通信集团江苏有限公司扬州分公司

中国移动通信集团广东有限公司揭阳分公司

中国移动通信集团福建有限公司莆田分公司

中国移动通信集团贵州有限公司毕节分公司

中国移动通信集团天津有限公司宝坻分公司

中国移动通信集团山东有限公司滨州分公司

中国移动通信集团浙江有限公司宁波分公司

中国铁通集团有限公司河北分公司

中国铁通集团有限公司湖南分公司

中国联合网络通信有限公司北京市顺义区分公司

中国联合网络通信有限公司厦门市分公司

中国联合网络通信有限公司岳阳市分公司

中国联合网络通信有限公司潍坊市分公司

中国联合网络通信有限公司西宁市分公司

中国联合网络通信有限公司齐齐哈尔市分公司

中国联合网络通信有限公司阜阳市分公司

中国联合网络通信有限公司安阳市分公司

中国联合网络通信有限公司遵义市分公司

中国联合网络通信有限公司榆林市分公司

中国邮政集团公司杭州市分公司

中国邮政集团公司岳阳市分公司

中国邮政集团公司吉林市分公司

中国邮政集团公司东营市分公司

中国邮政集团公司抚州市分公司

中国邮政储蓄银行股份有限公司郑州市分行

中国邮政储蓄银行股份有限公司丽水市分行

中国邮政储蓄银行股份有限公司深圳分行

中国邮政速递物流股份有限公司长春市分公司

中国邮政速递物流股份有限公司金华市分公司

（中国通信企业协会）

互联网企业发展概况及特点

互联网产业对经济增长和经济结构转型升级起着推进器和加速器的作用。据统计，2014 年，我国信息消费整体规模达到 2.8 万亿元，同比增长超过 18%，伴随着互联网产业的繁荣兴盛，一批优秀的互联网企业发展壮大，成为了促进互联网经济发展、提升社会信息化水平的重要力量。

一、中国互联网行业整体特征

（一）行业加速整合，市场竞争呈现新格局。

大型互联网企业深入合作，增强产业链话语权。2015 年以来，面对行业内竞争的不断加剧，中国约有 12 家大型互联网公司完成合并，涉及金额超过 1000 亿美元。引人注目的事件包括滴滴与快的的合并、58 同城与赶集网的合并、携程与去哪儿的合并、美团与大众点评的合并以及百合网与世纪佳缘的合并。互联网企业加快强强联合，能够有效整合行业资源，提高市场竞争力。

（二）积极布局海外市场，国际合作取得新进展。

国内市场主体不断扩大对外投资，积极布局海外市场。2015 年，阿里巴巴购买了美国母婴用品类电商 Zulily 股份，并以 20.6 亿港元收购香港《南华早报》及其他相关媒体资产，还联合富士康、软银等投资了印度电商平台 Snapdeal；腾讯 5 000 万美

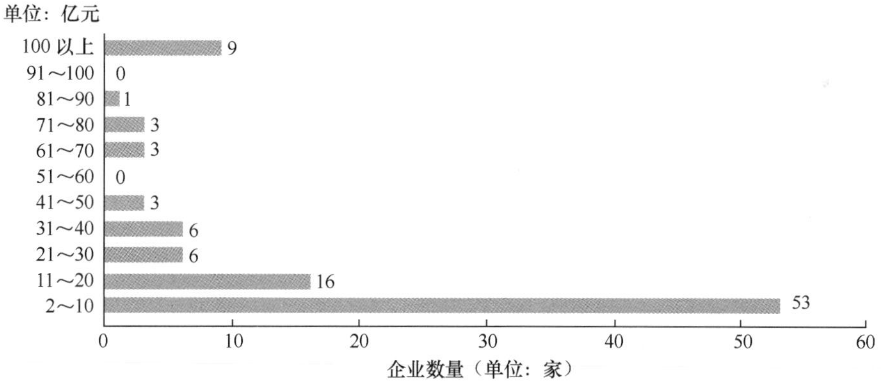

图 1　互联网百强 2014 年互联网业务收入分布情况

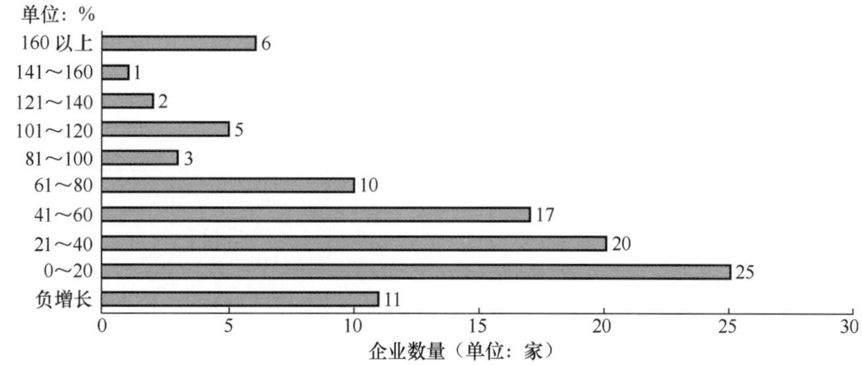

图 2　互联网百强 2014 年营收增长率分布情况

元投资加拿大初创企业 Kik，并先后投资或收购 Glu Mobile、Pocket Gems 和 Riot Games 等国外游戏厂商；滴滴、快的等三家国内企业联合投资打车应用 Grabtaxi 公司。通过拓展海外市场，实现资源共享，强化自身优势，成为当前中国互联网企业发展的一个趋势。

二、互联网百强企业的特点

根据中国互联网协会《2015 中国互联网企业 100 强》，对中国互联网企业的“佼佼者”们进行特点分析，归纳出以下结论。

（一）发展势头迅猛，有力拉动信息消费

2015 年互联网百强企业整体实力强劲。互联网百强企业 2014 年的互联网业务收入总规模达到 5735 亿元[1]，比 2013 年百强的 3980 亿元增加了 44%，入围企业互联网业务收入规模均在 2 亿元以上，接近五成企业的互联网业务收入超过 10 亿元，9 家企业超过 100 亿元，如图 1 所示。但是营收集中度仍然较高，前五名的互联网业务收入总和达到 3223 亿元，达到总营收的 56%，前 10 位的企业包揽了 60% 的互联网业务收入，排名靠前的企业规模优势非常明显。

互联网百强具有良好的成长性，有力拉动了我国的信息消费。互联网百强的互联网业务收入总体增速达到了 47%，有 64% 的企业增速超过 20%，有 14 家企业实现了 100% 以上的超高速增长，如图 2 所示。百强 2014 年互联网业务收入总规模占我国 2014 年信息消费规模比重达到 20.5%，比 2013 年度提高了 2.4 个百分点，带动信息消费增长 7.7%，贡献了 42.3% 的信息消费增量，对信息消费的拉动作用显著。

我国互联网百强企业上市步伐明显加快。共有 71 家互联网百强企业在全球各主要资本市场挂牌交易，在上海证券交易所和深圳证券交易所上市的有 23 家，在香港联交所上市的有 13 家，美国纽约证券交易所和纳斯达克上市的有 35 家，如图 3 所示。截至 2015 年 6 月 25 日，这些企业的总市值达到 4.66 万亿元。

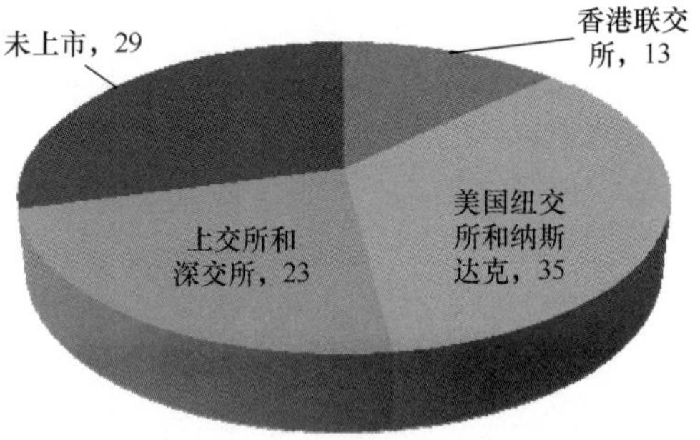

图 3　互联网百强中上市公司在各上市地的企业数量分布

我国互联网百强企业的国际竞争力也在逐步加强。在按照市值排名的全球前三十大上市互联网公司的行列中，互联网百强有 12 家，其中 4 家入围全球前 10，如表 1 所示。

表 1　全球互联网上市公司市值排名前三十中的互联网百强企业[2]

排名	公司名称	总市值（2015 年 6 月 15 日）	上市地点
1	谷歌	22 666.1	纳斯达克
2	Facebook	13 864.1	纳斯达克
3	*阿里巴巴*	*13 146.0*	*纽约证券交易所*
4	亚马逊	12 068.3	纳斯达克
5	*腾讯控股*	*11 480.3*	*香港联交所*
6	ebay	4 458.6	纳斯达克
7	*百度*	*4 420.0*	*纳斯达克*
8	Priceline Group Inc	3 726.8	纳斯达克
9	*京东商城*	*3 064.0*	*纳斯达克*
10	奈飞公司	2 425.2	纳斯达克
11	雅虎	2 323.1	纳斯达克
12	LinkedIn	1 662.4	纽约证券交易所
13	雅虎日本 (Yahoo Japan)	1 524.3	东京证券交易所
14	推特	1 388.6	纽约证券交易所

[1] 本报告中使用的货币单位均为人民币。

[2] 表中用*斜体*标注的企业为 2014 年中国互联网百强企业。资料来源：Wind 资讯、路透社。

（续表）

排名	公司名称	总市值（2015年6月15日）	上市地点
15	乐天 (Rakuten)	1 276.3	东京证券交易所
16	*东方财富*	*1 260.4*	*深圳*
17	*乐视网*	*1 224.2*	*深圳*
18	Liberty Interactive	1 190.7	美国
19	*网易*	*1 184.9*	*纳斯达克*
20	Naver	1 083.5	韩国证券交易所
21	*唯品会*	*884.2*	*纽约证券交易所*
22	Expedia	836.6	纳斯达克
23	阿克迈技术 (Akamai)	829.7	美国
24	旅行顾问网 (Trip Advisor)	672.2	美国
25	*携程*	*661.5*	*纳斯达克*
26	*鹏博士*	*620.8*	*上海*
27	*奇虎 360*	*520.6*	*纽约证券交易所*
28	Rocket Internet	466.3	德国法兰克福证交所

（续表）

排名	公司名称	总市值（2015年6月15日）	上市地点
29	威瑞信	445.1	纳斯达克
30	*58 同城*	*425.0*	*纽约证券交易所*

（二）覆盖互联网各业务领域，显现“互联网 +”融合态势

互联网百强全面覆盖互联网主要业务。其中以网络游戏为主营业务的企业 28 家、电子商务 17 家、垂直门户[1] 17 家、综合门户 13 家、网络视频 8 家、互联网金融 3 家、IDC 及 CDN 提供商 3 家、互联网接入服务商 2 家、在线教育服务商 2 家。以电子商务为主营业务的企业互联网业务收入规模最大，超过 3 078 亿元，超过 100 强企业总收入的一半；其次是综合门户类企业，收入规模接近 1 700 亿元，占全部百强企业的三成。相比之下，网络游戏和垂直门户的企业虽然众多，但是收入规模相对要低得多，这两类业务的企业数量占百强总数的 45%，但是收入占比仅为 9.5%，如图 4 所示。

本年度百强也体现了互联网新兴业态的发展趋势，在“互联网 +”大方向的指引下，产业互联网方兴未艾，有 2 家专营工业原料 B2B 贸易的上海钢联和科通芯城首次进入了百强行列。互联网金融领域的创新不断，P2P 开始成为解决小微企业“融资难、融资贵”的重要手段，从事这类业务的陆家嘴金融

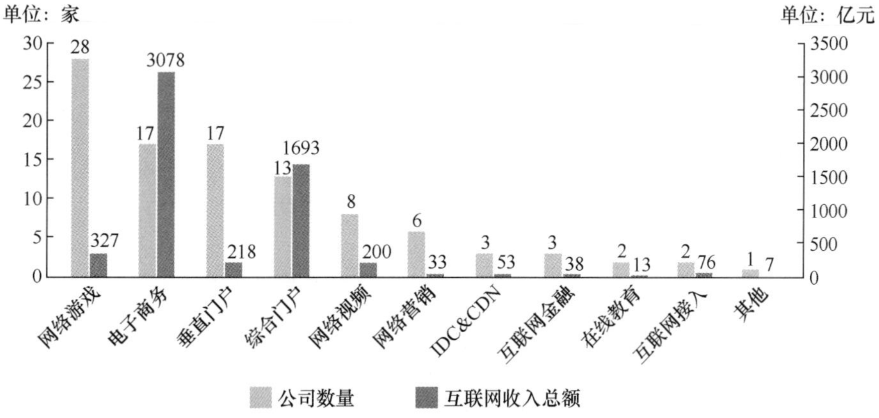

图 4　不同业务类型的公司数量和 2013 年营收总额

[1] 本报告将以提供信息为主，交易为辅的网站归为垂直门户类，反之则归为电子商务类。但是电子商务类和垂直门户类的互联网企业在业务上的差异正在逐渐缩小，大部分提供某一领域交易信息的门户型网站也已经开始提供直接交易服务。鉴于两类业务之间的界限已经非常模糊，读者也可以将这两类公司作为一类看待。

交易所和人人贷商务顾问（北京）有限公司也首次入围百强。由于自身和市场发展的需要，互联网百强持续加大研发投入，保持创新优势，平均研发支出比例[1]超过 11.3%。

（三）总体盈利水平良好，业务创新活力迸发

互联网百强 2014 年度营业利润总额为 787 亿元，其中利润超过 100 亿元的企业有 3 家，另有 5 家利润超过 10 亿元，如图 5 所示。这 8 家企业的营业利润之和达到 514.7 亿元，占互联网百强全部营业利润的 85%。由于互联网企业成长发展的特点，部分企业为了保持营收的高速增长，投资规模较大，所以存在收不抵支的现象，百强中有近三成企业存在亏损现象，但这些企业业务特色鲜明，规模优势显著，未来仍有较大的发展空间。

互联网百强盈利能力总体较好，平均营业利润率为 10.7%。互联网百强中有 73 家盈利企业的平均营业利润率达到了 19.6%。从营业利润率分布情况看，只有约 1/3 的企业营业利润率高于 20%，具有较强的盈利能力。其中有 8 家企业的营业利润率超过了 40%，这些企业大多不是行业巨头，而是专注于某一领域，是子行业内排名较为领先的"隐形冠军"，如图 6 所示。

互联网百强企业持续加大研发创新力度，积极开发新产品、研究新技术、探索新业态、开拓新模式，引领全行业乃至全社会的创新浪潮。例如，阿里巴巴、唯品会、梦芭莎等电子商务企业积极发展跨境电子商务业务，到海外设立子网站，一方面助力中小微企业开拓海外新市场，另一方面带动满足国内消费新需求。技术研发投入维持在较高水平，2014 年互联网百强企业平均研发支出占营收比率达到

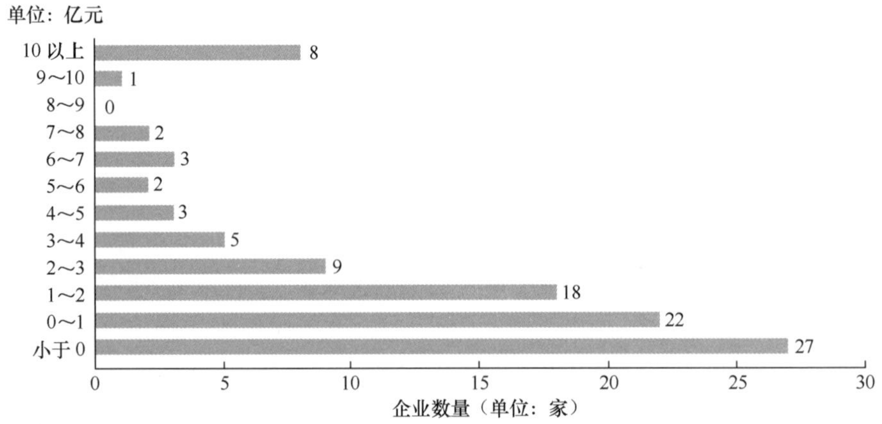

图 5　互联网百强 2014 年营业利润分布情况

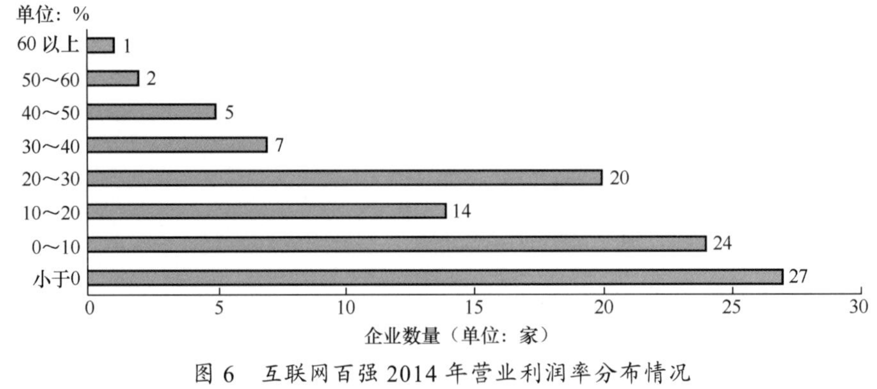

图 6　互联网百强 2014 年营业利润率分布情况

[1] 研发支出比例 = 研究和开发费用 / 营业收入

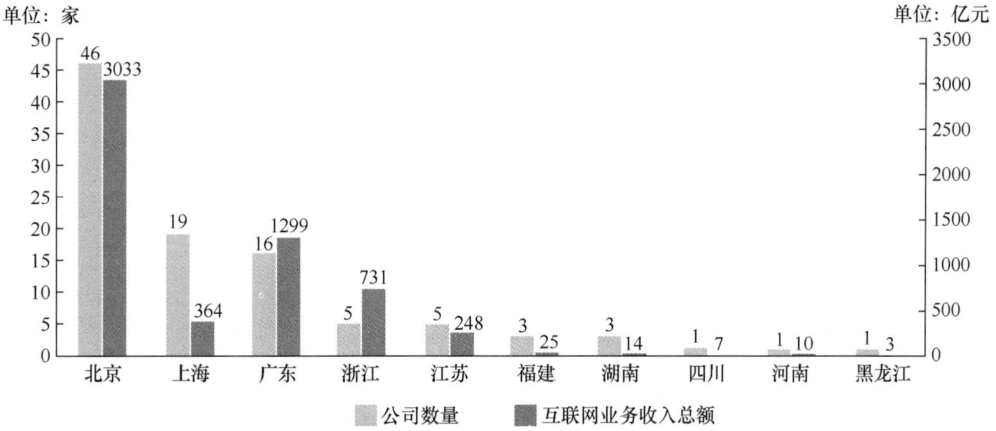

图 7 互联网百强总部所在省份分布

11%。品牌创设与培育速度较快，互联网百强企业拥有较知名的品牌数量超过 200 个，品牌效应明显。

（四）中西部企业数量快速增加，产业布局趋于均衡

2015 年互联网百强企业分布于 10 个省份，较 2014 年增加了两个省份。百强中，位于北京的企业有 46 家、上海 19 家、广东 16 家，三地入围企业数量占比超过 80%，营收总和近 4 700 亿元，约占百家企业总量的 82%，如图 7 所示。中西部省份的百强企业数量从上年度的 1 家增加到 5 家，进步明显。湖南省在移动互联网发展战略的促进下，百强企业数量从上年度的 1 家增加到 3 家，黑龙江的企业也开始进入百强榜，中部省份已经开始成为互联网产业的“新增长极”。西部地区也实现了“零的突破”，四川的艾普网络股份有限公司首次进入百强榜。此外，江苏 5 家，浙江 5 家，福建 3 家。总体上看，随着各地对于发展互联网产业的重视程度空前提升，投入力度不断加大，互联网的产业布局也有向均衡化发展的趋势。

（五）移动互联网流量快速增长，流量集中度明显下降

互联网百强企业移动端流量快速增加。2014 年度的整体数据显示，至少有 7 家企业移动端流量超过传统桌面端。虽然流量大小的差距依然巨大，但集中度在下降。流量排名前五的企业，流量之和占互联网百强总和的 54%，而 2014 年这一数据是 74%；前二十名占 84%（去年为 95%），长尾效应有所显现。这一方面得益于行业总流量的快速增加，另一方面在于一些中小互联网企业通过专注于细分领域与特定人群，为自己的生存找到了立足之地——虽然很可能只是暂时的。

（中国互联网协会　谢程利）

附：2015 中国互联网企业 100 强

排名	公司名称	主要品牌
1	阿里巴巴集团	阿里巴巴、淘宝、天猫
2	腾讯公司	腾讯网、QQ、微信
3	百度公司	百度、百度地图、爱奇艺
4	京东集团	京东、网银在线
5	奇虎 360 科技有限公司	360 安全卫士、360 杀毒、360 浏览器
6	搜狐公司	搜狐、搜狗、畅游
7	网易公司	网易、有道
8	新浪公司	新浪网、新浪微博
9	携程计算机技术（上海）有限公司	携程旅行网、途风旅行网
10	北京搜房科技发展有限公司	搜房网、房天下
11	鹏博士电信传媒集团股份有限公司	长城宽带、宽带通
12	完美世界（北京）网络技术有限公司	完美世界
13	优酷土豆公司	优酷网、土豆网
14	广州唯品会信息科技有限公司	唯品会、乐蜂网
15	金山软件有限公司	金山云、西山居
16	上海盛大网络发展有限公司	盛大游戏
17	欢聚时代科技有限公司	欢聚时代、YY 语音、多玩游戏网
18	小米科技有限责任公司	MIUI、小米网、多看
19	苏宁云商集团股份有限公司	苏宁易购、苏宁红孩子、PPTV
20	易车公司	易车网、易车二手车、易湃
21	北京车之家信息技术有限公司	汽车之家、车商城
22	乐居控股有限责任公司	乐居、房牛加
23	三七（互娱）上海科技有限公司	37 网页游戏平台
24	乐视网信息技术（北京）股份有限公司	乐视网、乐视 TV、乐视商城
25	四三九九网络股份有限公司	4399 小游戏、4399 游戏吧、4399 网页游戏
26	北京天盈九州网络技术有限公司	凤凰新媒体、凤凰网
27	联动优势科技有限公司	U 付、U 信、U 惠
28	网宿科技股份有限公司	网宿 CDN、网宿科技云分发平台
29	世纪互联集团	世纪互联
30	百视通新媒体股份有限公司	百事通、风行网
31	北京五八信息技术有限公司	58 同城、58 团购
32	山景科创网络技术（北京）有限公司	赶集网、蚂蚁短租
33	前程无忧公司	51job 前程无忧
34	东方财富信息股份有限公司	东方财富网、天天基金网、东方财富金融数据终端
35	深圳市迅雷网络技术有限公司	迅雷、迅雷游戏
36	新华网股份有限公司	新华网
37	人民网股份有限公司	人民网、人民视讯、环球网
38	第一视频集团有限公司	第一视频、中国手游、中国足彩网
39	北京昆仑万维科技股份有限公司	昆仑游戏、快乐游
40	广州多益网络科技有限公司	多益游戏、益网
41	乐逗科技有限公司	乐逗游戏
42	上海大智慧股份有限公司	大智慧金融终端

（续表）

排名	公司名称	主要品牌
43	福建网龙计算机网络信息技术有限公司	网龙、熊猫看书
44	聚美国际控股公司	聚美优品
45	智联招聘有限公司	智联招聘、问道
46	深圳市捷旅国际旅行社有限公司	房掌柜、捷旅 E-booking
47	竞技世界（北京）网络技术有限公司	JJ 比赛平台、JJ 斗地主
48	中国当当电子商务有限公司	当当网
49	上海陆家嘴国际金融资产交易市场股份有限公司	陆金所
50	北京艺龙信息技术有限公司	艺龙旅行网
51	北京掌趣科技股份有限公司	动网先锋、玩蟹科技、上游网络
52	北京三快科技有限公司	美团网
53	人人贷商务顾问（北京）有限公司	人人贷
54	游族网络股份有限公司	游族网络
55	上海二三四五网络科技有限公司	2345 网址导航
56	杭州顺网科技股份有限公司	顺网娱乐在线、网维大师
57	二六三网络通信股份有限公司	263 云通信、263 企业邮箱
58	广州摩拉网络科技有限公司	梦芭莎、若缇诗
59	上海巨人网络科技有限公司	巨人游戏
60	河南锐之旗信息技术有限公司	锐之旗、企汇网
61	云游控股有限公司	91wan、菲音游戏
62	慧聪网有限公司	慧聪网、安防网、汽车用品网

排名	公司名称	主要品牌
63	浙江核新同花顺网络信息股份有限公司	iFinD 金融数据终端、爱基金
64	北京暴风科技股份有限公司	暴风影音、暴风游戏
65	博雅互动国际有限公司	博雅互动游戏平台
66	上海起凡数字技术有限公司	起凡游戏平台
67	天鸽互动控股有限公司	9158 聚乐网
68	四川省艾普网络股份有限公司	艾普宽带、艾普网络
69	北京亿玛在线科技有限公司	易博、亿起发、易积分
70	深圳市易讯天空网络技术有限公司	500 彩票网
71	拓维信息系统股份有限公司	拓维教育、票啦啦、N 次元漫画
72	蓝港互动有限公司	8864.com、蓝港互动
73	佳缘国际有限公司	世纪佳缘网、爱真心网
74	北京空中信使信息技术有限公司	空中网
75	苏州蜗牛数字科技股份有限公司	蜗牛游戏
76	江苏三六五网络股份有限公司	365 地产家居网、合肥热线、网尚研究机构
77	广州百田信息科技有限公司	奥比岛
78	正保远程教育控股有限公司	中华会计网校、医学教育网、法律教育网
79	湖南快乐阳光互动娱乐传媒有限公司	芒果 TV 网、芒果互联网电视、湖南 IPTV
80	国美在线电子商务有限公司	国美在线、多边金都
81	联众国际控股有限公司	联众游戏大厅
82	科通芯城集团	科通芯城

（续表）

排名	公司名称	主要品牌
83	中国数码信息有限公司	新网域名注册、驰云服务器
84	炫彩互动网络科技有限公司（中国电信游戏基地）	爱游戏、中国游戏中心、ITV游戏
85	中国金融在线有限公司	金融界、QuickWin（快赢）证券投资分析系统
86	斯凯网络科技有限公司	冒泡、千龙科技
87	淘米控股有限公司	淘米游戏
88	黑龙江龙采科技集团有限责任公司	龙采MX
89	焦点科技股份有限公司	中国制造网、新一站保险网、百卓采购网
90	上海帝联信息科技股份有限公司	EasyCDN
91	上海东方网股份有限公司	东方网
92	上海汉涛信息咨询有限公司	大众点评网
93	厦门三五互联科技股份有限公司	35企业邮箱、35域名注册
94	广州市久邦数码科技有限公司	GO桌面、3G.cn
95	深圳中青宝互动网络股份有限公司	中青宝游戏
96	北京漫游谷信息技术有限公司	游戏谷
97	北京光宇在线科技有限责任公司	光宇游戏
98	湖南竞网智赢网络技术有限公司	智营销
99	上海钢联电子商务股份有限公司	大宗商品网、搜搜钢、我的钢铁网
100	天极传媒集团	天极网、比特网

华为 2015 年发展分析

一、2015 年保持快速成长，成为行业领导者

2015 年，华为预期实现销售收入 3900 亿元人民币左右（约 600 亿美元）。相比 2014 年华为全球销售收入的 2882 亿元人民币 (465 亿美元)，2015 年销售收入实现了 35.32% 的增长。美国《财富》杂志发布 2015 年世界 500 强企业名单，中国内地上榜的民营企业中，华为投资控股有限公司排名由上年的第 285 位上升至第 228 位，这是华为自 2010 年入围世界 500 强之后，连续 5 年排名不断攀升。

值得一提的是，华为以投入巨大著称，现在华为每年投入 1000 多亿元人民币（研发 500 亿元、市场服务 600 亿元），这让华为保持了技术产品的持续领先。多年来，华为对准同一个城墙口：大数据传送，终于取得了突破，处在世界领先位置。

业内人士分析，华为的出色成绩是华为对认准的战略方向坚持长期投入以及华为员工艰苦奋斗的共同结果，是华为应得的。

二、运营商业务依然是根基，提倡开放

众所周知，华为的业务分为运营商、消费者和企业三部分。尽管运营商业务增速放缓，但依然占据收入的主要部分，预计占据华为年收入的 2/3。从 2014 年的数据看，华为运营商业务收入达 1921 亿元人民币（310 亿美元），同比增长 16.4%，其全球移动宽带网络部署收入占了较大比重。

在移动宽带方面，2015 年中国和欧洲等重要市场处于 4G 的规模部署阶段，对华为提升业绩有重要的推动作用。截至 2015 年第 1 季度，全球商用 LTE 网络达到 393 个，LTE 用户数超过 5 亿，有 200 个国家在进行 LTE 投资。而华为承建了其中 189 张 LTE 网络，成为 4G 市场的引领者。进入 2015 年，LTE-A 成为行业关注焦点，而在已商用的 LTE-A 网络中，华为承建的数量超过其中一半。

尽管 5G 商用要到 2020 年，但仍是华为未来投入的重点方向，提出 3 年投入 6 亿美元研发 5G，适当的时候还会加大 5G 方面的投入。目前，华为在 5G 研究、标准推进、应用场景研究、与全球运营商合作等方面，都走在行业前列。不过，华为认为 5G 的真正大规模部署还需要更长的时间。

华为在一如继往继续布局 5G 之外，重点还有 4.5G。4.5G 第一次让业界看到在 4G 的基础上，可以实现从 150Mbit/s 速率上升至 1Gbit/s，单位小区连接数量从 2000 个到 10 万个，为 IoT 的实现提供了可能。2015 年 12 月 14 日，华为与 Teliasonera 在挪威正式发布了全球首个 4.5G 商用网络。截至目前，全球已有超过 10 张 4.5G 网络在建设中。华为预计到 2016 年年底，全球 4.5G 网络数将超过 60 张。

从 2016 年，全球 4G 部署节奏将逐渐放缓，电信行业可能要开始进入一个相对的低潮期，直到 2020 前后 5G 开启。这个时期对于华为的运营商无线业务来说将是一个挑战，需要华为和运营商户共同成长转型，从以硬件投资驱动转向面向软件和服务的模式。

对此，华为在 2015 分析师大会上首次发布服务产业战略，具体到运营商业务层面。以前华为运营商业务的策略是以硬件设备驱动，服务为支撑，今后将采取硬件、服务同步驱动发展。事实上，服务也是目前华为运营商业务增长的重要引擎，其运营商业务收入的占比和整个收入规模不断增长，近 5 年平均年增速达到 19%，被华为视作未来的增长引擎。

三、消费者业务发力中高端，成为增长引擎

与此同时，2015年，华为消费者BG销售收入超过200亿美元（约1298元人民币），同比增长近70%，约占2015年总销售收入的三分之一。

据悉，华为消费者业务的中国区市场领跑区域增长，GFK数据显示，华为智能手机中国市场超越苹果和三星，零售份额排名第一；欧洲、拉美和非洲规模实现快速提升；智能手机，年度出货量超1亿台，成为中国首个年销量过亿的手机企业。

值得一提的是，源于对中高端、精品战略的执着坚定，华为品牌高端智能手机开创新格局，发货量占比大幅提升，引领消费者业务年度总体增长，Mate7、P8等旗舰机型延续上半年的优异表现，Mate8一上市再度供不应求。

当然，华为消费者BG正在实施的“华为”、“荣耀”双品牌战略也颇为成功。2015年，“荣耀”品牌规模增长翻番，电商取得开拓性进展，天猫“双11”手机销售额第一；荣耀7/7i、4X/5X等系列机型深受消费者喜爱与好评。

与此同时，华为消费者云服务（包括应用商店、音乐等）厚积薄发，全球移动云用户数超1.3亿，通过云安全领域国际最具影响力CSA STAR认证，有效提升了云服务品牌。此外，可穿戴产品引领时尚，手表、手环系列实现规模发货；车载业务铿锵挺进高端市场，成功赢得几大国际汽车品牌项目；消费芯片业务持续提升，未来发展前景广阔。

GFK调查显示，在中国市场，华为智能手机用户净推荐值（NPS）已赶超苹果，位列榜首；全球16个国家、367个线下华为专营服务中心的建设促进服务满意度的持续提升，明显改善消费者体验。华为品牌再次入选Interbrand TOP 100榜单，比2014年的94位提升至2015年的88位，同时以排名第70位的成绩首次入选BrandZ全球最具价值品牌百强，全球品牌知名度由65%提升至76%。

华为计划接下来将门店下沉到全国1 000个县。就在2015年12月19日，华为消费者BG中国区总裁朱平就率领团队开启50家华为县级体验店，让更多生活在县城的消费者近距离接触华为品牌、购买华为产品。预计随着体验带下沉计划的不断推进，华为在中国渠道方面的积累将更加深厚，也会带来更大的市场成绩。这种发展态势也将出现在华为海外市场。

四、企业业务基数小、增速快，侧重被集成

华为企业的业务2015年发展比较迅速，其“被集成”和“聚焦”战略显现成效，吸引众多合作伙伴，但市场规模还有待突破。华为企业BG中国区过去5年的年复合增长率超过35%，2015年销售收入全面突破年初预算目标，同比增长38%，约268亿元人民币。

从华为企业BG中国区2015年的发展来看，以太网交换机、企业路由器市场，华为位居国内市场份额第一；在存储领域，华为占国内市场第二；在无线领域，eLTE新增合同数占据市场第一；视频会议新增市场份额也蝉联第一。这是华为企业BG的四大核心产品线。

在海外市场，华为企业BG在金融、交通等重点领域取得突破，用户包括西班牙银行、俄罗斯央行、德国铁路等。目前华为企业业务在全球重点投入的20个国家都取得了高于中国区的增长，有的地区增长甚至翻番。

未来5年，华为企业BG中国区的收入要突破100亿美元的大关其底气则来自于华为企业业务的广泛合作伙伴的支持。2015年，与华为合作的渠道合作伙伴达到5 000多家，收入过亿的华为合作伙伴有20家，全国Top10 IT集成商全部跟华为建立了战略合作关系，而且华为在Top10集成商当中的份额，近2年也得到了快速提升。

2016年，华为企业BG将加强联合解决方案、智慧城市、云计算和分销4个领域的合作生态圈建设。可以预期的是，凭借如此强劲的合作伙伴生态系统，华为企业BG中国区未来将铸造新的辉煌。

五、2016 发展战略

未来二三十年内，人类社会一定会演进为信息社会。预计到 2025 年，全球将新增 40 亿宽带用户，超过 1000 亿个物体也将被联接起来，每个人消耗的流量也将增长 500 倍以上。华为认为这将是发展的机遇。

新的一年，华为在企业管理方面将开始 5~10 年的“让听得到炮声的人能呼唤到炮火”的改革，实现大平台支持精兵作战的战略，并逐步开始管理权和指挥权的分离。为此，华为将开展一系列的管理举措：一是把握住正确的方向：二是要宽容，要敢于试错，不要太追求完美：三是坚持自我批判，以实现自我纠偏、自我改进：四是实施正确的价值分配制度，激发出全体员工创造价值的热情。

在未来的具体业务规划方面，运营商业务正处于数字化转型的关键时期，华为计划与用户共同应对行业的挑战，坚持管道战略，以敏捷应对未来，构建良好的生态环境，帮助用户取得商业成功；在终端方面，华为计划关注全球化布局，各代表处要建立相应的组织，在相应激励机制下实现战略性成长，要继续以质量、服务优先的发展策略努力奋斗；在企业业务方面，华为计划继续收缩到自己优势的拳头，纵向发展，当前平安城市出现了一个小的机会窗，使华为的智慧城市发展有了抓手。

（《通信世界》杂志　黄海峰）

中兴通讯发展分析

经过国内外电信市场、政企市场、终端市场的全面拓展，中兴通讯 2015 年收入达到 1 008.25 亿元，较 2014 年增长 23.76%，净利润 37.78 亿元，同比增长了 43.48%。

具体分析各项业务可以看到，在运营商网络方面，随着国内外 4G 项目的建设，中兴通讯 4G 系统设备营业收入和毛利均增长；此外，国内运营商在光接入系统、100G 光传送的投入加大，中兴通讯光接入和光传送产品营业收入和毛利均增长；同时，中兴通讯在国际市场上高端路由器实现较大规模的商业布局，营业收入和毛利均增长。

在技术上，中兴通讯 2015 年重点创新了 5G、IoT、SDN/NFV、4K 视频等技术解决方案和应用。特别在 5G 方面，中兴的 5G 方案获得了广泛认可，其 Pre5G Massive MIMO 还荣获了 GSMA 全球移动大奖“最佳移动技术突破奖”（Best Mobile Technology Breakthrough）以及 CTO 选择奖（Outstanding overall Mobile Technology-The CTO's Choice 2016）。

一、运营商市场：无线增长迅速，SDN 前景可期

无线宽带业务是中兴通讯 2015 年市场增长中最显著的部分。这一年，中兴通讯的无线产品销售较前一年成长超过 30%，在市场格局、市场规模和市场占有率方面的成绩令人瞩目。

2015 年中兴通讯继续在全球 4G 市场保持稳步成长，同时在主要国家市场和高阶营运商合作方面有所突破。与 2014 年的大规模出货量相比，2015 年中兴通讯的 4G 产品出货量再成长 25%，占全球市场 30% 以上，成为 4G 业务连续三年成长最快速的设备供应商。

此外，2015 年中兴通讯进军了 40 个新市场，在西欧、亚太、拉美和南亚取得更多的市场占有率，并加强与一级（tier1）营运商的合作，颠覆全球无线市场的格局。2015 年年底，中兴通讯的无线产品部门已签订逾 240 份长期演进 / 演进的分组核心网络（LTE/EPC）全球商业合约，并且其中 80% 已投资于 4G 网络的国家。

借助创新的科技解决方案和独特的差异化策略，中兴通讯的 4G 产品成为最出色的 LTE 商用网络之一，从而在竞争中脱颖而出。这些产品在众多第三方评监测试中均获得优异结果，在奥地利进行的第三方评监测试中被评为最佳网络的 Hutchison Drei Austria 网络，以及在马来西亚获选最快速网络的 U Mobile（马来西亚）网络。

同时，5G 已成为中兴通讯目前重点研发投入项目，每年研发投入 7 ～ 8 亿元。据统计，中兴通讯在 2014 年投入了 2 亿元专项资金用于 5G 领域的研究和开发，2015 年 5G 研发投入超过 1 亿欧元，并和中国移动、日本软银、韩国 KT、马来西亚 UMobile 等多家运营商签署了战略合作备忘录，联合开展 5G 相关技术的验证实验、技术评估及研发工作。

在网络架构的改造升级趋势下，两年以前中兴通讯就已针对 SDN/NFV 领域提出了完整的 Elastic Net 系列解决方案。Elastic Net 以控制集中化、功能虚拟化和网络自动化为切入点，涵盖运营商网络基础设施、云数据中心、企业网等应用场景。在 SDN/NFV 技术逐步走向成熟的大背景下，中兴通讯面对运营商及政企应用云化的需要，推出了全面融合、安全、灵活、智能部署的 Elastic DC 弹性数据中心解决方案，并且在核心网、业务虚拟化及智慧城市、政务云上全面应用。

在商用领域，中兴通讯还承建了全球最大的 NFV 项目；在标准化方面，如 ETSI 的 OPNFV，中兴通讯作为白金会员加入，并已成功立项进行研发；

在国内的 SDN 联盟组织中，中兴通讯也已作为第一批成员加入并积极参与推动相关工作。

从未来前景上看，POTN 作为一种多层的网络转发面技术，通过引入 SDN 的控制架构，可以实现智能化的业务控制和网络能力的开发。采用 POTN 作为转发面，实现分组和光的统一集中控制，可以减小 SDN 的控制层次。利用 POTN 的信道化能力实现网络资源的分片和虚拟化，可提升网络面向多租户的业务能力和资源利用率。另一方面，SDN 将控制协议和转发面分离，有助于拓展 POTN 的应用范围，特别是国际化应用。

中兴通讯 POTN 方案重点是通过 PTN 和 OTN 技术融合和优势互补，提升多业务的统一承载能力，增强线路侧端口容量和传输性能，有利于简化网络结构、节省网络的建设和运维成本，成为当前大数据时代传送网的热点技术。此前中兴通讯相关产品已完成了中国移动研究院 POTN 技术验证测试，并先后在江苏移动、陕西移动、湖南移动、江西移动等地进行了 POTN 的试商用部署。

二、政企市场，智慧城市 2.0 遍地开花

政企市场是中兴三大重点市场之一，2015 年中兴通讯提出的智慧城市 2.0 概念着重于落地和智慧化的真正实现，已被多个政府纳入城市信息化改善项目。其中，“银川模式”已经成为很多城市的样板。

备受国内城市关注的“银川模式”以城市为基础单元，实现了城市级共享的大数据云平台，改变了以往信息分割的情况。这是中兴通讯已“一网一云一图”实现的商业模式创新与城市联合运营的管理模式的样板。中兴通讯副总裁徐明先生解释，这样的模式有社会资本参与、专业公司运营（核心是数据的运营），解决了资金的来源，也扩展了商业服务的可行性。其中，智慧政务应用就已吸引了多地政府的关注。

三、服务业务年均增长 20%

当用户体验成为通讯网络质量最直接的考核标准时，通信市场对服务的需求逐渐明确并急迫。很早便将服务这一业务纳入重点发展战略后，中兴通讯在维保服务、技术服务、管理服务、IT 集成 & 知识服务等方面持续加大发展力度，并于 2015 年再创新高。

中兴通讯的管理服务发展较快，打造了一批优秀案例。例如，西班牙 Euskaltel 超越客户期望，带动设备市场突破；德国 O2 顺利完成网络割接，成功替换对手，平滑接管欧洲最大的无线网络，打造高端市场服务领先优势。而在 IT 领域等新的服务市场，中兴通讯拓展了包括 BAT（百度、阿里、腾讯）等客户的 IDC 服务。

2015 年中兴通讯规模突破了 MTN 等国际大型运营商，在全球累计签订了 177 个管理服务合同，维护站点达到 33.5 万个，运维光缆外线超过 33.2 万公里，在国内代维市场跃居主设备厂家第一。

在 2016 年 MWC，中兴通讯提出未来 3~5 年保持 20% 以上的复合增长目标。

四、终端：产品多样化，拓展欧洲市场

中兴手机 2015 年智能手机发货量是 5 600 万部，位列全球第六，2016 年将挑战 7 000 万的目标，欧洲市场是重点。

在 2016 年 2 月的 MWC 上，中兴终端做了两件事：一是推出便携式智能投影 Spro Plus，二是与塞维利亚足球俱乐部签署协议，成为该俱乐部的“官方技术合作伙伴”。

Spro Plus 是 Spro 家族的最新产品，也是中兴 2016 年度旗舰先锋产品。对于这款这产品，中兴终端 CEO 曾学忠很看重，他笑称，有了 Spro Plus，其实就不需要“二合一”笔记本了。

当然，对于中兴终端来讲，2016 年最主要的事之一便是拓展欧洲市场。据悉，欧洲将成为中兴智能终端中美之外的第三个重点市场，中兴已制订了一个未来三年加速发展的规划和计划，将在品牌营销、渠道建设方面连续三年翻番，加大在欧洲市场的投入。据称，中兴计划到 2016 年年底之前，海外门店数从 3 万家增至 5 万家。

五、中兴物联车联网国际合作获新突破

因看好包括车联网在内的物联网市场，基于无线通信市场等经验，早些年中兴通讯已进入车载领域，推出了国内最早基于 LGA 封装的 3G 前装模块，给包括长安汽车在内的多个客户打开了车载信息终端市场。

基于多年的技术积累和市场探索，2013 年年初，中兴调配了原手机体系的行业终端团队和中兴移动的物联网产品线团队组成了中兴物联子公司，开始独立发展物联网业务。车联网作为其最重要的行业和领域之一，目前已获得国际、国内的多项合作。

2016 年 2 月，中兴物联发布了三个重磅信息：一是中兴物联助力意大利 OCTO Telematics 拓展 UBI（车载诊断系统）领域；二是中兴通讯与加拿大 Mojio 结盟剑指全球车联网市场；三是中兴通讯、中兴物联与欧洲 Telia Sonera 签订战略合作协议，推出里程碑产品。

（《通信世界》周刊）

大唐电信改革创新发展情况分析

大唐电信科技产业集团（即电信科学技术研究院，简称“大唐电信集团”）是一家专门从事电子信息系统装备开发、生产和销售的大型高科技中央企业，目前已形成无线移动通信、集成电路设计与制造、战略性新兴产业及产业金融等产业板块。集团坚持创新驱动，先后主导提出 TD-SCDMA（3G）和 TD-LTE-Advanced（4G）国际标准，推动 TD 成功实现产业化与规模商用，参与主导我国 5G 核心技术标准研发工作。

一、坚持创新驱动，引领信息通信产业快速发展

（一）持续引领国际标准竞争，推动移动通信成为我国少数具具有国际竞争力和行业话语权的工业领域

大唐电信集团坚持创新驱动，主导 3G TD-SCDMA 和 4G TD-LTE-A 国际标准竞争，打破国外技术垄断，取得我国电信史“零”的突破，实现了我国对全球移动通信标准从“追赶”到“同行”的创新；历史性打造形成以我国本土企业为主体的、从芯片、仪表、系统到终端的完整民族移动通信产业链，彻底改变我国移动通信产业和全球市场格局。大唐电信集团为 TD3G/4G 运营商市场主流的设备供应商，掌握 TD3G/4G 技术、专利、标准和核心设备最完整的厂家。另外，大唐电信集团依托自身技术优势，成功攻克高端仪器仪表技术难关，填补我国高端通信仪表空白，首次实现高端仪表对外出口，整体市场占有率超过 70%。

在国务院的统一部署下，2013 年 12 月 4 日，工业和信息化部正式向我国三家电信运营商同时发放三张 4G TD-LTE 牌照。此举充分体现出党中央、国务院，我国电信运营业、我国通信制造业对 TDD 技术快速健康发展的信心和决心，奠定了未来十年我国移动通信产业持续创新与产业转型发展的基础，是加快推动我国实现从“通信大国”向“通信强国”根本性转变的关键一步，是促进信息消费服务国民经济持续健康发展的重大举措，是更好地保障国家信息安全的重要措施，必将带动我国移动通信产业全面步入基于自主创新产业发展的新时代。

大唐电信集团积极推动 TD 产业化和规模商用，2013 年 1 月“TD-SCDMA 关键工程技术研究及产业化应用”荣获国家科学技术进步一等奖。目前，TD 产业蓬勃发展，成绩斐然，4G TD-LTE 发牌两年，用户突破 3 亿，占国内 4G 用户比例超过 95%；建设基站数量超 120 万套，占全球 4G 基站总量比重 55%；4G TD-LTE 智能终端、通信系统设备国产化率分别超过 85% 和 90%，我国移动通信自主创新体系和产业生态系统更加完善。

2006 年以来，大唐电信集团走出了一条科研院所转型发展成为现代化高科技中央企业的新路子，成功确立了我国在全球移动通信 3G 和 4G 国际标准竞争中的地位，成功实现自主创新的 TD3G/4G 的产业化和市场化，并已先后在全球范围内率先发布了 5G 白皮书和 5G 网络空间安全白皮书，成功夺取 5G 国际标准竞争制高点，真正使得无线移动通信成为我国少数具有国际竞争力和行业话语权的工业领域。

（二）无线移动通信与集成电路协同，系统、设计、制造互动发展的虚拟 IDM 模式优势显现

伴随着无线移动通信领域的快速发展，大唐电信集团作为我国高端集成电路的中坚力量，积极推动无线移动通信与集成电路深度互动发展，以产业资本为纽带，打造虚拟 IDM 集成电路产业集团，推动我国集成电路产业跨越取得了显著成果。

1．集成电路设计方面

2008 年，大唐电信集团成立联芯科技，布局高端集成电路设计环节，实现我国移动通信芯片从“无芯”到“有芯”再到“强芯”的关键跨越。成为国

际领先的手机终端芯片解决方案提供商。TD 终端芯片累计出货量处于市场前列，市场份额超过 30%。LC1860 单芯片出货量超千万片。当前，大唐电信集团通过积极实施“4G+28 纳米”工程，已带动集成电路产业已成功跨入深纳米时代，实现 28 纳米先进工艺的自主设计和制造，并实现历史性量产，取得了改革开放以来前所未有的良好发展新局面。此外，大唐电信集团以安全芯片为核心，是国内生产规模最大、产业链最完整、设备最先进的智能卡芯片提供商，年发行能力超过 2 亿张，二代身份证、社保卡芯片的市场占有率均超过 25%。大唐电信集团是国内首家在金融 IC 卡领域完成国际 EMVco 芯片安全体系认证的企业，成功在地方大型商业银行实现商用，并通过两家国有大型商业银行测试，加快金融 IC 卡和移动支付芯片的国产化进程。

2．集成电路制造方面

2008 年，大唐电信集团战略入资中国大陆规模最大、工艺最为先进的集成电路制造企业——中芯国际，成为其第一大股东，打通了集成电路和无线移动通信产业链，实现对集成电路关键环节“自主可控、为我所用”。通过改善公司治理、促进产业互动等举措，推动中芯国际健康发展，成为我国本土唯一一家具有 28nm 高端工艺可持续演进能力和 12 英寸晶圆大规模成熟生产能力的集成电路制造企业，并为本土设计企业提供未来一系列产品演进的持续配套工艺和产能支撑能力。目前，中芯国际 28 纳米高端工艺制程已成功实现量产。中芯国际的发展有力地带动了我国集成电路装备制造业和设计业的快速发展，为我国面向“十三五”进入集成电路产业全球前列奠定基础。

二、成功实践“正向系统创新”模式，走出高科技央企科学发展新路子

“正向系统创新”模式，主要是指正向确定技术持续演进发展路线，依靠自主技术积累构建核心技术链，从核心技术、标准等技术链高端环节出发，构建完整产业链，最终形成产业主导权和竞争力的一种创新模式，如图 1 所示。

大唐电信集团通过“正向系统创新”实践，成功推动 TD 3G/4G 产业化和大规模商用，使我国无线移动通信成为少数具有国际竞争力和行业话语权的工业领域，开创了我国战略性高科技企业引领全球发展的新模式。对于我国其他重大战略领域创新具有重要借鉴意义。

图 1　正向系统创新模式

三、践行“五化”道路，发挥产学研用协同创新优势

（一）践行“五化”发展道路，推动专利价值管理，保障技术标准产业化

大唐电信集团践行“技术专利化、专利标准化、标准产业化、产业市场化、市场国际化”的发展路线，实施知识产权战略，围绕标准、技术和产品进行了周密的知识产权布局。“十一五”以来，大唐电信集团科研投入占销售收入比重持续多年超过 10%。截至目前，累计专利申请达到 2.2 万件，发明专利占比 90%，有效发明专利拥有量居央企前列。专利布局覆盖 10 余个主要国家和地区，辐射网络、终端、芯片等产业核心环节及重要产品领域，形成了覆盖整个产业创新体系的知识产权格局，成为全球重要的 3G/4G 专利权人。

（二）构建以企业为主导、市场为导向、产学研用相结合的高效协同技术创新体系

大唐电信集团依托国家重点实验室，集聚创新资源，与 20 多所大学和研究机构深度合作，形成具有特色的高效协同研发体系，承担 3 个国家科技重大专项中的 52 个研究课题。“十二五”期间，集团连续五年获得国资委科技创新特别奖，共获得国家和省部级科技奖 43 项，特别是 2012 年获得国家科技进步一等奖和中国专利金奖，2015 年再获国家技术发明二等奖。

（大唐电信科技产业集团）

烽火通信发展分析

面对当前波澜壮阔的行业转型，万物互联的数字经济时代到来，作为ICT网络产品和解决方案提供商，烽火通信助力运营商向综合信息化服务商转型；同时，面向信息化市场的“大集成”平台，将推动传统行业转型升级，担负起促进“互联网+”战略落地的重任。

一、稳中求变，迎接环境变化的挑战

层出不穷的新技术新应用给行业带来了庞大市场空间，同时也对电信运营商造成网络和业务上的全面冲击。数据流量指数式增长不断对网络提出更高要求；语音、短信等传统电信业务在OTT业务的颠覆性替代下持续下滑，网络资源消耗与运营商收入之间的“剪刀差”日益扩大；互联网富ID化导致手机号码价值萎缩。数字化、互联网化已经成为电信运营商业务转型的战略重点。数字化转型的背后离不开高性能、智能化的宽带网络与内容分发网络支持。烽火近年来充分发挥在系统与光纤光缆领域深耕多年的综合优势，面向云计算、大数据等新兴业务积极推进超100G光传送、XG-PON超宽带接入商用进程，提供全网端到端的IP与光融合解决方案，帮助运营商迅速地提升网络带宽，在大流量环境下确保用户体验。

今年烽火通信先后发布了业界交换容量最大的融合P-OTN系统、面向400G网络长距离传输应用的3LA光纤；FitCloud云网一体化技术战略。得益于对运营商网络和业务的深刻理解，在SDN这一转型关键技术上，烽火与运营商携手开展了多个试点，如今正积极引领SDN迈入2.0时代。解决方案已覆盖该架构下的所有产品，并在App领域提供覆盖网络开通阶段、评估阶段等所有阶段的产品，而在流量分析、优化阶段的快速隔绝等方面也拥有成熟的软件产品，进一步提升网络智能化和敏捷性。

与此同时，烽火通信大力发展IPTV云平台、融合CDN、4K机顶盒等产品及解决方案，进一步拓展融合业务模式；推出了先进的超高清内容分发平台，有效解决了超高清画质传输存储的瓶颈，并支持超大规模并发能力。目前，已经全面进入三大运营商IPTV、OTT TV等内容分发网络平台建设的集采序列；成为国内外领先的智慧家庭业务解决方案提供商。

今年以来，烽火通信的经营和盈利能力持续快速增长，在市场上也屡有重大突破。连续取得国内运营商集采排名前三的成绩。例如在中国电信年度IP RAN、EPON/GPON/10G EPON等大宗集采项目中，均综合排名前三，所获份额达到预期。在中国移动2014～2015年OTN设备集采项目中，得到了超过30%的市场份额。

自中国铁塔公司成立运营以来，烽火与铁塔集团各部门保持密切沟通，为其定制产品开发，针对铁塔公司的建设特点，聚焦地铁、高铁集成室分项目，力图在铁塔市场中打造专业解决方案的品牌，现已中标多个城市的轨道交通项目。

在国内行业网市场上，OTN设备规模应用于北京铁路局通信基础网设施改造工程项目。同时，公司还积极开拓智能楼宇业务，建筑智能化解决方案和智慧社区的商业模式框架入围泉州移动的ICT业务项目。

海外市场上，亦保持了良好增长态势，进一步完善了市场与产品布局，相继进入德国电信、西班牙电信、沃达丰、挪威电信和巴帝电信等跨国运营商的高端市场。100G设备首次战胜沃达丰，应用于新加坡的国际关口局；光缆在2014年及2015年上半年保持了中国出口第一的地位。

2014年，将烽火星空、烽火网络、烽火技服以及原烽火软件等公司股权纳入烽火集成公司，初步形成面向信息化市场的“大集成”平台。在“大集成”

平台上充分发挥其在电信网络和业务领域的综合优势，聚焦于政府、广电、能源、交通等行业，做强以云计算、大数据、信息安全、移动信息化与智慧应用为核心的“智慧城市”信息经济，做大以“安全、自主、可控”为特色的ICT生态圈，以端到端一站式解决方案服务于信息化市场。

二、不遗余力，推动“互联网+”战略落地

李克强总理在2015年3月的政府工作报告中提出了“互联网+”这一概念，国务院在7月初印发《关于积极推进“互联网+”行动的指导意见》，部署包括创业创新等十一大行动，各地方、各行业版本的“互联网+”行动计划或实施细则也陆续出炉。

“互联网+”能够充分发挥互联网在生产要素配置中的优化和集成作用，提升实体经济的创新力和生产力、形成经济发展新形态、实现传统行业与互联网行业的融合与渗透。

“互联网+”的发展令ICT企业深入思考业务需求上的极大变化，打破由网络功能决定产品/服务类型的现状。烽火通信积极通过SDN等先进技术构造柔性网络，可以基于客户的需求状况及其变化及时调整，从而保证网络对应用实现的支撑。

烽火通信在“互联网+”的业务领域，尤其是智能化应用的相关业务上也形成了较强的综合实力。比如在实施智慧城市方面，业已占据一席之地，承建了国内最大规模的城市级智能监控与安全管理平台，保障了国家六大战略储备油库、大型桥梁大坝隧道等基础设施的安全监测，承建了国内数十个包括城市的轨道交通系统在内的智慧城市建设。

为推动国内智慧城市产业链各方形成合力、合作共赢，烽火通信在组织上推动智慧城市发展，在有68家成员参加的“智慧城市产业创新联盟”中担任联盟副理事长单位；在武汉等多地智慧城市建设中不仅贡献了智慧城市的顶层设计，还联合众多单位进行智慧城市各项目的实施；助力智慧城市投资最大“联合舰队”扬帆起航——2014年联合十多家上市公司行业龙头企业及金融机构成立了“中国智慧城市投资联合体”，并于2015年11月中旬，由烽火通信子公司——烽火集成公司发布了最新的智慧城市解决方案。

三、全球覆盖，巩固品牌国际影响力

烽火通信的光网络、FTTx、光纤光缆、智能终端等领域的产品及解决方案，均已规模应用于海外市场，全面进入所在市场的主流及跨国运营商；其技术、产品及服务也得到了客户高度认可，稳固了长期合作关系。2015年上半年，海外收入同比增长111.38%，延续了之前的迅猛势头。

Gartner、Ovum、CRU等国际市场咨询机构也从第三方独立角度，对烽火在技术开发、全球市场销售份额等方面进行了分析与排名。根据Ovum报告，2014年烽火光网络全球份额排名第六（14Q3-15Q2滚动统计，排名升至第五），PON全球排名第四；CRU报告中，烽火光缆全球市场份额位居第四；Gartner将烽火移动信息化解决方案列为“2015年中国最酷供应商”，将烽火小蜂窝解决方案纳入魔力四象限的“挑战者”类别。

到目前为止，烽火的产品与服务已覆盖海外超过90个国家和地区，并在海外30多个国家投资设立了分支机构，通过构建完善的营销、销售与服务平台，直接贴近一线客户提供产品技术与服务。为进一步增强海外竞争力，也积极布局海外研发与生产，与多个国家的重要运营商共建联合实验室，并在多个国家投资建立本地生产基地。

四、政策鼓励，展望未来

我国政府自2013年起开始大力倡导“一带一路”建设规划，对这一加强对外经济合作、带动国内企业全面转型升级的重要政策举措，烽火通信予以了极大的关注与重视。“一带一路”沿线所在的众多国家，有很多已是烽火在海外的重要市场，而其当前所进入的东南亚、南亚、中东、独联体及中亚、欧洲、非洲等国，都与“一带一路”中所规划的“丝绸之路经济带”和“21世纪海上丝绸之路”高度重合。

“一带一路”是拓展海外市场的助推器，除了延续政策优势继续做好传统电信运营商市场拓展外，还可借助“一带一路”政策所带来的国家间基础设施合作、贸易金融便利以及信息化趋势，在行业网、信息化大市场、集成总包项目方面寻找更多的市场机遇。

（烽火通信科技股份有限公司　何书平）

腾讯公司“互联网 +”创新发展分析

一、整体经营情况介绍

腾讯公司成立于 1998 年 11 月，是目前中国最大的互联网综合服务提供商以及服务用户最多的互联网企业之一。成立 16 年来，腾讯一直秉承一切以用户价值为依归的经营理念，保持稳健、高速发展的状态。目前，公司市值已突破 1 670 亿美元（2016 年 1 月 14 日数据），与谷歌、Facebook、亚马逊、阿里巴巴成为世界五大互联网公司。2015 年前三个季度（1～9 月），公司总收入为人民币 724.22 亿元，同比增长 25%。

公司主要平台发展情况如下。

微信：2015 年第 3 季度，微信和 WeChat 的总月活跃数达到6.5 亿。根据中国信息通信研究院测算，近一年，微信直接带动的信息消费规模已经超过千亿元，微信带动的就业数量超过 1 500 万人。

QQ 及 QQ 空间：2015 年第 3 季度，QQ 月活跃账户数达到 8.6 亿 ,QQ 空间月活跃账户数达到 6.53 亿。QQ 钱包的用户群增加，通过将新生活服务（括购物、餐饮消费及健康监测）与 QQ 的手机版相结合，加强其与用户日常生活的联系。

二、腾讯公司“互联网 +” 相关情况

（一）“互联网 +”创新创业

腾讯作为“互联网 +”的倡导者和实践者，不断开发自身的互联网连接能力，2015 年将腾讯开放平台战略全面升级为腾讯众创空间，在资金、流量、营销、场地、成长 5 个方面为创业者提供线上、线下一体化全要素创业服务，并在全国与各地政府合作推出 25 个腾讯众创空间、共 50 万平方米免费办公载体，开设长青腾创业营与众创大赛，与投资机构、产业、孵化器、高校等合作发挥产业辐射带动作用，全力打造开放的“互联网 +”产业生态环境，助腾讯创业伙伴加速成长。从 2011 年腾讯启动开放平台战略以来，注册开发者数量已经超过 500 万，第三方开发者提交应用数超过 240 万，已为开发者累计分成超过 100 亿，带动就业岗位超过 1 500 万，支撑培育年收入超过 1 亿的企业 24 家，总收益过 1 000 万的公司达到 108 家，融资额过 1 亿的公司超过 100 家，上市和计划上市的公司超过 20 家。

（二）“互联网 +”益民服务

在民生领域，微信城市服务、手机 QQ 城市服务、腾讯新闻民生服务、微信支付在“互联网 + 益民服务”的推进下得以快速发展为出发点，整合如公积金、人社、医疗、交通、公共事业缴费等多种民生服务办事功能，将政府部门线下和桌面的办事流程升级到移动端，使公众足不出户、随时随地就能获得政府提供的服务，为公众的生活带来切切实实的便利。腾讯的三款产品提供城市服务的平台，都是上亿级别的月活跃用户：微信 6.5 亿月活跃用户，是目前打开频次最高的 App；手机 QQ 月活跃用户 6.39 亿，有新闻客户端也是 6 亿的用户，日均 20 亿的浏览量。这三大平台作为政府提供“互联网 + 公共服务”的流量入口，同时也希望这些平台可以成为政府和民众的桥梁。目前，微信“城市服务”已开通七八个城市，接入了超过 150 项民生服务，覆盖近 2.5 亿用户。

（三）“互联网 +”环保

在“互联网 + 环保”领域，腾讯公司配合国家环保部推进并建立了 12369 环保举报平台。环保部为了积极拓宽举报渠道，方便公众参与环保监督，于 2015 年 6 月 5 日世界环境日在全国范围内开通了“12369”环保微信举报。目前全国 31 个省、自治区、直辖市、兵团环保部门（除西藏外）均开通了环保微信举报，345 个地市、1 199 个区县环保部门开通并使用微信举报管理平台受理和办理群众举报。目前已有近 8 万人关注“12369 环保举报”微信公众号，收到各类举报事项超过 1 万多件。

（四）“互联网+”教育：腾讯课堂

面向各个层次的人群，进行互联网教育，大大的平衡了稀缺的教育资源。目前开放的课程包括：职业教育、IT培训、语音学习、中小学、大学、兴趣爱好等、亲自教学等。目前，腾讯已与5 000多家教育机构合作开设腾讯课堂，面向中小学、大学、职业教育、IT培训等多层次人群开放课程，每周上课人数约7.3万人，课程总数达3万多门。

（五）“互联网+”医疗：微信公众平台接入医院服务系统

全国近有800余家医院接入微信支付，近300家接入微信智慧医疗全流程。以广州为例，广州60家医院装进微信，“广州健康通”公众号正式启用。服务包括预约挂号、健康档案查询、微信支付等全流程服务。“广州健康通”公众号的启用是微信智慧医疗的又一次创新和推进，更是医院实现医疗服务智能化的智慧通道。市民不仅可以了解广州市各大医院预约挂号信息，而且还可以通过微信预约挂号，实现“随时随地触手可及”的预约挂号服务，这也解决了看病“三长一短”（挂号排队时间长、看病等待时间长、结算排队时间长、医生看病时间短）的问题。除此之外的各个城市都在拓展微信医院服务系统。

（六）“互联网+”金融

作为首批民营银行试点之一，腾讯发起的微众银行已投入运行。由于互联网企业的独特基因，由其发起的民营银行同样有着强大的创造力。微众银行董事长顾敏将微众银行定位于“一家以科技和数据为主导的银行。”腾讯希望将微众银行打造成一个能够连接广大消费者、中小微企业、优秀金融机构的服务平台。充分利用母公司腾讯的网络客户、大数据等资源优势，与其他银行、金融机构及交易商、消费金融公司、P2P等类金融机构合作，建成开放式的平台，从而将这些要素有效连接起来，构建出一个完整的金融生态系统。

（七）“互联网+”组织机构\企业运营：微信企业号建立移动互联办公新生态系统

腾讯推出微信“企业号”，旨在重构“互联网+”时代的企业生态，利用移动互联网工具打通企业实体内部和虚拟系统、打通企业内、外的关系链条，形成互动协调的网状组织结构，一方面，企业号有效提升了企业内部管理效率。建设“互联网+”时代的企业生态。另一方面，实现了企业生产、管理、协作、运营的移动化。企业号作为企业级IT移动化解决方案，本身是一个开放平台，一个集合重点伙伴共同发展的生态圈。自推出以来已有60万企业使用微信企业号，注册企业和单位超过60万，用户数超过1 000万。日活跃用户数超过200万，日发消息条数超过1 200万。

（八）“互联网+”现代农业

2015年8月19日，腾讯公益基金会的“为村开放平台”在铜关村正式面向全国发布。“为村”是一个用移动互联网发现乡村价值的开放平台，它以“互联网+乡村”的模式，为乡村连接情感、连接信息、连接财富。通过“为村三式”——移动互联网工具包、资源平台、社区营造工作坊，引导乡村基层管理者和乡建领导者跨越数字鸿沟。外界聚焦腾讯公益在“互联网+农村”规划中的重要性，但实际上，腾讯只是在搭建平台，希望互联网人才和互联网思维能注入农村，盘活乡村中本身就存在的资源。“互联网+农村”实际上经历了一次又一次痛苦的领悟，直到移动互联网时代的到来，才让所有的尝试有了落脚点，让这个项目可以脱离传统的公益模式华丽转身，真正让互联网切中乡村要害——在信息、情感连接之外，整合各种资源进行财富连接。“为村开放平台”于2015年8月发布，截至2016年1月6日，已经有635个村庄申请加入平台，覆盖全国30个省份。

（九）“互联网+”公益慈善

腾讯于2007年发起成立第一家互联网企业的公益基金——腾讯公益慈善基金会，利用网络的力量，推出月捐、乐捐网络公益项目，用户通过互联网平台可发起、捐赠、互动以及监督公益项目的实施。从而缔造人人可公益、民众齐参与的公益2.0模式，大众成为公益主角。截至目前，累计超过5 000万网民通过互联网分享爱心，筹得近8亿元的善款。2011年又设立“筑德基金”，旨在为“受到意外伤害或损失的人提供必要的道义援助”，为见义勇为者提供鼓励和保障。

（十）“互联网+”硬件

腾讯QQ硬件开放平台与微信硬件开放平台，两个平台会为所有愿意接入腾讯开放平台的智能硬件提供接入的服务，同时QQ和微信的公众帐号体系在未来也会继续的加强它的研发能力。

（深圳市腾讯计算机系统有限公司）

奇虎360公司发展分析

一、以个人安全业务为主的发展阶段

个人用户面对的主要安全威胁是恶意软件(如病毒木马、广告插件等),钓鱼网站、垃圾短信、骚扰电话和网络诈骗等。这些安全威胁是普遍性的,我们只要对个人上网终端(PC和手机等)进行有效防护,就可以保护用户的安全。

基于此,从2006年开始,360推出了360安全卫士、360杀毒、360安全浏览器、360手机卫士等通用型的安全防护产品,全面查杀拦截来自个人计算机和手机端的病毒、木马等恶意软件,拦截钓鱼网站攻击,拦截垃圾短信和骚扰电话,保护用户个人计算机和手机使用以及上网安全。

在个人安全领域,360创造并引领的"免费安全"理念,将安全作为一种免费的基础服务提供给用户,不仅帮助自己摸索出最先进的商业模式并成功上市,还推动了安全服务在中国的全面快速普及,提升了中国用户的整体安全水平。正是10年前360用免费模式、云安全技术和泛安全的创新,一举颠覆了安全产业,为中国网民创造了安全上网的环境。

来自微软的报告显示,随着360免费安全的普及,中国的恶意软件、病毒、木马的感染率已经降到了0.6%以下,是美国的1/5,世界平均水平的1/10,安全软件普及率高达99.1%,恶意软件感染率居全球最低。

截止到2015年6月,360公司计算机端安全产品月活跃用户数到达5.14亿,市场渗透率为96.6%;在移动端,使用360手机卫士的智能手机用户总数在2015年6月达约7.99亿。

360的商业模式被华尔街解读为"中国模式",也是最成功的"免费"商业模式之一,免费安全不赚钱,但通过安全免费已经构建了非常好的互联网安全商业模式:一是靠安全的贡献打造品牌,聚集了近13亿网络用户;二是用户选择使用与安全相关的互联网入口产品,例如浏览器、网址导航、搜索、手机助手等,这些海量的用户转化为巨大的流量;三是在流量之上,建立开放平台,就像在商业街建购物中心,让做内容、视频、电商、游戏、旅游等相关方来开店,免收租金,利润分成。简单总结就是十二个字:"安全品牌+用户流量+开放平台。"

进一步解读360的商业模式可以分为四个层面。第一层为核心免费产品服务层,主要为360安全卫士、360杀毒、360手机卫士等赖以起家的产品;第二层为360两大基础平台——浏览器平台与应用开放平台。360将核心产品层用户顺势导入这两大平台;第三层为细分服务层,在两大平台基础上,360提供网址导航、团购导航、游戏导航、360搜索、应用开放平台和移动开放平台等服务;从360的产品理念来看,如360影视、360游戏、360购物等均为开放平台。而第四层为最终盈利变现层,变现方式主要为广告与互联网增值服务。

二、迅速拓展的企业安全与个人业务并重发展阶段(2015年至今)

(一)企业面临的安全威胁和安全形势

根据Verizon发布的报告显示,2015年全球有接近8万家公司被黑,其中有2 122家公司公开确认信息被窃取,全球500强企业大面积沦陷。最为可怕的是,在大多数情况下,攻击者只需要短短数分钟内就可以入侵一家企业,银行、信用卡公司、医院、零售业、保险业、电商、娱乐行业的巨头们都纷纷中招。索尼、Target等企业被黑客攻击后给企业带来灭顶之灾,让企业蒙受了巨大的财产和品牌损失。网络攻击已经成为国家对抗、企业竞争中商业情报窃取的重要方式。

360天眼实验室发布的《2015年中国高级持续性威胁(APT)研究报告》表明,中国已经成为网络攻击的主要受害国,仅2015就发现29个针对中国境内机构进行 APT 攻击的黑客组织。360 互联网安全中心发布的《2015 年度中国网站安全报告》显示，在被调查的网站中有 43.9% 存在安全漏洞，一年或有 55 亿条信息被泄露。

普华永道发布的调查显示，在 2015 年，中国企业检测到的安全事件大幅增长 5 倍以上，平均数量高达 1 245 次。企业因信息安全威胁遭受的财务损失在大幅增加，受访企业在过去一年内因信息安全事件平均每家损失 240 万美元，同比增加 33%。

网络边界的消失让传统基于边界的安全防护模式捉襟见肘、渐趋势微，而上述数字也充分说明了当前面临的严峻安全形势。

（二）企业安全的新挑战

由于移动、社交和云计算等技术相互融合，企业面临着全新的安全挑战。混合 IT 趋势需要将内部资源和云服务的资源进行结合，这使企业 IT 部门丧失了过去对其网络拥有的严格控制权。移动恶意软件威胁也已上升到了一个新水平，移动设备渐渐成为黑客组织的攻击跳板。

黑客面对企业网络的层层安全防护如入无人之境，导致企业陷入安全困境。其根本原因是，企业部署的防火墙、IPS 和各种网关等传统安全防护产品还停留在“兵来将挡水来土掩”的签名防护思路，面对未知威胁已经束手无策。

企业今天面临的安全威胁的形式、数量和攻击手段等都发生了巨大的变化，这也就迫使企业安全防护必须在传统安全技术方法的基础上，用互联网的方法来解决新的安全问题。企业安全防护从思想到防御体系都需要基于互联网＋思维的彻底颠覆。

今天互联网发展已经进入新阶段，“互联网＋”已经成为国家和产业共识，不仅企业开始互联网化，国家和政府也在互联网化。“互联网＋”同样会让政府和企业面临互联网攻击的挑战，传统的安全防护技术和产品已经无法应对这种新的安全挑战。

（三）360 的“数据驱动安全”技术体系

360 企业安全业务融合了 360 现有的安全技术优势，以 360 无线安全研究院、360 网络安全研究院、360 网络攻防实验室、360 漏洞研究实验室等顶尖研究资源为基础，依托对 13 亿终端实时保护产生的海量大数据，以及全球最大的 IP、DNS、URL、文件黑白名单四大信誉数据库，组建了专门针对企业的安全业务团队，利用“互联网＋思维”创新企业安全技术体系，为企业客户提供基于“数据驱动安全”的安全方案和服务。

“数据驱动安全”是更符合当今时代的安全理念——“数据”是基础，安全威胁往往隐藏在海量数据之中，拥有海量、多维及持续的数据是后续进行安全分析和挖掘的基础；“驱动”是手段，现今基于海量多维数据的存储、计算、分析、挖掘及可视化能力，是对基于特征码等过时安全技术的颠覆；“安全”是目标，只有将大数据及处理技术应用于安全攻防领域，结合安全专家的知识与经验，才能真正帮助业内从传统安全防护思路的困境中顺利走出。

早在 2007 年，360 公司就已经凭借互联网公司强大的海量数据处理和分析挖掘能力，开始了在“数据驱动安全”方面的尝试和探索，并先后取得了一个个“质”的突破：360 云查杀，让安全能够真正适应现代恶意软件和恶意威胁的对抗环境；360 人工智能，第一次将机器学习技术应用于未知恶意软件识别领域；360 云智能主防，让安全在互联网时代也具备了快速发现和拦截未知威胁的能力；360 白名单技术，更是给安全插上了翅膀，实现了性能与效果之间的最优平衡。

今天，360 公司已经具备了丰富的安全大数据资源以及强大的大数据存储和计算能力：大数据服务器规模超过 40 000 台，总存储数据量接近 1EB，每天各种数据计算任务 10 万个，每分钟可以调动几十万颗 CPU 核参与计算，具备每秒处理 1TB 数据的能力；积累了海量的情报数据，主防库总日志数 50 000 亿条，样本库总样本数高达 95 亿，DNS 库解析记录超过 50 亿条，URL 库每天查询 300 亿、每天会处理 100 亿 URL。

（四）360 的企业安全产品和服务

依托于此，360 公司全力打造了覆盖“云＋端＋边界”的新一代安全体系，正在“数据驱动安全”的理念下，帮助客户全面解决过去解决不了的以及未来可能出现的各种已知、未知安全问题！

在为企业提供全面安全防护方案的同时，360 可以为企业提供包括安全咨询、安全运维、安全培训等全方位安全服务。360 旗下的天眼实验室可以为企业提供 APT 发现响应服务；补天平台可以提供漏洞发现和响应服务；360 云安全业务可以提供全面的安全云服务。

（奇虎 360 公司）

专家视点与专题研究篇

“互联网 +”带给电信网的机遇和挑战

中国电信集团公司　韦乐平

“互联网 +”来了，电信网怎么办？理性的做法是对“互联网 +”既不要恐慌，也不要神化，关键是用互联网思维来变革传统行业，培育和发展新经济形态，而不是简单拷贝其具体做法。对电信网而言，“互联网 +”既带来了机遇，又提出了新的挑战，需要认真思考和应对。

一、“互联网 +”变革传统行业

今天，互联网的发展已经进入了“互联网 +”的新时代，互联网思维正在前所未有地带给传统行业新的变革。

无论是“互联网 +”，还是“+ 互联网”，尽管两者支撑点或者出发点不同，但都存在着成功机遇和失败风险，目前“互联网 +”主导话语权。其中，“互联网 +”是互联网从网上走向网下，如亚马逊、京东、阿里等互联网企业，正在向传统行业全面渗透。“+ 互联网”则是传统行业从网下走向网上，如沃尔玛从零售业进入电商，网上销售总量目前已超越了亚马逊。无论何者，成功的关键是看能否创造新的商业价值。尽管“互联网 +”具有更多创新和想象空间，但“+ 互联网”仍将主导实体经济。对多数行业来说，“+ 互联网”更接地气。

二、电信网在应对冲击中不断成长

从历史的角度来看，互联网的蓬勃发展，对传统的电信网造成了一次又一次的冲击。与此同时，电信网则在成功应对冲击的过程中逐渐成长。

从 2000 年左右开始，互联网应用对电信网发起了第一次冲击，逐渐成为网络的主要应用和流量，传统电话业务从流量上逐渐边缘化，占比越来越小。面对第一次冲击，电信网通过将互联网纳入电信网的 IP 承载层，使互联网成为电信网的一部分，从而成功化解了危机。

对于近年来常常被提及的电信业的管道化，这其实并非互联网冲击的结果，而是网络 IP 化的必然结果。IP 网的本质是只提供点到点的连接，与应用无关。这种互联网思维下的端到端透明设计原则，造成了如今网业运营分离的大格局，彻底打破了电话时代网络和业务一体化运营的封闭格局，为互联网应用提供了一种更利于快速发展的可能性，即可以在不受运营商控制和约束的前提下独立发展。事实也恰好如此：互联网应用空前丰富，产业充满创新活力，呈现一派欣欣向荣的景象。与此相反，电信运营商开发的互联网应用则冷冷清清，少有人问津。只剩下接入控制权，提供通道类业务，即被管道化。此时，业务的价值逐渐由管道向更贴近用户体验的上层应用迁移，而这是技术进步和应用驱动的必然趋势。

近来，“互联网 +”的兴起，则对电信网又一次造成了新的冲击。事实上，自 2010 年以来，视频流量逐渐成为主导，而随着云计算和大数据的兴起，互联网应用公司对于流量的调控也越来越频繁，电信网逐渐失去了对网络流量的控制力。新兴的“互联网 +”，对于网络的容量、性能和可靠性全面提出了新要求，现有网络更加难以支撑。那么，电信网这一次该如何应对冲击呢？答案则是真正学习 IT 的精髓，实施网络架构重构，主要靠 SDN/NFV 实现控制与处理解耦以及软硬件解耦，这是电信网能够成功应对此次挑战的希望所在。

三、互联网应用与电信网相互驱动

互联网应用之于电信网，作为角力的两方，事实上已成为拉动彼此向前发展的重要驱动力。

一方面，互联网应用的蓬勃发展不断驱使着电信网向前发展。互联网应用是电信网技术进步和流量增长的主要驱动力，丰富的互联网应用带来巨大流量，造就宽带网；互联网应用尽管对电信业务形成了分流和替代，同时也创造了新的领域和商机，例如云计算和“互联网+”……与此同时，互联网“羊毛出在猪身上”的商业模式，也在促使电信业的传统商业模式发生改变，从而更加贴近用户。

另一方面，电信网则是互联网应用发展的基石，主要体现在三个方面。

第一，电信业是互联网应用普及的主要推动力。全球电信业的介入，才使得互联网从学术和军用的封闭环境转向开放和民用，并成为电信网的一部分，才有今天的普及和规模以及蓬勃的应用。

第二，电信网是互联网应用蓬勃发展的基础平台。一个全球性的、技术不断演进的电信网，是互联网应用得以不断发展壮大的坚实基础平台。

第三，电信业也是互联网应用水平提升的推动力。电信业向互联网应用领域的拓展，不仅为互联网带来新业务领域，也为其注入了通信能力和电信级可靠性品质，提升了其应用的层次、跨度和深度。

四、电信网变革以拥抱“互联网+”

“互联网+”为电信网提供了实现升级发展的重要机遇。准确把握“互联网+”的新诉求，主动变革以应对，则是电信网能否把握住机遇的关键。

“互联网+”对于电信网提出了一系列新诉求，大致有六个方面。第一，大跨度、多样化的带宽和性能要求首当其冲。企事业及其应用千差万别，对带宽要求的差异性多达7个量级，可以从Kbit/s到几十Mbit/s乃至更高。对性能要求的差异更是五花八门，网络不仅需要有足够宽的带宽，而且要有敏捷的适应性。第二，互联网应用企业是一个高度竞争的行业，对底层网络带宽的提供时间要求从数周减少到分钟级，现有刚性网络难以满足。第三，有些“互联网+”应用具有极高的信息传递的低延时要求，例如车联网和数据中心的容灾要求均低于10ms，否则会造成人身安全或重要数据丢失。而金融证券的高频交易甚至要求低于1ms的苛刻指标。第四，“互联网+”还有泛在海量连接的要求，例如，有些企事业的物联网应用涉及渺无人烟的地方，诸如森林、沙漠和戈壁，传统网络可能根本没有覆盖。第五，有些涉及安全可靠性要求很高的制造企业对于可用性、可靠性和安全性有很严格的要求，靠现有应用层保障技术难以满足，需要网络层，乃至物理层的多种技术保障技术来全方位地确保。最后，这样多样化的应用对于网络的要求差异很大，网络不需要，也不可能总是满足最高性能。相反，网络基础设施应具备极高的灵活性，能以最优的成本，调配合理的资源来支持不同应用的不同要求，基于SDN/NFV的网络分片化是成本最佳的网络对策。

可见，“互联网+”提出的很多新诉求，现有电信网很难满足。例如网络复杂而刚性，网元采用软硬件垂直一体化的封闭架构，网络和业务形成了大批“烟囱群”，CAPEX和OPEX一直居高不下，这些“痛点”只能依靠变革才能加以解决。

那么，电信网究竟该如何变呢？

如前所述，SDN/NFV是电信网成功应对新冲击的希望所在。与此相应，网络架构要实现SDN/NFV化，实现CT与IT的深度融合，只有这样，才能使得“互联网+”具有一个灵活、可靠、可扩展、泛在和安全的网络基础来支撑其发展。与此同时，电信网要实现从网络向平台的扩展，不仅要成为公用平台，还包括适应行业应用特点的专用垂直集成平台；实现从虚拟世界向实体世界的扩展和渗透。值得注意的是，随着“互联网+”的推进，电信网也要从消费型互联网实现向生产型互联网扩展，从服务个体消费行为到改变各个行业、政府乃至全社会。这样一来，电信网就能够为更有价值的用户提供更有价值的服务，同时提升网络和流量的价值。事实上，今天的电信运营商除了第三产业以外，正在向第一和第二产业扩展和渗透，而安全可靠的行业应用服务创新平台和关键能力正是电信运营商的独特优势所在。一句话，电信网依然有足够的技术手段来应对“互联网+”所带来的机遇与挑战。

重塑数字竞争力，重塑“互联网+”下的经济转型

中国信息通信研究院　余晓辉

近几年来，关于“互联网+”的各国战略部署有很多，包括欧洲、美国、日本、韩国，这些国家都有战略部署，虽然各国的叫法不同，但有一个共同的语言就是数字经济。回溯一下，20世纪90年代到现在，从信息高速公路、20世纪90年代末和21世纪初的互联网新经济，到2007年的科技浪潮和互联网，直到最近的数字经济，这是非常大的变化，每个发展都是不同阶段的上升。最近，欧洲有一个非常大的动作叫统一数字市场，就是要打造全欧的数字经济市场，是非常大的战略。

我们将其叫作第四代监管。第四代监管的开启点是2009年，2009年以后整个监管的重要目标是如何促进增长，不仅要促进行业的增长，更要促进整个经济的增长，这是很大的一个变化，这个变化对当前全球的电信政策制定和监管体制变革都有很大的影响，它已经上升到各个国家的政治议程。

在此情况下，欧洲出了新的指数，即数字经济和社会指数，主要连接互联网的应用，这个被视为未来发展非常重要的指标。这和我们讲的“互联网+”有很多方面是高度一致的。所以从此意义上来说，目前比较强的数字竞争力，不仅是线上的空间和网络的问题，而是线上和线下的结合，将此放在一起看才是比较完整的中国经济。

那么，到底是“互联网+”还是“+互联网”呢？笔者认为，应该是三个视角、两个线索，单独强调哪个方面都是不完整的。在“互联网+”的市场方面，可能强调从互联网商业模式上创新，从而渗透于经济社会的各个领域；在传统产业的视角方面，它是“互联网+”，反映的是怎么通过拥抱互联网，从而实现整个企业生产产业组织的变革；在“互联网+”或者“+互联网”里面，最核心的是数据，数据在线上空间充分地流动和交换，并在此基础上形成商业模式的创新和技术业务的变革，这是目前大的变革方向。就个人理解来看，“互联网+”是在全面深度互联的基础上，将低成本的数据计算和处理能力转化成数据充分流动，再进一步把数据转化为我们的决策能力。

我们可以看到，越是信息不对称严重的领域，“互联网+”带来的产业变革就越显著，比如金融、交通等；越是政府管制严格的领域，冲击就越激烈。

对于互联网和各个产业的结合，当前环境下制造业被认为是最主要和最重要的一个方向，也就是我们的第二产业，第二产业变革将在极大程度上重新改变全球的格局，也会重新改变各国的竞争力。我们看到，目前美国、德国包括欧洲的其他国家以及日本、韩国都在做这个事情，虽然叫法不一样，但实质都是基于工业互联网基础所形成的智能制造的变革。

我们再来看看数字浪潮下的信息通信业，呈现4个特点：产业边界的扩张；增长动力的转换；基础设施的变革；产业监管的挑战。我个人认为，信息产业过去两条主线驱动了发展：一个是网络，一个是计算。虽然给我们提供了芯片，但是这两个环节完全是并行的，在这个过程中，两个指数定律实现了交互，从而推动产业空前的创新。

我们再来看看网络架构，德国工业4.0架构设计者和美国工业互联网架构的设计者做过讨论，他们认为这两个架构应该融合在一起。这里面除了信息基础设施以外，目前主要的企业都在做大数据平台，这个平台里面包括传统的IT企业，像IBM、英特尔、微软都在做这样的平台。这样的大数据平台有两种形式，一种是零散的集中平台，另外就是这样的平台，虽然我们国家没有这么叫，但是互联网企业做的就是类似于这个。

这个平台里面集成了物联网，这是一个非常大的变化。其实，我国在2009年就开始做物联网了。

在过去的两年中，美国和欧洲的物联网发展得特别快，有数据显示，在过去的两年中，全球比较领先的物联网企业数量增长了3倍。因此，美国和欧洲的政府对物联网的投资加大，主要的企业都参与进来了。所以物联网发展和产业互联网、大数据平台、制造业已经集成在一起，这是一个非常大的变革。

在这种情况下，电信业的情况是什么样？把电信业放在更大的产业角度上来看，全球信息产业的增长率是3%，这里面电信业的增长，过去两年是负增长，2014年是正的，是低于GDP的。2014年，我国整个信息产业的增长率是13.4%，比GDP高很多，这里面，制造业和软件的增长是很快的，互联网增长也很高，其中，贡献最大的是制造+软件、信息服务，互联网占到大概8%，但是电信业增长是负的。即使抛出营改增，增长也是非常有限的，这是目前的一个困境。

将电信业和互联网对比来看一个中国通信业的增长结构。基础企业的非互联网业务占比44%，基础企业的互联网业务占比23%，最多的是增值企业的互联网服务，增值企业占比超过30%，增长空间超过80%，今年互联网企业增值占比达到40%，未来五年出现反转点，互联网业务成为最大的一部分。从三大运营商的增长结构可以看到，2015年上半年，移动数据和互联网增长7%左右，除了移动数据和互联网业务增长是正的，还有两个正增长，分别是固定增值和固定数据，大概不到一个百分点。这个增长结构是一个技术和业务自然发展的结果，我们无法去扭转它。

在全球有一个说法，叫做第四次浪潮，针对移动通信业来说，把移动通信业分为语音、移动数据、接入、移动短信和移动OTT，这是美国所谓第四次浪潮的情况。我们可以看到，在第四次浪潮里面，最顶层的移动OTT的收入已经超过了移动接入部分，这种情况在中国还没有发生，但是迟早会发生的。在OTT里面，互联网企业占主导地位，传统运营企业还在寻求自己的定位，还是一个很漫长的过程。互联网企业向移动业务的转型已经非常的深入，其实不仅是整个基础运营商在向移动转型，整个市场也都是向移动转型的，这是最大的变化。

还有一个是基础设施的变化。通信网络设施从信息的角度来说，是信息传输的设施，因为不管是存储、计算，还是处理，现在的变化是基础设施会从信息传输基础设施演变成综合基础设施，有存储、计算、感知、分发，这个变化是基础设施里面一个很重大的变化。当然这个里面，我们的传统运营商是主力，不仅是他们，还有别的主体。从连接的角度来说，从网络层的互联，会延伸考虑到数据的互联和应用层面的互联，这样的互联其实也是一个很大的变化。

全球互联网架构的转变，像CDN进来了，CDN会成为网络对等互联里面很重要的环节。其实不仅仅是CDN，大的IDC的提供商和大的内容提供商，可能也会进入到这里面，国家的网络话语权会发生很大的变化，在产业各个环节也会发生很大的变化。未来怎么走还很难说，但是五年以后的网络体系架构一定和现在的不一样，每个产业所起的作用也不一样。比如，SDN、NFV，给很多的互联网的应用提供商提供了技术支撑，也就是说，他们可以通过这个去组织网络资源，那么，其话语权在里面也相应增大了。这里工业互联网、产业互联网，为网络需求提供很大的不同的需求，这里面也有很多挑战和机遇。

未来，SDN是一个方向，但是具体怎么做，还需要探索。

在当前“互联网+”的环境下，数字经济对每个企业，不管是运营商、互联网企业还是传统企业，都是非常重要的，以后的竞争，不仅是同业竞争，跨界竞争也非常激烈。所以有人说，星巴克也可以做一点跟运营商有关的网络服务，这是很有可能的。因此，不管是企业、区域，还是国家，都会在“互联网+”或数字经济、数字社会发展的环境下去发展和竞争，数字经济构造对每个企业、每个国家、每个区域都是至关重要的。

对于电信业，过去仅仅是序曲，未来将充满机遇，当然也有很大的挑战，这是“互联网+”或是数字经济、数字社会给我们这个行业带来的巨大变革，我们预见，未来将会有更大的变革，我们必须全力以赴。

5G 总体发展情况与趋势

中国信息通信研究院标准所　陈晓贝　罗振东

经过 30 多年的爆发式增长，移动通信已成为连接人类社会的基础信息网络。在全球移动通信产业界的大力推动下，第五代移动通信（5G）技术快速发展，并已进入国际标准研制阶段。

一、全球 5G 总体发展情况

目前，制定全球统一的 5G 标准已成为业界共识，国际电信联盟（ITU）和第三代合作伙伴计划（3GPP）已全面启动了 5G 国际标准化工作。

1. ITU 完成 IMT-2020 标准化前期研究

ITU 于 2015 年 6 月完成 5G 愿景研究，明确了 5G 将满足移动互联网和物联网业务需求，提出了增强移动宽带、海量机器类通信和超高可靠低时延通信三大应用场景，并确定了 5G 的八大关键能力指标：用户体验速率将达到 0.1 ～ 1Gbit/s，峰值速率将达 10 ～ 20Gbit/s，流量密度将达 10Mbit/s/m^2，连接数密度将达到 100 万个 / 平方公里，空口时延将低至 1ms，频谱效率比 4G 提高 3 ～ 5 倍，网络能效比 4G 提升 100 倍，并支持 500km/h 的移动速度。2015 年 11 月 ITU 正式批准将“IMT-2020”作为 5G 官方名称，并于 2016 年 2 月启动了 5G 候选技术评估方法研究。此外，ITU 将于 2017 年底征集 5G 候选技术方案，2018 年底启动 5G 技术评估，并将在 2020 年完成 5G 国际标准。

2. 3GPP 拉开 5G 标准研究序幕

全球业界已形成基本共识，将在国际主流移动通信标准组织 3GPP 制定满足 ITU 要求的全球统一 5G 技术标准。2015 年 9 月，3GPP 召开 5G 技术标准研讨会，来自全球约 70 家 5G 推进组织、制造商、运营商和科研机构参加了会议，讨论确定了 5G 标准初步时间计划。3GPP 5G 标准将包含两个版本，第一版本（Rel-15）尽量满足早期商用需求，将于 2018 年下半年完成；第二版本（Rel-16）将满足所有 5G 场景及业务需求，计划于 2019 年年底完成，并作为 5G 标准提案提交至 ITU。目前，3GPP 已启动了面向 5G 的新业务、系统架构、无线接入需求和技术等研究项目，标志着 5G 标准化工作已经全面启动。

3. 主要国家纷纷加大 5G 推进力度

欧盟启动了 5G PPP 和 METIS 等重大项目，研发经费超过 14 亿欧元，并将于 2018 年开展 5G 规模试验。韩国发布了 5G 国家战略，拟投入 15 亿美元研发资金，成立 5G 论坛，启动重大项目，并计划在 2018 年冬奥会开展 5G 预商用试验。日本成立 5G 移动推进论坛，加快推进 5G 技术产业发展，并计划在 2020 年奥运会前提供 5G 商用服务。美国运营商 Verizon 成立 5G 技术论坛，计划 2016 年开展 5G 技术试验。近期，美、日、韩运营商（KT、SKT、NTT DoCoMo 和 Verizon）成立 5G 开放试验规范联盟，将共同定义 5G 试验规范。

二、我国 5G 研发进展

1. 成立 5G 推进组，布局重大项目

工信部、发改委和科技部于 2013 年 2 月联合推动成立了 IMT-2020(5G) 推进组（以下简称 5G 推进组），组织国内产学研用力量开展 5G 需求、技术、标准、频谱研究及国际合作。国家重大专项及“863”计划也积极部署 5G 研发课题，支持 5G 技术创新。目前，5G 推进组已完成 5G 需求、概念、技术架构研究并发布了白皮书，其中的核心观点已获得全球广泛认可。5G 推进组还与欧美、日、韩 5G 推进组织签署了合作备忘录，将共同推动全球统一的 5G 技术、标准及产业发展。

2. 提出 5G 无线和网络技术架构

综合 5G 技术发展趋势、多样化性能需求和成本效率提升，5G应尽可能基于统一的技术框架进行设计，并依托新型多址、大规模天线、超密集组网和全频谱接入等核心技术，通过灵活的技术与参数配置，形成面向连续广域覆盖、热点高容量、低时延高可靠和低功耗大连接等场景的空口技术方案，从而全面满足2020年及未来的移动互联网和物联网业务需求。在5G网络技术方面，从5G典型场景及关键能力需求出发，5G网络将引入SDN和NFV等虚拟化技术，形成接入、控制和转发三个平面的网络逻辑架构，打破刚性管道的局限，满足5G网络在灵活组网、智能化管理以及网络能力开放等方面新的业务运营需求，关键技术方向包括新型移动性管理、控制与承载分离、按需网络切片、边缘计算与存储、网络能力开放、增强网络安全等。

3. 启动5G技术研发试验，支撑5G技术研究与国际标准化

为了支持5G国际标准研制，工信部及5G推进组于2016年初全面启动5G技术研发试验，并邀请国内外移动通信主要企业参与。该试验分为关键技术验证、技术方案验证和系统验证三个阶段，通过先单点关键技术后系统技术，先单基站后多基站，先低频后高频的步骤有序推进5G技术研发与测试，促进国际标准共识形成。此后，还将于2018年启动面向产品研发的5G预商用试验，推动5G产品成熟完善，最终实现2020年5G商用的发展目标。

4. 积极推动5G与垂直行业应用融合发展

我国高度重视5G与车联网、工业互联网等垂直行业应用结合。工信部已启动了多项相关推进实施计划，制订了《车联网行动专项计划》，并在浙江、上海等地开展车联网与5G等宽带移动融合示范。2016年2月，我国成立工业互联网产业联盟，并将5G与工业互联网结合作为重要研究方向。此外，重大专项三计划在2016年启动5G支持工业互联网、自动驾驶的研究课题，此后还将持续支持上述领域的技术产业发展。

5. 中、欧、美、日、韩5G推进组织签署合作备忘录。

2015年10月，我国IMT-2020(5G)推进组、欧盟5G PPP、韩国5G论坛、日本5GMF和美国5G Americas在葡萄牙签署多方5G合作备忘录。该合作备忘录旨在开展更高效的5G国际合作，推动5G全球共识的形成，从而为全球统一的5G标准奠定良好基础。根据合作备忘录，五个组织每年将联合举办两次全球5G峰会（Global 5G Event），邀请各组织的主要成员在5G愿景、技术需求、系统概念、频率监管和全球标准化等方面开展交流和合作。其中，第一次全球5G峰会将于2016年5月31日至6月1日在中国北京召开，将积极推进5G技术标准共识形成。

三、后续5G工作展望

以IMT-2020(5G)推进组为平台，整合国内移动通信产学研用单位及国外企业力量，以5G应用需求为导向，深入开展面向5G国际标准的技术方案研发，推动全球统一5G标准达成共识；大力推进5G技术研发试验，为5G技术研究和国际标准化提供支撑，并为后续产品研发试验奠定基础；加强5G频率研究与协调，为5G发展及时获取适合的低频和高频资源；加强与相关垂直行业的深入合作，努力突破行业壁垒，积极探索5G与垂直行业融合发展新模式。

中国制造 2025 战略发展分析

工业和信息部国际经济技术合作中心　王喜文

随着移动互联网、物联网以及云计算和大数据技术的成熟，生产制造领域将具备收集、传输及处理大数据的高级能力，使制造业形成工业互联网，带动传统制造业的颠覆与重构——新一轮工业革命已经向我们袭来，制造业正在发生巨大变化。无论是美国的“工业互联网”，还是德国的“工业 4.0”；无论是制造业的参与者角色、制造的理念和模式，还是驱动力，都在出现颠覆与重构。

一、中国制造面临三大压力

随着世界经济的日益发展，市场竞争的日趋激烈，消费者的消费观和价值观越来越呈现出多样化、个性化的特点，随之而来的市场需求的不确定性越来越明显，大规模生产方式已无法适应这种瞬息万变的市场环境。

过去 30 多年是全球化发展最快的一段时期，发达国家通过产业转移将大量劳动密集型产业转移到劳动力成本和原材料成本相对较低的发展中国家。对于大量劳动密集型产业来说，劳动力成本和原材料成本是生产的重要管理要素。而劳动力成本和原材料成本的上涨也从客观上对未来制造业构成了极大的压力。

此外，受资源相对短缺、环境压力加大、产能加剧过剩等外界环境的影响，传统的以能量转换工具为推动力的工业经济将难以被维系。传统工业化的发展模式已经失去了竞争力，如图 1 所示。

二、新一轮国际工业革命的到来

21 世纪以来，制造业面临着全球产业结构调整带来的机遇和挑战。主要发达国家开始重新重视制造业，欧盟整体上开始加大制造业科技创新扶持的力度，美国国家科学技术委员会于 2012 年 2 月正式发布了《先进制造业国家战略计划》，德国政府在 2013 年 4 月推出了《德国工业 4.0 战略》。

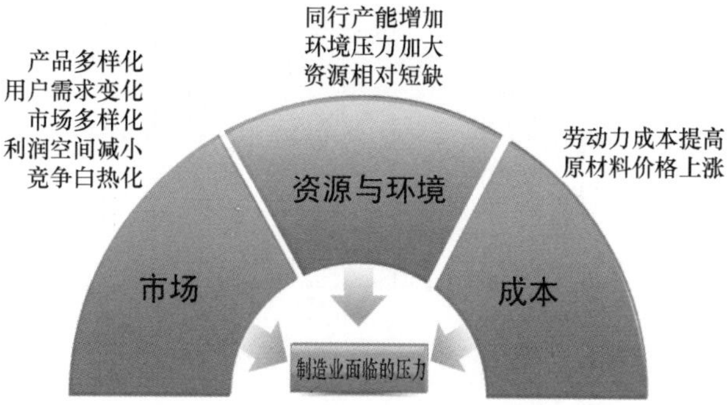

图 1　制造业的三大压力

美、德两国是制造业大国，在先进制造业方面拥有绝对优势。在新工业时代，美国推出“制造业回归”战略，德国推出“工业 4.0”战略，可以说，两国在制造业上争相发力，但目的都是期望抢占未来制造业的主导权。随着美国“制造业回归”的强力推动以及我国国内劳动力、土地等成本的上升，我国制造业依赖传统比较成本优势参与国际竞争的局面难以为继。所以说，我国在国际制造业竞争加剧、传统比较优势不复存在、新一轮工业革命正在酝酿的复杂背景下，我国制造业面临着严峻的挑战和重大的机遇。在机遇与挑战面前，唯一的选择就是建设制造强国，紧紧抓住当前难得的战略机遇，积极应对挑战，加强统筹规划，由“制造”向“智造”转型升级，完成中国制造由大变强的战略任务。

三、中、美、德制造业比较

（一）制造业是国家经济的命脉

没有强大的制造业，一个国家将无法实现经济快速、健康、稳定的发展，劳动就业问题将日趋凸显，人民生活难以普遍提高，国家稳定和安全将受到威胁，信息化和现代化将失去坚实的基础。可以说，制造业对于一个国家现代化建设具有不可替代的重要地位和作用。中、美、德三国的制造业都占了本国 GDP 的很大一部分比重，如图 2 所示。

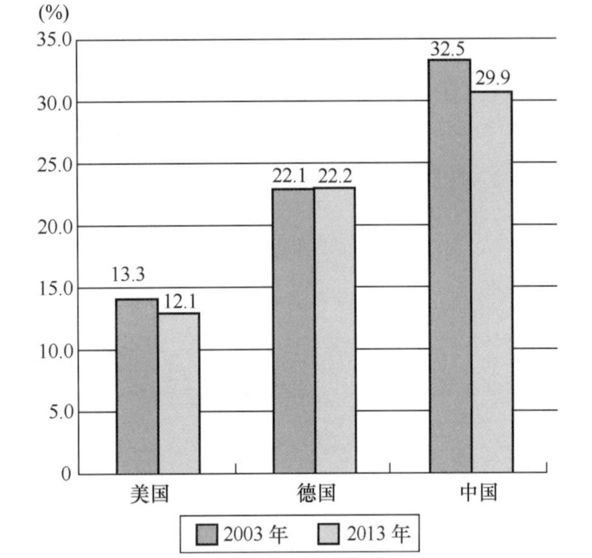

数据出处：联合国《国民账户主要总量指标数据库》

图 2 中、美、德三国制造业占 GDP 的比重

制造业也是中、美、德三国扩大出口的关键产业。尤其是我国，多年来制造业始终是我国出口创汇的主力军，一度占全国外贸出口总额 90% 左右，如图 3 所示。

（二）制造业还是解决劳动就业的重要空间

制造业创造着巨大的就业空间，能够接纳不同层次的从业人员，制造业始终是解决劳动就业和提高就业水平的重要领域，如图 4 所示。

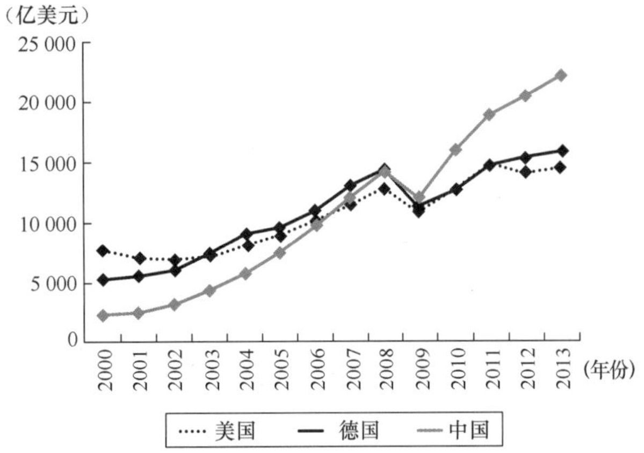

数据来源：世界银行

图 3 中、美、德三国制造业出口增长

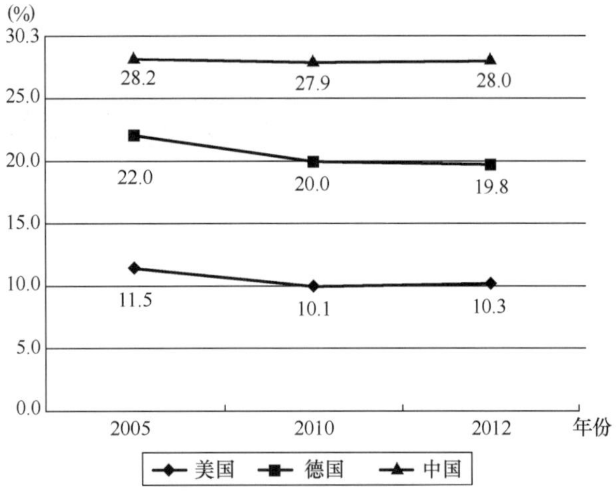

数据出处：德国劳动政策研究院《2014 年国际劳动人口数据比较》

图 4 中、美、德三国制造业占就业人口的比率

从微笑曲线来看，德国大多占据左端——机械产品的研发、大型装备的自动化系统、工业控制和制造工艺流程均占据全球市场的领先地位，如蒂森克虏伯、西门子、大众汽车、奔驰汽车等公司。而美国大多占据右端——营销、品牌、咨询服务等领域的全球顶级地位，如 Google、Facebook 的网络广告营销，麦肯锡、波士顿等咨询服务，IBM、GE 等解决方案业务等。而中国的制造产业，大部分还停留在微笑曲线的中间部分，也就是最低端部分，如图 5 所示。

因此，大家通常都说“我国已经是制造业大国，但和美国、德国相比，我国的制造业‘大而不强’，与制造业强国仍有较大差距。”在快速发展中也存在很多问题，其中有些还是根本性的，与发达国家相比仍存在较大的劣势。

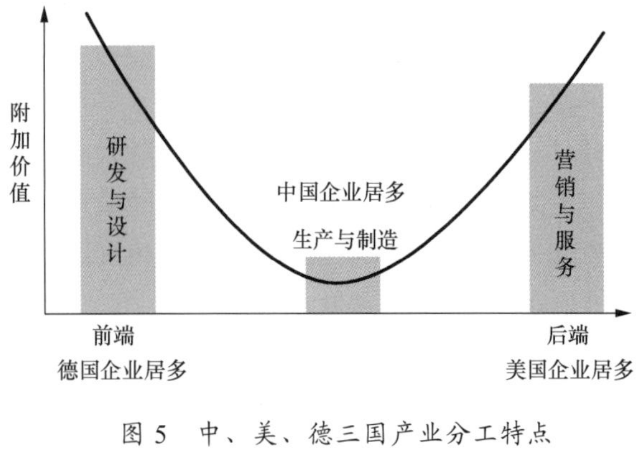

图 5 中、美、德三国产业分工特点

（三）产业结构不合理

从生产角度来看，表现为低水平下的结构性、地区性生产过剩，又表现为企业生产的高消耗、高

成本；从组织角度来看，目前我国各类产业的一个普遍现象是分散程度较高，集中度较低；从技术角度来看，在基础原材料、重大装备制造和关键核心技术等方面，与世界先进水平还存在较大差距。

（四）产品附加价值不高

由于缺乏自主品牌，缺少知名品牌，2009 年数据显示，我国 90% 左右的出口商品属于代工生产或者贴牌生产，产品增加值只相当于日本的 4.37%、美国的 4.38% 和德国的 5.56%。

此外，在土地矿产等资源方面，2013 年全国因建设占用等原因减少耕地面积 3.547×10^9 平方米，原油、铁矿石等重要矿产资源的对外依存度超过 50%，资源环境日益成为制约我国制造业发展的关键因素。在人力资源方面，2012 年我国劳动年龄人口数为 9.37 亿，比 2011 年减少 345 万人，我们可以初步判断中国劳动力数量拐点已经出现。随着我国经济发展进入以增速换挡、结构转型和动力转换为主要特征的新常态，制造业传统发展模式已经难以为继，打造新的竞争优势，建设制造强国势在必行。

四、中国制造 2025 的战略选择

“中国制造 2025”的总体思路：全面贯彻党的十八大和十八届二中、三中、四中全会精神，坚持走中国特色新型工业化道路，以促进制造业创新发展为主题，以提质增效为中心，以加快新一代信息技术与制造业深度融合为主线，以推进智能制造为主攻方向，以满足经济社会发展和国防建设对重大技术装备的需求为目标，强化工业基础能力，提高综合集成水平，完善多层次多类型人才培养体系，促进产业转型升级，培育有中国特色的制造文化，实现制造业由大变强的历史跨越，如图 6 所示。

（一）主线：推进新一代信息技术与制造业融合

工业和信息化部自成立以来，一直致力于推进“两化融合”工作，通过信息化的融合与渗透，对传统制造业产生了重大影响。但是，随着新一轮工业革命的到来，云计算、大数据、物联网等新一代信息技术在未来制造业中的作用愈发重要，所以需要在“两化”融合的基础上，以加快新一代信息技术与制造业融合为主线，实现“中国制造 2025”的阶段性目标。

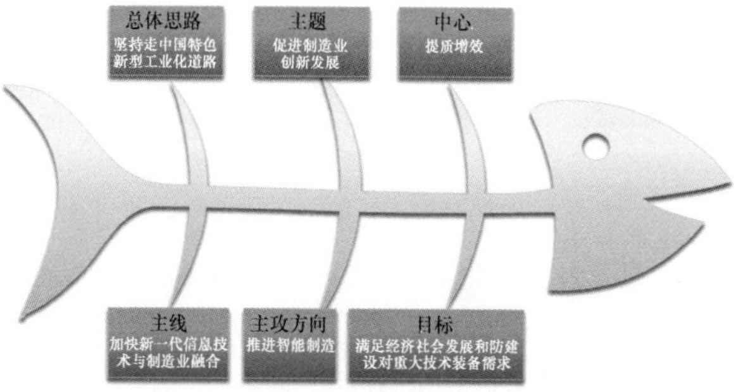

图 6　中国制造 2025 的指导思想

“中国制造 2025”将智能制造作为主攻方向，推进制造过程智能化。在重点领域试点建设智能工厂 / 数字化车间，加快人—机智能交互、工业机器人、智能物流管理、增材制造等技术和装备在生产过程中的应用，促进制造工艺的仿真优化、数字化控制、状态信息实时监测和自适应控制。加快产品全生命周期管理、客户关系管理、供应链管理系统的推广应用，促进集团管控、设计与制造、产供销一体、业务和财务衔接等关键环节集成，实现智能管控。

（二）主攻方向：智能制造

随着移动互联网和云计算、大数据等新一代信息技术的发展，工厂车间内越来越多功能强大的智能设备以无线方式实现了与互联网或设备之间的互联。由此衍生出物联网、服务互联网，推动着物理世界和信息世界以信息物理系统（CPS）的方式相融合。

“中国制造 2025”将智能制造作为主攻方向，通过互通互联，基于云计算、大数据这些新一代信息技术，与以前的信息化、自动化技术结合在一起，工厂内的生产设备和设备之间，工人与设备之间的实现纵向集成，把整个工厂内部的联结起来，形成信息物理系统，可以相互协同、遥相呼应，生产方式从资源驱动变成了信息驱动。

信息驱动下产品制造的过程体现出了智能制造的价值所在，即能够科学地编排生产工序，提升生产率，实现个性化定制生产，还可以调整资源使用，采用最节约能耗的方式。

工业互联网的智能制造观

工业和信息化部国际经济技术合作中心　王喜文

“工业互联网”的概念最早是由美国通用电气公司（GE）于2012年提出的，随后联合另外4家IT巨头组建了工业互联网联盟(IIC)，大力推广这个概念。工业互联网联盟的愿景是使各个制造业厂商的设备之间实现数据共享。这就至少要涉及互联网协议、数据存储等技术。而工业互联网联盟成立的目的在于通过制定通用的工业互联网标准，利用互联网激活传统的生产制造过程，促进物理世界和信息世界的融合。

实质上，美国GE公司倡导的工业互联网是指利用“智能设备”采集“智能数据”，利用“智能系统”进行数据挖掘和可视化展现，形成“智能决策”，为生产管理提供实时判断参考，反过来指导生产，优化制造工艺，工业互联网的4个要素如图1所示。它的典型特征是智能性，与数字化制造相比，智能制造具有预测、决策与自主调整优化能力。

一、物联网

2013年，美国就出现了“万亿传感器革命”概念，并提出了“万亿个传感器覆盖地球（Trillion Sensors Universe）”计划，旨在推动社会基础设施和公共服务中每年使用1万亿个传感器。1万亿，这个数字相当于目前全球传感器市场需求的100倍。可以预见，不久的将来，，我们身边将到处布满传感器——物联网时代即将真正到来！

物联网是将现实世界与信息技术紧密结合的系统。通过信息技术源源不断地获取从摄像头等各种传感器采集的现实世界的数据。物联网将直接或间接地对机器人在现实世界的活动产生影响。

在制造业领域中，信息技术与物理世界的结合并非是最近才开始的。飞机与汽车之中实际上已经嵌入了复杂的信息技术，而一辆高端汽车之中有可能含有100多项信息技术。可以说，物联网为智能设备奠定了基础。

二、智能设备

“智能设备”的基本含义就是在现有的基础上引入工业互联网的机制，包括连接性、智能机器、传感器、大数据和数据模型等。通过在各个层面采集数据、分析数据、形成智能决策，既要实现设备自身的可维护性，又要实现运营过程的优化。

由智能设备和网络收集的数据被存储之后，可以利用大数据分析工具进行数据分析和可视化，由此产生的“智能信息”可以由决策者进行实时判断

图1　工业互联网的4个要素

处理，或者成为大范围工业系统其工业资产优化战略决策过程的一部分。例如GE如果把风电发动机叶片全部联网，有望使产能提高50%，其工作原理如图2所示。

图2 风电发动机叶片联网工作示意

智能设备还可以在机器、网络、个人或企业之间实现共享，用以进一步促进智能协作，从而可以使众多的相关企业参与到资产维护、管理和优化过程中，也可以确保在恰当的时候将那些本地和远程拥有机器专业知识的人们整合起来。每个智能设备都会产生大量可以通过工业互联网传输给远程机器和用户的数据。智能设备产生的数据，还包括那些能够优化运行或维护机器、机组的外部数据。随着时间的推移，这些数据能使机器从它的历史数据中得到启示，并且通过控制系统更加智能的运转。

例如，管理人员可以了解某个特定的组件在某种条件下运行了多长时间。分析工具可以将这些数据与其他工厂类似组件的操作历史数据进行对比，科学地预测组件发生故障的可能性和时间。有效地避免运行中断的时间，同时降低维护成本。

三、智能数据

智能数据的潜在价值巨大。随着越来越多的机器和设备加入工业互联网，可以实现跨越整个机组和网络的机器仪表的协同效应。智能数据有多种价值，详细如下。

（1）优化网络。在一个网络系统内实现互联的各种设备或机器，可以通过互联网相互协作，提高网络整体的运营效率。例如，在医疗领域，将到医生和护士的医疗数据互联，数据可以无缝地传输给医疗机构和病人，等待的时间将会更短，能够更迅速地帮助病人使用正确的医疗设备，从而使得医疗设备利用率更高，医疗服务质量更好。智能数据的巨大价值也可体现于交通网络中的路径优化，许多车辆实现互联之后，就会知道自己的位置和目的地，同时能够了解到网络系统内其他车辆的位置和目的地，允许优化路由来寻找到最有效的人工智能解决方案。

（2）优化运维。通过智能数据可以实现最优化、低成本，并有利于整个设备或机器的运行维护。例如，将机器、组件和各部分联网之后，将实现一个可监测的设备状态，可以在正确的时间将最优数量的零部件交付到准确的位置，将减少零部件库存需求和维护成本，提升设备或机器的稳定性。

（3）恢复系统。建立广泛的大数据信息，可以帮助网络系统在发生毁灭性打击之后更加快速、有效地进行恢复。例如，当地震或其他自然灾害发生时，可以用智能仪表、传感器和其他智能设备和系统组成的网络来进行快速检测，隔离发生故障的设备或机器，不至于发生串联而导致更大规模的故障发生。

（4）自主学习。每台设备或机器的操作经验可以聚合为一个大数据，使得整个设备或机器能够自主学习。这种自主学习的方式是不可能在单个机器上实现的。例如，从许多飞机上收集的数据加上位置和飞行的历史数据，才可以提供有关各种环境下飞机性能的信息。当越来越多的机器连接在一个系统中时，产生无数智能数据的结果将使网络系统不断扩大并能自主学习，而且越来越智能化。

四、智能决策

一旦智能设备采集到大量的智能数据，就可以通过智能系统，挖掘出具备商业经营价值的智能决策。设备与数据相互结合，网络协同且实时更新，将对诸多行业带来较大裨益。

据美国GE公司的预测，航班延误每年给航空公司带来的损失超过400亿美元。其中10%的延误是由于对飞机的维护欠缺。同时，全球航空业每年燃油费用高达1700亿美元（营业收入约为5600亿美元），而根据国际航空运输协会（IATA）的调查，这些油耗中有18%～22%属于浪费。GE的工业互联网通过对飞机航运数据和零部件系统数据的监测与统计，分析维修保养的问题，每年可减少1000次延误情况。同时，选择适当的时机进行维修保养，也可以降低设备投资成本。通过航运数据，挖掘减少燃油能耗的实现路径，从而对飞行调度的优化，可减少2%的能耗使用，每年节约2000万美元的成本，减少大量二氧化碳的排放。

医疗占全球GDP的10%，是一个相当大的产业。据美国GE公司的预测，医疗领域由于低效率，每年会造成7310亿美元的浪费，尤其是临床医疗占到59%，高达4290亿美元的浪费。医疗从业人员与医疗器械之间的信息不对称是主要原因，如护士换药、磁共振成像情况、医生诊断等过程都没能实时共享。将医疗从业人员、医疗器械进行联网，对诊断、手术、药方等信息进行共享，开展网络协同式的诊疗。GE的工业互联网通过综合管理每个病床，每个诊断的工作流、患者流，搬运和医疗器械，改进医疗从业人员、业务流程和器械通信情况，可减少15%～30%的医疗器械成本，提升医疗从业人员的工作效率，节约的时间可多为15%～20%的患者提供服务。

五、结束语

2016年2月1日，“工业互联网产业联盟”成立大会在北京举行，工业和信息化部部长苗圩出席大会并指出：“当前，全球信息技术革命正在引领新一轮产业变革，互联网与制造业的融合已步入从局部扩散向全面渗透、从消费领域到生产领域、从生产变革到模式创新的新阶段。作为新一代信息技术与工业系统全方位深度融合的产业和应用生态，工业互联网已成为各主要工业强国实现智能制造、抢占国际制造业竞争制高点的共同选择。”

我国的工业正处于调整产业结构、转型升级的关键时期，制造业的数字化、网络化和智能化步伐不断加快，与互联网以及新一代信息技术的融合程度不断加深。与此同时，一些互联网企业也正在加快向工业设计、智能硬件和制造业服务等领域拓展。可以说，推进中国版的工业互联网，既是大势所趋，也是发展所需。

产业互联网助推经济发展新动能

中国互联网协会　苗权　孙立远

一、产业互联网的意义和特点

（一）互联网的影响力持续攀升

我国互联网在用户规模、基础设施建设、产业规模等方面的影响力不断攀升。在网民规模方面，中国互联网网民规模为 6.5 亿。在信息基础设施建设方面，光纤覆盖家庭超过 3.35 亿户；3G 和 4G 基站总数达到 258 万个，3G/4G 移动用户总数达到 6.74 亿户，其中 4G 用户达到 2.25 亿户。互联网行业创业创新活力不断增强。中国互联网百强企业规模效益强，对信息消费拉动作用显著。由中国互联网协会、工业和信息化部信息中心联合发布的 2015 年“中国互联网企业 100 强”排行榜来看，百强企业 2014 年的互联网业务收入总额达到 5 735 亿元，占我国 2014 年信息消费总额的 20.5%。百强企业总体业务收入同比增速达到 47%，带动信息消费增长 7.7%，贡献了 42.3% 的信息消费增量。预计至 2025 年，互联网将有可能在中国 GDP 增长总量中贡献 7% ～ 22%。

（二）产业互联网的重要意义

同时，也必须意识到，中国仍然存在发展方式粗放、自主创新能力不足、核心竞争力薄弱等问题，与世界主要发达国家还有不小的差距。产业互联网给处于产业转型升级重大关口的中国经济提供了绝好的契机。传统企业将云计算、大数据、移动互联网等互联网新技术与行业解决方案相融合，以此来支撑企业运营，带来了效率的提升和成本的降低，是从业务模式、内涵层面对企业传统运营模式的升级，是产业互联网的价值所在。

必须围绕产业互联网充分实施创新驱动发展战略，为我国产业转型升级提供有力支撑。互联网正从个人消费加速向社会生产和服务各领域扩展，工业互联网、农业互联网、互联网金融、互联网医疗、互联网教育等新兴业态不断涌现。深刻理解和准确把握产业互联网的新特点、新趋势，将互联网思维和特质渗透到传统产业，对于实现全面的产业升级具有重要意义。

（三）产业互联网的兴起和特点

互联网从“消费型互联网”向“消费 / 生产型互联网融合并举”转变，产业互联网正在兴起。

过去，互联网的应用领域主要集中在新闻、游戏、媒体、社交等个人消费方面，使人们的生活体验在阅读、出行、娱乐、购物等诸多方面得到了有效改善，门户网站、电子商务、社交网络等业态和模式进而衍生，企业主要在信息提供、流量变现、营销方面获取盈利。

与消费互联网不同，产业互联网向生产和服务领域扩展，通过互联网与传统产业的全面融合和深度应用，消除各环节的信息不对称，在研发、生产、交易、流通、融资等各个环节进行网络渗透，有利于提升生产效率，节约能源，降低生产成本，扩大市场份额，打通融资渠道。产业互联网强调以企业为中心，寻求新的管理与服务模式，为消费者提供更好的服务体验，创造出更高价值的产业形态。产业互联网，同时意味着产品的整个生命周期互联网化。

如果说消费互联网的一个重要特征是“眼球经济”，其吸引了消费者的眼球，改变了消费者的消费和生活方式；那么产业互联网是“价值经济”，即通过传统产业与互联网的融合，寻求新的商业模式，创造出更高价值的产业形态。

在产业转型深度融合的过程中，没有一个单位能够提供产业互联网所需要的全部技术，为此需要搭建产业融合发展平台，集聚各方资源，推动“互联网 +”创新实践平台建设，加强企业、政府、高校合作，形成合力，加快产业互联网技术的开发、成果转化和广泛应用。中国互联网协会正在牵头搭建“新动能 • 融创城”——“互联网+”创新实践平台，面向全国地级市、国家经济技术开发区和高新技术产业开发区开展合作，充分挖掘地区发展潜力，集聚和发挥比较优势，引进优质项目，大力扶植优质企业，实现网络经济与实体经济、传统产业与互联网产业的深度融合创新，提升区域“互联网+”指数和活跃度、互联网经济在区域GDP的比重，助推区域经济快速发展，强化社会服务功能。

二、产业互联网的发展趋势

作为经济社会发展的新引擎，互联网通过与传统产业的融合创新不断释放化学反应和放大效应，互联网经济在GDP的比重不断提升，“‘互联网+’指数和活跃度”成为新的区域经济测算指标，这些都充分说明了互联网与我国三大产业融合创新对发展新经济、形成新动能的重要性。

（一）“互联网+”农业

首先，农业作为最传统的产业也决定了其具有很大的互联网改造空间。据有关预测，产业互联网的下一风口就是农业。根据2015年中央一号文件《关于加大改革创新力度　加快农业现代化建设的若干意见》，农业现代化建设要加快转变农业发展方式，推广现代信息技术，建立全程可追溯、互联共享的农产品质量和食品安全信息平台，大力发展智能农业和农村电商等。

“互联网+”农业具有很大的潜力。推动“互联网+”现代农业的根本途径是：把互联网新技术、新应用与农业各产业、各领域、各环节相融合，推动农业科技进步、效率提升和组织变革。当前，城乡数字鸿沟仍然存在，传统农业迫切需要依托互联网转型升级，部分地区信息基础设施薄弱难以满足有效需求。通过推动农业互联网化，融合现代信息技术与智能设备，搭建农业信息系统；利用大数据技术对地块的土壤、肥力和气候进行分析，提升农业生产效率；改变农产品流通模式，促进农产品电商代替传统销售渠道。

以农村电商为例，我国乡村蕴藏着巨大的消费市场，通过互联网优化配置农村的丰富资源和产品，拓展农村信息服务业务和服务领域，实现快消品下乡、农产品进城的流通模式。同时，还可以借助二维码建立农产品质量安全追溯体系，保证农产品食用安全。消费者通过扫描二维码，查询农产品从农场到市场每个阶段的情况，同时查询农产品农药化肥使用情况等信息，实现出厂有信息、过程可查询、质量可追溯。

（二）“互联网+”工业

互联网与工业不断融合发展，工业互联网的概念应运而生。目前，工业互联网正在引领新一轮技术革命和产业变革，我国工业互联网在各行业纷纷得以应用，显现出方兴未艾的蓬勃之势。从具体的情况来看，互联网已经融入到了机械、电气、汽车、纺织、冶金、制药等工业制造领域，在工业流程监控、产品质量跟踪、检验检测、设备维修、安全生产、物资供应链管理等环节实现了应用示范，显著提高了工业生产效率和产品质量，促进了节能降耗，强化了企业的智能化管理。众包设计、协同制造、个性化定制、精准供应链管理、全生命周期管理等正重塑产业价值链体系。可穿戴智能设备、智能汽车、智能机器人等智能终端产品和服务不断拓展制造业新领域。

在“互联网+”时代尚未到来之时，生产过程一直呈现机械化、批量化、规模化的方式，主要以产品为中心进行过程组织，一开始编制整体生产计划，产品的临时调整会对整体进程影响较大，追求“大而全”的生产方式。这样的“生产—宣传—销售”的大规模生产模式，很难与多样化的经验相兼容，不利于企业分散风险和提升效率。在这个阶段，个性化的理念即使被提出也很难付诸实践。

随着网络信息技术的快速发展以及互联网对各行业的不断渗透，基于用户个性化定制需求的生产得到发展，整体表现出从大规模标准化生产向大规模个性化定制转变的趋势。个性化生产是一种前向驱动的生产方式，为用户提供个性化的服务，满足用户定制需求。产品的种类更加多样化。从每个种类产品的规模来看，标准化生产的产量很高，但也出现了供给无法满足需求的问题，市场缺乏竞争和激励机制。个性化生产则改善了供需关系，个性化的生产虽然使每种产品的产量降低，却满足了用户的各类需求，整个市场更具活力，竞争更加激烈。

企业可通过互联网新技术和新模式，对生产要素与生产流程进行动态配置管理，实现定制化生产。以青岛红领服装公司为例，通过积累超过200万名顾客个性化定制的版型数据，包括款式（领型、袖型、扣型、口袋、衣片组合等）和工艺数据，建立个性化量身定制服装数据系统。顾客按红领量体法采集身体多个部位的有关数据，输入该系统自动建模，形成专属于该顾客的版型，并将成衣数据分解到各工序，跟随电子标签流转到车间的每个工位。据了解，红领集团用工业化的流程生产个性化产品，成本只比批量制造高10%，但回报至少是两倍以上。

（三）“互联网+”服务业

同时，互联网正全方位向服务业延伸，金融、教育、媒体、医疗、旅游、娱乐、文化等领域的互联网化如火如荼，衍生出了很多新的模式。例如，互联网与银行的融合产生了互联网金融；互联网与零售业的融合产生了电子商务；互联网与媒体的融合产生了微博；互联网与交通的融合产生了打车平台；互联网与通信的融合产生了微信。类似的互联网对服务业的改造层出不穷，餐饮、购房、装修、代驾、洗车等都与互联网紧密相连。通过与服务业的融合，互联网改变了人类的生活方式。

互联网与服务业相融合的主要途径是：通过平台搭建消除信息不对称、通过信息快速传递增强交互性、通过开放网络带来信息资源的共享。互联网已成为推动服务业发展的基本要素和重要支撑，在产业结构、企业组织、资源配置和领域布局等方面产生深刻变革。

互联网与现代服务业深度融合，创新出以共享经济为特征的服务形态。它的特征是用互联网的平台充分整合线下的一些富余资源，提高资源的利用率，促进供需的平衡。现在在交通领域已经出现了网运专车、顺风车、拼车等形态。国际上也涌现出了像Uber、Airbnb这些共享经济的典型例子。

此外，基于互联网的O2O模式为服务业打开了新的大门，互联网金融就是其中的典型案例。作为“互联网+”服务业的代表，互联网金融是互联网与金融的结合，是借助云计算、大数据、社交网络实现资金融通、支付和信息中介功能的新型金融服务模式，包括P2P网贷、众筹融资、互联网支付、互联网保险以及其他网络金融服务平台。据统计，2014年年底中国互联网金融规模突破10万亿元。截至2014年12月底，我国第三方互联网支付交易规模达到80 767亿元，同比增长50.3%；P2P网贷平台数量达到1 500家，全年累计成交额超过3000亿元，几乎是2013年（1057亿）的3倍。互联网金融的发展同时得到了国家层面的认可和支持。2015年1月4日，李克强总理见证了国内首家互联网民营银行——深圳前海微众银行完成的第一笔放贷业务。“互联网+”与金融的结合将掀起全民理财热潮，激活小微企业活力，利用大数据技术促进网络征信，推动第三方支付、P2P网贷等各项业务蓬勃发展。

网络功能虚拟化（NFV）标准进展和技术挑战

中国电信股份有限公司北京研究院　赵慧玲　胡晓娟

网络功能虚拟化（Network Function Virtualization，NFV）的概念最早是由ETSI组织于2012年10月提出的，是指通过IT虚拟化技术，利用标准化的通用IT设备来实现各种网络设备的功能。

NFV的本质是实现硬件资源与软件功能的解耦，其最终目标是通过标准的x86服务器、存储和交换设备，来取代通信网中私有专用的网元。一方面，基于x86标准的IT设备成本低廉，能够为电信运营商节省巨大的投资成本；另一方面，开放的API接口能帮助电信运营商获得更多、更灵活的网络能力。软硬件解耦及功能抽象使网络设备功能不再依赖于专用硬件，资源可以充分灵活共享，实现新业务的快速开发和部署，并基于实际业务需求进行自动部署、弹性伸缩、故障隔离和自愈等。

一、网络功能虚拟化标准进展

（一）ETSI网络功能虚拟化进展

2012年10月，由AT&T、BT、Deutsche Telekom、Orange、Telefonica等7家电信运营商在欧洲电信标准协会（ETSI）发起成立了NFV ISG（Network Functions Virtualisation Industry Specification Group），该工作组致力于制定支持NFV的硬件和软件基础设施的要求和架构规范，以及虚拟网络功能的指南，并与其他标准组织开展的工作相配合，根据情况对现有的虚拟化技术和标准进行整合。

NFV ISG 2016年将开启NFV第三阶段工作。鉴于很多电信运营商都关注SDN/NFV的相关研究，第三阶段有意将SDN纳入NFV的研究范畴，EVE组提交了提案并与IFA组协商在目前的研究内容中增加SDN的内容。同时重点推进的内容有NFV独立构建及管理的相关规范，基于NFV的端到端应用落地、无缝加载和混合部署，其目的是推进NFV产业化进程。

（二）CCSA在网络及网络功能虚拟化方面的工作

中国通信标准化协会（CCSA）作为中国通信行业标准工作的主阵地，非常重视在网络及网络功能虚拟化方面的标准化工作，为国内的网络功能虚拟化研究和应用提供指导和服务。软件化和虚拟化目前已经成为未来网络演进发展的重要趋势和主要特征，两者相辅相成，相关的代表性技术和协议将会构成未来网络的基础。但目前未来网络的总体架构和相关技术的发展，整体上还处于研究的阶段，软件定义网络和网络功能虚拟化等技术也仍处在探索和发展阶段，有待深入研究并推动相关技术标准的成熟。

目前，CCSA也与时俱进紧握时代的脉搏，在国内主导着SDN/NFV标准化工作，已经在多个TC开展了SDN/NFV的研究工作，主要涉及TC1、TC3、TC5和TC6等。

其中，在TC3下特设了SVN（Software Virtualization Network，软件虚拟网络）研究组，目前重点聚焦对于基于SDN的智能管道技术和基于虚拟化的核心网的研究，一方面从网络架构上保持对全局的把握，另一方面从具体实现上找寻云化网络的落地点。已经完成的标准项目有：未来网络发展目标及关键技术研究；基于SDN的智能型通信网络总体技术要求；核心网控制网元虚拟化技术研究；基于SDN的智能感知系统技术要求。

目前在研的标准项目有：基于SDN及NFV的IMS网络技术要求；核心网控制网元虚拟化架构；核心网虚拟化架构下的信令流程；核心网控制网元虚拟化对物理服务器的需求研究；核心网控制网元虚拟化模板及模板语言研究。

2015年还新立的标准项目有：基于SDN的智能

型通信网络业务编排器研究；核心网网元虚拟化对电信级 Hypervisor 的需求；虚拟化核心网管理编排 (MANO) 接口功能需求。

二、基于 NFV 的关键问题分析

基于 NFV 的核心网需要解决一些关键问题，才能实际进行部署，如虚拟化核心网网络的标准化问题、可靠性问题、安全性问题、性能问题、网络资源调度及协调编排及运行维护方式的转变等。

（一）标准化问题

传统电信运营商提供的业务是构建在完善的、标准的基础上。采用 NFV 技术后，由于硬件虚拟化技术的应用，其网络架构发生了实质性的变化。新的架构产生了新的逻辑功能单元，如 Orchestrator、VNFM、VIM 等，这些功能单元之间与 VNF 及 VM 之间均产生了新的接口。

在虚拟化的网络环境下，哪些接口需要进行标准化，哪些接口可以采用私有接口不进行开放，这些问题均需要明确并进行相关的标准化工作。在虚拟化的环境下，原有网络的逻辑网元间的接口及协议未发生变化，但原有的接口及网元的交换流程有可能发生变化，如 EMS 与 OSS 中间，将新增虚拟化相关的网管信息及设备运行维护信息。

ETSI 的 NFV 组织提出的框架、接口等需要与其他标准化组织接轨，以核心网为例，3GPP 已经开始考虑 NFV 组织的架构，并率先在 SA5 对虚拟化的核心网在网管、计费系统等方面开展标准化工作，还需要涉及多个标准化组织及开源组织，难度极大。同时，虚拟化架构对当前电信标准的影响分析还未完成，其中 MANO 是 Gap 分析的核心。MANO 在连接其他功能网元使用相关的 OpenAPI, 目前，开放接口的作用非常重要，互联网服务提供商将自身网站提供的服务封装成一系列 API，并开放给第三方开发者使用 , 可以降低互联网应用开发的门槛，便捷支持互联网能力整合，并提升互联网网站用户的粘性。REST 规范是 Open API 的公共基础，RESTful API 已经成为互联网领域最主流的开放接口类型，互联网服务调用方便，资源管理容易，系统扩展快捷，是 Google 等互联网巨头的首选。

（二）可靠性及安全性问题

传统电信运营商因监管等因素，电信网络及业务需要提供 99.99999% 的可靠性（即少于每年 5 分钟的宕机时间）。而虚拟化后的核心网是否能提供类似目前传统电信设备的可靠性是核心网虚拟化需要研究的关键问题之一。

虚拟化的核心网硬件设备基于通用服务器。通用服务器与传统的电信硬件相比在可靠性方面有所下降。但随着通用服务器的发展，其可靠性也在日益提升。另外，在虚拟化的架构下，除了虚拟网元间依旧保持原冗余备份外，虚拟化的网络资源可以实现分布式计算及分布式存储。当底层资源出现故障时，可自动将计算任务转移到其他 VM，或者从其他单元自动调用备份数据，从而提升系统的可靠性。同时，虚拟化的控制层可更大范围地调用硬件资源，在异地容灾等领域提升系统的可靠性。

IT 云的可靠性算法不能达到电信云的可靠性指标，需要通过新的虚拟化环境下的可靠性算法及现网测试才能落实虚拟化网的可靠性问题。

至于安全性，目前采用的解决方案通过多级认证，保障资源使用的合法性，防止盗用及恶意接入。同时，采用虚拟资源隔离的方式避免虚拟应用间的互相影响，也可隔离不同用户，为政企客户等分配相对独立的资源及管理，提升安全性。但安全性的解决方案也在启动阶段，有待验证。

（三）性能问题

虚拟化核心网的性能问题主要集中在内存的读写，资源的计算能力并不会成为瓶颈。

虚拟化增加了虚拟层导致性能影响，特别是对延迟敏感并有性能要求的用户面。性能下降主要是由内存 I/O 引起的。虚拟模块主要是为 IT 环境搭建的，因此对于电信应用更多的网络和数据业务流意味着更多的缓存（Buffer）需求。

目前业界采用 DPDK、SR-IOV 等提升虚拟化核心网用户面的性能指标，也有设备提供商采用特定设计内存和 I/O 读写算法来提升性能。

基于服务器的虚拟化核心网是否能满足大量数据业务、语音业务的用户面媒体转发的性能需求，也有待验证。

（四）网络资源调度及协调编排问题

虚拟化的网络在网络规划、网络部署方面与目前传统电信网络有较大的差异。目前，核心网的规划直接依据业务量线下测算网络容量、确定网络拓扑及网元数量。虚拟化核心网则自动依据业务量通过 Orchestrator 进行 NFV 规划，并落实到 VM 的规划。

虚拟化架构中业务编排模式需要进行研究，理顺架构的管理及协调层中各个逻辑功能的功能及其协调工作机制。同时，虚拟化核心网中底层硬件资源、虚拟化网元功能、协调管理部分打破了同厂商提供的模式，在网络集成等方面也需要进行研究，形成新的虚拟化核心网业务部署及资源调度、编排机制。由 MANO 实现业务编排、虚拟资源需求计算及申请，完成网络能力部署，这使得现有业务部署的流程需要被打破和革新，对现行的设备采购模式和运维模式都会产生较大的冲击。

关于 MANO 是分专业建立还是统一建立也是业界关注的重要问题。INFONETICS 在调研了大量电信运营商和厂商的基础上给出的咨询建议是近期分专业实施、中期跨域实施、远期逐渐实现统一的资源调度。

（五）运行维护方式的转变

在网络虚拟化的研究中，运维方式的转变也是其中的关键问题之一。虚拟化网颠覆了目前核心网设备一种功能一种设备形态的模式。运营维护的模式不再纵向划分，如 IMS 网络维护或者 EPC 网络维护，而是硬件设备维护、软件设备维护及虚拟化网络资源编排维护等。

另外，运行维护的范围也有所变化。目前的运行维护往往以省为单位进行的，但虚拟化的核心网可在更大范围内实现统一控制，以便于资源更灵活调度。所以将改变目前的运行维护模式。

上述运行维护方式的转变也是影响核心网虚拟化进程的关键因素之一。

此外，数据中心成为构成电信网络的重要组成部分，虚拟化的电信网元如何在新型数据中心进行统一的配置和管理，由数据中心构成的云化网络体系应该如何形成都需要进行深入的研究，解耦后的电信系统需要强大的系统集成能力才能运行，对于解耦后的运维和故障处理和传统方式有很大差异。虚拟化网颠覆了目前电信设备一种功能一种设备形态的模式。

以 SDN/NFV 为代表和核心的云化网络代表着信息发展的未来重要趋势，特别是网络软件化和虚拟化已经开始影响整个网络世界的格局，不论是在标准化、设备和产业化方面，还是在试验开发和应用部署方面，都取得了重要的进展，成为业界公认的发展趋势。

同时也需要指出，网络功能虚拟化的标准化工作目前还在不断发展中，相关技术标准尚不完善，还有待进一步深入研究，特别是对于电信和 IT 融合的统一资源协同编排能力的建设。新型数据中心组网的云化网络体系架构的研究对于运营商是极大的挑战，需要不断增强软件能力的建设，只有产业链各方共同努力，不断研究和试验，通过实践来完善和推进，借助市场来检验，SDN/NFV 技术才能在传统电信网络演进中起到关键的作用。

顶层设计、产业协同　深入推进通信业混合所有制改革

中国信息通信研究院　杨子真

“混合所有制”这一概念自1993年十四届三中全会首次出现，在我国已有20多年的发展历史。党的十五大报告明确提出混合所有制概念，十五届四中全会初步划定了发展混合所有制的国有企业范围，十六大将范围继续扩大到除少数必须由国家独自经营的企业以外的所有国有企业。十八大以来，发展混合所有制经济在政府报告中更是频繁出现，“大力发展”“加快发展”等字眼深刻体现出，发展混合所有制作为深化国有企业改革的重要举措，得到了空前的重视。

一、准确理解混合所有制

（一）需要理解混合所有制的本质内涵

混合所有制的本质内涵是不同属性资本间的交叉融合。《国务院关于国有企业发展混合所有制经济的意见》（以下简称《指导意见》）指出，国有资本、集体资本、非公有资本等交叉持股、相互融合的混合所有制经济，是基本经济制度的重要实现形式。由此来看，混合所有制的根本特点，是不同类型资本间的交叉融合，如果相同就不叫混合，其中重点应该是国有资本和非公有制本之间的融合。

（二）区别混合所有制与公司制股份制等概念

在很长一段时间里，混合所有制的发展方式基本等同于股份制改制，即通过规范上市、中外合资、企业互相参股等途径，将国有独资企业改制为股份制企业。虽然两者都是多元化产权，但混合所有制并不等于股份制，混合所有制必须是两种以上不同属性资本混合，例如，国有企业与民营资本混合、国有企业与外国资本混合，而股份制还可以是国有与国有、民资与民资、外资与民资。此外，国企也可以采取公司制企业的组织形式发展混合所有制经济，只要符合由不同性质的主体出资。因此，股份制只是企业发展混合所有制的一种重要实现形式。

（三）国企发展混合所有制经济，可归为三种途径

一是通过引入非国有资本，深化国企本身混合所有制改革。吸引民营资本、外国资本、社会资本等非公有资本、集体资本通过出资入股、收购股权、合资合作参与到国企混合所有制改革中。二是入股非国有企业，合作发展混合所有制经济。根据《指导意见》，在公共服务、高新技术、生态环境保护和战略性产业等重点领域，通过多种方式与非国有企业进行股权融合、战略合作、资源整合。三是是实行员工持股。

二、通信业混合所有制改革现状

（一）电信业混改步伐领先，互联网业务领域成运营商混改试验田

电信业的混合所有制改革探索一直较为领先，是政策指引、内部发展动力和外部竞争共同推动的结果。一方面，国家层面始终努力推动电信业开放。国务院早在2001年就发布了《外商投资电信企业管理规定》的办法，允许外国投资者以中外合资形式进入中国电信领域，此后又先后在相关指导文件中鼓励民间资本进入电信业。工信部于2012年提出《工业和信息化部关于鼓励和引导民间资本进一步进入电信业的实施意见》，明确了民间资本进入的8个重点领域。另一方面，通信业自身告别了多年高速增长的时代，步入稳定甚至下滑的发展常态，需要通过业务创新和经营模式的转变寻找新的增长点。此外，移动互联网的迅速兴起也迫使电信企业转型，在移动互联网时代四处碰壁的电信运营商须去电信化思维，纷纷通过公司改制、合资合作等方式引入外部力量。

从行业来看，向民资开放的力度越来越大。在移动通信转售业务领域，先后发放了42张虚拟运营

商牌照；宽带驻地网运营市场自2001年试点以来，长城宽带、方正宽带等民营宽带服务商与基础电信运营商已展开有效竞争；中国铁塔股份有限公司由三家运营商共同出资成立，未来可能引入民资并择机上市。民间资本以其灵活、创新的优势，为电信业注入了新的活力。

从企业来看，三家电信运营商混改程度不一，但就混改领域而言，却是不约而同地选择了以用户应用为主的互联网业务、创新孵化等领域试验混改。在互联网业务领域，中国电信混改经营意识相对超前，选择了视讯、移动社交、游戏等多个互联网业务领域开展混改，并积极探索引入战略投资者、成立合资公司、实行员工持股等不同类型的混改方式，同时也在混改企业的公司治理上大胆创新，例如对翼信公司采取了“控股不控权”的管理方式。中国联通以大数据领域打头仗，通过与外资合作引入技术，实现共赢。中国移动则进展缓慢，目前刚基本完成公司化改造，预计这些子公司将在下一步成为混改的突破口，尤其是视频、阅读、音乐等内容生产相关的业务板块。在创新孵化领域，中国电信和中国联通均成立了创投公司，通过与政府、社会资本合作提供创业服务和平台，未来在所扶持的创业公司可能出现国有资本、社会资本、民营资本交织的混合所有制。

（二）缺少操作层的政策指引，是阻碍电信运营商深化混改的最大障碍

三大电信运营商默契地聚焦充分竞争的互联网业务领域进行混改试水，而在其他领域，例如增值电信、基础设施建设运维等，基本只是在行业层面开放，在企业层面国有资本依旧牢牢掌握着控制权，非公有资本并没有真正的发挥余地。可以说，电信运营商目前的混改实践仍然是“小打小闹”，其背后的症结在于政策缺失下对混改思路、混改策略的不清晰、不确定。

1. 对国有电信企业功能定位不清晰

《指导意见》将国有企业分为商业类和公益类，对不同类别属性的国有企业提出不同的混改要求，而从其分类定义来看，国有电信企业既有商业类特征又符合公益类特征。一方面，电信运营商追求利益最大化，肩负实现国有资产保值增值的责任；另一方面，通信业日益成为像水电煤气一样的战略性基础设施行业和公益性公用事业服务，电信运营商必须牺牲一定的经济利益，承担相关的社会责任。因此，在没有较清晰的分类改革的指导下，难免影响电信运营商推动混改的积极性。

2. 对混改路径的不确定，包括混改领域和混改方式

工信部关于鼓励和引导民间资本进一步进入电信业的实施意见中所明确的民间资本进入的八个重点领域中，前六个均是行业层面的开放，对于基础电信企业引入民间资本，除上市一条路径外，并没有形成鼓励双方开展资本合作的具体领域、操作要求和操作方式。因而，民资进一步进入电信业的空间仍然十分局限，电信运营商在可能面临国有资产流失、网络信息安全等问题的情况下也不会有意愿主动混改。

3. 对国有电信企业混改股权结构不明确

发展混合所有制经济必然涉及国有企业股权结构的调整。从其他行业的混改经验来看，民资参与国企混改期望获得“民资话语权”。三大基础电信运营商均已是上市公司，但国有控股比例很高，体现为“一股独大”。在保证国资控股地位的前提下，只有尽快规范电信企业混改股权比重，明确对非公有制本持股比例的限制，才能更好吸引民资，并指导电信运营商开展混改实践。

三、通信业混合所有制改革的策略建议

（一）政策层面

应加快制定指导电信运营商发展混合所有制的具体思路、发展重点和配套措施。

第一，尽快明确电信运营商功能分类，进一步细分商业类和公益类属性产品。应结合国有电信企业在经济社会发展中国的作用、现状和发展需要，对属于不同性质的业务领域制定分类改革指导意见，包括其企业功能目标、国有股权比重，以及考核与管理要求等。以国有股权比重为例，以经营商业类业务为主的子公司可适当提高非公有资本的股权占比，以此增加对民营资本投资的吸引力，引入民营资本、能力和创新活力。而在公益属性较强的业务

领域，例如通信主干网、铁路干线、关键军工企业等战略领域，通过维持国有控股地位保障基础电信设施建设等公共产品、公共服务的支撑。

第二，明确具体的电信企业混改重点领域。通过“正面清单”或“负面清单”的方式，明确电信运营商可以引入非公有资本的业务范围，为电信运营商实施混合所有制改革指明方向。十八届三中全会《中共中央关于全面深化改革若干重大问题的决定》提出：建立公平开放透明的市场规则，实行统一的市场准入制度，在制定‘负面清单’的基础上，各类市场主体可依法平等进入清单之外的领域。”电信业可参考该决定，选择建立负面清单，遵循“法不禁止即可为”原则，直接说明企业哪些事情不可做，减少模糊性，更好地指导电信企业的混改工作。

第三，制定有关保障和鼓励政策，有效调动国有电信企业和民营资本双方面的混改积极性。发展混合所有制最关键的是要调动国有企业和非国有企业的参与积极性。首要的是要加快电信法制建设。建立一个公平可信的制度环境，对非公有资本在电信业的健康发展非常重要，电信运营商同样也需要这样一个稳定可期的政策环境。其次，从财税政策、金融扶持政策等方面研究制定鼓励电信运营商和非国有资本积极参与混改的相关措施。

（二）企业层面

应依托产业链，探索上下游多种合作模式，共同发展混合所有制。

《指导意见》对国企发展混合所有制经济的途径描述体现了“双向进入”的特点，即国有企业可以引入非国有资本，也可以入股非国有企业。在政策的支持下，未来电信运营商的具体混改路径，应重点探索产业链上下游间的深度股权合作模式。归根到底，发展混合所有制只是形式，最终的目标是推动通信产业链各方主体协力优化资源配置，创新业务，共同提升产业链竞争力。

例如，对于充分竞争的互联网业务，在电信运营商现有公司化的基础上，可以以入股、合资、交叉持股甚至外包等形式与互联网公司加深合作。对于一些非核心、资源占用较多的业务，例如呼叫中心、网络维护等，可以通过参股式外包模式，与民营资本实施混合所有制经营模式。在基础电信网络建设方面，则可探索与虚拟运营商、民资宽带的资本合作，实现双方共赢。

现阶段来看，运营商混合所有制的最佳选择伙伴应该是互联网企业。互联网企业具有电信运营商所不及的快速的产业创新能力和灵活的经营机制，电信运营商有互联网企业最为关注的管道能力，两者具有坚实的合作基础。双方目前在互联网业务领域已经探索了部分合作，例如中国电信与网易成立合资公司。未来一方面可以拓宽合作领域，例如电信运营商可将各种视频和数据服务业务领域开放与互联网企业开展更多的合作。另一方面也可进一步探索交叉持股的合作模式，互联网企业可以战略入股基础电信运营商，电信运营商也可探索以投资入股、战略合作等方式参与到互联网企业运营中，同时双方的合作不应仅仅局限于资本层面，而是深入经营管理等深层领域，从单纯的对抗和竞争走向融合和共赢。

OpenStack 云计算管理平台对电信运营业的潜在影响及运营商应对策略

中国电信广州研究院　樊勇兵　陈　天

一、开源为云计算提供了另一种选择

（一）开源软件

开源软件（OSS[1]）即开放源代码软件，通常使用许可证方式对其开源属性进行标识和保证，不同许可证的具体授权条款不同，典型的如 GPL[2]、BSD[3]、Apache[4]。开源软件的主要特征是：源代码无差别公开，其完整版本可被任何个人或团体自由获取、使用、复制、修改，并在遵守特定许可证的情形下再发布。

开源的精髓在于"开放式创新"，正在逐步改变全球软件开发的格局。开源采用的是以用户为中心的社会化研发方式，通过开放的社区吸引产业链上下游共同参与，打造强大的产业生态圈。对企业而言，一方面作为用户，能够享受开源软件带来的创新性、定制化、兼容性等优势；另一方面作为生产商，通过参与开源社区，创新可以在公司内部和外部同时进行，分担风险，分享盈利，更可在自身所擅长领域主导技术发展，拓展产业影响。越来越多的企业开始使用开源软件，并反过来为开源项目贡献力量。

开源软件最初只是技术发烧友的最爱，如今却正在席卷整个软件世界。开源软件社区活跃，参与贡献者众多，在软件质量、功能组合、安全性、易部署性等方面有较大提升。目前，全球已有超过百万个开源软件项目，并涌现出一大批高水准的开源项目，成为行业技术领先者并推动领域技术发展。据 Gartner 预测，2016 年开源软件将进入所有全球 2000 强企业的关键任务软件行列。

（二）开源为云计算的实施提供了另一种选择

开源的"开放式创新"与云计算天然的开放性"一拍即合"。云计算以互联网为中心，采用基于互联网的开放的分层架构；云计算核心技术和业务主要基于开放式架构和软硬件；云计算的平台开发和服务提供，有赖于开放的产业生态。云计算的开放性需求主要体现在异构共存、可移植、可互操作等方面，涵盖了底层基础设施、云操作系统、云服务及云计算相关技术和产品等各个层面。开源的开放性和兼容性切合了云计算的开放性需求，并通过广泛的产业协作为云计算的互操作性提供了可能。

开源为云计算的实施提供了另一种选择。云计算虽已进入理性的探索实践阶段，但技术的成熟性和普及性还有相当的发展空间。商业化云技术和产品逐步完善，但大多局限于企业应用，无法满足规模运营需求，同时体系封闭，存在厂商锁定风险。开源软件的创新性、定制化有利于满足差异化需求，同时产业链支持度高，具有较强生命力，为云计算的实施提供了另一种选择。从开源虚拟化，到开源云操作系统、开源中间件、开源分布式系统，再到开源应用软件等各个层次，开源技术无处不在，开源云市场正在进入全面繁荣期。

（三）开源云操作系统

云计算技术体系中，云操作系统作为整个云体

---

[1] OSS，Open Source Software，开源软件。

[2] GPL，GNU General Public License，GNU 通用公共许可协议：是自由软件基金会的主打许可证，出发点是代码的开源、免费使用和引用、修改、衍生代码的开源和免费使用，不允许修改后和衍生的代码做为闭源的商业软件发布和销售。Linux 是采用 GPL 的典型代表。

[3] BSD，Berkly Software Distribution，伯克利软件发布条款：BSD 许可证比较宽松，被认为是 copycenter（中间版权），界乎标准的 copyright（著作版权）与 GPL 的 copyleft 之间。使用者可以自由的使用，修改源代码，也可以将修改后的代码作为开源或者专有软件再发布。

[4] Apache Licence 是非营利开源组织 Apache 采用的协议。该协议和 BSD 类似，同样鼓励代码共享和尊重原作者的著作权，同样允许代码修改，再发布（作为开源或商业软件）。需要满足的条件也和 BSD 类似。

系的“大脑”，构建于服务器、存储、网络等基础设施及操作系统、中间件、数据库等基础软件之上，依据策略实现自动化的统一管理、调度、编排与监控。云操作系统从功能上一般可分为资源管理、服务管理和运营管理三个模块，关注重点在于异构环境下的自动化管理和应用的弹性部署能力。形成因地制宜、自主持续可控开发的异构云操作系统将成为云服务商的核心竞争力。

整体而言，云操作系统市场成熟度不一，商业产品与开源项目各有应用。商业产品方面，VMware vCloud、Microsoft System Center 等是典型代表，功能较为完善，但强于纵向管理能力、弱于横向兼容性，尚不满足规模对外运营需求，需二次开发，且存在厂商锁定风险。开源云操作系统有助于满足未来混合云时代的跨厂商互操作需求，但成熟度有限。针对规模运行的异构云环境，可在综合考虑业务及管理需求和开发成本的基础上选择合适的开源云平台进行二次开发，实现云业务集中提供统一运营。

目前业界处于领先地位并且社区活跃度较高的开源云操作系统项目主要包括 OpenStack、CloudStack、OpenNebula、Eucalyptus，它们被称为开源云操作系统的“四大”，其中尤以 OpenStack 在全球关注度最高且技术发展最快，更在 2014 年 CloudOpen 大会上被评为年度最受欢迎的开源项目。本文重点聚焦 OpenStack。

二、OpenStack 产业生态

从 2010 年诞生到现在短短五年，凭借架构的先进性、社区运作的有效性与授权模式的灵活性，OpenStack 迅速获得了业界的广泛支持，构建了庞大的生态圈，该生态圈主要包括四类角色：社区、后端厂商、解决方案提供商、用户。

（一）社区

开放（Open）是 OpenStack 的核心价值。这个成立之初仅有两个基础模块的项目，如今已发展成为拥有 12 个核心子项目（Kilo 版本）、一系列孵化项目的庞大开源组织。作为开源领域的后起之秀，OpenStack 博采众长吸收了众多开源组织的优点，比如沿用了 Ubuntu 社区的发布模式，每六个月发布一个版本；借鉴 Apahce 基金会和 Linux 基金会的运作模式，打造了一个更加开放的生态系统；同时还为开发者提供更成熟和更专业的社区管理工具，通过持续集成和基础设施等项目为 OpenStack 开发进度和质量提供保障。

截至 2015 年 5 月，OpenStack 社区已经遍及全球 164 个国家，24 876 人参与，而支持厂商 / 组织共有 503 家，按照会员级别列表，见表 1。

表 1　OpenStack 社区的会员等级及代表厂商 / 机构

会员等级	代表厂商 / 机构
白金会员（8）	AT&T、ubuntu、HP、IBM、Intel、Rackspace、RedHat、SUSE
黄金会员（17）	Aptire、CCAT、Cisco、Dell、DreamHost、EMC、Ericsson、Hitachi、华为、Juniper、Mirantis、NEC、NetApp、Odin、Symantec、Yahoo
赞助公司（88）	VMware、eNovance、Oracle、Brocade、Alcatel Lucent、F5、Arista、Linux 基金会等
支持机构（301）	AMD、Broadcom、Citrix、德电、NTT、Nuage、H3C、Spirent、NASA 等
Icehouse 版本代码贡献排名前列的厂商依次是：HP、RedHat、Mirantis、IBM、Rackspace、华为、*independent、OpenStack 基金会、Intel	

由上可见，OpenStack 社区规模可谓浩大，并仍在持续增长。OpenStack 社区成员涉及业界各个领域的主流厂商，包括：（1）芯片商 Intel、AMD、Broadcom 等；（2）IT 设备商 IBM、HP、NEC、Dell 等；（3）网络设备商 Cisco、Broadcade、Juniper、华为、H3C、F5 等；（4）操作系统厂商 RedHat、SUSE、ubuntu 等；（5）电信运营商 AT&T、NTT、德国电信等；（6）各类云服务提供商和系统架构优化服务商等。所有成员共同致力于推动基于 OpenStack 的全球标准化架构以及技术应用与创新，从而极大地推进了基于开放体系的云计算平台架构标准以及互联互通标准，改变了目前云计算孤岛式发展现状。

（二）后端厂商

堆栈（Stack）是 OpenStack 的架构灵魂。OpenStack 提供的不仅仅是一个云计算管理软件，更是一个云计算系统的模块化插件式的通用开发框架，传递的是开放性可扩展兼收并蓄的核心设计理念，为各类设备商和解决方案提供商提供了融合平台，很受各类厂商的欢迎。NFV、OpenDayLight、ONF

等云计算领域新兴技术及团体也纷纷向 OpenStack 靠拢，研发相关集成方案。

目前，OpenStack 兼容汇聚了一大批后端技术和厂商，主要包括：

（1）统一管理主流服务器虚拟化软件，如 RedHatKVM、VMware ESX、Citrix Xen、Microsoft Hyper-V 等，并正在集成对 Docker 的支持；

（2）支持各类存储设备，如 Linux 服务器存储及 Ceph、NetApp、Nexenta 和 SolidFire 等存储插件；

（3）支持异构网络软硬件设备和平台，提供各类网络服务功能，已经囊括了 IBM、Cisco、Brocade、Nuage、Juniper、Extreme、Nicira、BigSwitch 等主流网络厂商的网络插件，其中包括 OpenFlow、网络虚拟化等新兴技术。

（三）解决方案提供商

OpenStack 的开放社区和灵活架构获得了业界的广泛支持，主流 IT 巨头在争相贡献代码的同时，也在积极进行产业开拓。一部分厂商是 OpenStack 的使用者，选择 OpenStack 构建其云操作系统；另一部分厂商是 OpenStack 的商业版本发行商，对 OpenStack 组件进行修复、升级、打包，推出基于 OpenStack 的云操作系统或相关解决方案；也有些厂商兼而有之。主要包括以下几个。

（1）RedHat：是 Icehouse 版本的第一代码贡献者，已经明确将 OpenStack 作为其下阶段发展的战略重点，目前已推出 OpenStack 发行版（企业 Linux OpenStack 平台 5.0），与 Microsoft、Cisco 等主流厂商在 OpenStack 方面展开了深度合作，并打造了 ManageIQ 开源云管理社区，期望重复 Linux 奇迹。

（2）IBM：是 Icehouse 版本的第二代码贡献者，2013 年以 20 亿美元价格收购云计算服务商 SoftLayer，并基于 SoftLayer 的云服务模型，构建了 SoftLayer 平台上的 OpenStack 生态圈。

（3）HP：是 Icehouse 版本的第三代码贡献者，正式推出的混合云解决方案 Helion，基于 HP OpenStack 平台，有三个发行版本，包括 HelionOpenStack 社区版、HelionOpenStack 商用版以及开发平台社区版；近期更是收购 Eucalyptus，进一步完善了 Helion 生态系统。

（4）Rackspace：是 Icehouse 版本的第四代码贡献者，也是 OpenStack 的缔造者之一，将 OpenStack 作为其公有云方案的构建基础，并向客户提供发行版来帮助他们以同一平台为起点建立属于自己的私有云、混合云，其部署实践证明 OpenStack 能够支撑大规模云基础架构。

（5）此外，Mirantis、SUSE、Nebula、Oracle、Dell、Cisco、VMware 等已经或即将基于 OpenStack 推出相关发行版或云解决方案。

（四）用户

尽管 OpenStack 生态圈赢得了众多开发者和厂商的青睐，但它仍然亟需用户案例来证明自己。

OpenStack 目前的用户已经广泛分布在各行各业。当前成功部署了 OpenStack 平台的企业大致可以分为两类：一类企业有较强的技术实力，基于开源代码几乎可以通过 DIY 的方式来解决自身需求，包括平台开发、部署和运营；另一类企业则选择了开源服务供应商，包括各类 OpenStack 发行版或解决方案。

从部署情况看，调查数据显示，2014 年年底，生产系统部署比例从 2013 年的 32% 上升至 46%，研发测试与 PoC 验证部署分别占 27%。在部署方式方面，私有云占绝对多数（58%），其次是托管私有云（15%）、公有云（14%）、混合云（10%）与社区云（3%）。

在具体用户方面，互联网企业初期大多基于 OpenStack 构建私有云，并逐步向公有云服务提供商方向发展，如新浪、京东、百度等；电信运营商和云服务提供商则将 OpenStack 定位为公有云平台，如 AT&T、德国电信、Rackspace、HP、Dell 等；其他企业用户和各类研究机构则大多将 OpenStack 限定在私有云范围，如 NASA、Sony、Dishy、eBay/Paypal 等。Forrester 于 2014 年年底进行的调查显示，财富 100 强企业中，11 家如百思买、宝马、Comcast、迪斯尼、沃尔玛等已正式将 OpenStack 用于大规模生产环境部署。企业都会使用 OpenStack 部署全新的工作负载，并基于此实现更好的灵活性和开发效率，避免厂商的锁定和减少昂贵的软件许可费用。

三、OpenStack 已成为行业主流

目前业界处于领先地位并且社区活跃度较高的开源云操作系统项目主要包括 OpenStack、CloudStack、Eucalyptus、OpenNebula，它们被称为开

源云操作系统的“四大”。对开源项目而言，项目是否可持续发展、技术架构是否开放、产业生态是否完整等等都是重要的评估因素。

（一）社区活跃度

在开源社区发展方面，业界就上述项目的发帖讨论数、活跃用户数、社区人口、代码提交频率、代码提交人数、代码提交域名、代码贡献机构、累计开发者人数和累计贡献机构数等多个指标自2010年以来的发展情况进行了持续跟踪对比。研究数据表明：

（1）OpenStack从2010年的旗鼓相当开始稳步攀升，至2014年已在各项指标上遥遥领先，表现出了较高的成长性、活跃度和关注度，同时，参与机构数较多，代码贡献较为分散，避免了一家独大和机构锁定；

（2）CloudStack在发帖讨论数方面与OpenStack持平，其余指标均大幅落后，在参与机构数量方面仅为OpenStack的1/5，社区发展受Citrix的控制和影响较为明显；

（3）Eucalyptus和OpenNebula的各项指标均远远落后于OpenStack和CloudStack，且都属于单一机构主导的开源项目，社区规模较小，人气无法与OpenStack和CloudStack相比。

（二）技术实现

四大开源云操作系统对比见表2。

目前，业界普遍将IaaS云操作系统分为两大流派：一类以VMware vCloud为代表，架构设计自下而上，优先考虑云基础设施管理的复杂性，系统部署、管理功能、高可用等考虑较全面，采用一体化的综合云管理平台架构，较适用于传统应用架构[5]，CloudStack与OpenNebula属于此类型；另一类以Amazon AWS为代表，架构设计自上而下，优先考虑应用需求，系统部署和运维成本较高，采用组件式、模块化平台架构，应用的高可用基本上依赖应用架构自身的冗余和故障应对机制实现，较适用于适云应用架构[6]，OpenStack与Eucalyptus属于此类型。

整体而言，OpenStack凭借其模块化、分布式、异步、无共享、插件式系统架构，在开放性、灵活性、兼容性等方面占优，便于各个组件的独立设计、开发和演进，但由于组件较多，集成部署难度较大；Eucalyptus虽采用组件式架构，但系统框架和插件设计较差，仅兼容AWS API；CloudStack和OpenNebula的综合平台管理功能全面，安装部署相对简单，但后端兼容性有待提高，且一体化的综合平台需要整体设计，对开发人员要求较高。

（三）产业生态

在产业生态方面：（1）如前所述，OpenStack具有强大的生命力，不存在一家独大的问题，已经拥有多个规模部署案例，但其多个组件成熟度不一，产品化成熟度欠缺，集成部署和运营对技术要求较高；（2）CloudStack的优势在于更早地进入开源云操作系统领域，产品化程度较高，拥有较多的商用成功案例，对于希望通过有限的资源投入构建开源IaaS框架的企业而言是一个不错的选择，但其主要由Citrix推动，产业生态圈远远落后；（3）Eucalyptus在面向AWS生态环境的私有云市场占优，但其开源社区一直由单个机构[7]主导，近期被HP收购，将转向支持OpenStack，未来发展悲观；（4）OpenNebula是欧洲本土唯一的开源IaaS云管理平台，推动了欧洲相关领域发展，支持的厂商和用户也主要在欧洲，但同样由单个机构[8]主导和管理，社区规模较小，即使在欧洲本土也受到OpenStack的巨大冲击。

整体而言，OpenStack已经全面超越其他开源云平台，成为全球最大、影响力最高、发展最迅速、产业覆盖最广的开源项目，未来极有可能成为开放云平台的全球事实标准。最近的一项调查表明，2014年OpenStack市场规模为8.9亿美元，而2018年这一数字将上升到33亿美元。2014年以

[5] 传统应用架构：传统非云环境下，应用系统一般采用3层（多层）架构，其中主要包括前端会话层、中间业务逻辑层（可细化为多层）、后端数据存储层，一般以底层基础设施可用为前提，缺乏动态扩展、故障应对和处理等机制。

[6] 适云应用架构：以简化、容错、模块化为设计宗旨，以实现在虚拟化、弹性、多租户云环境中的完美适配。系统设计时需重点考虑故障、延迟、安全、可扩展、可管理等机制。

[7] Eucalyptus最初是美国加利福尼亚大学的一个研究项目，后商业化，发展成为Eucalyptus Systems Inc，但仍按开源项目进行维护和开发。Eucalyptus Systems还基于开源Eucalyptus核心构建扩展产品。

[8] OpenNebula Systems，原名C12G（2014年9月前），是由OpenNebula的主要成员于2010年3月创建的公司，提供企业级解决方案。OpenNebula社区的管理员、以及主要代码贡献者均来自于此公司。

表2　四大开源云操作系统对比

	OpenStack	Eucalyptus	CloudStack	OpenNebula
架构设计	模块化、分布式：由若干服务组件构成，每个组件均由若干子模块构成。 分层：大致分为接入层、核心服务层、后端插件层。基于异步消息的无共享架构，模块松耦合	组件式架构，包括云控制器CLC、存储服务Walrus、集群控制器CC、存储控制器SC和节点控制器NC等5大组件。 计算和存储服务较为独立，网络服务解耦不够	综合管理平台，分层架构：前端API层、核心引擎层、计算/存储/网络资源控制器层等。 核心引擎层服务于上层业务API，主要实现数据中心资源抽象、编排、调度部署，及插件API适配	综合管理平台，分层架构：接口层、核心层和驱动层。核心层ONE提供请求管理、计算/存储/网络资源管理、统一的插件管理
前端API	每个组件均提供开放API，用户可直接调用组件API，组件间可基于API进行交互	对外提供兼容AWS的SOAP和Query接口，不提供其他API	提供原生自定义CloudStackAPI，并通过cloud bridge兼容AWSAPI	提供原生XML-RPC接口，支持EC2、OCCI和OpenNebula Cloud API等多种云API
后端兼容	插件架构作为前端API的具体实现，支持各类软硬件，可引入各类服务功能	仅支持异构的计算虚拟化插件	早期仅支持异构计算虚拟化驱动，目前正在向插件化架构发展，逐步增加对象存储、网络/SDN等插件	支持多种语言编写的多种驱动，计算虚拟化、镜像存储、网络、监控、鉴权等都有涉及，但有限
开发语言	所有服务组件均以Python为主编写，并采用类似的软件架构和技术	主要开发语言为Java和C	使用Java开发API、Management Server和Agent等部分，并使用Python开发与网络和系统管理相关的部分	采用C++实现核心ONE模块，使用Ruby开发的各种Driver实现具体功能
开源类型	Apache2.0授权	GPLv3授权	Apache2.0授权	Apache2.0授权

来，Citrix、Eucalyptus、EMC Federation、Symantec、Midokura等众多厂商纷纷加入OpenStack基金会；业界几大收购如EMC收购Cloudscaling（OpenStack私有云）、HP收购Eucalytpus、思科收购Metacloud（OpenStack私有云）、红帽收购eNovance（OpenStack集成）和Inktank（Ceph企业级产品）等，都围绕OpenStack进行。业界多家公司如RedHat、Mirantis等也都将2014年视为OpenStack成为主流的标志性年份。

在国内，OpenStack已开始逐步落地，生态系统正在逐渐建立与完善：中国市场已经成为仅次于美国的OpenStack全球第二大市场；中国工程师对于OpenStack社区的贡献已经仅次于美国；OpenStack正受到越来越多IT厂商、云初创厂商和行业用户的青睐，华为、浪潮、华胜天成等相继加入OpenStack基金会；中国的云开源架构解决方案提供商和服务商，如青云、UnitedStack、EasyStack、海云捷讯、2Cloud等正不断发展壮大；中国开源云联盟（COSCL）与中国OpenStack用户组联合成立了OpenStack实验室StackLab，提供免费的OpenStack体验、测试和开发平台。

四、OpenStack对电信运营业的潜在影响及运营商应对策略

OpenStack对电信运营业的影响，其根源在于云计算对电信运营业的影响及OpenStack在云计算技术体系中的“大脑”地位。

云计算已经成为ICT产业甚至是整个社会的通用基础设施，ICT产业在云计算的催化下呈现出跨界融合与竞争的大趋势，产业链角色的分化、渗透、融合、转换日益明显，产业格局正在酝酿巨变。对电信运营商而言，云计算的发展，直接降低了网络管道价值，侵蚀传统DC业务；各类云服务提供商分流了运营商的客户，尤其是企业客户；客户的

业务平台向云端迁移则间接分流运营商的网络流量……这些已经远远超出了增量竞争和同质竞争的范围，为此运营商纷纷谋求转型。云计算既是运营商战略转型的必由之路，也意味着巨大的挑战。

运营商具备规模化和专业化运营的基础，兼具网络管道、基础设施等传统优势，可以说与云计算天然契合；但相对于互联网企业而言，技术研发实力较弱，尚未建立起成熟的互联网化项目运作机制，面对庞大的云基础设施所产生的大量管理难题和互操作问题，又没有拿来即用的低成本商业解决方案。云计算时代，借助整个产业链的力量，自主打造因地制宜、持续可控的大规模异构云操作系统将成为运营商的核心竞争力。

OpenStack为运营商提供了一个好的选择。OpenStack虽是开源新军，但凭借先进的技术架构、有效运作的开放社区，打造了欣欣向荣的产业生态圈，引领了云计算领域开放式创新的潮流，已成为行业主流，其开放性和兼容性切合了运营商对异构、大规模、可移植、互操作等方面的需求，为云计算的实施提供了强有力的支撑。OpenStack的价值，不仅仅是平台本身的价值，更是一个生态圈的价值，选择了OpenStack，就等于拥有了其背后强大的产业链支持，这对于云业务刚刚起步，生态圈建设仍显单薄的电信运营商而言，是一种极其宝贵的资源。

开源项目的实施模式主要有三种：自主实现、第三方成品实现及合作实现。OpenStack的产业链支持度高，自主实现入门容易，初始启动成本较低，但运维、人工等后期成本高，对运营商的开发和运营模式、可控研发和集成创新能力提出了新的较高要求。具体采取哪种方式，首先取决于运营商的战略目标。

电信运营商应主要从以下4方面着手开展OpenStack技术引入和应用。

（1）着手自研以OpenStack为基础的云操作系统。OpenStack已成为行业主流，它与CloudStack在一定时期内将呈现一强一弱共存的发展格局。应以OpenStack为云操作系统的主攻方向，追踪开源社区和相关标准化发展，加强技术研究，结合电信运营商的业务运营需求，投入研发力量打造开放式IaaS云操作系统，并借助行业力量，发挥产业链优势，深度合作，实现共赢。

（2）进行可控的开发运营（DevOps）。基于开源平台的运营要求运营商具备很高的个性化研发和集成创新能力，应采用全商业服务生命周期管理的迭代开发模式，进行可控的开发运营，并对组织架构、运营流程等做出相应调整。

（3）研发重点在于资源管理的集成、服务管理和运营管理功能。云操作系统通常包括资源管理、服务管理和运营管理三大模块，OpenStack提供的主要是资源的基础管理能力，电信运营商云操作系统的研发，主要工作集中在资源管理的集成、服务管理和运营管理功能，以及为此而对OpenStack所做的少量必要优化。

（4）过渡期允许异构开源平台、商业平台共存。由于产业发展节奏等多方面原因，开源云平台的初始选择往往带有偶然性。在已有选择之后，历史投入、研发积累、发展规划是进一步选择的重要考虑因素。在向OpenStack发展的过渡期，允许异构开源云平台和商业平台共存：1）基于集成的资源管理，实现对底层基础资源管理平台的统一适配；2）视情况，允许局部有条件存在烟囱式的云操作系统。

附录一　政策法规

国务院印发《关于积极推进"互联网+"行动的指导意见》（摘要）

2015年7月4日，国务院印发《关于积极推进"互联网＋"行动的指导意见》，这是推动互联网由消费领域向生产领域拓展，加速提升产业发展水平，增强各行业创新能力，构筑经济社会发展新优势和新动能的重要举措。摘要如下。

一、行动要求

（一）总体思路（略）

（二）基本原则（略）

（三）发展目标

到2018年，互联网与经济社会各领域的融合发展进一步深化，基于互联网的新业态成为新的经济增长动力，互联网支撑大众创业、万众创新的作用进一步增强，互联网成为提供公共服务的重要手段，网络经济与实体经济协同互动的发展格局基本形成。

1. 经济发展进一步提质增效

互联网在促进制造业、农业、能源、环保等产业转型升级方面取得积极成效，劳动生产率进一步提高。基于互联网的新兴业态不断涌现，电子商务、互联网金融快速发展，对经济提质增效的促进作用更加凸显。

2. 社会服务进一步便捷普惠

健康医疗、教育、交通等民生领域互联网应用更加丰富，公共服务更加多元，线上线下结合更加紧密。社会服务资源配置不断优化，公众享受到更加公平、高效、优质、便捷的服务。

3. 基础支撑进一步夯实提升

网络设施和产业基础得到有效巩固加强，应用支撑和安全保障能力明显增强。固定宽带网络、新一代移动通信网和下一代互联网加快发展，物联网、云计算等新型基础设施更加完备。人工智能等技术及其产业化能力显著增强。

4. 发展环境进一步开放包容

全社会对互联网融合创新的认识不断深入，互联网融合发展面临的体制机制障碍有效破除，公共数据资源开放取得实质性进展，相关标准规范、信用体系和法律法规逐步完善。

到2025年，网络化、智能化、服务化、协同化的"互联网+"产业生态体系基本完善，"互联网+"新经济形态初步形成，"互联网+"成为经济社会创新发展的重要驱动力量。

二、重点行动

（一）"互联网+"创业创新（略）

（二）"互联网+"协同制造（略）

（三）"互联网+"现代农业（略）

（四）"互联网+"智慧能源（略）

（五）"互联网+"普惠金融

1. 探索推进互联网金融云服务平台建设

探索互联网企业构建互联网金融云服务平台

在保证技术成熟和业务安全的基础上，支持金融企业与云计算技术提供商合作开展金融公共云服务，提供多样化、个性化、精准化的金融产品。支持银行、证券、保险企业稳妥实施系统架构转型，鼓励探索利用云服务平台开展金融核心业务，提供基于金融云服务平台的信用、认证、接口等公共服务。

2. 鼓励金融机构利用互联网拓宽服务覆盖面

鼓励各金融机构利用云计算、移动互联网、大数据等技术手段，加快金融产品和服务创新，在更广泛地区提供便利的存贷款、支付结算、信用中介平台等金融服务，拓宽普惠金融服务范围，为实体经济发展提供有效支撑。支持金融机构和互联网企业依法合规开展网络借贷、网络证券、网络保险、互联网基金销售等业务。扩大专业互联网保险公司试点，充分发挥保险业在防范互联网金融风险中的作用。推动金融集成电路卡（IC卡）全面应用，提升电子现金的使用率和便捷性。发挥移动金融安全可信公共服务平台（MTPS）的作用，积极推动商业银行开展移动金融创新应用，促进移动金融在电子商务、公共服务等领域的规模应用。支持银行业金融机构借助互联网技术发展消费信贷业务，支持金融租赁公司利用互联网技术开展金融租赁业务。

3. 积极拓展互联网金融服务创新的深度和广度

鼓励互联网企业依法合规提供创新金融产品和服务，更好满足中小微企业、创新型企业和个人的投融资需求。规范发展网络借贷和互联网消费信贷业务，探索互联网金融服务创新。积极引导风险投资基金、私募股权投资基金和产业投资基金投资于互联网金融企业。利用大数据发展市场化个人征信业务，加快网络征信和信用评价体系建设。加强互联网金融消费权益保护和投资者保护，建立多元化金融消费纠纷解决机制。改进和完善互联网金融监管，提高金融服务安全性，有效防范互联网金融风险及其外溢效应。

（六）“互联网+”益民服务

1. 创新政府网络化管理和服务（略）
2. 发展便民服务新业态（略）
3. 推广在线医疗卫生新模式（略）
4. 促进智慧健康养老产业发展（略）
5. 探索新型教育服务供给方式（略）

（七）“互联网+”高效物流（略）

（八）“互联网+”电子商务

1. 积极发展农村电子商务

开展电子商务进农村综合示范，支持新型农业经营主体和农产品、农资批发市场对接电商平台，积极发展以销定产模式。完善农村电子商务配送及综合服务网络，着力解决农副产品标准化、物流标准化、冷链仓储建设等关键问题，发展农产品个性化定制服务。开展生鲜农产品和农业生产资料电子商务试点，促进农业大宗商品电子商务发展。

2. 大力发展行业电子商务

鼓励能源、化工、钢铁、电子、轻纺、医药等行业企业，积极利用电子商务平台优化采购、分销体系，提升企业经营效率。推动各类专业市场线上转型，引导传统商贸流通企业与电子商务企业整合资源，积极向供应链协同平台转型。鼓励生产制造企业面向个性化、定制化消费需求深化电子商务应用，支持设备制造企业利用电子商务平台开展融资租赁服务，鼓励中小微企业扩大电子商务应用。按照市场化、专业化方向，大力推广电子招标投标。

3. 推动电子商务应用创新

鼓励企业利用电子商务平台的大数据资源，提升企业精准营销能力，激发市场消费需求。建立电子商务产品质量追溯机制，建设电子商务售后服务质量检测云平台，完善互联网质量信息公共服务体系，解决消费者维权难、退货难、产品责任追溯难等问题。加强互联网食品药品市场监测监管体系建设，积极探索处方药电子商务销售和监管模式创新。鼓励企业利用移动社交、新媒体等新渠道，发展社交电商、“粉丝”经济等网络营销新模式。

4. 加强电子商务国际合作

鼓励各类跨境电子商务服务商发展，完善跨境物流体系，拓展全球经贸合作。推进跨境电子商务通关、检验检疫、结汇等关键环节单一窗口综合服务体系建设。创新跨境权益保障机制，利用合格评定手段，推进国际互认。创新跨境电子商务管理，促进信息网络畅通、跨境物流便捷、支付及结汇无障碍、税收规范便利、市场及贸易规则互认互通。

（九）“互联网+”便捷交通（略）

（十）“互联网+”绿色生态（略）

（十一）“互联网+”人工智能（略）

三、保障支撑

（一）夯实发展基础

1. 巩固网络基础

加快实施“宽带中国”战略，组织实施国家新一代信息基础设施建设工程，推进宽带网络光纤化改造，加快提升移动通信网络服务能力，促进网间互联互通，大幅提高网络访问速率，有效降低网络资费，完善电信普遍服务补偿机制，支持农村及偏远地区宽带建设和运行维护，使互联网下沉为各行业、各领域、各区域都能使用，人、机、物泛在互联的基础设施。增强北斗卫星全球服务能力，构建天地一体化互联网络。加快下一代互联网商用部署，加强互联网协议第 6 版（IPv6）地址管理、标识管理与解析，构建未来网络创新试验平台。研究工业互联网网络架构体系，构建开放式国家创新试验验证平台。（发展改革委、工业和信息化部、财政部、国资委、网信办等负责）

2. 强化应用基础

适应重点行业融合创新发展需求，完善无线传感网、行业云及大数据平台等新型应用基础设施。实施云计算工程，大力提升公共云服务能力，引导行业信息化应用向云计算平台迁移，加快内容分发网络建设，优化数据中心布局。加强物联网网络架构研究，组织开展国家物联网重大应用示范，鼓励具备条件的企业建设跨行业物联网运营和支撑平台。（发展改革委、工业和信息化部等负责）

3. 做实产业基础（略）

4. 保障安全基础

制定国家信息领域核心技术设备发展时间表和路线图，提升互联网安全管理、态势感知和风险防范能力，加强信息网络基础设施安全防护和用户个人信息保护。实施国家信息安全专项，开展网络安全应用示范，提高“互联网 +”安全核心技术和产品水平。按照信息安全等级保护等制度和网络安全国家标准的要求，加强“互联网 +”关键领域重要信息系统的安全保障。建设完善网络安全监测评估、监督管理、标准认证和创新能力体系。重视融合带来的安全风险，完善网络数据共享、利用等的安全管理和技术措施，探索建立以行政评议和第三方评估为基础的数据安全流动认证体系，完善数据跨境流动管理制度，确保数据安全。

（二）强化创新驱动（略）

（三）营造宽松环境（略）

（四）拓展海外合作（略）

（五）加强智力建设（略）

（六）加强引导支持（略）

（七）做好组织实施（略）

（全文约 16 700 字）

国务院印发《促进大数据发展行动纲要》（摘要）

2015 年 9 月 5 日，国务院印发《促进大数据发展行动纲要》，系统部署大数据发展工作。

摘要如下。

一、发展形势和重要意义（略）

二、指导思想和总体目标（略）

三、主要任务

（一）加快政府数据开放共享，推动资源整合，提升治理能力

1. 大力推动政府部门数据共享（略）
2. 稳步推动公共数据资源开放（略）
3. 统筹规划大数据基础设施建设（略）

专栏 2　国家大数据资源统筹发展工程

整合各类政府信息平台和信息系统。严格控制新建平台，依托现有平台资源，在地市级以上（含地市级）政府集中构建统一的互联网政务数据服务平台和信息惠民服务平台，在基层街道、社区统一应用，并逐步向农村特别是农村社区延伸。除国务院另有规定外，原则上不再审批有关部门、地市级以下（不含地市级）政府新建孤立的信息平台和信息系统。到 2018 年，中央层面构建形成统一的互联网政务数据服务平台；国家信息惠民试点城市实现基础信息集中采集、多方利用，实现公共服务和社会信息服务的全人群覆盖、全天候受理和"一站式"办理。

整合分散的数据中心资源。充分利用现有政府和社会数据中心资源，运用云计算技术，整合规模小、效率低、能耗高的分散数据中心，构建形成布局合理、规模适度、保障有力、绿色集约的政务数据中心体系。统筹发挥各部门已建数据中心的作用，严格控制部门新建数据中心。开展区域试点，推进贵州等大数据综合试验区建设，促进区域性大数据基础设施的整合和数据资源的汇聚应用。

加快完善国家基础信息资源体系。加快建设完善国家人口基础信息库、法人单位信息资源库、自然资源和空间地理基础信息库等基础信息资源。依托现有相关信息系统，逐步完善健康、社保、就业、能源、信用、统计、质量、国土、农业、城乡建设、企业登记监管等重要领域信息资源。到 2018 年，跨部门共享校核的国家人口基础信息库、法人单位信息资源库、自然资源和空间地理基础信息库等国家基础信息资源体系基本建成，实现与各领域信息资源的汇聚整合和关联应用。

加强互联网信息采集利用。加强顶层设计，树立国际视野，充分利用已有资源，加强互联网信息采集、保存和分析能力建设，制定完善互联网信息保存相关法律法规，构建互联网信息保存和信息服务体系。

4. 支持宏观调控科学化（略）
5. 推动政府治理精准化（略）
6. 推进商事服务便捷化（略）
7. 促进安全保障高效化（略）
8. 加快民生服务普惠化（略）

专栏 4　公共服务大数据工程

医疗健康服务大数据。构建电子健康档案、电子病历数据库，建设覆盖公共卫生、医疗服务、医疗保障、药品供应、计划生育和综合管理业务的医疗健康管理和服务大数据应用体系。探索预约挂号、分级诊疗、远程医疗、检查检验结果共享、防治结合、

医养结合、健康咨询等服务，优化形成规范、共享、互信的诊疗流程。鼓励和规范有关企事业单位开展医疗健康大数据创新应用研究，构建综合健康服务应用。

社会保障服务大数据。建设由城市延伸到农村的统一社会救助、社会福利、社会保障大数据平台，加强与相关部门的数据对接和信息共享，支撑大数据在劳动用工和社保基金监管、医疗保险对医疗服务行为监控、劳动保障监察、内控稽核以及人力资源社会保障相关政策制定和执行效果跟踪评价等方面的应用。利用大数据创新服务模式，为社会公众提供更为个性化、更具针对性的服务。

教育文化大数据。完善教育管理公共服务平台，推动教育基础数据的伴随式收集和全国互通共享。建立各阶段适龄入学人口基础数据库、学生基础数据库和终身电子学籍档案，实现学生学籍档案在不同教育阶段的纵向贯通。推动形成覆盖全国、协同服务、全网互通的教育资源云服务体系。探索发挥大数据对变革教育方式、促进教育公平、提升教育质量的支撑作用。加强数字图书馆、档案馆、博物馆、美术馆和文化馆等公益设施建设，构建文化传播大数据综合服务平台，传播中国文化，为社会提供文化服务。

交通旅游服务大数据。探索开展交通、公安、气象、安监、地震、测绘等跨部门、跨地域数据融合和协同创新。建立综合交通服务大数据平台，共同利用大数据提升协同管理和公共服务能力，积极吸引社会优质资源，利用交通大数据开展出行信息服务、交通诱导等增值服务。建立旅游投诉及评价全媒体交互中心，实现对旅游城市、重点景区游客流量的监控、预警和及时分流疏导，为规范市场秩序、方便游客出行、提升旅游服务水平、促进旅游消费和旅游产业转型升级提供有力支撑。

（二）推动产业创新发展，培育新兴业态，助力经济转型

1. 发展工业大数据

推动大数据在工业研发设计、生产制造、经营管理、市场营销、售后服务等产品全生命周期、产业链全流程各环节的应用，分析感知用户需求，提升产品附加价值，打造智能工厂。建立面向不同行业、不同环节的工业大数据资源聚合和分析应用平台。抓住互联网跨界融合机遇，促进大数据、物联网、云计算和三维（3D）打印技术、个性化定制等在制造业全产业链集成运用，推动制造模式变革和工业转型升级。

2. 发展新兴产业大数据

大力培育互联网金融、数据服务、数据探矿、数据化学、数据材料、数据制药等新业态，提升相关产业大数据资源的采集获取和分析利用能力，充分发掘数据资源支撑创新的潜力，带动技术研发体系创新、管理方式变革、商业模式创新和产业价值链体系重构，推动跨领域、跨行业的数据融合和协同创新，促进战略性新兴产业发展、服务业创新发展和信息消费扩大，探索形成协同发展的新业态、新模式，培育新的经济增长点。

专栏 5 工业和新兴产业大数据工程

工业大数据应用。利用大数据推动信息化和工业化深度融合，研究推动大数据在研发设计、生产制造、经营管理、市场营销、售后服务等产业链各环节的应用，研发面向不同行业、不同环节的大数据分析应用平台，选择典型企业、重点行业、重点地区开展工业企业大数据应用项目试点，积极推动制造业网络化和智能化。

服务业大数据应用。利用大数据支持品牌建立、产品定位、精准营销、认证认可、质量诚信提升和定制服务等，研发面向服务业的大数据解决方案，扩大服务范围，增强服务能力，提升服务质量，鼓励创新商业模式、服务内容和服务形式。

培育数据应用新业态。积极推动不同行业大数据的聚合、大数据与其他行业的融合，大力培育互联网金融、数据服务、数据处理分析、数据影视、数据探矿、数据化学、数据材料、数据制药等新业态。

电子商务大数据应用。推动大数据在电子商务中的应用，充分利用电子商务中形成的大数据资源为政府实施市场监管和调控服务，电子商务企业应依法向政府部门报送数据。

3. 发展农业农村大数据（略）

4. 发展万众创新大数据（略）

专栏7　万众创新大数据工程

大数据创新应用。通过应用创新开发竞赛、服务外包、社会众包、助推计划、补助奖励、应用培训等方式，鼓励企业和公众发掘利用开放数据资源，激发创新创业活力。

大数据创新服务。面向经济社会发展需求，研发一批大数据公共服务产品，实现不同行业、领域大数据的融合，扩大服务范围、提高服务能力。

发展科学大数据。积极推动由国家公共财政支持的公益性科研活动获取和产生的科学数据逐步开放共享，构建科学大数据国家重大基础设施，实现对国家重要科技数据的权威汇集、长期保存、集成管理和全面共享。面向经济社会发展需求，发展科学大数据应用服务中心，支持解决经济社会发展和国家安全重大问题。

知识服务大数据应用。利用大数据、云计算等技术，对各领域知识进行大规模整合，搭建层次清晰、覆盖全面、内容准确的知识资源库群，建立国家知识服务平台与知识资源服务中心，形成以国家平台为枢纽、行业平台为支撑，覆盖国民经济主要领域，分布合理、互联互通的国家知识服务体系，为生产生活提供精准、高水平的知识服务。提高我国知识资源的生产与供给能力。

5. 推进基础研究和核心技术攻关（略）

6. 形成大数据产品体系（略）

7. 完善大数据产业链（略）

（三）强化安全保障，提高管理水平，促进健康发展（略）

四、政策机制（略）

（全文约14 100字）

国务院办公厅印发《三网融合推广方案》（摘要）

2015 年 9 月 4 日，国务院办公厅发布《三网融合推广方案》，提出加快在全国全面推进三网融合，推动信息网络基础设施互联互通和资源共享，从而促进信息消费快速增长。摘要如下。

一、工作目标

（一）三网融合全面推进（略）

（二）网络承载和技术创新能力进一步提升（略）

（三）融合业务和网络产业加快发展（略）

（四）科学有效的监管体制机制基本建立（略）

（五）安全保障能力显著提高（略）

（六）信息消费快速增长（略）

二、主要任务

（一）在全国范围推动广电、电信业务双向进入

1. 确定开展双向进入业务的地区

广电、电信业务双向进入分期分批扩大至全国。各省（区、市）三网融合工作协调小组（以下称省级协调小组）结合当地实际确定本省（区、市）开展双向进入业务的地区，报国务院三网融合工作协调小组办公室备案。（工业和信息化部、新闻出版广电总局负责）

2. 开展双向进入业务许可审批

在全面做好试点地区双向进入工作的基础上，按照“成熟一个、许可一个”的原则，开展双向进入许可申报和审批工作。广电企业在符合电信监管有关规定并满足相关安全条件的前提下，可经营增值电信业务、比照增值电信业务管理的基础电信业务、基于有线电视网的互联网接入业务、互联网数据传送增值业务、国内网络电话（IP 电话）业务，中国广播电视网络有限公司还可基于全国有线电视网络开展固定网的基础电信业务和增值电信业务。符合条件的电信企业在有关部门的监管下，可从事除时政类节目之外的广播电视节目生产制作、互联网视听节目信号传输、转播时政类新闻视听节目服务、除广播电台电视台形态以外的公共互联网视听节目服务、交互式网络电视（IPTV）传输、手机电视分发服务。国家和省级电信、广电行业主管部门按照相关政策要求和业务审批权限，受理广电、电信企业的申请，同步向符合条件的企业颁发经营许可证。企业取得许可证后，即可依法开展相关业务。（工业和信息化部、新闻出版广电总局负责）

3. 加快推动 IPTV 集成播控平台与 IPTV 传输系统对接

在宣传部门的指导下，广播电视播出机构要切实加强和完善 IPTV、手机电视集成播控平台建设和管理，负责节目的统一集成和播出监控以及电子节目指南（EPG）、用户端、计费、版权等的管理，其中用户端、计费管理由合作方协商确定，可采取合作方“双认证、双计费”的管理方式。IPTV 全部内容由广播电视播出机构 IPTV 集成播控平台集成后，经一个接口统一提供给电信企业的 IPTV 传输系统。电信企业可提供节目和 EPG 条目，经广播电视播出机构审查后统一纳入集成播控平台的节目源和 EPG。电信企业与广播电视播出机构应积极配合、平等协商，做好 IPTV 传输系统与 IPTV 集成播控平台的对接，对接双方应明确责任，保证节目内容的正常提供和传输。在确保播出安全的前提下，广播电视播出机构与电信企业可探索多种合资合作经营模式。（工业和信息化部、新闻出版广电总局等负责）

4. 加强行业监管

电信、广电行业主管部门要按照公开透明、公平公正的原则，加强对广电、电信企业的监督管理，规范企业经营行为，维护良好行业秩序。电信行业

主管部门应按照电信监管有关政策法规要求，加强对经营电信业务企业的网络互联互通、服务质量、普遍服务、设备入网、网络信息安全等管理；广电行业主管部门应按照广播电视管理有关政策法规要求，加强对从事广播电视业务企业的业务规划、业务准入、运营监管、内容安全、节目播放、服务质量、公共服务、设备入网、互联互通等管理。工业和信息化部、新闻出版广电总局要督促已获得许可的地区全面落实双向进入，推动相关企业实际进入和正常经营，丰富播出内容，提高服务水平。电信和广电企业要相互合作，优势互补，推动双向进入业务快速发展。（工业和信息化部、新闻出版广电总局负责）

（二）加快宽带网络建设改造和统筹规划

1. 加快下一代广播电视网建设

加快推动地面数字电视覆盖网和高清交互式电视网络设施建设，加快广播电视模数转换进程。采用超高速智能光纤传输交换和同轴电缆传输技术，加快下一代广播电视网建设。建设下一代广播电视宽带接入网，充分利用广播电视网海量下行宽带、室内多信息点分布的优势，满足不同用户接入带宽的需要。加快建设宽带网络骨干节点和数据中心，提升网络流量疏通能力，全面支持互联网协议第6版（IPv6）。加快建设融合业务平台，提高支持三网融合业务的能力。中国广播电视网络有限公司要加快全国有线电视网络互联互通平台建设，尽快实现全国一张网，带动各地有线电视网络技术水平和服务能力全面提升，引导有线电视网络走规模化、集约化、专业化发展道路。充分发挥有线电视网络的国家信息基础设施作用，促进有线电视三网融合业务创新，全面提升有线电视网络的服务品质和终端用户体验。（新闻出版广电总局牵头，中央宣传部、发展改革委、工业和信息化部、财政部等参加）

2. 加快推动电信宽带网络建设

实施“宽带中国”工程，加快光纤网络建设，全面提高网络技术水平和业务承载能力。城市新建区域以光纤到户模式为主建设光纤接入网，已建区域可采用多种方式加快“光进铜退”改造。扩大农村地区宽带网络覆盖范围，提高行政村通宽带、通光纤比例。加快互联网骨干节点升级，提升网络流量疏通能力，骨干网全面支持IPv6。加快业务应用平台建设，提高支持三网融合业务的能力。（工业和信息化部牵头，发展改革委、财政部、国资委等参加）

3. 加强网络统筹规划和共建共享

继续做好电信传输网和广播电视传输网建设升级改造的统筹规划，充分利用现有信息基础设施，创新共建共享合作模式，促进资源节约，推动实现网络资源的高效利用。加强农村地区网络资源共建共享，努力缩小“数字鸿沟”。（工业和信息化部、新闻出版广电总局牵头，发展改革委、财政部、国资委等参加）

（三）强化网络信息安全和文化安全监管（略）

（四）切实推动相关产业发展（略）

三、保障措施（略）

（全文约5 900字）

国务院办公厅印发《关于促进农村电子商务加快发展的指导意见》（摘要）

2015年11月9日，国务院办公厅印发《关于促进农村电子商务加快发展的指导意见》，全面部署指导农村电子商务健康快速发展。摘要如下。

一、指导思想

全面贯彻党的十八大和十八届三中、四中、五中全会精神，落实国务院决策部署，按照全面建成小康社会目标和新型工业化、信息化、城镇化、农业现代化同步发展的要求，深化农村流通体制改革，创新农村商业模式，培育和壮大农村电子商务市场主体，加强基础设施建设，完善政策环境，加快发展线上线下融合、覆盖全程、综合配套、安全高效、便捷实惠的现代农村商品流通和服务网络。

二、发展目标

到2020年，初步建成统一开放、竞争有序、诚信守法、安全可靠、绿色环保的农村电子商务市场体系，农村电子商务与农村一二三产业深度融合，在推动农民创业就业、开拓农村消费市场、带动农村扶贫开发等方面取得明显成效。

三、重点任务

（一）积极培育农村电子商务市场主体

充分发挥现有市场资源和第三方平台作用，培育多元化农村电子商务市场主体，鼓励电商、物流、商贸、金融、供销、邮政、快递等各类社会资源加强合作，构建农村购物网络平台，实现优势资源的对接与整合，参与农村电子商务发展。

（二）扩大电子商务在农业农村的应用

在农业生产、加工、流通等环节，加强互联网技术应用和推广。拓宽农产品、民俗产品、乡村旅游等市场，在促进工业品、农业生产资料下乡的同时，为农产品进城拓展更大空间。加强运用电子商务大数据引导农业生产，促进农业发展方式转变。

（三）改善农村电子商务发展环境

硬环境方面，加强农村流通基础设施建设，提高农村宽带普及率，加强农村公路建设，提高农村物流配送能力；软环境方面，加强政策扶持，加强人才培养，营造良好市场环境。

四、政策措施

（一）加强政策扶持（略）

（二）鼓励和支持开拓创新（略）

（三）大力培养农村电商人才（略）

（四）加快完善农村物流体系（略）

（五）加强农村基础设施建设（略）

（六）加大金融支持力度（略）

（七）营造规范有序的市场环境（略）

五、组织实施（略）

（全文约2 400字）

国务院办公厅印发《关于加快高速宽带网络建设推进网络提速降费的指导意见》（摘要）

2015 年 5 月 20 日，国务院办公厅印发《关于加快高速宽带网络建设推进网络提速降费的指导意见》，提出了加快高速宽带网络建设推进网络提速降费的目标和举措。摘要如下。

一、加快基础设施建设，大幅提高网络速率

（一）加快高速宽带网络建设

加快推进全光纤网络城市和第四代移动通信（4G）网络建设，2015 年网络建设投资超过 4 300 亿元，2016 ～ 2017 年累计投资不低于 7 000 亿元。推进光纤到户进程，2015 年完成 4.5 万个铜缆接入小区的光纤化改造，新建光纤到户家庭超过 8 000 万户。完善电信普遍服务，开展宽带乡村工程，加大农村和中西部地区宽带网络建设力度，2015 年新增 1.4 万个行政村通宽带，在 1 万个行政村实施光纤到村建设，着力缩小“数字鸿沟”。扩大移动通信覆盖范围，鼓励移动用户向 4G 迁移，提升移动宽带速率。

到 2015 年年底，全国设区市城区和部分有条件的非设区市城区 80% 以上家庭具备 100Mbps（兆比特每秒）光纤接入能力，50% 以上设区市城区实现全光纤网络覆盖；直辖市、省会城市等主要城市宽带用户平均接入速率达到 20Mbps，其他设区市城区和非设区市城区宽带用户平均接入速率达到 10Mbps，鼓励有条件的地区推广 50Mbps、100Mbps 等高带宽接入服务；95% 以上的行政村通固定或移动宽带。建成 4G 基站超过 130 万个，实现乡镇以上地区网络深度覆盖，4G 用户超过 3 亿户。

到 2017 年年底，全国所有设区市城区和大部分非设区市城区家庭具备 100Mbps 光纤接入能力，直辖市、省会城市等主要城市宽带用户平均接入速率超过 30Mbps，基本达到 2015 年发达国家平均水平，其他设区市城区和非设区市城区宽带用户平均接入速率达到 20Mbps；80% 以上的行政村实现光纤到村，农村宽带家庭普及率大幅提升；4G 网络全面覆盖城市和农村，移动宽带人口普及率接近中等发达国家水平。

（二）提升骨干网络容量和网间互通能力

适度超前建设高速大容量光通信传输系统，持续提升骨干传输网络容量。优化互联网骨干网络结构，大幅增加网间互联带宽，2015 年扩容 600Gbps（吉比特每秒）。加大中央预算内投资，加快互联网国际出入口带宽扩容，全面提升国际互联带宽和流量转接能力。

（三）加强应用基础设施建设

加快推动内容分发网络向大容量、广覆盖、智能化演进，不断增强网络流量承载和分发能力。加大支持力度，促进向下一代互联网演进升级。提升网站服务能力，增加主要业务应用带宽配置，实现互联网信源高速接入、网络流量高效疏通，促进应用基础设施与骨干网络协同发展，持续改善用户上网体验。

（四）深入推进电信基础设施共建共享

创新电信基础设施建设管理方式，加快推进集中统一建设和专业化运营，全力保障 4G 网络建设进度，促进铁塔等电信基础设施资源整合共享，提高效率和效益，避免重复建设。全面推进“三网融合”，2015 年年底前将实施范围扩大到全国。

二、有效降低网络资费，持续提升服务水平

（五）推动电信企业降低网费

电信企业要增强服务能力，多措并举，实现网络资费合理下降。鼓励电信企业积极承担社会责任，在网费明显偏高的城市开展宽带免费提速和降价活动，将具备网络条件的 4Mbps 以下铜缆用户接入速

率免费提升到4Mbps—8Mbps，下调百兆光纤接入网费，更多让利于民。引导和推动电信企业通过定向流量优惠、闲时流量赠送等多种方式降低流量资费水平，提升性价比。鼓励电信企业推出流量不清零、流量转赠、套餐匹配等服务，指导电信企业完善流量提醒服务，让广大用户用得安心、实惠。鼓励电信企业向社会发布网络提速降费方案计划，并进一步完善具体办法。

（六）提高电信企业运营效率

建立健全电信企业与互联网企业、广电企业、信息内容供应商等市场主体间的合作和公平竞争机制，促进专业化分工合作，探索产业链互利共赢发展模式。推动电信企业加大管理机制创新力度，深化改革、强化管理、加快转型、增强活力，抓住"互联网+"、云计算、物联网、大数据等发展机遇，积极开展技术创新、产品创新和商业模式创新，丰富业务品种，提高服务质量，加快培育新的利润增长点。

（七）有序开放电信市场

充分发挥民间资本的创新活力，推动形成多种主体相互竞争、优势互补、共同发展的市场格局，通过有序竞争持续促进提升宽带服务质量和降低资费水平。宽带接入业务开放试点企业截至2015年年底前超过100家，带动民间资本投资超过100亿元，试点城市由16个增加到30个以上，2017年试点城市范围扩大到全国各地区。继续推进移动通信转售业务开放试点，2016年实现全面开放。充分发挥通信网和有线电视网信息基础设施的作用，加快全国有线电视网整合，推动基础信息网络平等互联，尽快提升网络能力，为消费者提供高速优质服务。

（八）加强电信市场监管

加强电信监管队伍建设，进一步维护好宽带市场竞争秩序。加强资费行为监管和宽带接入服务监管，严厉打击价格违法行为以及虚假宣传、非法网站和应用程序窃取用户流量等损害消费者合法权益的违法违规行为，规范市场秩序。加强互联网骨干网通信质量监管，保障网间互联畅通。加大网络数据和用户信息保护力度，加快网络信息安全配套工程建设。加快建设对木马和僵尸病毒、移动互联网恶意程序的监测和处置等技术手段，建立完善移动互联网应用程序安全管理机制，营造安全可靠的网络运行环境。

（九）提升公共服务水平

深入推进实施信息惠民等工程，建立公共信息服务平台，推进教育、医疗优质资源共享，普及应用居民健康卡，加快就业等信息实现全国联网，充分发挥宽带网络提速降费提升公共服务水平与扩大应用推动网络建设发展的相互促进作用。

三、完善配套支持政策，强化组织落实

（十）推进简政放权（略）

（十一）完善配套支持政策（略）

（十二）完善宽带网络标准（略）

（十三）全面保障宽带网络建设通行（略）

（十四）规范通信建设行为（略）

（全文约4 000字）

工业和信息化部贯彻落实《国务院关于积极推进“互联网+”行动的指导意见》的行动计划（2015－2018年）（摘要）

一、总体要求

（一）指导思想（略）

（二）基本原则（略）

（三）总体目标

到2018年，互联网与制造业融合进一步深化，制造业数字化、网络化、智能化水平显著提高。两化融合管理体系成为引领企业管理组织变革、培育新型能力的重要途径；新一代信息技术与制造技术融合步伐进一步加快，工业产品和成套装备智能化水平显著提升；跨界融合的新模式、新业态成为经济增长的新动力，培育一批互联网与制造业融合示范企业；信息物理系统（CPS）初步成为支撑智能制造发展的关键基础设施，形成一批可推广的行业系统解决方案；小微企业信息化水平明显提高，互联网成为大众创业、万众创新的重要支撑平台；基本建成宽带、融合、泛在、安全的下一代国家信息基础设施；初步形成自主可控的新一代信息技术产业体系。

二、主要行动

（一）两化融合管理体系和标准建设推广行动（略）

1. 行动目标

两化融合管理体系成为引导企业战略调整、业务转型、组织变革、新型能力培育的重要抓手。到2018年，形成一套完整的两化融合管理体系标准，10 000余家企业开展两化融合管理体系贯标，1 500余家企业通过两化融合管理体系评定，60 000余家企业开展两化融合自评估自诊断自对标，形成以管理标准促创新、促转型、促发展的新格局。

2. 行动内容

全面推进两化融合管理体系贯标。持续推进两化融合管理体系贯标试点工作，完善贯标评定线上线下协同工作平台，鼓励有条件的地区提供政策引导和资金支持，建立市场化贯标模式和机制。加强人才培养、宣贯培训和监督管理，建立贯标质量保障体系，在智能制造、技术改造、工业强基、工业转型升级等重点工作中采信两化融合管理体系评定结果，加快形成市场化采信机制。

加快培育互联网环境下的企业新型能力。依托两化融合咨询服务平台，鼓励地方主管部门和行业协会组织企业开展两化融合自评估、自诊断、自对标，明确两化融合发展目标、重点方向和实施路径。分行业、分领域遴选一批贯标企业，组织地方、行业主管部门和中介组织，总结提炼两化融合经验和做法，开展示范推广，引导企业加快互联网环境下的业务创新和组织变革，培育数据驱动、网络协同、精细管理等新型能力。开展区域两化融合发展水平评估，指导各地科学推进两化深度融合。

加快建立两化融合标准体系。整合信息技术、工业和通信领域的标准化资源，加强两化融合领域的标准化技术组织建设。研究制定两化融合标准路线图，建立和完善相关标准体系。按照急用先行、成熟先上、重点突破的原则，研究制定信息物理系统（CPS）、工业云、工业大数据、工业互联网、工控系统、生产性服务等领域的关键标准，积极推动国际标准化工作。组织制定两化融合管理体系细分领域标准，开展信息技术服务标准（ITSS）符合性评估工作。

（二）智能制造培育推广行动（略）

（三）新型生产模式培育行动（略）

（四）系统解决方案能力提升行动（略）

（五）小微企业创业创新培育行动（略）

（六）网络基础设施升级行动

1. 行动目标

宽带、融合、泛在、安全的下一代国家信息基础设施基本建成，全面提升对“互联网+”的支撑能力。到2018年，建成一批全光纤网络城市，4G网络全面覆盖城市和乡村，80%以上的行政村实现光纤到村，直辖市、省会主要城市宽带用户平均接入速率达到30Mbps。

2. 行动内容

加快信息基础设施建设和应用。推进全光纤网络城市和“宽带中国”示范城市建设。加快4G网络建设发展，加大5G研发力度。实施以宽带为重点内容的电信普遍服务补偿机制，加快农村宽带基础设施建设，缩小数字鸿沟。推进电信基础设施共建共享、互联互通，引导云计算数据中心优化布局，推动数据中心向规模化、集约化、绿色化发展。优化升级互联网架构，推进互联网基础资源科学规划和合理配置。开展以5G为重点的国际移动通信（IMT）频率规划研究，以及智能交通频谱规划研究和技术试验。引导互联网企业优化网站设计、加大带宽配置，实现互联网信源高速接入，提升网站服务能力。

加强和改进互联网市场监管。加强对互联网新业务分类指导，建立健全备案管理、综合评估等制度。完善互联网市场竞争管理规范，落实信息网络实名登记要求，推进网站、域名、IP地址真实身份注册。健全网络数据和用户信息保护制度体系和标准，督促企业落实分类分级保护要求。强化互联网网络性能监测手段，加强部省两级监测系统建设。积极推动、配合做好网络安全法、电信法、无线电管理条例（修订）、互联网信息服务管理办法（修订）等法律法规立法。

加强网络基础设施安全保障。完善电信和互联网行业网络安全防护标准，健全网络安全防护体系。指导企业加强网络安全技术手段建设。加强网络安全监测预警和信息通报，健全网络安全应急工作机制。强化网络数据和用户个人信息保护，建立大规模用户信息泄露报告和用户通知制度。持续开展公共互联网网络安全威胁治理，完善恶意程序处置机制。组织开展电信和互联网领域网络安全试点示范工作，指导督促企业加强网络安全管理和技术手段创新。

（七）信息技术产业支撑能力提升行动（略）

三、保障措施

（一）强化组织保障（略）

（二）改革体制机制（略）

（三）创新财税支持（略）

（四）创新人才培养（略）

（五）加强国际合作（略）

（全文约8 700字）

工业和信息化部关于进一步做好防范打击通讯信息诈骗相关工作的通知（摘要）

2015年12月，工业和信息化部网络安全管理局发布《工业和信息化部关于进一步做好防范打击通讯信息诈骗相关工作的通知》，摘要如下。

一、工作目标

认真贯彻落实国务院相关工作部署和要求，按照“突出重点、技管结合、落实责任、标本兼治”的总体思路，针对重点电信业务中存在的违规出租、违规使用、违规经营、主叫号码传送不规范等问题，突出抓好重点电信业务清理规范，大力加强技术防范管控力度，强化社会监督举报受理，严肃查处违法违规行为，加大工作监督检查与责任考核力度，完善固化相关工作机制，着力实现企业网络与信息安全责任落实到位、重点电信业务经营秩序有效规范、通讯信息诈骗传播渠道有力遏制、违法违规行为得到坚决惩处。

二、主要任务和工作措施

（一）整顿规范重点电信业务经营秩序

1. *严格规范语音专线出租业务*

一是各基础电信企业要进一步健全语音专线用户资质审查和业务出租审批制度，坚决杜绝无审查、审批出租语音专线，严禁向个人出租语音专线，严禁无呼叫中心业务经营许可资质的企业租用语音专线经营呼叫中心业务。强化业务出租合同的责任约束，合同中必须明示允许传送的真实有效主叫号码或号段。二是各基础电信企业集团公司要全面落实语音专线出租备案与检查制度，要求所属各级企业认真填报出租专线的客户资质、使用用途、线路类型、接入位置、对端接入设备类型、允许传送的主叫号码等信息，并定期抽查复核。

2. *切实规范“一号通”、“400”、商务总机业务*

各基础电信企业要严格落实上述电信业务实名登记制度，加强用户登记信息核实，严禁向个人用户提供“400”、商务总机业务，“400”、商务总机业务真实落地号码必须为申请单位实名办理的电话号码。对用户资质发生变化的，要建立复核制度，及时更新登记信息。在同一基础电信企业全国范围内申请多个“一号通”、“400”、商务总机业务号码的，要从严审核，加强监管。

3. *加强电话用户实名登记*

各单位要继续深入贯彻落实《电话“黑卡”治理专项行动工作方案》（工信部联保〔2014〕570号，以下简称“570号文”）部署，加大对违规批量办理、非实名办理电话卡行为的整治力度，对未实名登记用户，基础电信企业和移动通信转售业务经营者要采取有力措施加快推进完成实名补登。同时，各基础电信企业要加大力度，全面清理解决网络宽带地址虚假登记问题。

4. *从严管理社会营销渠道*

一是各基础电信企业要严格执行社会营销渠道代理资质审核制度，加强代理行为监管，严禁社会营销渠道转租转售语音专线、“一号通”、“400”、商务总机业务。二是今后涉及语音专线、“一号通”、“400”、商务总机业务的用户资质审核、实名认证、签约开户、投诉复核等环节均须由基础电信企业负责，并承担管理责任。

（二）坚决遏制虚假主叫传输与改号软件传播

1. *严格规范国际通信业务出入口局主叫号码传送*

各基础电信企业集团公司要认真对照《网间主叫号码的传送》等技术标准以及《关于加强国际来话中“+86”主叫号码传送管理的通知》（工信部电管函〔2013〕248号）要求，全面开展自查整改，全面落实“+86”国际虚假主叫拦截，严格规范国际主叫号码传送。对公安部核实并书面通报的涉嫌通讯信息诈骗的国际来话虚假主叫号码，由各基础电信企业集团公司在国际通信业务出入口局列入黑名单进行拦截。

2. 全面实施语音专线主叫鉴权

各基础电信企业集团公司要组织所属省、市、县三级基础电信企业，加快完成老旧设备改造，全面落实语音专线主叫鉴权机制，对未鉴权的主叫呼叫一律进行拦截，除特殊用户外，不得传输主叫号码为空号以及设置主叫号码禁显的呼叫，坚决遏制虚假改号呼叫通过语音专线落地传输问题。

3. 加大网内和网间虚假主叫发现与拦截力度

各基础电信企业要建立必要的网内技术监测手段，对发现的虚假改号呼叫，固定证据后进行技术拦截。加强协同配合，建立健全网间虚假号码呼叫的联动处置机制。

4. 集中清理改号软件

提供搜索引擎、电商平台、应用商店、社交网络等服务的相关增值电信服务企业，加大清理力度，通过关键词屏蔽、App下架等方式，斩断改号软件的网上发布、搜索、传播、销售、宣传渠道。中国互联网协会要充分发挥行业自律组织优势，加强对改号软件的社会举报受理，组织、督促应用商店及时下架。

（三）大力加强技术防范管控工作

1. 建设防范打击通讯信息诈骗业务管理系统

各基础电信企业集团公司要组织建立防范打击通讯信息诈骗业务管理系统，对语音专线、“一号通”、“400”、商务总机等重点电信业务的开办信息进行登记、报备、审核、复查，对业务监督检查、责任追究和考核等情况予以记录和备案。

2. 推动本地电信网防诈骗技术手段建设

各通信管理局、国家计算机网络应急技术处理协调中心要加强与当地相关部门的协调配合，组织基础电信企业积极推进电信网通讯信息诈骗技术防范手段建设。

3. 提升用户终端安全防护能力

一是中国互联网协会牵头，组织规范开发与推广手机客户端来电安全防护类应用，提升手机客户端来电安全防护能力。同时，整合手机安全厂商相关数据资源，实现资源共享与防控联动。二是各基础电信企业集团公司要有效整合内外部资源，向用户免费提供涉嫌通讯信息诈骗来电号码提示服务。

4. 加强相关技术手段研发与规范管理

国家计算机网络应急技术处理协调中心要充分发挥技术优势，支撑工业和信息化部做好通讯信息诈骗防范手段的技术研发、标准制定、规划建设与规范使用，提升对各类通讯信息诈骗的综合技术防范能力。

（四）依法严厉查处违法违规行为

1. 依法查处违法违规经营电信业务行为（略）

2. 严厉整顿重点地区突出问题（略）

3. 积极配合公安机关做好打击查处工作（略）

4. 严打“伪基站”和“黑广播”（略）

（五）强化工作督查与责任考核（略）

（六）加强社会监督举报与宣传引导（略）

三、工作要求（略）

（全文约5 200字）

财政部、工业和信息化部关于开展电信普遍服务试点工作的通知

2015年12月24日，财政部和工信部联合下发了《关于开展电信普遍服务试点工作的通知》，将对试点电信普遍服务的农村进行专项资金补助。全文如下。

为贯彻落实《国务院关于印发“宽带中国”战略及实施方案的通知》（国发〔2013〕31号）和《国务院办公厅关于加快高速宽带网络建设推进网络提速降费的指导意见》（国办发〔2015〕41号），推动农村及偏远地区宽带建设发展，财政部、工业和信息化部组织开展电信普遍服务试点工作。现将有关事项通知如下：

一、总体思路

深入贯彻党的十八大和十八届三中、四中、五中全会精神，紧密围绕建设“网络强国”和“四化同步”的发展目标，按照“中央资金引导、地方协调支持、企业为主推进”的思路，开展电信普遍服务试点工作，推动农村及偏远地区宽带建设发展，促进城乡基本公共服务均等化，带动农村经济社会和信息化水平不断提升，助力实现2020年98%的行政村通宽带、农村宽带接入能力超过12Mbit/s等“宽带中国”战略目标。

二、主要原则

（一）政府引导、企业为主推进

企业是电信普遍服务的市场主体，承担农村宽带建设和运行维护任务；有关电信基础设施服务企业做好基站选址和铁塔等建设和运行维护支撑服务。加强中央财政资金引导，带动地方政府加强统筹和政策支持，促进企业承担市场主体责任，共同推动农村及偏远地区宽带建设发展。

（二）公平竞争、市场化运作

坚持市场化运作，通过公开招标选定电信普遍服务实施企业，统筹予以支持；结合国家宽带接入业务向民间资本开放和三网融合等工作进展，鼓励民间资本及广电企业公平参与竞争，充分调动各类企业参与电信普遍服务的积极性。

（三）政府监管、公众监督

建立健全竣工验收和监督检查等工作机制，推动试点地区落实承诺的支持政策，促进中标企业按照政府采购合同履约尽责，确保试点工作取得实效；建立试点工作公示机制，及时向社会通报工作进展，主动接受社会公众监督。

三、工作程序

面向未通宽带的行政村、已通宽带但接入能力低于12Mbit/s的行政村，发挥中央财政资金引导作用，带动地方政府加强统筹和政策支持，调动企业承担电信普遍服务任务的积极性，促进宽带建设发展。

（一）试点申报

地市人民政府根据工业和信息化部、财政部发布的电信普遍服务补偿试点申报指南（以下简称申报指南）编制并上报电信普遍服务试点实施方案（以下简称实施方案）。省（区、市）通信管理局、财政厅（局）商工业和信息化主管部门审核后，择优向工业和信息化部、财政部推荐。已从其他渠道获中央财政资金支持农村宽带发展的县不得纳入实施方案申报试点。

（二）确定试点地区及下达补助资金

工业和信息化部、财政部结合年度预算及申报试点地市人民政府承诺的支持政策、农村信息化应用推广举措等因素确定试点范围，向社会公示试点地区名单及实施方案，并下达中央财政补助资金。

（三）确定实施企业

工业和信息化部、财政部指导监督试点地区省（区、市）通信管理局、财政厅（局）公开招标电信普遍服务实施企业。中标企业确定后，省通信管理局、财政厅（局）与其签订政府采购合同，约定履约责任、约束措施等，并报工业和信息化部、财政部备案。

（四）考核验收及检查

各省（区、市）通信管理局、财政厅（局）会同工业和信息化主管部门对当地试点工作组织验收，向社会公示验收情况及试点成效。工业和信息化部会同财政部适时组织专项检查，检查结果向社会公示，并与以后遴选试点地区工作挂钩；发现重大问题的，取消试点资格，以后不得申报试点。

中央财政利用现有资金渠道安排补助资金，在试点地区确定后，一次性拨付省级财政部门，由省级财政部门及时拨付到位。补助资金统筹用于试点工作，重点保障中标企业农村宽带建设和运行维护费用补偿。

四、组织实施

（一）各省（区、市）通信管理局、财政厅会同工业和信息化主管部门加强组织协调，建立激励约束机制，指导监督试点地市政府统筹推进试点，督促中标企业按照政府采购合同约定承担电信普遍服务任务。每半年向财政部、工业和信息化部报告工作进展及资金使用情况。

（二）试点地区地市人民政府按照实施方案，结合“宽带中国”示范城市（城市群）、电子商务进农村等工作，建立组织机制，加强统筹协调，切实落实承诺的支持政策，支持中标企业加快任务实施，确保试点目标顺利实现。

住房和城乡建设部、工业和信息化部联合印发《关于加强城市通信基础设施规划的通知》（摘要）

2015年9月，住房和城乡建设部、工业和信息化部联合印发了《关于加强城市通信基础设施规划的通知》，要求2016年年底前，所有大城市、特大城市应完成通信基础设施专项规划编制工作，其他城市应于2017年年底前完成。摘要如下。

一、充分认识加强通信基础设施规划的重要性和紧迫性（略）

二、工作任务和目标

全面落实《国家新型城镇化规划（2014～2020）》、《“宽带中国”战略及实施方案》，以及《国务院办公厅关于加快高速宽带网络建设推进网络提速降费的指导意见》（国办发〔2015〕41号）要求，以加快构建“宽带、融合、安全、泛在”的下一代国家信息基础设施为目标，按照“统一规划、合理布局、远近结合、共建共享”的原则，结合城市规划改革创新，统筹各类通信基础设施规划，加强通信管线与其他管线的综合规划，推进通信基础设施建设和技术升级，提升通信网络覆盖范围和服务质量，促进通信基础设施又好又快发展。

三、工作要求

（一）完善城市总体规划相关内容

自2016年1月1日起，在城市总体规划编制时，通信行业主管部门应根据宽带网络、4G（第四代移动通信）、光纤到户、“三网融合”等发展需要，及时提出通信光缆、机房、基站、管线等通信基础设施的发展目标、建设需求。城市人民政府城乡规划主管部门应结合城市工程管线规划，统筹规划通信基础设施建设用地，合理确定相关通信基础设施的布局原则，推进集约化建设和升级改造，确保通信基础设施适应新型城镇化建设和信息通信技术发展要求。

（二）开展通信基础设施专项规划编制

自2016年1月1日起，各地通信行业主管部门要会同城乡规划主管部门，组织开展通信基础设施专项规划（以下简称专项规划）编制工作。专项规划应以城市总体规划、通信行业发展规划和有关标准规范为依据，科学预测各类通信用户规模，并根据城市发展布局、人口分布和信息化发展规划等，统筹各类通信管线、宽带网络建设和建设时序，充分考虑与地下综合管廊建设的衔接，合理布局通信光缆、通信局房、基站等各类通信设施。

2016年年底前，所有大城市、特大城市应完成通信基础设施专项规划工作，其他城市应于2017年年底前完成专项规划编制工作。通信基础设施专项规划有关内容应纳入相关控制性详细规划。

（三）做好相关规划的衔接和协调

各地在开展道路交通、地下管线综合规划、绿地建设等规划时，应按照《国务院办公厅关于加强城市地下管线建设管理的指导意见》（国办发〔2014〕27号）要求，将通信管线、基站、铁塔建设一并纳入规划，统筹考虑，充分衔接，同步建设。对地下综合管廊建设区域内的通信设施，在地下综合管廊工程规划时，应同步考虑通信设施建设需要，及时预留布线空间。在轨道交通、客运场站、风景区和交通枢纽等公共设施规划建设时，要同步规划和建设各类通信基础设施；在市政道路及其防护绿带，以及路灯等其他市政设施规划时，要按国家有关规定，为基站、铁塔预留位置和空间，同时统筹考虑基站配套电力引入、通信管线等需求，做好通信基础设施规划与电力设施规划的衔接。

（四）严格控制性详细规划的相关要求

各地城乡规划主管部门在编制控制性详细规划时，要根据城乡规划法、《城市规划编制办法》（建设部第146号令）、《城市、镇控制性详细规划编制审批办法》（住房和城乡建设部第7号令）、《城市通信工程规划规范》（GB/T50853-2013）规定，深化城市总体规划和通信基础设施专项规划确定的通信基础设施用地布局，明确用地位置和规模以及建设项目基站、铁塔配建要求，提出通信管线控制要求，并将通信基础设施纳入城市黄线管理。可综合利用路灯杆、广告宣传杆（塔）等市政公用设施，集约建设混合型基站；优先利用行政办公、地铁站点、商业楼宇等公共建筑附建基站。

各地城乡规划主管部门应根据控制性详细规划，将通信基础设施规划有关内容列入土地出让的规划设计条件中。建设单位应根据规划设计条件，同步规划建设用地红线内的通信管道、设备间和楼内通信暗管，预留基站的设备机房和天线位置。

（五）严格通信基础设施相关规划审批

城乡规划主管部门审查审批老旧城区改造规划，以及新建住宅小区、商业区、地下综合管廊等建设项目的规划方案时，要将建设通信基础设施的有关规划设计和预留安装条件作为审查的重要内容，确保建设项目充分预留通信设备机房、天线位置以及建设项目用地红线内的通信管道、设备间和建筑内配线管网。

进一步规范基站建设程序。对需要纳入城乡规划的新建通信局房、基站、铁塔的建设，要坚持“先规划，后建设”；对于需要独立占地型基站、铁塔，要及时办理规划审批手续。附建型基站、铁塔的建设应当符合市容环卫标准和相关主管部门的有关规定。

（六）加强通信基础设施的公示宣传（略）

四、实施保障措施

（一）统一思想认识（略）

（二）加强组织协调（略）

（三）强化监督检查（略）

（全文约3 800字）

附录二　创新成果类

2015年度中国通信学会科学技术奖获奖名单

序号	获奖项目	获奖单位	申报奖种	推荐单位	获奖者	获奖等级
1	广域宽带应急协同通信系统	清华大学、南京邮电大学、上海文络电子科技有限公司	技术发明	清华大学	陆建华、朱洪波、陶晓明、李文华、倪祖耀、杨龙祥、冯伟、朱琦、夏劲松、汪园丽、赵海涛、葛宁、匡麟玲、徐鼎、蔡曙	一等奖
2	基于TDOA技术的新型短波发射源定位系统	国家无线电监测中心、大连理工大学	科技进步	国家无线电监测中心	李景春、张小飞、夏楠、王文帅、李安平、刘大勇、宋柯平、李晨、唱亮、邱天爽、沈希、姜姝慧、纽莉荣、马妍、栾声扬	一等奖
3	4G与CDMA融合组网关键技术和工程实践	中国电信集团公司	科技进步	中国电信集团公司	沈少艾、陈建刚、周益平、曹磊、孙震强、王庆扬、华竹轩、黄云飞、张光辉、谢沛荣、李英奇、姜松、王桂荣、毛聪杰、厉萍	一等奖
4	室内多网共存的频谱高效利用和电磁干扰抑制研究及应用	中国联合网络通信有限公司广东省分公司	科技进步	中国联合网络通信集团有限公司	黄晓明、张忠平、何飚、傅强、潘桂新、施玉晨、严峻、莫俊彬、董玉涛、王健全、王明会、葛慧明、饶小毛、蔡庆宇、刘春晖	一等奖
5	中国联通云数据能力开放平台	中国联合网络通信集团有限公司	科技进步	中国联合网络通信集团有限公司	范济安、魏进武、张云勇、王志山、李卫、张呈宇、霍玉嵩、张基恒、靳淑娴、陈勇、冯超、娄瑜、卢浩洋、黄存兰、胡舜耕	一等奖
6	基于带外监测的高效能、智能化拉曼放大技术	武汉光迅科技股份有限公司、武汉邮电科学研究院	技术发明	武汉邮电科学研究院	付成鹏、卜勤练、余春平、乐孟辉、张鹏、陶金涛、熊涛、张翠红、邹晓慧、余振宇、蔡潇、蔡飞	一等奖
7	异构无线通信系统的智能组网技术	北京邮电大学、京信通信技术（广州）有限公司	技术发明	北京邮电大学	彭木根、张远见、李勇、伍尚坤、胡春静、杨波	一等奖
8	无线通信多通道技术测试评估平台	上海无线通信研究中心、中兴通讯股份有限公司、中国科学院上海微系统与信息技术研究所、上海创远仪器技术股份有限公司	技术发明	上海无线通信研究中心	杨旸、胡宏林、朱伏生、王浩文、陈爽、窦建武、钱骅、尹学锋、徐景、周婷、施嵘、许晖、吴坚、李庆、杨馨	一等奖
9	支撑“互联网+”的融合CDN关键技术及产业化应用	中兴通讯股份有限公司、北京邮电大学、中国信息通信研究院（工业和信息化部电信研究院）、中国联合网络通信有限公司	科技进步	中兴通讯股份有限公司	尹芹、陆平、华新海、方晖、王文东、吕达、董振江、聂秀英、乔治、王金东	二等奖

（续表）

序号	获奖项目	获奖单位	申报奖种	推荐单位	获奖者	获奖等级
10	超宽频多运营商共享移动通信天线	武汉虹信通信技术有限责任公司、武汉邮电科学研究院	科技进步	武汉邮电科学研究院	张申科、石萌、陈小平、徐成耀、邓遥林、孙彦明、程季、杨能文、周厚明、田佰文	二等奖
11	远近场 RFID 系统及其在复杂环境中的应用	北京邮电大学	科技进步	北京邮电大学	李秀萍、李南、杜挺、廖剑锟、扬子江、曹亮、朱华、李莉、刘禹	二等奖
12	面向移动互联网的网络智能化系统研发和应用	中国移动通信集团公司、华为技术有限公司、中兴通讯股份有限公司	科技进步	中国移动通信集团公司	杨志强、苑红、段晓东、朱琳、蔡亚莉、杜倩、于彬、林二维、袁军庆、侯志强	二等奖
13	移动互联网开放平台的关键技术及规模应用	中国移动通信集团公司	科技进步	中国移动通信集团公司	于蓉蓉、丘文辉、张炎、廖智勇、林丽、李辉、王磊、蔡准、温亮生、浦贵阳	二等奖
14	IP 骨干网多维度智能调度关键技术研发与部署应用	中国电信集团公司	科技进步	中国电信集团公司	张强、毛东峰、唐宏、贾曼、刘志华、邢亮、何晓明、苏志胜、朱华虹、祖翔	二等奖
15	基于动态流媒体的高清互动电视平台关键技术研发和应用	中国电信股份有限公司广东分公司、中国电信股份有限公司广东研究院、华为技术有限公司	科技进步	广东省通信学会	区洪辉、杨柳、梁洁、毛庆军、朱培军、庄一嵘、周衍平、陈戈、李凌、李江崴	二等奖
16	小型移动通信系统防雷与接地关键技术研究与应用	中讯邮电咨询设计院有限公司、华为技术有限公司、北京邮电大学、深圳锦天乐防雷技术有限公司、中兴通讯股份有限公司、厦门大恒科技有限公司、四川标定技术有限公司、中国电信股份有限公司河南分公司、中国铁塔股份有限公司河南省分公司	科技进步	河南省通信学会	刘吉克、孔力、戴传友、马红兵、朱清峰、滕达、祁征、张清泉、于昕、吕英华	二等奖
17	下一代全光网架构和优化设计的研究	苏州大学、东北大学	自然科学	东北大学	沈纲祥、郭磊	二等奖
18	基于客户标签特征挖掘及精准服务营销的研究应用	中国移动通信集团广东有限公司	科技进步	中国移动通信集团公司	凌浩、周伟强、林波、陈聪、薛向辉、郭靖羽、李伟权、丘文辉、傅华实、邹静	二等奖
19	绿色无线通信与网络基础理论与方法	华中科技大学、中国科学院上海微系统与信息技术研究所	自然科学	华中科技大学	葛晓虎、陈敏、杨旸、李强、张武雄、张靖	二等奖
20	我国物联网发展战略及产业技术推进实施策略	中国信息通信研究院	科技进步	中国信息通信研究院	余晓晖、党梅梅、高艳丽、张志华、钱航、王远桂、关欣、孙路阳、崔颖、范昕	二等奖
21	TDD/FDD 混合组网电磁兼容研究及测试论证分析	国家无线电监测中心、中国移动通信集团公司、中国电信集团公司、中国联合通信网络集团有限公司、中国信息通信研究院	科技进步	国家无线电监测中心	黄标、丁家昕、方箭、李英华、伉沛川、李景春、何继伟、芒戈、王靖宇、朱颖	二等奖

（续表）

序号	获奖项目	获奖单位	申报奖种	推荐单位	获奖者	获奖等级
22	面向骨干网数据实时处理任务的分流网络及自适应调度系统	国家计算机网络与信息安全管理中心、曙光信息产业（北京）有限公司、南京中新赛克科技有限责任公司	科技进步	国家计算机网络与信息安全管理中心	邹昕、汪立东、贺龙涛、杜翠兰、陈训逊、王勇、周立、许建卫、刘立、窦晓光	二等奖
23	互联网动态内容的加速系统及应用	网宿科技股份有限公司	科技进步	中国互联网协会	洪珂、刘成彦、郭文强、谢玉燕、王开辉、梁龙虎、翁志真、董曙佳、林祖伟、黄莎琳	二等奖
24	多模基站平台研发与应用	大唐移动通信设备有限公司	科技进步	电信科学技术研究院	王新民、邹素玲、高军、肖鹏、张祖禹、王震、陈剑、王利、李文、王策	二等奖
25	无线网络绿色节能技术研究与规模应用	中国移动通信集团公司、华为技术有限公司、中兴通讯股份有限公司、大唐移动通信设备有限公司	科技进步	中国移动通信集团公司	易芝玲、李海滨、崔春风、边森、王希栋、邵泽才、李可、李雯雯、何金薇、陈樱	二等奖
26	铁通公司异常流量监控系统的研制与应用	中国铁通集团有限公司	科技进步	中国移动通信集团公司	马重阳、王占宇、何建兵、顾祥利、刘利平、张磊、王雁峰、孙磊、王彦、刘昕	二等奖
27	中国联通现网和网络演进过程中的重点安全问题解决方案研究与应用	中国联合网络通信集团有限公司	科技进步	中国联合网络通信集团有限公司	迟永生、唐雄燕、王光全、夏俊杰、郑涛、尹粤蓉、马铮、唐磊、朱安南、白晓媛	二等奖
28	智能管道的互联网应用保障系统研发和规模部署	中国电信集团公司	科技进步	中国电信集团公司	张园、胡彦强、李凯、杨衡、王茜、解建辉、徐奕、严宇、王高鸿、张文强	二等奖
29	可信云服务评估认证	中国信息通信研究院	科技进步	中国信息通信研究院	何宝宏、栗蔚、孙明俊、牛晓玲、陈屹力、郭雪、马飞、刘佳良、陈凯、陈默	二等奖
30	基于用户体验的运营商业务质量评测关键技术攻关与应用	中国移动通信集团公司	科技进步	中国移动通信集团公司	赵立君、种璟、金凌、高东辉、李颖、董鹏、张朗、史玉良、李超、范华	二等奖
31	基于电路端口告警实现端到端传输电路质量分析系统	中国移动通信集团设计院有限公司	科技进步	中国移动通信集团公司	王迎春、林何平、苏琪、刘建平、李勇	二等奖
32	基于物联网的环境监测关键技术研发及应用	西安邮电大学、青岛佳明测控科技股份有限公司、西安博康电子有限公司	科技进步	西安邮电大学	赵小强、高心岗、赵康柱、薛战华、荆立明、李大湘、李晶、杨刚、翟永智、赵锋	二等奖
33	网络异常流量检测与管理系统	南京邮电大学	技术发明	南京邮电大学	孙知信、宫婧、骆冰清、赵学健、宁卓、孟超、陈松乐	二等奖
34	基于自然能通风的仿生流道节能技术在通信基站的研究与应用	中国联合网络通信有限公司	技术发明	中国联合网络通信集团有限公司	吴明、周庆南、吴云飞、杨淑婷、周进、任宝平、郝大刚、郭中海、赵敬伟	二等奖
35	基于开放与共享的大数据产业体系构建及其应用	西安邮电大学	科技进步	西安邮电大学	朱志祥、肖跃雷、张勇、刘盛辉、罗强强	三等奖

（续表）

序号	获奖项目	获奖单位	申报奖种	推荐单位	获奖者	获奖等级
36	光纤端口智能管理系统（FPIMS）的研发与应用	中国联合网络通信有限公司北京分公司	科技进步	中国联合网络通信集团有限公司	赵静宜、许强、黑昱冬、王娜、刘陵海	三等奖
37	创新提升 FTTH 运营效率，支撑光网城市战略	中国电信股份有限公司安徽公司	科技进步	中国电信集团公司	刘安青、陶涛、祝美龙、黄如潮、田腴	三等奖
38	践行“宽带中国”战略，构建以电信网为基础的融合创新示范网公司	中国电信集团公司、中国信息通信研究院（工业和信息化部电信研究院）、烽火通信科技股份有限公司、中兴通讯股份有限公司、华为技术有限公司	科技进步	中国电信集团	张继平、侯春雨、赵学军、赵慧玲、周志强	三等奖
39	信息隐藏与数字水印实验教程	北京邮电大学	科技进步	北京邮电大学	杨榆、雷敏	三等奖
40	一种采用小区集动态绑定与负载均衡的 LTE 载波聚合技术	中国移动通信集团广东有限公司、华为技术有限公司	科技进步	广东省通信学会	瞿水华、李晖晖、钱会、薛珮珺、陈其铭	三等奖
41	基于池技术和分类寻呼的移动通信网络资源优化及工程实现	中国移动通信集团陕西有限公司	科技进步	陕西省通信学会	苏郁、成方军、冯西安、郭锐、房海涛	三等奖
42	嵌入式仪器设备网管系统	西安邮电大学	科技进步	西安邮电大学	李宥谋、马素刚、李哲、王西龙、张德慧	三等奖
43	基于物联网的液化天然气加气站综合管理系统的研发和规模应用	中国普天信息产业股份有限公司、中国普天信息产业北京通信规划设计院	科技进步	中国普天信息产业集团公司	王栋、朱德路、李钢、李国栋、魏晓丛	三等奖
44	移动网络感知先进技术研究与应用——人口迁移监测管理	中国联合网络通信有限公司广东省分公司	科技进步	中国联合网络通信集团有限公司	季白桦、苗岩、柯腾辉、匡荣杰、林昊	三等奖

2015年度中国通信标准化协会科学技术奖获奖项目

获奖等级	项目名称	完成单位	完成人
一等奖	《3GPP TR36.872：小小区物理层增强》等19项面向LTE-Hi的国际标准	中国信息通信研究院、华为技术有限公司、中国移动通信集团公司、大唐电信科技产业集团无线移动创新中心、中兴通讯股份有限公司	刘晓峰、马莎、刘建军、潘学明、杜滢、杜忠达、万屹、范霄安、陈卓、汪颖、左志松、夏媛、焦慧颖、沈晓冬、鲍炜
一等奖	《电信基础设施共建共享技术要求 第1部分：钢塔架》等5项ITU-R国际标准/行业标准	中国信息通信研究院、中国移动通信集团公司、中国电信集团公司、中国联合网络通信有限公司、中兴通讯股份有限公司、华为技术有限公司	陆冰松、孙向前、齐殿元、郭琳、李海滨、石涛、刘京、谢玉明、周峰、张兴海、孙韬、王毅、黄明、崔亮、刘宝殿
一等奖	《LTE系统北斗卫星导航定位协议》等24项3GPP国际标准	中国信息通信研究院、中兴通讯股份有限公司、大唐电信科技产业集团、总装备部航天装备总体研究发展中心、华为技术有限公司、中国移动通信集团公司	杜滢、黄河、刘建华、王如龙、周代卫、马志峰、陈晓忠、陈晓贝、尹丽燕、刘光毅、万屹、赵孝武、全海洋、张禹强、蒋守宁
二等奖	《3GPP TS 36.101终端射频发射和接收》等25项面向频谱性能优化技术的国际标准	中国移动通信集团公司、华为技术有限公司、大唐电信科技产业集团、中国信息通信研究院	潘峮、刘烈海、宋月霞、杜滢、刘婧迪、张晓然、戴喜增、李男、李彦坤、刘烨
二等奖	《邮政电子挂号邮件功能描述(S52标准)》万国邮联国际标准	邮政科学研究规划院	龚永恒、孙君炀、周国庆、冯俊、甄青坡、孙举恒、秦永叶
二等奖	TD-LTE终端测试全球化认证标准集	中国移动通信集团公司、中国信息通信研究院、电信科学技术研究院	汪恒江、肖善鹏、刘立森、曹艳艳、马帅、吴涛、董文佳、曲笛、陈晓忠、迟晶
二等奖	《指定返回路径的标签交换路径探测》等25项IETF国际标准	华为技术有限公司	陈国义、曹玮、徐小虎、郑莲淑、李丹、高建华、贺佳、龙昊
二等奖	《无源光网络（PON）管理技术要求》等6项行业标准	中国电信集团公司、华为技术有限公司、中国信息通信研究院、中兴通讯股份有限公司	汪海强、赵洪波、张淑建、张静、吴艳芹、尚逢亮、贾春秀、张志坤、陆洋、尧昱
二等奖	《IPTV终端设备智能模型》等10项ITU国际标准/行业标准/企业标准	中国电信集团公司	施唯佳、刘文超、王作强、孙洪、祝谷乔、赵伟峰、贾立鼎、万象、张铮凯、侯象飞
二等奖	《云计算基础设施即服务（IaaS）功能要求》等8项ITU国际标准/企业标准	中国电信集团公司	樊勇兵、陈楠、冯明、蔡永顺、刘健民、陈天、于玉海、马卫民、黄志兰、何晓武
三等奖	《LTE覆盖增强》等11项3GPP国际标准/企业标准	中国电信集团公司	毕奇、陈鹏、谢伟良、刘源、吴永俊、厉萍、佘小明
三等奖	《用户面拥塞管理》等11项3GPP国际标准	中国电信集团公司、华为技术有限公司、中兴通讯股份有限公司	梅承力、周晓云、李金艳、夏海涛、时晓岩、宗在峰、王海宁
三等奖	《ODN网络设备技术规范、设计规范》等20项企业标准	中讯邮电咨询设计院有限公司、北京电信规划设计院有限公司、中国联合网络通信集团有限公司	王健全、王光全、李家京、张沛、鲍彦泽、郭林、朱国治

（续表）

获奖等级	项目名称	完成单位	完成人
三等奖	《3GPP TS 24.37 基于 Web 浏览器的实时通信（WebRTC）技术》等 5 项 3GPP 国际标准	中国移动通信集团公司	王亚晨、张剑寅、于青、姜怡、宋月、陆璐、邓灵莉
三等奖	《智慧可持续发展城市关键性能指标概述》等 4 项 ITU 技术标准及研究报告	武汉烽火科技集团有限公司	桑梓勤、丁红清、郭嘉、许德玮
三等奖	《IPTV 媒体交付系统技术要求》等 3 项行业标准	中国信息通信研究院、中国电信集团公司、华为技术有限公司、中兴通讯股份有限公司、百视通网络电视技术发展有限责任公司、上海贝尔有限公司、中国联合网络通信集团有限公司	聂秀英、陈戈、宋海滨、缪川杨、张立杰、魏凯、边海华
三等奖	《域名注册协议的传输技术要求》等 5 项行业标准	中国互联网络信息中心 (CNNIC)	姚健康、孔宁、周琳琳、李晓东
三等奖	《LTE/TD-SCDMA/WCDMA/GSM(GPRS) 多模单待终端设备技术要求》等 14 项行业标准	中国信息通信研究院、TD 产业联盟（TDIA）、中国联合网络通信集团有限公司、中国电信集团公司、大唐电信科技产业集团、北京星河亮点技术股份有限公司、北京展讯高科通信技术有限公司	朵灏、果敢、刘臻、金毅敦、石美宪、顾旻霞、戴国华
三等奖	中国联通 PON 上行家庭网关及固网终端远程管理系列企业标准	中国联合网络通信集团有限公司	丁海、周晓霞、龙戎、王燕、朱晓雨、邵岩、朴永胜
三等奖	《终端地址分发协议 RFC7357》等 4 项 IETF 国际标准 / 行业标准	中兴通讯股份有限公司	胡方伟、魏月华、廖婷
三等奖	《中国移动内容分发网络总体技术要求》等 5 项企业标准	中国移动通信集团公司	倪伟、王寓辰、孔令山、段晓东、郭轫、南海涛、秦越
三等奖	《接入网设备过电压过电流防护技术要求和试验方法》等 4 项行业标准	中国电信集团公司、中兴通讯股份有限公司	谈儒猛、王华刚、关强华、刘裕城、罗森文、陈少川、陈健儿
三等奖	《一致性测试：健康记录网（HRN）接口》等 32 项 ITU 国际标准	重庆大学、重庆市科学技术研究院	钟代笛、段小炼
三等奖	《信任的 WLAN 接入 EPC》等 25 项 3GPP/IETF 国际标准	中兴通讯股份有限公司、中国移动通信集团公司、中国电信集团公司、中国联合网络通信集团有限公司	周星月、孙滔、夏旭、许阳、王磊、邓辉、王波
三等奖	《无线通信室内信号分布系统 第 1 部分：总体技术要求》等 6 项行业标准	中国信息通信研究院、中国移动通信集团有限公司、中国联合网络通信集团有限公司、中国电信集团公司、中国移动通信集团设计院有限公司、深圳市国人通信有限公司、京信通信系统（广州）有限公司、武汉邮电科学研究院	李莉莉、王晓磊、王健全、赵培、杨军、王大鹏、张光辉

2015年通信行业企业管理现代化创新成果名单

中国通信企业协会发布

序号	等级	成果名称	单位名称
1	一等	构建以一线需求为导向的倒三角运营管理模式	中国电信股份有限公司安徽分公司
2	一等	基于中高值客户分群及轨迹的异业合作模式	中国电信股份有限公司广州分公司
3	一等	聚焦客户感知—构筑“三化”网优引领的4G众筹网络服务体系	中国电信股份有限公司北京分公司
4	一等	“互联网+技防类行业应用”助力新疆维稳安全	中国电信股份有限公司新疆分公司
5	一等	存量经营时代的营销管理变革	中国移动通信集团河南有限公司
6	一等	“互联网+”渠道发展与管理	中国移动通信集团四川有限公司
7	一等	构建基于大数据的端到端网络服务管理体系	中国移动通信集团福建有限公司
8	一等	基于电商化运营的线上渠道能力管理体系	中国移动通信集团浙江有限公司
9	一等	“互联网+”时代电信运营商网络人才O2O培训模式的探索	中国联合网络通信有限公司北京市分公司
10	一等	沃百富引领互联网金融产品及合作模式创新	中国联合网络通信有限公司广东省分公司
11	一等	构建新型运营管理体系提升运营商移动网络价值	中国联合网络通信有限公司北京市分公司
12	一等	构建在线审计机制，提升企业风险治理“四全”能力	中国联合网络通信集团有限公司审计部
13	一等	着眼于新型农业经营主体家庭农场的融资支持开发管理	中国邮政储蓄银行股份有限公司
14	一等	以提升电子商务终端服务能力为目标的“E邮站”建设	中国邮政集团公司浙江省分公司
15	一等	基于互联网思维的邮政跨境电商创业平台的构建	中国邮政集团公司福建省分公司
16	一等	基于大数据思维的邮政商业智能体系的构建	中国邮政集团公司山东省分公司
17	二等	构建“互联网+”时代的运营商全业务能力聚合平台	中国电信股份有限公司广东分公司
18	二等	创新产品构建快销体系，开放思维践行“去电信化”	中国电信集团公司市场部
19	二等	宽带合作发展机制与模式创新	中国电信股份有限公司湖南分公司
20	二等	节能减排精确化管理创新	中国电信股份有限公司上海信息网络部

（续表）

序号	等级	成果名称	单位名称
21	二等	构建运维创新支撑体系，助力流量经营及业务平台转型	中国电信股份有限公司北京分公司
22	二等	Wi-Fi 智能云平台及其移动互联网商业化运营解决方案	中国电信股份有限公司江苏分公司
23	二等	运用移动互联网手段，构建市场化支撑体系	中国电信股份有限公司浙江分公司
24	二等	基于业务单元模块化的供应链标准化实践，助力供应链卓越运营	中国移动通信集团公司采购共享中心
25	二等	基于“BDG”模型的员工弹性管理体系实践	中国移动通信集团山东有限公司
26	二等	推动过程管理科学化 构建业务和服务协同管理体系	中国移动通信集团陕西有限公司
27	二等	构建基于集中化的营销全过程管理体系	中国移动通信集团江苏有限公司
28	二等	流量经营时代面向客户感知的网络集中化性能管理模式构建与实施	中国移动通信集团广东有限公司
29	二等	构建以基站为微单元的“网业财”融合管理体系	中国移动通信集团广西有限公司
30	二等	精准打击，集中管控，构建基于客户综合特征分析的垃圾短信治理智能管理体系	中国移动通信集团信息安全管理与运行中心、中国移动通信集团山东有限公司
31	二等	构建业财一体化的健康运营体系，提升企业持续发展能力	中国移动通信集团终端有限公司
32	二等	基于细化网络单元的管理新机制	中国联合网络通信集团有限公司财务部
33	二等	通信行业基于“互联网 +”的在线即时管理模式创新实践	中国联合网络通信有限公司山东省分公司
34	二等	新常态下企业价值管理生态体系构建与实践	中国联合网络通信有限公司广东省分公司
35	二等	以工单为载体的全流程服务运营体系创新实践	中国联合网络通信集团有限公司客户服务部
36	二等	基于流量价值化的移动互联网产品服务创新	中国联合网络通信有限公司四川省分公司
37	二等	基于移动用户行为大数据的移动网络建设管理实践	中国联合网络通信集团有限公司网建部
38	二等	构建大型通信运营企业面向客户的网络安全创新服务管理	中国联合网络通信有限公司北京市分公司
39	二等	打造流量经营 2.0 时代——资源创新管理	联通宽带在线有限公司
40	二等	顺应电信业营改增潮流，建立大型集团公司集中税务管理体系	中国联合网络通信集团有限公司财务部
41	二等	基于信息化的速递全环节生产流程再造	中国邮政速递物流股份有限公司

（续表）

序号	等级	成果名称	单位名称
42	二等	邮政企业微平台体系建设与运营	中国邮政集团公司浙江省分公司
43	二等	基于大数据构建邮政代理金融网点管理评价体系	中国邮政集团公司北京市分公司
44	二等	基于信息化支撑的中邮保险数据平台的构建	中邮人寿保险股份有限公司江西分公司
45	二等	“智慧城市”引领金融网点外拓管控体系转型	中国邮政集团公司无锡市分公司
46	二等	契合市场内生需求的集邮品研发转型	中国邮政集团公司河南省分公司
47	二等	邮政企业数据分析共享平台的搭建	中国邮政集团公司江苏省分公司
48	二等	以整体接管式突击检查创新邮政金融内控机制建设	中国邮政集团公司安徽省分公司
49	二等	构建以战略绩效管理为主线的有机管控体系	大唐电信科技股份有限公司
50	三等	国有通信企业差异化绩效工资分配体系创新	中国电信股份有限公司福建分公司
51	三等	打造适应互联网化的渠道运营体系	中国电信股份有限公司甘肃分公司
52	三等	以大数据构建价值和感知双提升的客户经营体系	中国电信股份有限公司福建分公司
53	三等	聚焦信息化应用的集约化共享中心服务体系创新	中国电信股份有限公司政企客户事业部
54	三等	基于安全和客户感知的骚扰电话防范体系的构建与应用	中国电信股份有限公司广西分公司
55	三等	构建资本运营体系，助力语音网络升级换代	中国电信集团公司网络运行维护事业部
56	三等	互联网模式下的装维精细化管理	中国电信股份有限公司深圳分公司
57	三等	“交费易”融合“爱装维”，创新打造运营商移动互联网金融服务	天翼电子商务有限公司
58	三等	以风险库为核心的审计风险管理体系	中国电信集团公司审计部
59	三等	由内部创新到外部创业实践探索	中国电信股份有限公司智慧家庭运营中心
60	三等	效能导向的生态化管理体系建设	中国移动（深圳）有限公司
61	三等	基于“四维七度”考核，构建可持续发展能力建设管理体系	中国移动通信集团吉林有限公司
62	三等	基于用户全生命周期管理的流量价值经营体系构建与实施	中国移动通信集团广东有限公司
63	三等	实现集客业务管理的“三个端到端”，打造卓越的“一站式”售后服务体系	中国移动通信集团公司政企客户分公司
64	三等	并联三线的渠道垂直集中管理项目	中国移动通信集团山西有限公司
65	三等	集客商机到交付流程 BPR（业务流程再造）	中国移动通信集团江西有限公司

（续表）

序号	等级	成果名称	单位名称
66	三等	科学建模 提质增效 创新投资建设量化审核管理机制	中国移动通信集团河南有限公司
67	三等	传送网管线资源全过程管理	中国移动通信集团公司计划建设部
68	三等	省市协同的 LTE 集中网优体系	中国移动通信集团安徽有限公司
69	三等	深挖采购全流程关键点创新模式，实现采购效益最大化	中国移动通信集团北京有限公司
70	三等	面向大数据时代的数据质量管控体系建设	中国移动通信集团上海有限公司
71	三等	面向全生命周期的全面、量化、自主型信息安全风险评价体系	中国移动通信集团广东有限公司
72	三等	大数据时代下的通信企业资源管理运营模式创新与实践	中国联合网络通信有限公司黑龙江省分公司
73	三等	基于业绩导向的前台岗位积分管理体系	中国联合网络通信有限公司河南省分公司
74	三等	构建营业厅综合效能立体评价体系	中国联合网络通信有限公司上海市分公司
75	三等	通信企业基层单元市场化运营转型实践	中国联合网络通信有限公司吉林省分公司
76	三等	“互联网 +114”北京联通构建创新生活信息服务管理体系	中国联合网络通信有限公司北京市分公司
77	三等	足不出户、便利交费，基于“互联网 + 银行卡代扣”在交费业务中的创新应用	中国联合网络通信集团有限公司市场营销部
78	三等	特大城市地下通信管网智能化管控体系建设	中国联合网络通信有限公司北京市分公司
79	三等	移动互联网时代的智能、弹性、敏捷 (SEA) 运维体系创新与实践	中国联合网络通信有限公司上海市分公司
80	三等	基于集中监控系统构建 IP 网简单扩容高效管理体系	中国联合网络通信有限公司黑龙江省分公司
81	三等	基于数据价值提升的业务财务一体化的资源监控评价体系	中国联合网络通信有限公司山东省分公司
82	三等	邮政金融专业市场综合服务模式构建	中国邮政储蓄银行股份有限公司广东省分行
83	三等	信息化支撑的金融风险防控建设	中国邮政储蓄银行股份有限公司福建省分行
84	三等	安保管理信息一体化的构建	中国邮政集团公司漳州市分公司
85	三等	转运拖车单元信息化流程再造	中国邮政集团公司安徽省合肥邮区中心局
86	三等	大型商业银行票据业务集约化管理体系建设	中国邮政储蓄银行股份有限公司

（续表）

序号	等级	成果名称	单位名称
87	三等	电子商务实物寄递前端智能化服务	中国邮政集团公司武汉市分公司
88	三等	邮政企业市场化的文化传媒业务转型管理	中国邮政集团公司重庆市璧山区分公司
89	三等	邮政企业州市现业以效能提升为核心的扁平化管理	中国邮政集团公司云南省分公司
90	三等	新型报刊亭 LED 联网发布系统建设	中国邮政集团公司浙江省分公司
91	三等	邮政企业传统信函业务的转型管理	中国邮政集团公司陕西省信函局
92	三等	基于智慧城市基础资源统建共享的移动通信基站规划建设与运营管理新模式	北京博大网信科技发展有限公司
93	三等	精密生产过程智能化应用管理	中天科技精密材料有限公司

2015年通信行业优秀质量管理小组名单

中国通信企业协会发布

序号	单位名称	QC小组名称	课题名称
1	中国电信股份有限公司新疆长途传输局	源动力	降低阿克苏CDT类基站电源断站时长
2	中国电信股份有限公司杭州分公司	“动环”QC小组	提高故障一次入网格率
3	中国电信股份有限公司上海分公司	“优翼青春”QC小组	降低移动互联网微信业务时延
4	中国电信股份有限公司上海分公司	“天翼飓风”QC小组	缩短账单上柜时间
5	中国电信股份有限公司盐城分公司	无线中心网络优化QC小组	提高高档小区4G网络下载速率优良比
6	中国电信股份有限公司新疆乌市分公司	精益	降低IP城域网低效设备占比
7	中国电信股份有限公司杭州分公司	江干分局客服中心QC小组	提升甲宽续包率
8	中国电信股份有限公司阿克苏分公司	极速光网	压缩FTTH宽带工单月均局内历时
9	中国电信股份有限公司上海分公司	“增值无限”QC小组	提高大数据每毫秒查询数量
10	中国电信股份有限公司广东分公司监控维护中心	天翼畅享QC小组	缩短4G故障处理平均时长
11	中国电信股份有限公司南京分公司	产品支撑QC小组	降低ITV重要客户劣化率
12	中国电信股份有限公司江苏分公司	NOC中心运行监控部QC小组	提高政企客户故障主动发现率
13	中国电信股份有限公司新疆长途传输局	火炬	提高乌鲁木齐城域网业务开通按单施工率
14	中国电信股份有限公司上海分公司	“翼云哨兵”QC小组	研究云计算环境全面监控告警的新方法
15	中国电信股份有限公司温州分公司	“飞YOUNG”QC小组	研究宽带故障智能处理的新方法
16	中国电信股份有限公司江西分公司	“破冰”QC小组	提升“即受即装”宽带装机工单局内十分钟到单率
17	中国电信股份有限公司江西分公司	“天翼展翅”QC小组	研究CDMA用户单次上网大流量短信提醒时间的新方法
18	中国电信股份有限公司泰安分公司	“网优添翼”QC小组	降低业务信道掉话率
19	中国电信股份有限公司佛山分公司	翼展风采QC活动小组	提升移动电话业务投诉处理及时率
20	中国电信股份有限公司汕头分公司	划小先锋号QC小组	提升金砂南划小责任田移动业务发展完成率
21	中国电信股份有限公司北京分公司	“翼助手”QC小组	降低投诉工单转派占比

（续表）

序号	单位名称	QC 小组名称	课题名称
22	中国电信股份有限公司珠海分公司	节能先锋 QC 小组	降低金鼎运维划小区域户均用电量
23	中国电信股份有限公司江西分公司	售后服务领先 QC 小组	提升大客户故障主动发现率
24	中国电信股份有限公司中山分公司	业务调度 QC 小组	提高业务受理无纸化率
25	中国电信股份有限公司宁波分公司	“ZTY” QC 小组	提升营业投诉甩单覆盖率
26	中国电信股份有限公司上海分公司	浦东局、客服中心联合 QC 小组	提高浦东电信川祝分局 10000 号受理宽带完工率
27	中国电信股份有限公司浙江分公司	“热气球” QC 小组	提升告警压缩率
28	中国电信股份有限公司盘锦分公司	盘锦无线网络优化 QC 小组	提升校园 EVDO 连接成功率
29	中国电信股份有限公司厦门分公司	流量 1+N QC 小组	提升中高端拍照用户流量产品渗透率
30	中国电信股份有限公司福建分公司	税收筹划 QC 小组	提高增值税进项抵扣率
31	中国电信股份有限公司海南分公司	智能客服“提质增效” QC 小组	缩短新媒体人工客服处理均长
32	中国电信股份有限公司新疆无线通信局	网优探索者	提升石河子市区 EVDO 下行速率优良比
33	中国电信股份有限公司西安分公司	天翼 2 号 QC 小组	提高月宽带修障满意率
34	中国电信股份有限公司厦门分公司	智能提速运维 QC 小组	提高智能提速产品在线提速成功率
35	中国电信股份有限公司广西分公司	领航 QC 小组	提高领航业务工单自动开通成功率
36	中国电信股份有限公司海南分公司	宽带支撑 QC 小组	减少移动业务工单自动施工失败量
37	中国电信股份有限公司安徽分公司	徽 Young QC 小组	提升合肥 LTE 网络下行吞吐率
38	中国电信股份有限公司无锡分公司	服务质量管控 QC 小组	提高工单质检合格率
39	中国电信股份有限公司海东分公司	磐石 QC 小组	提高 FTTH 零配置业务开通成功率
40	中国电信股份有限公司海南分公司	数据支撑 QC 小组	减少装维服务热线日均支撑量
41	中国电信股份有限公司西安分公司	监控 QC 小组	降低障碍工单平均历时
42	中国电信股份有限公司咸阳分公司	网络操作维护中心 QC 小组	提高网格宽带障碍修复及时率
43	中国电信股份有限公司云南分公司	“扬帆” QC 小组	降低省际不规范主叫号码比率
44	中国电信股份有限公司咸阳分公司	网络资源中心 QC 小组	提升划小网格单元中存量固网用户产品落图准确率
45	中国电信股份有限公司石嘴山分公司	爱资源 QC 小组	降低 FTTH 工单退单率
46	中国电信股份有限公司吉安分公司	“优质服务” QC 小组	提高核心商圈厅店客户服务满意度
47	广东广信通信服务有限公司粤中分公司	3G 客户运营 QC 小组	降低 3G 客户月流失率
48	中国电信股份有限公司天津分公司	“无线”遐想小组	研究基站天线测量的新方法
49	中国电信股份有限公司北京分公司	“京城翼网感知” QC 小组	研究移动客户感知评价新方法

（续表）

序号	单位名称	QC 小组名称	课题名称
50	中国电信股份有限公司宁夏分公司	监控部 QC 小组	提高网管告警压缩率
51	中国电信股份有限公司泰安分公司	" 天翼展翅 "QC 小组	降低移动语音网络质量万用户投诉率
52	中国电信股份有限公司宿迁分公司	无线网络优化班 QC 小组	降低 3G 万人投诉率
53	中国电信股份有限公司北京分公司	“极坐标” QC 小组	降低垃圾短信投诉量
54	中国电信股份有限公司武汉分公司	大集约时代 QC 小组	压降区域岗位网络告警工单量
55	中国电信股份有限公司重庆分公司	极速 Wi-Fi QC 小组	提高 Wi-Fi 热点客户感知满意度
56	中国电信股份有限公司宁夏长途传输局	虎啸塞上 QC 小组	提高传输网络资源资产运营效率
57	中国电信股份有限公司淮北分公司	正能量 QC 小组	提高社会渠道网点存活率
58	中国电信股份有限公司天津分公司	网优 style 小组	降低校园 CDMA 网络投诉量
59	中国电信股份有限公司福建分公司	翼飞 QC 小组	缩短网格划小承包报表处理时长
60	中国电信股份有限公司广西分公司	睿智 QC 小组	提高投诉工单处理用户满意率
61	广东省电信规划设计院有限公司	材料统计 QC 小组	提高配套电源专业线缆长度的准确率
62	中国电信股份有限公司宁夏分公司	智联 10000QC 小组	缩短 10000 号 IM 客服人工会话均长
63	中国电信股份有限公司天津分公司	安全优化 QC 小组	研究防病毒综合组网的新方法
64	中国电信股份有限公司海南分公司	用户数据 QC 小组	交接箱跳线自动检测提醒新方法的研究与应用
65	中国电信股份有限公司宁夏长途传输局	网络无忧 QC 小组	降低银川移动网络百万用户投诉率
66	中国电信股份有限公司网络运行维护事业部	中国电信全球客户服务热线 QC 小组	提高故障工单 2 小时反馈及时率
67	中国电信股份有限公司南昌分公司	响应服务中心 QC 小组	降低费用争议类投诉量
68	中国电信股份有限公司广西分公司	“朝阳” QC 小组	提升多媒体客服功能应用准确率
69	中国电信股份有限公司湖北增值业务中心	业务平台垃圾短信治理 QC 小组	压降工信部 12321 平台垃圾短信被举报率
70	中国电信股份有限公司福建直属运营公司	网络监控维护中心 QC 小组	降低 ITV 告警派单率
71	中国电信股份有限公司濮阳分公司	无线网优 QC 小组	提升移动网用户 DRC 申请速率高于 307.2Kbit/s 的比例
72	中国电信股份有限公司安徽分公司	客户行为研究专家小组	提高“精确流量辅导”营销效率
73	中国移动通信集团浙江有限公司网络部网管中心	融“和”贯通 QC 小组	提高 CSFB(4G) 被叫成功率
74	中国移动通信集团四川有限公司绵阳分公司	机动部队 QC 小组	降低物联网业务客户月均投诉率
75	中国移动通信集团四川有限公司成都分公司	“飞鸟游鱼” QC 小组	研究 LTE 语音回落分析的新方法

（续表）

序号	单位名称	QC 小组名称	课题名称
76	中国移动通信集团上海有限公司网络优化中心	欣星向荣 QC 小组	4G 网络语音呼叫时延优化新方法的研究
77	中国移动通信集团福建有限公司泉州分公司	SPEED	研究降低 4G 用户流量超额投诉率的新方法
78	中国移动通信集团江苏有限公司信息技术中心	飞天	研究 CRM 数据库升级割接的新方法
79	中国移动通信集团江苏有限公司南京分公司	无限数联	提升宽带流量本网率
80	中国移动通信集团四川有限公司网络维护中心	“4G 先锋”QC 小组	研究 LTE 运维支撑新方法
81	中国移动通信集团福建有限公司漳州分公司、省网管中心	潜行狙击	研究主动追踪伪基站的新方法
82	中国移动通信集团安徽有限公司网络部	探针 QC 小组	提升 LTE 网络用户下载速率
83	中国移动通信集团山西有限公司客户响应中心	风信子 QC 小组	提高 10086 热线人工流量业务推荐成功率
84	中国移动通信集团北京有限公司网络运行维护中心	网络啄木鸟 QC 小组	提高巡检发现故障准确率
85	中国移动通信集团天津有限公司网络维护中心	极客 QC 小组	IMS 业务平台局数据核查工具的研制
86	中国移动通信集团浙江有限公司台州分公司	防微杜渐 QC 小组	研究基于用户感知的苹果上网投诉预防新方法
87	中国移动通信集团山西有限公司网络部	光速互联 QC 小组	提升互联网流量本网率
88	中国移动通信集团福建有限公司厦门分公司	心网	提高主城区 LTE 下载速率
89	中国移动通信集团湖北有限公司网管中心	“315”QC 小组	提升 LTE 信令数据准确率
90	中国移动通信集团广西有限公司南宁分公司	“我能”QC 小组	提升 TD-LTE 网络下载速率
91	中国移动通信集团天津有限公司网络优化中心	技术专题 QC 小组	提高 4G 网络无线接通率
92	中国移动通信集团北京有限公司产品创新中心	无限精彩 QC 小组	提高和包 NFC 用户活跃度
93	中国移动通信集团江苏有限公司南京分公司	蜘蛛侠	提高传输网 PTN 成环率
94	中国移动通信集团天津有限公司网络优化中心	孔明灯 QC 小组	研究解决应急保障难题的新方法
95	中国移动通信集团湖北有限公司网管中心	超越班组 QC 小组	提升 4G 网络 CSFB 语音全程成功率

（续表）

序号	单位名称	QC 小组名称	课题名称
96	中国移动通信集团浙江有限公司嘉兴分公司	“+U” QC 小组	研究基于 D+E 混频组网的 4G 室分容量提升新方法
97	中国移动通信集团四川有限公司业务支撑中心	“飞翔的心” QC 小组	提升大数据的数据清洗效率
98	中国移动通信集团设计院有限公司安徽分公司	欲得高效 QC 小组	提高核心网分组域基础数据的准确率
99	中国移动通信集团河南有限公司客户服务中心	服务探索 QC 小组	提升中高端 4G 客户转化率
100	中国移动通信集团河南有限公司信息与业务支撑中心	收入保障 QC 小组	提高省际网间长途话单及时率
101	中国移动通信集团天津有限公司网络维护中心	炫彩 QC 小组	研究 IMS 盗拨拦截的新方法
102	中国移动通信集团公司业务支撑系统部	“精益求精” QC 小组	提升流量统付新增成员订单成功率
103	中国移动通信集团四川有限公司内江分公司	“天天向上” QC 小组	提升微信公众平台客户关注量
104	中国移动通信集团广东有限公司深圳分公司	增值先锋 QC 小组	研发移动 4G 流媒体承载加速系统
105	中国移动通信集团山西有限公司财务部	金算盘 QC 小组	提高资金成本节约率
106	中国移动通信集团湖北有限公司网管中心	红杉树 QC 小组	研究缩短 LTE 终端测试时长的新方法
107	中国移动通信集团广东有限公司深圳分公司	时间拯救者联盟	缩短集团专线平均交付时长
108	中国移动通信集团广东有限公司东莞分公司	传输精英 QC 小组	缩短传输紧急故障小区业务历时
109	中国移动通信集团浙江有限公司嘉兴分公司	乌镇精品网络 QC 小组	提升乌镇景区 4G 下载速率
110	中国移动通信集团安徽有限公司信息系统部	远航 QC 小组	研究识别猫池套机行为的新方法
111	中国移动通信集团山东有限公司业务支撑系统部	北斗星 QC 小组	降低 BOSS 系统异常话单率
112	中国移动通信集团陕西有限公司数据部	质盛 QC 小组	提高 12580 渠道终端营销成功率
113	中国移动通信集团辽宁有限公司信息技术中心	IT 支撑 QC 小组	缩短 IT 支撑系统设备故障处理时长
114	中国移动通信集团黑龙江有限公司网络管理部	四网协同 QC 小组	研究提升 3/4G 网络分流比的新方法
115	中国移动通信集团海南有限公司网络维护中心	紫荆花 QC 小组	研究缩短互联网业务投诉处理时长的新方法

（续表）

序号	单位名称	QC 小组名称	课题名称
116	中国移动通信集团信息安全管理与运行中心	策略运营 QC 小组	提高垃圾短信识别准确率
117	中国移动通信集团江苏有限公司宿迁分公司	极速网络	降低互联网电视用户投诉率
118	中国移动通信集团甘肃有限公司网络管理中心	网络管理中心“云”维先锋 QC 小组	降低云平台业务中断频次
119	中国移动通信集团甘肃有限公司业务支撑中心	业务支撑无止境 QC 小组	缩短经分系统调度处理平均时长
120	中国移动通信集团湖北有限公司网管中心	探路者 QC 小组	研究缩短侦测 LTE 低速率小区时长的新方法
121	中国移动通信集团江西有限公司业务支撑部	“流程优化”QC 小组	提高 BOSS 业务需求流转效率
122	中国移动通信集团陕西有限公司网络管理中心	全业务服务攻坚 QC 小组	提升集团专线勘察及时率
123	中国移动通信集团北京有限公司网络优化中心	步步领先 QC 小组	研究金融街区域 LTE 网络解决方案
124	中国移动通信集团广东有限公司广州分公司业务支持中心	“4G 写卡易之 5 零服务”QC 小组	提升 4G 换卡渗透率
125	中国移动通信集团河北有限公司邯郸分公司	“梦之队”QC 小组	降低邯郸市区 CSFB 端到端呼叫时延
126	中国移动通信集团新疆有限公司客户服务中心	花儿飞扬 QC 小组	提升 10086 热线外呼营销服务质量得分
127	中国移动通信集团上海有限公司信息系统运营部	畅通无限 QC 小组	提高用户 4G 换卡首次激活成功率
128	中国移动通信集团辽宁有限公司沈阳分公司	领域核心 QC 小组	研发车等我系统
129	中国移动通信集团吉林有限公司网维中心	拥抱海洋 QC 小组	降低省干 LTE 业务不可用时长
130	中国移动通信集团山东有限公司业务支撑系统部	基业常青 QC 小组	缩短流量提醒平均时延
131	中国移动通信集团陕西有限公司客户服务中心	蓝桥 QC 小组	提升热线话务忙时接通率
132	中国移动通信集团河南有限公司网络管理中心（网络优化中心）	安全卫士维护 365QC 小组	提高彩铃播放成功率
133	中国移动通信集团设计院有限公司研究所	捷报“频”传 QC 小组	研究频谱支撑及标准化支撑的新方法
134	中国移动通信集团贵州有限公司网络部网优中心	“杀虫剂”QC 小组	提升 4G CSFB 回落成功率

（续表）

序号	单位名称	QC 小组名称	课题名称
135	中国移动通信集团黑龙江有限公司网络管理部	无线先锋 QC 小组	提升 LTE 流量驻留比
136	中国移动通信集团安徽有限公司在线营销服务中心	“GO GO 加油！”QC 小组	研究 12580 商户信息查询的新方法
137	中国移动通信集团河北有限公司保定分公司	“运维之星”QC 小组	提升 LTE 网络切换成功率
138	中国移动通信集团山西有限公司太原分公司	支撑精英 QC 小组	研究户外现场营销实名业务受理的新方法
139	中国移动通信集团湖南有限公司网管中心	全业务支撑管理 QC 工作小组	缩短 FTTH 业务开通历时
140	中国移动通信集团云南有限公司曲靖分公司网络部	“飞越 4G”QC 小组	提升麒麟区网格 LTE 数据网络连续覆盖率
141	中国铁通集团有限公司郑州分公司	臻善品质 QC 小组	提高工单首次回复满意率
142	中国移动通信集团重庆有限公司万州分公司	网优尖兵 QC 小组	提升 LTE 下载速率
143	中国移动通信集团黑龙江有限公司网络管理部	龙江智汇 QC 小组	研究 4G 语音端到端质量分析的新方法
144	中国移动通信集团新疆有限公司业务支撑中心	标签提速 QC 小组	研究客户标签提速新方法
145	中国移动通信集团安徽有限公司网管中心监控室	运行监测探索 QC 小组	提高 LTE 故障工单命中率
146	中国移动通信集团终端有限公司陕西分公司	社会渠道直供团队蜜蜂之家小组	提升 TD 终端社会渠道销售份额
147	中国移动通信集团甘肃有限公司网管中心	网络管理中心“4G 风”QC 小组	提升 LTE 网络附着成功率
148	中国移动通信集团北京有限公司网络集中管理中心	梦想之舰 QC 小组	缩短重大网络事件响应时长
149	中国移动通信集团吉林有限公司网络管理中心	只争朝夕 QC 小组	缩短突发事件监控现场响应时长
150	中国移动通信集团重庆有限公司交换中心	数据星探 QC 小组	提升 EPS 附着成功率
151	中国移动通信集团黑龙江有限公司计划部和网络管理部	无限精彩 QC 小组	提升 LTE 网络下载速率
152	中国移动通信集团设计院有限公司黑龙江分公司	核心源动力 QC 小组	提高融合 EPC 核心网设备负载合格率
153	中国移动通信集团河南有限公司信息与业务支撑中心	支撑最前线 QC 小组	提高不良信息文件上报成功率

（续表）

序号	单位名称	QC 小组名称	课题名称
154	中国移动通信集团湖南有限公司网管中心	“净网行动”QC 小组	研究提升虚假改号诈骗电话拦截成功率的新方法
155	中国移动通信集团云南有限公司保山分公司	挑战者 QC 小组	开发平安建设信息平台
156	中国移动通信集团福建有限公司福州分公司	管通天下	研究提升光纤资源数据准确率的新方法
157	中国移动通信集团青海有限公司客户服务中心	追求卓越 QC 小组	降低 10086 热线服务质量申诉量
158	中国移动通信集团内蒙古有限公司呼伦贝尔分公司	网络创优 QC 小组	降低基站电费新方法
159	中国移动通信集团公司网络部	“华佗”QC 小组	缩短 WLAN 一级认证平台故障时长
160	中国移动通信集团云南有限公司网管中心	大脸猫 QC 小组	研究停复机后无需开关机直接上网的新方法
161	中国移动通信集团山东有限公司客户服务一中心	E 动飞扬 QC 小组	提升电子渠道短信营业厅渗透率
162	中国移动通信集团西藏有限公司拉萨分公司	“高原之巅”QC 小组	拉萨分公司“高原之巅”QC 小组
163	中国联通天津市分公司信息化事业部	“沃 . 冲”QC 小组	提高自有电商平台优质使用率
164	中国联通北京市分公司平台维护中心	伪基站定位与发现 QC 小组	研究伪基站定位的新方法
165	中国联通天津市分公司网络管理中心	健壮传输 QC 小组	研究 4G 加光网综合承载新方法
166	中国联通北京市分公司移动维护中心	国际漫游 QC 小组	提高 4G 网络用户国际漫游登记成功率
167	中国联通济南市分公司	“七零八零”QC 小组	提高征信短信时延达标率
168	中国联通北京市分公司网络优化中心	功夫熊猫 QC 小组	降低 4G 用户滑落 3G 网络的占比
169	联通系统集成有限公司	网运先锋 QC 小组	提高物联网粗定位业务定位成功率
170	中国联通天津市分公司线路维护中心	星星之光	研究城市光网光缆识别的新方法
171	中国联通北京市分公司网络管理中心	资源系统建设 QC 小组	降低基站传输电路阻断故障率
172	中国联通烟台市分公司	蓝色畅想 QC 小组	缩短室内分布系统故障历时
173	中国联通北京市分公司机动通信局	士兵突击 QC 小组	缩短地震灾区卫星基站车开通时间
174	中国联通郑州市分公司	澎湃动力 QC 小组	降低一体化基站断站率
175	中国联通内蒙古分公司网络管理中心	传输风暴 QC 小组	提高传送网故障自动预警成功率
176	中国联通威海市分公司	火焰 QC 小组	提高 NGN Licenses 资源准确率
177	中国联通天津市分公司集团客户事业部	马上迁 QC 小组	提升集团客户 4G 迁转成功率
178	中国联通潍坊市分公司	地平线 QC 小组	缩短基站小区退服时长

（续表）

序号	单位名称	QC小组名称	课题名称
179	中国联通天津市分公司信息化事业部	芝麻无小事QC小组	提高营改增税制下通信服务产品归集准确率
180	中国联通石家庄市分公司	移动核心网优化QC小组	提高移动网自动工单执行成功率
181	中国联通威海市分公司	快乐修障QC小组	提高号线系统ONU设备资源准确率
182	中国联通武汉市分公司	宽带沃QC小组	提高FTTH宽带号线资源精准率
183	中国联通内蒙古分公司网络管理中心	草原增智QC小组	提高VAC用户状态同步成功率
184	中国联通衡水市分公司	知行合一QC小组	提升114挪车服务客户使用量
185	中国联通郑州市分公司	开拓QC小组	降低移网基站FE数据电路故障率
186	中国联通嘉兴市分公司	“黑蚂蚁”QC小组	降低边界漫游投诉量
187	中国联通太原市分公司	网优卓越QC小组	降低LTE网络数据业务掉线率
188	中国联通郑州市分公司	无线支撑QC小组	提高双服务承诺工单关闭率
189	中国联通玉林市分公司	WO精彩QC小组	提高LTE FDD网络平均下载速率
190	中国联通福建省分公司运行维护部	精品服务促商机QC小组	压缩集团大客户本地专线业务网络开通时长
191	中国联通湖北省分公司运行维护部	移动核心网网络优化QC小组	提高LTE网络CSFB成功率
192	中国联通重庆市网络公司运行维护部	“沃维先锋”QC小组	降低宽带装维投诉率
193	中国联通玉林市分公司	创新优化QC小组	降低WCDMA网络上网投诉率
194	中国联通海口市分公司	必须爱“沃”	降低海口市3G室分用户投诉率
195	中国联通重庆市分公司产品创新部	流量使用感知提升QC小组	降低3G流量争议投诉率
196	中国联通杭州市分公司	城墙QC小组	研究3G无线网络DPU负荷均衡新方法
197	中国联通邢台市分公司	116114电话导航QC小组	提升116114手机客户端活跃率
198	中国联通湖州市分公司	“千里眼”QC小组	提升南浔区移动用户3G网络驻留占比
199	中国联通河南省分公司网络与信息安全部	网络红客QC小组	降低未备案网站的接入数量
200	中国联通内蒙古分公司网络管理中心	语音维护室QC小组	降低软交换SS设备CPU处理能力拥塞告警数量
201	中国联通广州市分公司	沃领未来QC小组	降低WCDMA网络城区问题小区指数
202	中国联通重庆市网络公司运行维护部	“沃维先锋”QC小组	降低2G网络拥塞小区比例
203	中国联通衡水市分公司	开拓QC小组	提高IPTV业务一次开通率
204	中国联通石家庄市分公司	翼石QC小组	研究分光器管理的新方法

（续表）

序号	单位名称	QC 小组名称	课题名称
205	中国联通广西区分公司网络管理和优化中心	数据业务优化 QC 小组	提升沃云盘下载速率
206	中国联通佛山市分公司	“畅行无忧”QC 小组	研究道路无线网络质量评估的新方法
207	中国联通广西区分公司网络管理和优化中心	网络沃争先 QC 小组	降低 WCDMA 网络质差通话比例
208	中国联通武汉市分公司	移动分组网 QC 小组	降低移动用户数据业务投诉率
209	中国联通网络技术研究院	LTE-A 新技术试验 QC 小组	提高 LTE-A 新技术外场试验测试效率
210	中国联通黑龙江省分公司客户服务中心	方舟 QC 小组	降低投诉工单处理超时率
211	中国联通赤峰市分公司	新锐 QC 小组	研究基于智能手机的基站维护支撑新应用
212	中国联通山西省分公司网优中心	网优蝴蝶 QC 小组	提升运城临猗 U900 的 MR 覆盖率
213	中国联通内蒙古分公司网络管理中心	网事无忧 QC 小组	提高鄂尔多斯移网长途去话应答率
214	中国联通山西省分公司网管中心	无限 QC 小组	降低晋中 W 网小区平均退服次数
215	中国联通重庆市分公司客户服务部	宽带服务提升 QC 小组	提升宽带装移机满意率
216	中国联通深圳市分公司	网络创优 QC 小组	降低 3G 网络码资源拥塞率
217	联通系统集成有限公司	信息创新 QC 小组	降低联通 OA 短信平台非正常短信发送率
218	中国联通浙江省分公司	“1+1”QC 小组	提升浙江联通短厅业务办理成功率
219	中国联通上饶市分公司	“沃”虎藏龙 QC 小组	研究控制恶意呼叫的新方法
220	中国联通福建省分公司运行维护部	宽带服务专项提升 QC 小组	提高号线资源准确率
221	中国联通深圳市分公司	4G 网优 QC 小组	缩短 4G 网络小流量业务时延
222	中国联通郑州市分公司	千里马 QC 小组	缩短 3G 网络拥塞问题处理时长
223	中国联通福建省分公司客户服务部	启辰 QC 小组	提升 10010 热线业务咨询短信下行率
224	中国联通亳州市分公司	精品集客 QC 小组	缩短集团客户专线故障平均历时
225	中国联通重庆市分公司客户服务部	满意在沃 QC 小组	提升消费提醒成功率
226	中国联通衢州市分公司	“资源提升”QC 小组	提升宽带新装 4 小时预约装机及时率
227	中国联通湖北省分公司运行维护部	“任沃行”QC 小组	研究解决大客户呼叫中心平均应答次数过低的新方法
228	中国联通随州市分公司	超越梦想 QC 小组	降低汉丹高铁 WCDMA 网络语音掉话率
229	联通信息导航有限公司	联通信息导航有限公司联通网厅导购服务 QC 小组	提升联通网上营业厅导购成功转化率
230	中国联通上海分公司网优中心	沃优化	降低上海联通用户网页浏览时延

（续表）

序号	单位名称	QC 小组名称	课题名称
231	联通系统集成有限公司	客服之星 QC 小组	缩短海尔信息服务热线平均话后处理时长
232	中国联通黑龙江省分公司信息化事业部	沃精彩 QC 小组	提高全业务平台交易成功率
233	中国联通黑龙江省分公司网络优化中心	奥卡姆剃刀 QC 小组	提高哈尔滨高校网格 3G 网络良好 MR 采样点比例
234	中国联通山西省分公司网优中心	翔龙 QC 小组	降低太原 LTE 网络 CSFB 时延
235	中国联通龙岩市分公司	沃高速 QC 小组	提升新罗城区 4G 网络 DT 测试下载速率均值
236	中国联通太原市分公司	网优先锋 QC 小组	提高太原 LTE 无线网络下载速率
237	中国联通广州市分公司	高效率高维护 QC 小组	提升机房精密空调高压喷雾节能系统利用率
238	烽火通信科技股份有限公司	集思圈	降低 3.0 单芯缆调试浪费率
239	长飞光纤光缆股份有限公司特种产品事业部	亮点小组	多模芯棒亮点改善
240	中天科技光纤有限公司	创新创优 QC 小组	减少光纤鞭打率
241	大唐微电子技术有限公司	激流勇进 QC 小组	降低 S 设备故障率

附录三　数据类

2015年全国通信业主要指标完成情况

指标名称	单位	本年末累计到达	与上年同期相比（%）	比上年末净增
电信营业收入	亿元	13 374.7	0.2	
其中：电信业务收入	亿元	11 251.4	0.8	
其中：固定通信收入	亿元	2 943.8	3.2	
其中：移动通信收入	亿元	8 307.6	0	
电信固定资产投资完成额	亿元	3 992.6	6.3	
全国电话用户数量	亿户	15.37		
其中：固定电话用户数量	亿户	2.31		-1 843.4 万户
其中：移动电话用户数量	亿户	13.06		1 964.5 万户
其中：3G 用户数量	亿户	3.99		-8 615.4 万户
其中：4G 用户数量	亿户	3.86		28 894.1 万户
全国互联网宽带接入用户	万户	21 337.2		1 288.8
其中：xDSL 用户数量	万户	5 021.0		-3 917.7
其中：FTTH/0 用户数量	万户	11 972.4		5 140.8
全国移动互联网用户	万户	96 447.2		8 925.0
固定本地电话通话时长	亿分钟	2 265.58	-13.6	
固定长途电话通话时长	亿分钟	481.99	-9.5	
移动电话去通话时长	亿分钟	28 499.86	-2.6	
其中：国内长途通话时长	亿分钟	6 574.11	-5.5	
其中：国际长途通话时长	亿分钟	11.05	-14.2	
移动短信业务量	亿条	6 991.76	-8.4	
移动互联网接入流量	万 G	418 679.5	103.0	

数据来源：工业和信息化部网站。

2015年全国电话用户分省情况

	固定电话用户			移动电话用户		
	2015年（万户）	比上年（万户）	普及率（部/百人）	2015年（万户）	比上年（万户）	普及率（部/百人）
全 国	23 099.6	-1 843.4	16.9	130 573.8	1 964.5	95.5
东 部	12 368.7	-1 147.4	21.9	64 792.4	1 074.2	114.6
北 京	784.6	-46.7	36.5	4 051.9	-24.5	188.3
天 津	343.8	-16.8	22.7	1 405.8	54	92.7
河 北	978.2	-106.9	13.2	6 367.2	138.1	86.2
辽 宁	1 036.2	-115	23.6	4 429.6	-105.9	100.9
上 海	797.3	-42.9	32.9	3 259.9	-32.8	134.4
江 苏	1 973.0	-160.6	24.8	8 227.3	156.9	103.4
浙 江	1 471.0	-170.9	26.7	7 466.4	95.8	135.6
福 建	888.5	-44.8	23.3	4 240.2	-36.5	111.4
山 东	1 118.0	-300.3	11.4	9 413.8	749.7	96.2
广 东	2 807.1	-143.5	26.2	15 009.7	66.3	140.0
海 南	171.0	1	18.9	920.5	13.1	101.9
中 部	5 589.8	-491.5	13.0	33 984.4	381.8	79.3
山 西	444.6	-109.6	12.2	3 337.3	5	91.5
吉 林	572.3	-2.5	20.8	2 604.1	-8.2	94.6
黑龙江	596.0	-44.5	15.5	3 430.3	-27.5	89.5
安 徽	739.4	-100.4	12.2	4 232.6	16.7	69.6
江 西	568.4	-8.9	12.5	3 056.2	117.7	67.3
河 南	1 009.7	-133.3	10.7	7 881.2	168.3	83.5
湖 北	872.5	-34.9	15.0	4 650.6	43.8	80.0
湖 南	787.0	-57.1	11.7	4 792.1	66	71.1
西 部	5 141.1	-204.6	14.0	31 796.5	508.6	86.3
内蒙古	324.5	-34.6	13.0	2 425.3	-209.3	96.8
广 西	439.7	-60.2	9.2	3 653.3	99.5	76.8
重 庆	559.5	-20	18.7	2 788.8	198.9	93.2
四 川	1 353.4	59.2	16.6	6 872.0	263.5	84.4
贵 州	312.5	-26.6	8.9	2 972.3	87	84.7
云 南	377.5	-52.3	8.0	3 789.8	41.3	80.4
西 藏	34.9	-1	11.0	271.6	-20.2	85.5
陕 西	723.3	-27.5	19.2	3 649.7	42.5	96.7
甘 肃	326.0	-15.3	12.6	2 108.1	49.5	81.4
青 海	104.2	4	17.9	537.5	-6.5	92.1
宁 夏	84.4	-18.3	12.8	661.0	-27.3	99.9
新 疆	501.2	-12.1	21.8	2 067.2	-10.2	89.9

数据来源：工业和信息化部网站。

2013 ～ 2015 年全国农村固定电话用户情况

	全国农村固定电话（万户）		
	2015 年	2014 年	2013 年
全 国	6 069.0	7 315.1	8 241.7
东 部	3 304.3	4 068.8	4 636.4
北 京	146.6	161.6	172.4
天 津	3.1	4.3	4.2
河 北	211.5	265.2	312.3
辽 宁	419.9	413.9	422.3
上 海	0.0	10.1	10.7
江 苏	755.0	910.7	1 014.0
浙 江	375.3	513.4	729.5
福 建	324.7	416.5	373.8
山 东	343.9	538.9	712.2
广 东	675.8	784.0	834.2
海 南	48.5	50.1	50.9
中 部	1 542.8	1 886.4	2 117.1
山 西	90.4	130.0	150.9
吉 林	123.7	135.7	139.7
黑龙江	92.2	103.9	145.8
安 徽	234.1	307.6	372.9
江 西	204.6	223.3	226.6
河 南	330.1	429.8	470.6
湖 北	240.0	294.4	321.1
湖 南	227.8	261.7	289.6
西 部	1 221.8	1 359.9	1 488.2
内蒙古	47.0	57.7	59.5
广 西	127.7	162.9	191.6
重 庆	128.3	141.7	150.0
四 川	414.4	376.8	387.3
贵 州	62.9	77.7	93.4
云 南	83.4	117.5	138.5
西 藏	0.2	0.6	1.1
陕 西	165.2	194.2	214.3
甘 肃	64.1	80.9	94.6
青 海	12.7	13.7	15.2
宁 夏	10.6	14.6	17.7
新 疆	105.4	121.4	125.1

数据来源：工业和信息化部网站。

2015年第四季度全国宽带速率情况

省份	忙闲时加权平均可用下载速率（Mbit/s）	忙时平均可用下载速率（Mbit/s）	闲时平均可用下载速率（Mbit/s）	忙闲时加权平均首屏呈现时间（s）	忙闲时加权平均视频下载速率（Mbit/s）
东部					
上海	11.31	11.10	11.92	2.21	8.01
北京	10.60	10.51	10.96	2.28	7.37
天津	10.51	10.41	10.97	2.37	7.13
江苏	9.21	9.06	9.67	2.01	7.43
山东	9.02	8.92	9.42	2.05	7.52
辽宁	8.84	8.69	9.34	2.14	6.82
河北	8.73	8.59	9.23	2.15	6.68
福建	8.62	8.46	9.08	2.14	7.13
浙江	8.37	8.19	8.91	2.14	7.18
海南	7.70	7.62	7.92	2.36	6.59
广东	7.22	7.04	7.66	2.37	6.51
中部					
安徽	8.86	8.67	9.49	2.16	8.10
河南	8.57	8.41	9.07	2.13	8.50
江西	8.39	8.16	9.07	2.11	8.20
湖南	7.79	7.62	8.22	2.08	7.90
湖北	7.74	7.62	8.17	2.20	8.01
吉林	7.69	7.52	8.26	2.17	6.80
黑龙江	7.30	7.19	7.69	2.21	7.04
山西	7.13	6.97	7.64	2.21	7.59
西部					
四川	9.30	9.09	9.91	2.11	7.36
贵州	8.82	8.58	9.43	2.09	6.67
宁夏	8.43	8.33	8.79	2.36	6.17
新疆	8.30	8.11	8.73	2.18	5.97
重庆	7.89	7.74	8.42	2.13	6.81
内蒙古	7.75	7.68	7.99	2.23	6.23
陕西	7.24	7.07	7.73	2.42	6.34
甘肃	7.22	7.10	7.61	2.24	6.13
广西	7.20	7.09	7.50	2.25	6.34
云南	7.15	6.94	7.71	2.33	6.24
青海	6.69	6.48	7.18	2.39	5.55
西藏	6.21	6.04	6.51	2.48	4.25

数据来源：宽带发展联盟 第10期《中国宽带速率状况报告》。

2015年国内主要骨干网络国际出口带宽和互联网基础资源情况

	国际出口带宽数（Mbps）	年增长率（%）
国际出口带宽合计（Mbps）	5 392 116	30.9
中国电信	3 223 629	25.5
中国联通	1 414 868	36.4
中国移动	645 073	65.3
中国教育和科研计算机网	61 440	-8.3
中国科技网	47 104	-17.4
中国国际经济贸易互联网	2	0
IPv4（个）	336 519 680	1.4
IPv6（块 /32）	20 594	9.6
域名（个）	31 020 514	50.6
其中 .CN 域名（个）	16 363 594	47.6
网站（个）	4 229 293	26.3
其中 .CN 下网站（个）	2 130 791	34.6

数据来源：CNNIC 第 37 次《中国互联网络发展状况统计报告》。

2015年全国移动通信发展情况

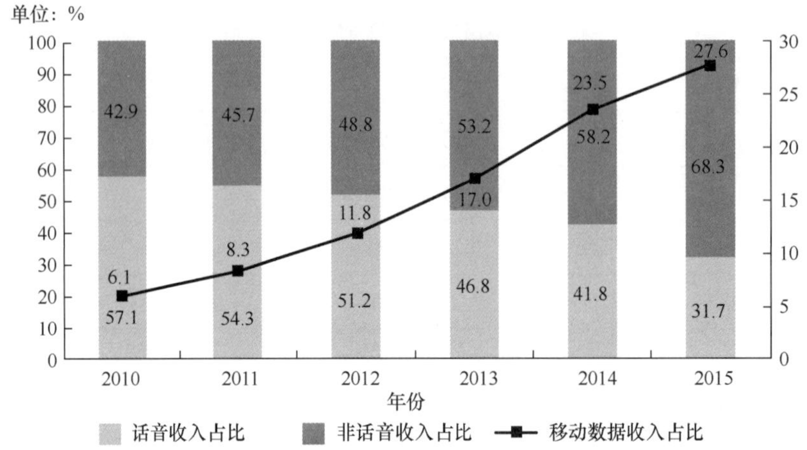

2010~2015年话音业务和非话音业务收入占比变化情况

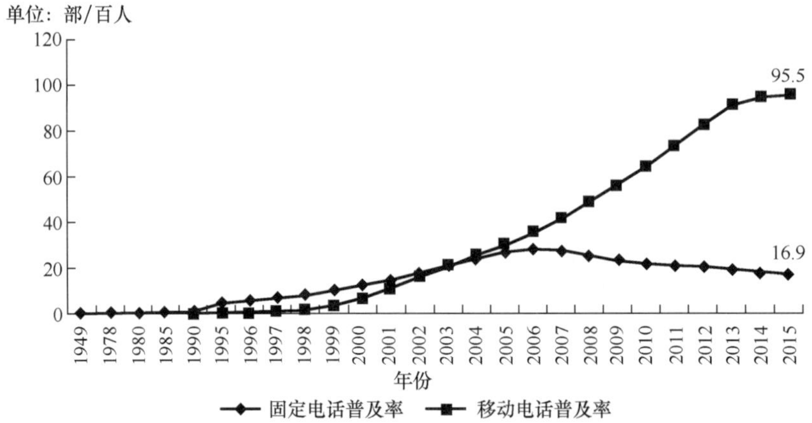

1949~2015年固定电话、移动电话用户发展情况

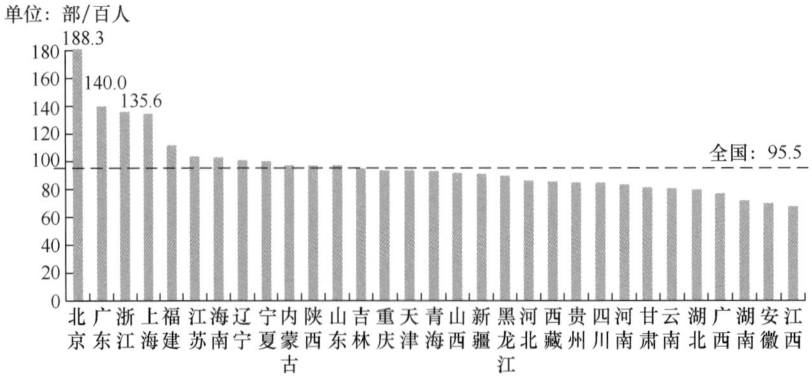

2015年移动电话普及率各省份发展情况

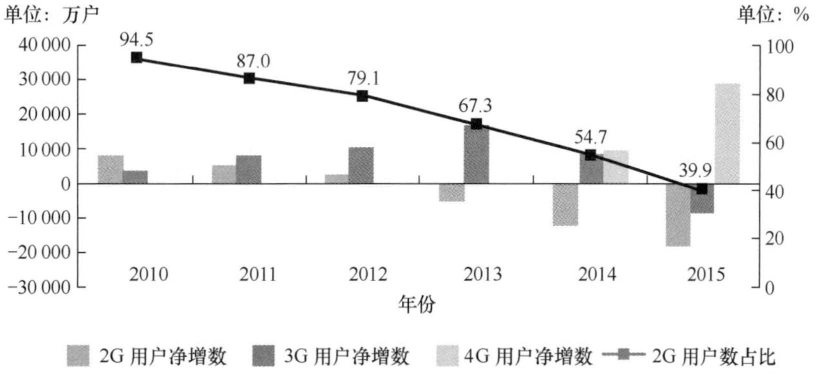

2010~2015 年各制式移动电话用户发展情况

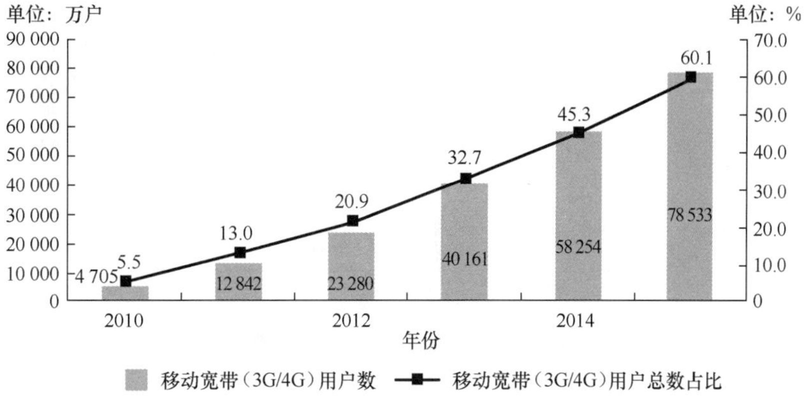

2010~2015 年 3G/4G 用户发展情况

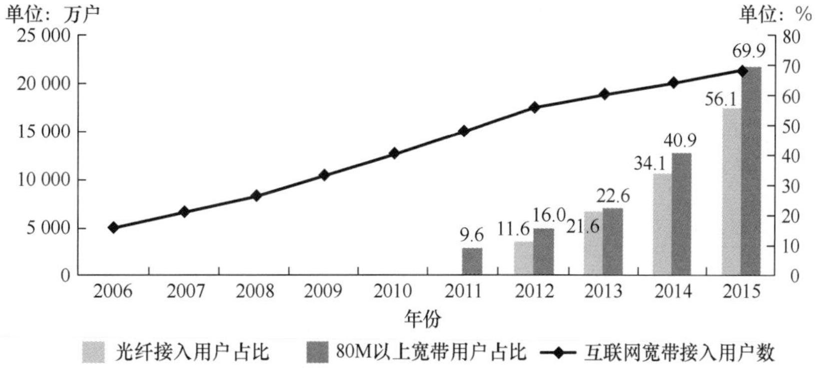

2006~2015 年互联网宽带接入用户发展和高速率用户占比情况

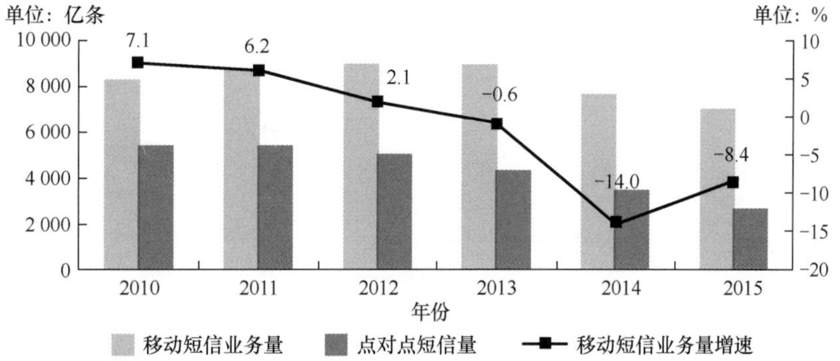

2010~2015 年移动短信量和点对点短信量各年比较

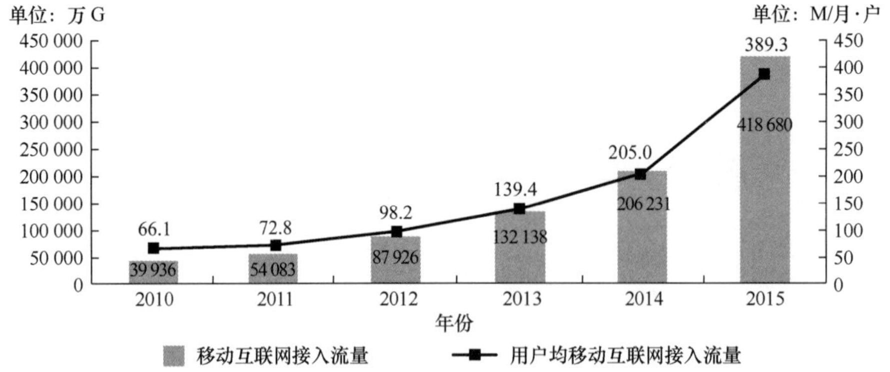

2010~2015 年移动互联网流量发展情况比较

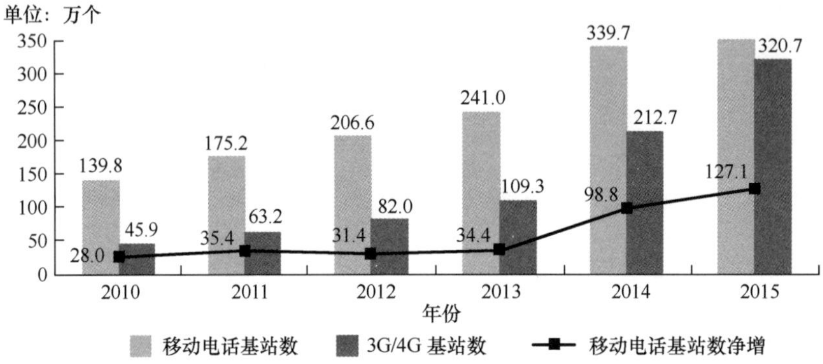

2010~2015 年移动电话基站发展情况

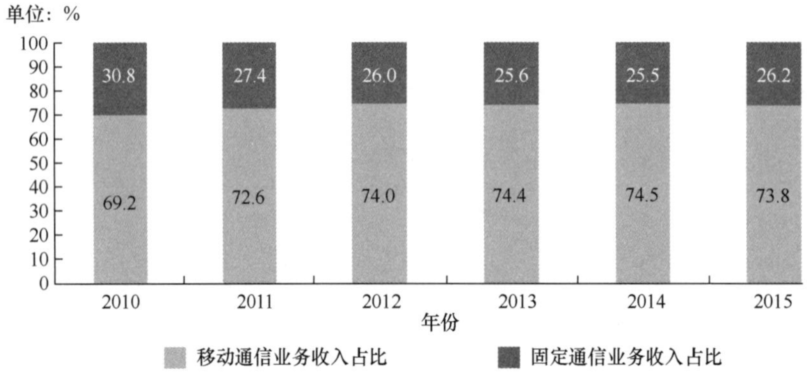

2010~2015 年电信收入结构（固定和移动）情况

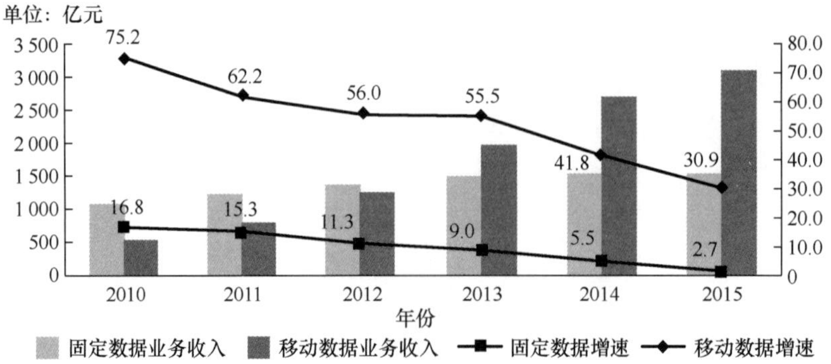

2010~2015 年固定与移动数据业务收入发展情况

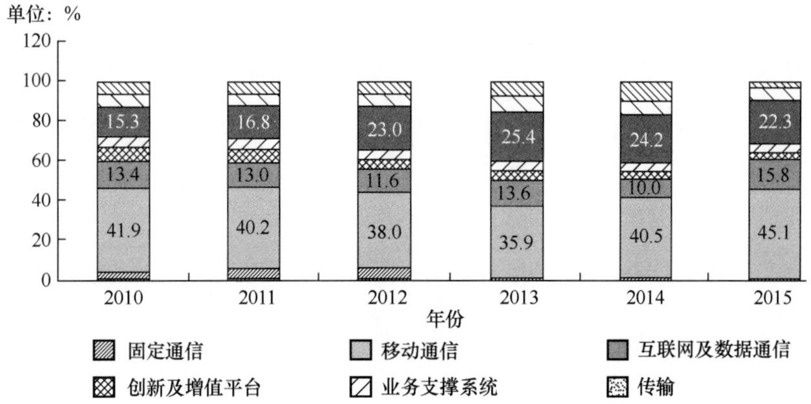

2010 ～ 2015 年固定资产投资主要业务投资变化情况

数据来源：工业和信息化部 2015 年通信运营业统计公报。

2015年全国宽带用户发展情况

截至日期	互联网宽带用户总数（亿户）	光纤接入FTTH/0用户（亿户）	移动宽带（3G/4G）用户总数（亿户）	3G用户数（亿户）	4G用户数（亿户）
2015年12月	2.13	1.2	7.85	3.99	3.86
2015年11月	2.12	1.14	7.6	4.08	3.56
2015年10月	2.12	1.1	7.47	4.19	3.28
2015年9月	2.11	1.02	7.3	4.27	3.02
2015年8月	2.09	0.98	7.13	4.36	2.77
2015年7月	2.08	0.94	6.95	4.44	2.51
2015年6月	2.07	0.90	6.74	4.48	2.25
2015年5月	2.06	0.86	6.57	4.56	2.01
2015年4月	2.05	0.82	6.44	4.66	1.78
2015年3月	2.04	0.78	6.4	4.76	1.62
2015年2月	2.03	0.75	6.24	4.86	1.38
2015年1月	2.02	0.72	6.03	4.85	1.18

数据来源：工业和信息化部网站。

2015年三家基础电信企业业绩报告情况

中国电信股份有限公司

	2015年	2014年	变化率
经营收入（人民币百万元）	331202	324394	2.1%
其中：通信服务收入（人民币百万元）	293266	287379	2%
EBITDA （人民币百万元）	94106	94853	-0.79%
EBITDA率（%）	32.1	33	-0.9个百分点
净利润（人民币百万元）	20054	17680	13.4%
每股净利润（人民币元）	0.25	0.22	13.6
移动用户（亿户）	1.98	1.86	6.45
有线宽带用户（亿户）	1.13	1.07	5.7%
固定电话用户（亿户）	1.34	1.44	-6.4%

中国移动有限公司

	2015年	2014年	变化率
营运收入（人民币百万元）	668335	651509	2.6%
其中：通信服务收入（人民币百万元）	584089	591602	-1.3%
EBITDA （人民币百万元）	240028	241831	-0.7%
EBITDA率（%）	35.9	36.7	-0.8个百分点
净利润（人民币百万元）	108539	109218	-0.6%
每股基本盈利（人民币元）	5.30	5.38	-1.5%
移动电话用户（亿户）	8.26	8.07	2.4%
有线宽带用户（亿户）	0.55		

中国联合网络通信股份有限公司

	2015年	2014年	变化率
营业收入（人民币百万元）	277049	288571	-4%
服务收入（人民币百万元）	235278	244878	-3.9%
EBITDA （人民币百万元）	87502	92771	-5.7%
EBITDA占服务收入百分比	37.2%	37.9%	-0.7个百分点
净利润（人民币百万元）	10562	12055	-12.4%
每股基本盈利（人民币元）	0.1638	0.1878	-12.8%
移动用户（亿户）	2.5232		
固网宽带用户（亿户）	0.7233		5.1%

数据来源：中国电信、中国移动、中国联通2015年业绩报告。

2015 年全国各省（市、自治区）网民情况

省份	网民数（万人）	普及率（%）	网民增速（%）	普及率排名
北京	1 647	76.5	3.4	1
上海	1 773	73.1	3.3	2
广东	7 768	72.4	6.6	3
福建	2 648	69.6	7.1	4
浙江	3 596	65.3	4.0	5
天津	956	63.0	5.8	6
辽宁	2 731	62.2	5.9	7
江苏	4 416	55.5	3.3	8
新疆	1 262	54.9	10.8	9
青海	318	54.5	9.9	10
山西	1 975	54.2	7.5	11
海南	466	51.6	10.8	12
河北	3 731	50.5	3.6	13
内蒙古	1 259	50.3	10.3	14
陕西	1 886	50.0	8.1	15
宁夏	326	49.3	10.6	16
山东	4 789	48.9	3.3	17
重庆	1 445	48.3	6.5	18
吉林	1 313	47.7	5.7	19
湖北	2 723	46.8	3.7	20
西藏	142	44.6	15.3	21
黑龙江	1 707	44.5	6.8	22
广西	2 033	42.8	10.0	23
四川	3 260	40.0	7.9	24
湖南	2 685	39.9	4.1	25
安徽	2 395	39.4	7.7	26
河南	3 703	39.2	6.6	27
甘肃	1 005	38.8	5.7	28
江西	1 759	38.7	14.0	29
贵州	1 346	38.4	10.1	30
云南	1 761	37.4	7.2	31
全国	68 826	50.3	6.1	—

数据来源：CNNIC 第 37 次《中国互联网络发展状况统计报告》。

2014 ～ 2015 年国内网民对各类网络应用的使用情况

	2015 年		2014 年		
应用	用户规模（万）	网民使用率（%）	用户规模（万）	网民使用率（%）	年增长率（%）
即时通信	62 408	90.7	58 776	90.6	6.2
搜索引擎	56 623	82.3	52 223	80.5	8.4
网络新闻	56 440	82.0	51 894	80.0	8.8
网络视频	50 391	73.2	43 298	66.7	16.4
网络音乐	50 137	72.8	47 807	73.7	4.9
网上支付	41 618	60.5	30 431	46.9	36.8
网络购物	41 325	60.0	36 142	55.7	14.3
网络游戏	39 148	56.9	36 585	56.4	7.0
网上银行	33 639	48.9	28 214	43.5	19.2
网络文学	29 674	43.1	29 385	45.3	1.0
旅行预订	25 955	37.7	22 173	34.2	17.1
电子邮件	25 847	37.6	25 178	38.8	2.7
团购	18 022	26.2	17 267	26.6	4.4
论坛 /BBS	11 901	17.3	12 908	19.9	-7.8
互联网理财	9 026	13.1	7 849	12.1	15.0
网上炒股或炒基金	5 892	8.6	3 819	5.9	54.3
社交应用	53 001	77.0	—	—	—
在线教育	11 014	16.0	—	—	—
互联网医疗	15 211	22.1			

数据来源：CNNIC 第 37 次《中国互联网络发展状况统计报告》。

2014 ～ 2015 年国内网民手机互联网应用情况

	2015 年		2014 年		
应用	用户规模（万）	网民使用率（%）	用户规模（万）	网民使用率（%）	年增长率（%）
手机即时通信	55 719	89.9	50 762	91.2	9.8
手机网络新闻	48 165	77.7	41 539	74.6	16.0
手机搜索	47 784	77.1	42 914	77.1	11.3
手机网络音乐	41 640	67.2	36 642	65.8	13.6
手机网络视频	40 508	65.4	31 280	56.2	29.5
手机网上支付	35 771	57.7	21 739	39.0	64.5
手机网络购物	33 967	54.8	23 609	42.4	43.9
手机网络游戏	27 928	45.1	24 823	44.6	12.5
手机网上银行	27 675	44.6	19 813	35.6	39.7
手机网络文学	25 908	41.8	22 626	40.6	14.5
手机旅行预订	20 990	33.9	13 422	24.1	56.4
手机邮件	16 671	26.9	14 040	25.2	18.7
手机团购	15 802	25.5	11 872	21.3	33.1
手机论坛 /BBS	8 604	13.9	7 571	13.6	13.7
手机网上炒股或炒基金	4 293	6.9	1 947	3.5	120.5
手机在线教育课程	5 303	8.6	—	—	—

数据来源：CNNIC 第 37 次《中国互联网络发展状况统计报告》。

2015～2010年世界主要国家和地区ICT发展指数(IDI)

经济体	2015年		2010年	
	排名	IDI	排名	IDI
韩国	1	8.93	1	8.64
丹麦	2	8.88	4	8.18
冰岛	3	8.86	3	8.19
英国	4	8.75	10	7.62
瑞典	5	8.67	2	8.43
卢森堡	6	8.59	8	7.82
瑞士	7	8.56	12	7.60
荷兰	8	8.53	7	7.82
香港（中国）	9	8.52	13	7.41
挪威	10	8.49	5	8.16
日本	11	8.47	9	7.73
芬兰	12	8.36	6	7.96
澳大利亚	13	8.29	15	7.32
德国	14	8.22	17	7.28
美国	15	8.19	16	7.30
新西兰	16	8.14	19	7.17
法国	17	8.12	18	7.22
摩纳哥	18	8.10	22	7.01
新加坡	19	8.08	11	7.62
爱沙尼亚	20	8.05	25	6.70
比利时	21	7.88	24	6.76
爱尔兰	22	7.82	20	7.04
加拿大	23	7.76	21	7.03
澳门（中国）	24	7.73	14	7.38
奥地利	25	7.67	23	6.90
西班牙	26	7.66	30	6.53
巴林	27	7.63	48	5.42
安道尔共和国	28	7.60	29	6.60
巴巴多斯	29	7.57	38	6.04
马耳他	30	7.52	28	6.67
卡塔尔	31	7.44	37	6.10
阿联酋	32	7.32	49	5.38
斯洛文尼亚	33	7.23	27	6.69
捷克共和国	34	7.21	33	6.30
以色列	35	7.19	26	6.69
白俄罗斯	36	7.18	50	5.30
拉脱维亚	37	7.16	34	6.22
意大利	38	7.12	31	6.38
希腊	39	7.09	35	6.20
立陶宛	40	7.08	39	6.02
沙特阿拉伯	41	7.05	56	4.96

经济体	2015年		2010年	
	排名	IDI	排名	IDI
苏里南	85	4.99	100	3.39
圣卢西亚	86	4.98	70	4.39
塞舌尔	87	4.96	81	3.98
南非	88	4.90	88	3.65
巴拿马	89	4.87	79	4.07
厄瓜多尔	90	4.81	90	3.65
伊朗	91	4.79	99	3.48
约旦	92	4.75	84	3.82
突尼斯	93	4.73	93	3.62
阿尔巴尼亚	94	4.73	89	3.65
墨西哥	95	4.68	86	3.70
佛得角	96	4.62	107	3.14
吉尔吉斯斯坦	97	4.62	112	3.02
菲律宾	98	4.57	105	3.16
摩洛哥	99	4.47	96	3.55
埃及	100	4.40	98	3.48
斐济	101	4.33	102	3.28
越南	102	4.28	94	3.61
多明尼加共和国	103	4.26	101	3.38
秘鲁	104	4.26	91	3.64
牙买加	105	4.23	95	3.60
萨尔瓦多	106	4.20	110	3.10
玻利维亚	107	4.08	113	3.00
印度尼西亚	108	3.94	109	3.11
加纳	109	3.90	130	1.98
汤加	110	3.82	111	3.08
博茨瓦纳	111	3.82	117	2.86
巴拉圭	112	3.79	108	3.11
阿尔及利亚	113	3.71	114	2.99
圭亚那	114	3.65	103	3.24
斯里兰卡	115	3.64	115	2.97
伯利兹	116	3.56	104	3.17
叙利亚	117	3.48	106	3.14
纳米比亚	118	3.41	120	2.63
不丹	119	3.35	128	2.02
洪都拉斯	120	3.33	116	2.94
危地马拉	121	3.26	118	2.86
萨摩亚	122	3.11	121	2.43
尼加拉瓜	123	3.04	123	2.40
肯尼亚	124	3.02	126	2.09
瓦努阿图	125	2.93	124	2.19

（续表）

经济体	2015 年		2010 年		经济体	2015 年		2010 年	
	排名	IDI	排名	IDI		排名	IDI	排名	IDI
克罗地亚	42	7.00	42	5.82	苏丹	126	2.93	127	2.05
葡萄牙	43	6.93	36	6.15	津巴布韦	127	2.90	132	1.97
波兰	44	6.91	32	6.38	莱索托	128	2.81	141	1.74
俄罗斯	45	6.91	46	5.57	古巴	129	2.79	119	2.66
科威特	46	6.83	45	5.64	柬埔寨	130	2.74	131	1.98
斯洛伐克	47	6.82	40	5.96	印度	131	2.69	125	2.14
匈牙利	48	6.82	41	5.92	塞内加尔	132	2.68	137	1.80
乌拉圭	49	6.70	52	5.19	加蓬	133	2.68	122	2.41
保加利亚	50	6.52	47	5.45	尼日利亚	134	2.61	133	1.96
塞尔维亚	51	6.45	51	5.29	冈比亚	135	2.60	129	1.99
阿根廷	52	6.40	54	5.02	尼泊尔	136	2.59	140	1.75
塞浦路斯	53	6.37	44	5.75	科特迪瓦	137	2.51	142	1.74
阿曼	54	6.33	68	4.41	老挝	138	2.45	135	1.92
智利	55	6.31	59	4.90	所罗门群岛	139	2.42	139	1.78
黎巴嫩	56	6.29	77	4.18	安哥拉	140	2.32	144	1.68
哥斯达黎加	57	6.20	80	4.07	刚果（布）	141	2.27	136	1.83
哈萨克斯坦	58	6.20	62	4.81	缅甸	142	2.27	150	1.58
罗马尼亚	59	6.11	55	4.99	巴基斯坦	143	2.24	138	1.79
马其顿共和国	60	6.07	57	4.96	孟加拉	144	2.22	148	1.61
巴西	61	6.03	73	4.29	马里	145	2.22	155	1.46
安提瓜和巴布达	62	5.93	58	4.91	赤道几内亚	146	2.21	134	1.96
圣基茨和尼维斯	63	5.92	43	5.80	喀麦隆	147	2.19	149	1.60
马来西亚	64	5.90	61	4.85	吉布提	148	2.19	143	1.69
黑山	65	5.90	60	4.89	乌干达	149	2.14	151	1.57
摩尔多瓦	66	5.81	74	4.28	毛里塔尼亚	150	2.07	146	1.63
阿塞拜疆	67	5.79	76	4.21	贝宁	151	2.05	147	1.63
圣文森特和格林纳丁斯	68	5.69	63	4.69	多哥	152	2.04	145	1.64
土耳其	69	5.58	67	4.56	赞比亚	153	2.04	152	1.55
特立尼达和多巴哥	70	5.57	65	4.58	卢旺达	154	2.04	154	1.47
文莱	71	5.53	53	5.05	利比里亚	155	1.86	161	1.24
委内瑞拉	72	5.48	71	4.36	阿富汗	156	1.83	156	1.37
毛里求斯	73	5.41	72	4.31	坦桑尼亚	157	1.82	153	1.54
泰国	74	5.36	92	3.62	莫桑比克	158	1.82	160	1.28
哥伦比亚	75	5.32	83	3.91	布基纳法索	159	1.77	164	1.13
亚美尼亚	76	5.32	78	4.10	刚果（金）	160	1.65	162	1.23
波黑	77	5.28	75	4.28	南苏丹	161	1.63	-	-
格鲁吉亚	78	5.25	85	3.76	几内亚比绍	162	1.61	158	1.33
乌克兰	79	5.23	69	4.41	马拉维	163	1.61	159	1.33
多米尼加	80	5.12	66	4.56	马达加斯加	164	1.51	157	1.34
马尔代夫	81	5.08	82	3.92	埃塞俄比亚	165	1.45	165	1.07
中国	82	5.05	87	3.69	厄立特里亚	166	1.22	163	1.14
格林纳达	83	5.05	64	4.67	乍得	167	1.17	166	0.88
蒙古	84	5.00	97	3.52					

数据来源：国际电联《2015 年衡量信息社会发展报告》。

2014年世界主要国家和地区固定宽带各项数据

固定宽带各项数据

排名	经济体	占 GNI p.c. 的比例	USD	PPP$	速度 Mbit/s	每月上限 GB	GNIp.c., USD,2014*
1	科威特	0.29	11.25	17.33	1	不限	46 046
2	澳门（中国）	0.32	17.28	23.37	4	不限	464 639
3	美国	0.37	16.32	16.32	2	不限	53 417
4	英国	0.47	16.45	12.68	17	10	41 638
5	瑞士	0.49	37.11	22.06	5	不限	90 589
6	日本	0.53	20.59	19.46	12	900	46 284
7	奥地利	0.61	25.41	22.06	8	不限	50 340
8	安道尔	0.61	20.80		0.5	2	40 974
9	挪威	0.61	52.21	33.10	6	不限	102 597
10	卢森堡	0.66	38.48	29.48	8	2	69 810
11	爱尔兰	0.67	23.88	18.51	100	30	43 047
12	香港（中国）	0.68	21.67	27.85	200	不限	38 382
13	俄罗斯联邦	0.68	7.82	17.94	15	100	13 836
14	新加坡	0.70	31.49	32.97	100	不限	53 986
15	法国	0.77	27.86	23.60		不限	43 476
16	冰岛	0.84	32.46	26.15	12	5	46 244
17	瑞典	0.85	43.58	32.42	10	不限	61 648
18	比利时	0.88	33.83	28.41	30	100	46 294
19	芬兰	0.88	35.69	26.96	10	不限	48 771
20	伊朗	0.88	4.24	12.84	0.26	2	5 774
21	卡塔尔	0.89	64.01	86.99	1	不限	86 703
22	丹麦	0.90	46.15	30.75	25	不限	61 608
23	特立尼达和多巴哥	0.94	12.33	15.41	0.25	不限	15 744
24	意大利	0.98	29.06	26.20	7	不限	35 584
25	加拿大	1.00	43.35	37.09	5	40	52 158
26	塞浦路斯	1.01	21.28	21.67	2	不限	25 185
27	荷兰	1.01	43.12	36.10	10	不限	51 009
28	捷克共和国	1.06	16.81	24.12	2	不限	18 951
29	乌拉圭	1.08	13.64	17.03		5	15 165

（续表）

固定宽带各项数据							
排名	经济体	占 GNI p.c. 的比例	USD	PPP$	速度 Mbit/s	每月上限 GB	GNIp.c., USD,2014*
30	哈萨克斯坦	1.12	10.77	21.49	1	10	11 538
31	波兰	1.12	12.36	20.54	0.5	不限	13 227
32	巴林	1.12	18.62	31.74	2	25	19 881
33	拉脱维亚	1.14	14.46	26.93	5	不限	15 275
34	土耳其	1.15	10.46	17.23	1	1	10 959
35	乌克兰	1.15	3.79	14.04	5	不限	3 956
36	罗马尼亚	1.15	8.66	14.99	100	不限	9 041
37	德国	1.18	46.37	42.18	16	不限	47 203
38	以色列	1.21	34.10	28.11	5	不限	33 896
39	沙特	1.21	26.40	53.93	2	不限	26 234
40	澳大利亚	1.21	65.80	47.48	8	50	65 335
41	阿曼	1.23	26.01	49.69	2	不限	25 381
42	希腊	1.23	23.30	24.30	4	不限	22 667
43	立陶宛	1.24	15.34	22.46	100	不限	14 885
44	西班牙	1.28	31.95	31.79	1	5	29 910
45	巴西	1.30	12.66	16.62	1	不限	11 678
46	斯洛文尼亚	1.30	25.21	28.21	1	不限	23 197
47	韩国	1.32	28.49	32.80	50	不限	25 894
48	斯洛伐克	1.34	19.90	26.66	2	300	17 792
49	爱沙尼亚	1.43	21.23	25.28	5	不限	17 762
50	塞舌尔	1.44	15.79	23.62	1.02	1.5	13 197
51	白俄罗斯	1.57	8.79	26.96	2	不限	6 723
52	葡萄牙	1.61	28.51	32.63	12	不限	21 249
53	斯里兰卡	1.63	4.29	11.95	2	2.5	3 167
54	委内瑞拉	1.65	17.19	22.53	1	不限	12 537
55	突尼斯	1.67	5.83	13.15	2	不限	4 196
56	巴哈马	1.67	29.99	26.37	1	不限	21 548
57	阿联酋	1.68	54.19	74.50	0.51	不限	38 713
58	阿尔巴尼亚	1.77	6.64	12.34	1	1	4 505
59	马耳他	1.79	31.18	35.16	30	不限	20 959
60	新西兰	1.79	53.92	41.49		80	36 089
61	巴拿马	1.80	16.04	27.30	1	不限	10 689
62	哥斯达黎加	1.82	14.49	21.37	1	不限	9 540
63	保加利亚	1.86	11.40	21.62	15	不限	7 353
64	文莱达鲁萨兰国	1.87	51.30	78.28	1	不限	32 976

（续表）

固定宽带各项数据							
排名	经济体	占 GNI p.c. 的比例	USD	PPP$	速度 Mbit/s	每月上限 GB	GNIp.c., USD,2014*
135	柬埔寨	12.64	10.00	25.83	2.00	不限	949
136	萨摩亚	12.85	42.46	52.55	2.00	3	3 966
137	伯利兹	13.32	50.00	85.88	0.26	不限	4 505
138	马绍尔群岛	13.92	49.95		0.25	不限	4 306
139	毛里塔尼亚	14.25	12.57	31.66	0.26	不限	1 059
140	东帝汶	14.79	49.00	72.75	2.00	6	3 976
141	加纳	15.68	23.11	75.51	4.00	20	1 768
142	尼加拉瓜	16.10	23.99	61.31	0.50	不限	1 788
143	尼日利亚	17.02	38.40	67.39	1.00	5	2 707
144	斯威士兰	23.21	57.77	139.38	0.26	6	2 987
145	瓦努阿图	23.52	61.29	51.74	0.25	不限	3 127
146	坦桑尼亚	25.28	18.10	42.41	0.51	不限	859
147	圣多美和普林西比	27.10	33.17	52.60	1.00	12	1 469
148	巴布亚新几内亚	30.92	52.00	56.51	4.00	1	2 018
149	科特迪瓦	31.07	37.50	78.41	0.26	不限	1 449
150	埃塞尔比亚	32.74	12.81	35.88	0.51	2	470
151	伊拉克	34.49	192.97	375.98	0.26	不限	6 713
152	津巴布韦	34.92	25.00	45.74	0.26	10	859
153	肯尼亚	35.32	34.11	75.81	0.26	不限	1 159
154	古巴	35.94	180.00		0.25	不限	6 010
155	喀麦隆	37.67	40.45	85.67	0.26	不限	1 289
156	阿富汗	38.01	21.84	63.30	0.25	不限	689
157	莫桑比克	40.82	20.73	40.50	0.51	不限	609
158	塞内加尔	41.65	36.41	74.17	1.00	不限	1 049
159	赞比亚	43.14	65.01	145.03	0.26	不限	1 808
160	刚果（布）	45.36	97.81	153.43	0.26	不限	2 587
161	海地	63.50	42.82	86.07	0.25	不限	809
162	布基纳法索	71.27	44.50	98.22	0.26	不限	749
163	科摩罗	71.34	49.89	83.44	0.51	不限	839
164	贝宁	76.88	50.56	106.80	0.51	不限	789
165	塞拉利昂	78.45	43.10	91.82	1.00	不限	659
166	马里	85.58	47.73	105.12	0.26	不限	669
167	冈比亚	86.35	35.94	130.21	0.26	不限	500
168	多哥	102.20	45.09	95.20	0.26	不限	529
169	基里巴斯	103.32	225.35		0.25	不限	2 617

（续表）

固定宽带各项数据							
排名	经济体	占 GNI p.c. 的比例	USD	PPP$	速度 Mbit/s	每月上限 GB	GNIp.c., USD,2014*
170	马拉维	111.22	25.00	91.35	0.26	不限	270
171	几内亚比绍	119.42	58.66	117.64	0.26	不限	589
172	马达加斯加	168.45	61.70	194.49	8.00	不限	440
173	尼日尔	180.70	60.17	131.07	0.26	不限	400
174	厄立特里亚	214.13	87.35		0.26	不限	490
175	所罗门群岛	221.74	295.35	283.42	0.26	12	1 598
176	布隆迪	238.96	51.72	133.45	0.26	不限	260
177	乌干达	600.60	300.00	709.41	0.26	不限	599
178	乍得	698.62	599.05	1 068.99	0.26	不限	1 029
179	卢旺达	830.94	435.81	1 083.17	0.51	不限	629
180	刚果（金）	1 111.08	397.74	635.57	0.51	2	430
181	中非共和国	2 194.18	584.53	1 040.74	0.26	不限	320
	缅甸 **		21.50	74.22	0.50	不限	
	圣马力诺 **		22.09	21.34	20.00	不限	
	列支敦士登 **			27.29	3.00	不限	
	吉布提 **		31.61	53.96	0.26	5	
	阿根廷 **		41.73		3.00	不限	
	摩纳哥 **		46.30		60.00	不限	
	瑙鲁 **		72.11		0.50	10	
	索马里 **		80.00		0.26	15	
	叙利亚 **		84.63		0.26	不限	

数据来源：国际电联《2015 年衡量信息社会发展报告》。

换机就换

4G+ HD高清语音手机

技术更领先 接通无延时 音质高保真

和

活动时间：即日起至2016年3月31日 活动对象：中国移动福建公司客户

支持“高清语音”业务手机新春专享特惠体验

购买支持“高清语音”业务的手机，开通“高清语音”业务，可获赠**100分钟高清语音通话**时长和**500分钟高清视频通话**时长，每月赠送一次，**连送6个月**（含当月）。

* 同时还可参与“福建移动4G客户超千万，你换手机我送礼”活动。

什么是“高清语音”？如何收费？

4G+高清语音是中国移动新近推出的一项业务，依托世界领先的VoLTE技术，让通话等待时间更短、音质更好。

高清语音通话按现有语音资费收取，并可纳入客户现有套餐。高清视频通话国内被叫免费，主叫单价为1元/分钟，暂不开放至异网或国际的视频通话。

全民4G+快选移动

想要了解更多活动详情，就上福建移动微信公众号！

移动新春活动专区

福建移动官方微信

中国移动 China Mobile www.10086.cn 热线 短信 10086

*旧版WAP类套餐客户需取消原套餐后，即可参与活动

公司概况

国内大型的信息网络技术服务提供商，2006年12月8日在香港联交所公开发行上市，是国内通信行业率先在海外上市的生产性服务类企业。

旗下二十多家子公司，业务涵盖通信网络建设/维护、建筑智能化、企业信息化等，其中有超过五家子公司在行业内规模排名前列。

覆盖全国的服务网络，并在香港、澳门地区以及东南亚、中东、北非等国家和地区设有分支机构。

业务范围

通信工程服务

- 通信网络规划、设计
- 通信工程施工
- 通信工程监理
- 通信工程维护

系统集成服务

- 视频监控、安防工程
- 建筑智能化
- 数据中心、机房建设

社会信息服务

- 软件开发
- 数据中心运营
- 移动互联网

渠道服务

- 物流服务
- 采购代理
- 招标代理
- 产品分销

语音增值服务

- 呼叫中心外包
- 声讯业务

其他服务

- 物业管理
- 企业培训

典型案例：

广州白天鹅宾馆
改造通信及信息化工程项目

广州天河城
粤海喜来登酒店建筑智能化项目

广东省信用社
清算中心POS维护等项目

横琴新区环岛
视频监控勘察及初步设计项目

中国电信
云计算内蒙古信息园项目

广东省通信产业服务有限公